敬語の原理及び発展の研究

浅田秀子◉著

東京堂出版

緒　言

真理に三種あり。第一は科学的真理である。甲が発表したるものを、第三者が同一の方法をもって追試験によりその正しさを立証できたとき、これを科学的真理と言う。第二は考古学的真理である。甲が立てたる仮説が、遺跡発掘などにより新たなる客観的事実が判明してその正しさを立証できたとき、これを考古学的真理と言う。分野としては科学であるが、原子構造の仮説が電子顕微鏡の発明によってその正しさを立証できた例も、考古学的真理と言える。

さて、第三は哲学的真理である。その正しさを立証する直接の証拠は何一つなく、第三者の追試験も行うことはできない。また、世の中の進歩によって新たなる客観的事実が判明する可能性も皆無であるが、甲の立てたる仮説によって最も多くの（未解決）事象を矛盾なく説明できるとき、これを哲学的真理と言う。

筆者が本書で述べた真理は、まさにこの哲学的真理なのである。敬語の起源と意義すなわち原理を考究することによって、伝統的日本社会の、諸外国にはない独自性や日本人の待遇表現とその心理のすべてを説明でき、なおかつ現代社会で起きているさまざまな問題を解決する手掛かりにもなる。この原理を理解すれば、社会問題も外交問題も解決の糸口が容易に発見でき、創出すべき日本の未来も自ずと姿を現すであろう。

それほど日本における敬語の原理は重要な論点であるのに、これまで何人もまともに研究しようとせず、ただ文献の歴史を追うにとどまり、言語現象のみを諸外国と比較して事足れりとしてきた。これらはいわば本質論抜きの学問であったと言えよう。

したがって本書には先人の研究がない。白紙のゼロの状態から筆者の持てる知識のすべてを総動員し、あらゆる関心と経験を踏まえ、物心ついてから還暦に至るこのかたの人生の時間すべてを凝縮した研究なのである。

後生何人かが、日本における敬語の原理を理解することの重要性に気づき、筆者の理論を実践に移してくれればまことに幸いである。

なお、三線譜の作成には作曲家・アベタカヒロ氏の御尽力を、朝鮮語の読み方については一川和子氏の御協力を得、編集作業には東京堂出版の菅原洋一氏のお手を煩わせた。記して感謝の意を表する。

平成二十五年十二月六日　還暦の日に

浅田秀子

『敬語の原理及び発展の研究』要旨

本書は、日本における敬語の起源と意義——原理について学問的に考察した、世界で初めての研究の集大成である。日本の敬語は最古の文献である記紀にすでに豊富な使用例があり、敬語の出発点は文献以前に遡る。その原初を、筆者は日本人の宗教観と遠隔表現のしかたに見る。

日本は、自然を神として畏怖する原ユーラシアの多神教的宗教観を、現代まで保持し続ける世界でも稀な国である。日本の自然は、平素は穏やかで美しく実り豊かだが、数年ごとに各地で大災害を引き起こし、日本人にとって賛美し畏怖すべき親のような存在であった。自然の圧倒的な力の前には人間はまったく無力であったから、日本人は自然を凌駕したり改造したりする意欲を持たず、死者は自然に帰って神の仲間入りをするから、日本人の宗教は基本的には先祖崇拝であり、先祖の秩序を乱すことを忌んだ。

日本語においては音を延ばすと遠くへ伝達する表現になる。「おい」と「おーい」の例でもわかるように、これは現代でも連綿と行われており、このように音を延ばして言う特別の表現方法がウタ（和歌の原型）である。日本人の世界認識はウチ・ソトで、ウチは自分を中心とするごく親しい人間、ソトはそれ以外の森羅万象で自然も含まれる。原日本人はウチへの伝達には普通の言葉を使い、ソトに対しては音を延ばして言う遠隔表現（ウタ）を使った。日本に上下の階級秩序が発生すると、このソトに対する言葉遣いは、上位者に対しても使われるようになり、また上位者から下位者への返事にも使われるようになった。

日本の上位者は自然の持つ三徳（寛容・鷹揚・寡欲）を要求されたため、下位者がウタによって訴える願いやお詫びを寛容に聞き入れ、上下の交流はウタの交換によって行われてきた。ウタが五七五などのリズムや掛詞などの修辞技巧を凝らし、歌となって芸術への舵を切ったとき、日常の訴えのための待遇表現が必要となり、それが敬語となったのである。

日本の歴史を通覧すると、下位者がウタや敬語を使って上位者にお願いやお詫びをすれば上位者は寛容にこれを聞き届け、両者一体となって社会を担っていく意識を持ち続けてきたことが瞭然となる。そのため、前近代の日本においては、身分・階級秩序が世襲で交替できないにもかかわらず、革命やクーデターがほとんどなく、しかも上下の交流が活発に行われて抑圧社会とはならなかった。

だが、このような社会運営に不可欠な敬語システムは、明治維新によって崩壊した。それは明治新政府の権力者が生まれついての上位者ではなかったため、三徳を持ち合わせず狭量に下位者を抑圧し、しかも富を独占する強欲に走ったからである。下位者もまた我が身大事の臆病者となり、前近代の下位者の持っていた社会運営の当事者たる覚悟も勇気も、上位者を敬語によって操る言語技術さえも失ってしまった。

この明治維新以降の悪しき慣習・心性が現代日本の閉塞状況を生み出し、さまざまな社会問題の原因となっている。この解決の糸口は敬語の原理を再認識し、日本における敬語の意義を正しく実行に移すことによって見いだされるであろう。


本書は、序説・総論第一部・総論第二部・各論第一部・各論第二部・付録から成る。

『敬語の原理及び発展の研究』要旨

序説では、筆者が敬語の働きについて興味を持つきっかけとなった幼少時の体験から説き起こし、現代社会の諸問題を解決する鍵を敬語が握っていると確信した、いわば本書の前提が述べられる。

総論第一部では、日本人の宗教感情から敬語以前の待遇表現であるウタ、そして敬語の原理を日本の歴史を通覧しながら実証する。

総論第二部では、現代の待遇表現の構造と方法を確認したのち、明治維新以降の現代日本社会がどのようにそれまでと変わってしまったか、そしてそれにはどうしたらよいか、敬語と日本の未来像はどのようにあるべきかを考察する。

各論第一部では、現代の待遇表現の基本原則と特徴的な現象等について述べる。

各論第二部では、現代の待遇表現の種類として、敬語に用いられる個別の文法表現や挨拶行動での待遇表現を具体的に解説する。

付録は、注及び参考文献、日本文化の特徴が表れている敬語関連の用語集、索引である。特に敬語関連の用語集には、筆者の敬語の理論を適用しなければ説明できない「日本文化に独特の言葉や考え」が具体的に解説されており、外国人の日本理解にとっても有用なものである。

浅田秀子

● 目次

目次

目　次

各論　第一部　現代の待遇表現の特徴

目　次

敬語の原理及び発展の研究

序説　敬語の原理の解明があるべき社会の創造に結びつく

敬語との出会い

筆者の両親は東京・下町の生まれで、曾祖父母世代からの江戸ッ子であり、日常会話では典型的な東京方言をしゃべっていた。

「そこンとこをまっつぐ行くと風呂屋があって」
「ちょっと昼ッから髪結（かみい）さん行ってくる」
「あすこンちは玄関が艮（うしとら）で湯殿が巽（たつみ）にあるんだよ」
「おっ、刺身か。おしたじ持っといで」

といった具合である。意味は、順に「まっすぐ」「美容院」「あそこの家」「浴室」「醤油」である。

父の実家は女性客相手の商家（小間物屋）だったのでやや丁寧だったが、母は屋根屋の棟梁の長女で、家には若い衆（しゅ）が大勢出入りしており、威勢のいい職人言葉の真っ只中で育ったわけである。

両親は終戦後結婚し、焼け野原と化した下町を離れて郊外に新居を持った。そして、その次女として生まれた筆者は、なぜか国立大学の付属小学校に入学させられたのである。この国立大学は東京学芸大学という師範学校で、文部省の教育実験校としてその教育方針をそのまま実践する理念で作られていた。

五十人いた級友の中には、皇室の姻戚や大物国会議員、大会社の会長など、山手上流階級の子供がたくさんいた。筆者のように一介のサラリーマンの子供は少数であった。

そこでの会話は、子供にとっても親にとっても、かなり心理的負荷を感じるものであった。子供は、夏休みに行く海外旅行の国名や、別荘の場所、乗っている外車の名前などが話題の会話に付き合わされた。そして、そういう階級の親や教師に見下されずに付き合いをしなければならなかった母の覚悟も、相当のものがあったと思われる。

母は、家庭での日常会話では、

「あたしらが子供ンころは、よッくあすこイ行ってたんだよ」

という類の威勢のよい早口の方言を使っていたのだが、件の小学校で担任の女性教諭と話すときには、

「わたくしどもでは、子供が帰宅途中に寄り道をしないよう、厳しくしつけております」

のような、丁重なあらたまった物言いをした。その言葉はもちろん、声音も速さも日常会話とはまるで異なり、子供心にもほとんど二言語を使い分けているかのごとき印象を持った。母は真剣に大まじめにこの使い分けを行っていたので、照れくさいとか滑稽だとかいう印象はまったくなく、筆者はごく自然に「家の中で話すときと、外で話すときには言葉遣いを変えなければいけないんだ」と思ったものである。

筆者は学齢前、近所の遊び友だちの女の子とは「あたし」「あんた」と呼び合っていた。ところが、この小学校では男子・女子にかかわらず「わたし」「あなた」と言え、という教育をされた。昭和二十七年(一九五二)に建議された「これからの敬語」に基づいた自称・対称の呼び方を、教育実験校で実践したわけである。

しかし、子供たちは授業中も実に慎重に言葉を選んで、自称詞・対称詞の使用を極力避けようとした。特に男子児童は、「わたし」は言えても「あなた」と言うことはほとんど不可能であった。むろん休み時間になれば、たちまちにして「おれ」「おまえ」に戻ってしまった。そして、いかに教育実験校で指導された小学一年生といえども、授業中・休み時間を問わず、教師に向かって「あなた」と言う不心得者は一人も存在しなかった。

東北大学へ進学すると、学生や教師の多くが東北弁を話していた。語彙としては共通語でも音韻やアクセントが明らかに標準的ではなかった。そこでの会話、特に授業を離れたクラブや日常生活での会話は、どうも筆者にはあまり居心地がよくなかった。一人だけ浮いているように感じたのである。

幼いときから箏曲・ピアノ・声楽など音楽を習ってきた筆者は聴覚がよかったので、半年もたたないうちに、周りの人々の話す東北弁を真似て話すことを覚えた。そして、無アクセント仙台弁がエネルギーを使わずに楽に話せる言葉であることを発見し、むしろ人前で積極的に使おうと努力さえした。

だが、二年生のとき夏のキャンプで、実にショッキングな出来事があった。親しくしていた先輩に

「アサの言葉、なまってる」

と指さして笑われたのである。しかし、変な東北弁を笑われたからといって、今さら元の標準語に戻って話せるほど、筆者には度胸がなかった。

なぜ東北弁話者は標準語話者の変な東北弁を笑うのだろう。英米人は日本人を始めとする東洋人の妙ちくりんな英語を決して笑ったりはしない。おそらくこのような方言社会では、筆者が標準語を押し通していたら、まちがいなく「あいつは気取っている」といじめられたに違いない。気取るつもりもくだけるつもりもなく、ただ周囲の人々に溶け込みたいと普通の会話をしているだけなのに。

方言地域において、標準語はほとんど敬語と同様の扱いを受けていると直観した瞬間であった。

敬語が人を動かす

大学卒業と同時に東京へ戻り、ある出版社の編集部に入社した。社員数四十人の中規模出版社である。月刊の

専門雑誌と学習雑誌、他に専門書・学習参考書・辞書などを出版していた。編集部は十人、全員一つの部屋で、部長だけが独立した机、あとは課ごとに机を四、五つかためて島を作って仕事をする。当然、他の課の仕事内容や電話での応対、課長と課員との会話など、すべて聞こえるわけである。

非常に興味深いと思ったのは、専門雑誌を担当していた他課の先輩の、著者との電話での会話であった。定期刊行物の雑誌であるから、どうしても発行日に発行しなければならない。そのために締め切り日を設定して著者に原稿依頼するわけであるが、遅筆の著者はあれこれと言い訳をして待ってもらおうとする。いよいよ苦しくなってくると

「書くには書いたが、まだ清書していない」

「まだ三枚しか書いていないから、二、三日中に全部まとめて送る」、なかには、明らかに見え透いたウソまでつく著者もいた。曰く、

「昨日もう発送した」

「家内がいま千歳空港に向かっている」、それを先刻承知の先輩は、実に巧みに督促をするのである。

「清書していない」という言い訳には

「清書ならわたくしがいたしますから、どうぞそのままで結構でございます」、

「まとめて送る」という言い訳には

「それでは、できあがった分だけ本日いただきに上がります。明日の分はまた明日うかがいます」、

「もう発送した」という言い訳には、数時間後にまったくそれを聞かなかった体で

「先生、お原稿はいかがでしょうか」

と電話する、といった具合である。

十分に丁重ではあるのだが、この督促から逃れることは非常にむずかしい。結局、著者は他の仕事を全部ストップしてこの雑誌原稿を真先に片づけねばならないだろう。この編集者は仕事がよくできるのみならず、著者にたいへん信頼が厚く、依頼を断られることは皆無であった。当然、部長の信任も厚く、しばしば扱いのむずかしい著者や役人などの応対を担当させた。後年、この先輩の下で全社をあげた大規模な企画を担当することになり、編集技術はもとより対人関係のさばき方の点でもたいへん鍛えられ勉強になった。

敬語を駆使して目上の相手を持ち上げながら、巧みに自分の思いどおりに動かす。というより、相手を自分の思いどおりに動かすためにこそ、敬語を使っているのだと思った。

筆者はその後、いくつかの出版社で経験を積み、当時は完全平等で無敬語だった中国での衝撃的な日本語教師体験を経て、日本語に含まれている日本文化を海外へ発信したいという希望を持つようになり、昭和六十三年に日本語コスモスという編集プロダクションを立ち上げた。出版部門を持たず、企画を立て原稿を書き編集までやって、その後の製版・印刷・製本・出版を既成の出版社に託す会社である。

当時、筆者は三十五歳で若くはなかったが、まだ十分に経験や蓄積があるというわけでもなかった。特に、専門知識について気軽に指導してくれる一流の学者と親しくなりたかったが、東京の大学を卒業していないことが禍いして、人脈がほとんどなかったのである。

そこで一計を案じた。これぞと見込んだ大学者の著書を購入して熟読し、疑問に思った点を丁重に質問状にしたため、出版社気付で著者に送ったのである。返事をくれた人もくれなかった人もいる。なかには明らかに著者の思い違いや間違いの指摘もあったから、そういう学者は忸怩たる思いで質問状を黙殺したのであろう。

しかし、大野晋氏（故人）・國廣哲彌氏・小泉保氏などの学者は懇切な返事をくれた。それ以来、読者からの質問にちゃんと返事をくれるのは超一流の学者、黙殺するのは一・五流以下とランク付けすることにした。最近では、若い人から質問状が来たときには、どんなに忙しくても黙殺せずに返事を書くことにしている。

大野氏などは「手紙を書くより電話したほうが早いから、国語年鑑を見てかけた」と筆者の自宅に直接電話をかけてきて、その質問やその他の言葉に関することなどについて楽しく語り合った。氏は、実家が東京・深川の砂糖問屋で山手の開成中学校に入学したために、筆者が下町の子供として山手の学校で体験した違和感を図らずも共有することができた。美声で少年時代にNHKラジオに出演したこともあるそうで、音楽の話題も共通に持つことができた。氏の歯切れのよい下町弁の口調とテンポが、筆者の思考や口調のテンポとぴったり合って、いつも数時間の長電話を楽しんだものである。

國廣氏とは数年文通を続けたのち、光栄なことに記念論集の執筆者として指名され、執筆者の顔合わせで初めて会ったのだが、初めて会ったような感じがせず懐かしささえ覚えたものである。筆者の「敬語の起源説」について、「目の覚めるような洞察」といちはやく評価してくれたのも國廣氏である。

大野氏と國廣氏とは、この後も直接習ったわけでも何でもないのに、数々の教えを受け、ほんとうに親しく交流することができた。

また、大学の二十年先輩である飛田良文氏は、数少ない在京の同窓ということで、会社設立後まもなくから指導を受け、企画の相談をし、筆者の書いた原稿の校閲をしてもらった。その過程では、語の解釈やニュアンスをめぐって意見の相違も対立もあり、毎月のように数時間にわたって厳しい議論を交わしたこともある。しかし、最終的には双方が納得できる形で完成原稿を仕上げることができ、この成果は『現代形容詞用法辞典』『現代副詞用法辞典』『現代擬音語擬態語用法辞典』（いずれも東京堂出版）（注0―1）という三つの用法辞典として結実した。

自分の師に匹敵する大学者に向かって、どうしてこんなに親しく言いたいことを言い、あるときは教えを乞い、あるときは間違いを指摘し、あるときは自説を変えてもらうべく説得し、またあるときは湿疹の悩みの相談をされ、その治療法を伝授したりできたのだろうか。

当時、家で老父を介護していたから、何となくその姿と重なっていたのかもしれない。しかし、これこそまさに敬語なくしてはとうていなしえぬ交流であった。

敬語は何のために使うのか

昭和二十七年文部省建議の「これからの敬語」成立事情について論文（注0―2）を書いたとき、敬語の意義について、誰がどんなことを言っているか調べた。

敬語のそもそもの起源について従来説かれてきた説は、言霊思想説とタブー説、並びに両者の折衷であるが（注0―3）、いまひとつ決め手に欠ける感を否めない。また、敬語がなぜ、どんな目的で使われたのかという意義については、これまでまともに研究されてこなかったような印象がある。

敬語の研究と称してこれまで行われてきたことは、記紀以降の資料を調べたのみで、それ以前についてはただ漠然と「お互いに尊重するため」「礼儀のため」「日本人が謙譲を重んずるから」などと、その当時の社会思想のうかがえる直観でしか論じられてこなかったのである（注0―4）。

記紀は八世紀初頭の成立で、数十万年に遡るとされる日本人と日本語の成立史から言えば、はるかに後代と言わざるを得ない。記紀にすでに豊富な敬語使用の実態がある以上、記紀以前に日本人が何らかの敬意表現を使っていたことは明らかである。

一つだけはっきりしていることは、記紀以来、日本語史上において敬語が使われなかった時代はまったく存在しないという事実である。身分・階級の区別が最も厳格だった上代はもとより、一億総中流が達成された現代においてさえ、敬語は消える気配さえない。「必要は発明の母」であるから、敬語は何らかの必要があって発明されたに違いなく、その必要が現在に至るまで続いているからこそ、敬語も途切れることなく使われ続けてきたと考えるべきであろう。それならば、いつ、どのようにして使われ始めたのか、その原初のところをできるだけ確実に立証しなければならないだろう。

敬語は上代が最も単純で、現代が最も複雑である。とすれば、現代から時代を遡っていくと、日本語史の上に必ず文法上の敬語が始まる時点があるはずである。そしてそれ以前は、敬語以外の方法で待遇を表現していたと推定できる。それが何なのかも明らかにしなければ意味がない。

現代では文法上の狭義の敬語以外に、コミュニケーションの相手に対する待遇表現全般を扱う待遇コミュニケーションという考え方がある（注0―5）。ここにはさまざまな婉曲表現や忌避、身振りなども含まれる。これらと文法上の敬語との関連はいったいどのようになっているのだろうか。

また、敬語とは一見関係がないと思われがちな日本人特有の癖（たとえば、反射的に謝る、挨拶と同時にお辞儀をする等）も、待遇コミュニケーションの一部ということになるから、これらを行う日本人の心性をも明らかにしていかなければならないだろう。

今や世の中は、無言で無視した挙げ句暴力に訴えたり乱暴な汚い言葉で罵り合ったりする場面と、過剰な敬語を一方的に言う場面の両極に分化する傾向が顕著である。特に、接客業のマニュアル敬語には歯が浮くようなものさえある。過剰な敬語を使われると、我々はかえって「バカ丁寧だ」「侮辱されている」と感じるが、なぜ最も丁寧な表現が侮蔑になるのだろうか。

喧嘩するとき、汚い言葉で罵り合うのはわかるが、敬語を使って目と目で火花がパチパチと飛ぶような喧嘩は非常に恐ろしい感じがする。夫婦喧嘩した女房が

「あたし、出ていくわよ」

と啖呵を切ったら、亭主は

「おう、出ていけ」でも

「待て。おれのほうが出ていってやる」

でも、何でも言い返せる。しかし、

「あたくしッ、実家（さと）へ帰らせていただきますッ」

と宣言された亭主は、呆然と見送るほかなくなるだろう。なぜこの女房は憎い喧嘩相手に敬語など使うのか。言われた亭主はなぜ呆然として言い返せなくなるのか。

公園や繁華街などで迷子の幼児を見かけたとき、

「誰と来たの?」

などと、無敬語で親しげに尋ねるのはわかるが、特に女性が

「誰と来たんでちゅか?」

などと、わざと甲高い声の幼児語を使って敬体で尋ねるのはなぜか。この会話は大人に対して言うように

「誰と来たんですか？」

とは決して言わないから、幼児に対して礼儀を重んじた結果とはまさか言えまい。

また、日本人の特に一定年齢以上の女性が、日常話すときとあらたまった電話で話すときとで、極端に声の高さが異なり、電話では頭のてっぺんから出すような猫なで声になるという周知の事実がある。その理由については諸説あるが、後で詳しく述べるように、最も説得力のある説明は『枕草子』に書かれている。

筆者は日本語教師でもあるが、日本語教育上困ることは、外国語には直接翻訳不能な言葉があることである。たとえば「負けるが勝ち」「泣き落とし」「拝み倒す」「水くさい」「恩着せがましい」など。敬語の意義をきちんと認識せずしてはとうてい説明不可能な語句で、このままでは外国人にはまったく理解されない。しかもなお困ったことに、現代の日本人は実によくこの語句を行動で示すのである。それを言語的にきちんと説明しないものだから、誤解から外交上の軋轢も生まれる（本書の付録に、特に用語集として付記した。↓583頁参照）。

留学生からはアルバイト先の日本人とのトラブルをしばしば相談される。留学生はバイト先で言葉遣い（おそらくは敬語の使い方）が悪いと注意されるが、なぜ自分の言葉遣いが悪いのかわからないから謝らない。そこでまた怒られる。「あの店長は怒ってばかりいる」というのが、多くの留学生のぶちまける鬱憤である。よく話を聞くと、毎日のように一緒に仕事をしてもう十分に親しくなったと思った店長や先輩店員に対して、無敬語で話したために注意されたらしい。

逆に、ある韓国人留学生は靴を買いに入った店で、

「この靴で二十五センチのサイズはありますか」

と聞いたら、日本人の若い店員がなれなれしいタメ口で

「あ、あるよ。ちょっと待って」

と応じたのに腹を立て、わざわざ店の社長を呼び出して
「悪いけど、この店では買いません。あの人の態度が悪いから」

と言ったという。社長は平謝りだったそうだ。

現代の日本人の若者は正しい敬語を使えない人が多いが、大人はそれをどうやって教育したらよいかに苦慮しているのが実情である。しかし、この例でわかるように、どうやら敬語が感情に直結しているのは、日本人ばかりではなさそうである。

日本の進んだ科学技術を学ぶために来日している留学生からも、次のような質問が往々にして出る。


「日本は民主主義の国で、みんな自分は中流だと意識するような平等な国だと聞いてきたのに、なぜ敬語などというものがあるのでしょうか。あれは封建時代の遺物ではないですか」

「近代的なビルの屋上に小さな神社が建っているのを見ました。あれ、すごく変ですよ」

「日本人は、お正月には神社に行って、結婚式はキリスト教の教会でやって、死んだらお寺の墓に入るんでしょう。日本人の宗教はいったい何なんですか」

「敬語は尊敬している人に使うべきだと思います。私はバイト先の店長を全然尊敬していませんから、この人には使いたくありません」

「日本人はすぐ『すいません』と謝るけれど、私は自分が悪くないのに『すいません』と言いたくありません」

留学生の抱くこのような疑問は、日本人の心性と言語・行動が不可分に結びついていることから起こる。そしてそれは日本の気候・風土に起因する原始的な宗教感情と密接に結びついている。

国際化とはすなわち言語化である。ならば言語化できるように、まずわれわれ自身が問題点をきちんと認識しなければなるまい。

現代社会の諸問題と敬語

長いこと海外（特に欧米）で過ごし、日本に帰国した人からときどき次のような意見が聞かれる。

「日本人は礼儀正しいと聞いていたのに、道路でぶつかっても知らん顔、すぐに人をじろじろ見て目を逸らす。ほんとうに礼儀正しいのか」

「日本人から来た英文の手紙に“I received your letter.”というのをよく見るが、内容はともかく、これでは相手に失礼だ」等々。

考えてみれば、欧米人は会話中にくしゃみが出れば必ず“Excuse me.”と言うが、日本人はまず何も言わない。英語の場内アナウンスの最後は必ずといっていいほど“Thank you.”で終わるが、日本語で礼を言うのは相手に何かをしてもらった場合だけである。

最近、周辺諸国との領土問題が紛争になっているが、外交交渉などを見ていると、外国語に比べて現代日本語の表現は存外直接的である。

尖閣諸島領有権をめぐって日中間で対立し、中国国内では反日暴動なども多発した。そのために平成二十四年(二〇一二)に中国で予定されていた日中国交正常化四十周年記念式典が、予定の期日に行えなくなった。主な理由を察するに、日本から千人以上招待されている要人ばかりの招待客の安全を確保できないという判断からだろう。そこで、中国政府は婉曲に「しかるべき時期が来るまで式典は延期する」と発表した。

ところが、日本の新聞もテレビ報道も、これを「事実上、中止」と誇大に断言して報道したのである。これでは、せっかく事態が鎮静化したころあいを見計らって「式典を挙行」したいともくろんでいる中国の出端を挫くだけでなく、中国政府に対して日本側は式典をする気がないのだと思わせるだけであろう。

なぜ婉曲な表現を婉曲なままで理解しようとしないのか、あるいはできないのだろうか。ある時は相手の発言を自分に都合よく解釈し、また自分にも相手にも可能性の幅をできるだけ広く残しておくのが外交術だと思うのだが、どうも最近の日本人の言葉の使い方はそのものズバリの直接表現ばかりで、わかりやすいことは確かであるが、想像や解釈の余地がなさすぎるように思う。これも待遇意識の違いに起因していると考えられる。

日本人に待遇意識があり、言葉に敬語があるのと同様、外国人にも待遇意識があり、言葉にも待遇表現がある。ただ日本語の敬語のような文法体系になっていないだけであり、従来のような狭義の文法上の敬語という概念でなく、もっと広い待遇コミュニケーションの考え方を導入しなければ日本語との比較はとうてい無理であろう。言語として表現するか否かまで含めるとしたら、それは社会や文化の問題にまで波及するであろう。

だから、日本人が言う「敬語」の本質は、外国人の言う「礼儀」「丁寧」というのとはずれていることは確かである。そのずれの正体を解明せずに、「敬語」だの「ポライトネス」だのという術語を論じてもしかたがないのである。

現代の日本は日本の歴史上未曾有の平等社会である。親子や先生・生徒が友だちのように親しい言葉を使うようになり、アメリカ式の能力主義で年功序列の崩れた会社が出てきた。ところが、電車の中でちょっとぶつかったといっては袋叩きにされたり、生徒が先生を刺し殺したり、会社ぐるみで不正や犯罪（の隠蔽工作）が行われたり、子供がいじめを親にも友人にも相談できずに自殺してしまったり、というような社会問題が、これまでにないほど急増してきている。

また、昔は決してなかったことであるが、大臣や知事、大会社の会長など、社会のトップに立つ人が、マスコミの前に出てきて頭を深々と下げ、

「このたびは世間の皆様にたいへんなご迷惑をおかけいたしまして、まことに申し訳ございません」

と謝罪する。なぜトップが謝罪するような事態に至るまで、問題を放置していたのか。謝ってすむ程度の問題ではないのに、どうやって始末をつけるつもりなのだろうか。

「二度とこのようなことが起きないように、再発防止に努めます」

というのが謝罪の後に続く決まり文句だが、具体的な防止策が講じられ、その結果がどうなったのかまで報じられることは稀である。

逆に、昔だったらこういうときどうしていたのかと考えると、会社や組織のトップが責任を負うときには、謝罪や言い訳など一切言わずに世間から消えた（自害または蟄居・引退）ものだろう。そして、そういう最終事態に至る前に実務者が協力して、事態が最悪になるのを回避してきたのだろう。そういう社会内の人間関係とコミュニケーション力には、なみなみならぬものがあったに違いない。そしてまた、いったんトップが責任を取って自害した場合には、それ以上責任を追及せず、「死者に笞打つ」ことは非道とされた。

だから、現代のようにトップがマスコミの前で頭を下げて謝ってしまうと、それ以上の追及ができなくなり、単に国民感情を鎮めるためだけにお詫び会見を行っているように思え、どうにもやり切れない無力感・閉塞感だけが残る結果になる。

上に挙げた現代の諸問題は、自分を取り巻く周囲の人との人間関係や、組織の中の上下の人間関係に、昔にはなかった狂いやひずみが生じているためであろう。筆者は、その鍵を敬語が握っていると思う。敬語を言葉や文法の問題ではなく、具体的なその場の人間関係において、その表現全体にどんな意味や役割があるのかを考えることが大切なのである。

敬語（表現）と敬意（内容）の関係

先に韓国人留学生を激怒させた失礼な日本人の若者の例を挙げた。件の日本人店員は、決して客である留学生を侮蔑して無敬語のタメ口を使ったのではないだろう。自分より年下に見える客（この学生は十九歳である）に、ふだん自分が友人と話すのと同じような気持ちで話したに過ぎない。だが、この若い韓国人留学生は、店員はお客に対して丁寧な敬語を使うべきだという強固な敬語観を身につけていた。それは、彼の母国における敬語使用がそうだったからである。

件の店員に限らず、確かに近頃の日本人の若者は敬語の使い方を知らず、態度にも問題のある人が少なくない。しかし、ほんとうにそう断言してしまってよいのだろうか。

大学の国文科の三、四年生（二十歳過ぎの日本人の若者）に日本語学演習で敬語の授業を行っていたときのことである。そのとき、三十名ほどの受講生の中から五人前に出てもらい、ある会社の新入社員になってもらった。

教室は、新入社員歓迎会の席上、他の受講生は上司や先輩の役である。
筆者が課長の役で、五人を一人ずつ
「今度営業部に入った〔姓〕君（さん）です」
と紹介し、続いて五人にそれぞれ次の言い方で自己紹介（自分の名前）を言ってもらった。

A「ただいまご紹介にあずかりました〔姓名〕でございます」
B「ただいまご紹介しました〔姓名〕です」（＊間違い）
C「〔姓名〕と申します」
D「〔姓名〕と言います」
E「〔姓〕です」

五人にはA～Eの紙を見せただけで、言い方については何の指示もしていなかったにもかかわらず、A役の〇山君は「〇山×夫でございます」のところで、深々と頭を下げたではないか。それに対してE役の〇木君は「〇木です」と踏ん反り返って偉そうに言うのである。繰り返してやらせると、その傾向は増幅されるばかりで、決して逆にはならなかった。
そこで、A役の〇山君になぜお辞儀をしたのかと質問をすると、驚いたことに本人にはまったくその自覚がなかったのである。E役の〇木君も同様であった。しかし、教室のその他の学生全員が二人の態度の顕著な違いを目撃していた。この態度は二人のふだんの態度とは関係がない。むしろ、A役の〇山君はぶっきらぼうで質問をしてもろくに口も開かないような学生であったし、E役の○木君は反対にいつもにこにこして人なつこく腰が低い学生であった。

ふだんぶっきらぼうな○山君が、なぜ丁寧に深々と礼をして自己紹介できたのかというと、それは結局

「ただいまご紹介にあずかりました～でございます」

という非常にあらたまった丁重なセリフが、話者の○山君に日本人としての公式の振る舞いをさせたということなのである。

一方、ふだん人なつこく腰の低い○木君が、なぜ踏ん反り返って偉そうに自己紹介したのかというと、それは

「○木です」

という簡潔すぎる(偉そうな)セリフが、話者の○木君にそのセリフにふさわしい態度を無意識にさせたからにほかならない。

このように、日本語の表現というのは日本人の態度と密接に結びついていて、言葉が丁重ならそれに連動して態度も丁寧になり、言葉が乱暴なら態度も乱暴になるのである。そして、それは原則として本人のその時の意識には関係がない。だから、言葉だけ丁寧で態度が乱暴だとか、言葉は乱暴だが態度は丁寧だということは、ふつうはありえない。

もう一つ、注目すべきことがある。ふだんぶっきらぼうでろくに挨拶もできない○山君が、堂々と他の受講生の前で丁寧な挨拶と礼をしたという事実である。○山君は教師の筆者に指示され、紙を見てセリフを言った。つまり、この挨拶は○山君の内的必然でもなければ、何の感情にも触れない行為(ありていに言えば「演技」)なのである。

今の若者が大人に対してろくに挨拶もできず、礼もできない原因の一つは、照れである。周りの人（仲間）に自分だけいい子になっている、と思われたくない。自分だけ目立つ行為をするのは恥ずかしい、という怯懦の心理が、若者の無行為や無関心（を装う態度）の背景にある。

ところが、教師に言われてその通りにするのなら、周りの目を気にする必要はないし、たとえいい子ぶって見えたとしてもそれは演技の結果であり、責任（？）は命じた教師にあるのであって、自分にはない。この逃げ道が○山君の堂々とした丁重な態度を演出したのだ。「最近の若者」でも、ちゃんと丁寧に挨拶できたのである。

言葉の力、特に丁寧な言葉（敬語）の力は大きい。Aのセリフを乱暴な言い方や態度で言うことなど、日本人にはまず不可能である。頭の中で何を考えているかなどまったく関係なく、とにかく丁寧な言葉を使えば、声も口調も体も目つきもみな連動して、丁寧なほうにそろって動く。

思春期以降ずっとぶっきらぼうだったであろう○山君は、このわずか二十一文字のセリフで、一瞬にして見事な社会人に変身したのである。

昔の人はどうして敬語が話せたのか

学生の自己紹介の実験でわかったことは、大切なのは形であるということである。心の中でそう思おうが思うまいが、とにかく言葉と態度で表現すること、結果として目に見える形で表現されていること、これが何よりも重要である。そして日本人の場合、丁寧な態度は丁寧な言葉を使うと自然に連動してくるものなのだ。だから、ともかくもまず丁寧な言葉を覚えること、そして口に出して言ってみることが肝要となる。

昔の人（筆者もその中に入るのだろう）は、これを幼少時から親に徹底的に訓練された。そのとき、どんな気持ちかなどはほとんど問題にされなかった。とにかく形である。そうやって訳もわからず身につけさせられた形を何度も繰り返しているうちに、気持ち（つまり内容）のほうは後から湧き出てくるのである。

子供が悪いことをしたとき、親がとにかく「ごめんなさい」と言わせるのはまったく道理にかなっている。子供は「ごめんなさい」と言っているうちに、反省の気持ちが湧いてくる。そして、それから被害を与えた相手に対する申し訳なさも、償いの気持ちも湧き起こってくるのである。

近頃の子供は、叱られても黙りこくってうつむいていることが多いように思う。一見、反省し後悔しているような態度に見えるが、ほんとうにそういう気持ちが湧いているのだろうか。筆者に言わせれば、謝罪の言葉も言わずに反省や悔悟の気持ちだけ起こさせるというのは無理難題に近い。

アメリカでは悪いことをした子供に、罰として"I'm sorry."を百回黒板に書けと命じるそうだが、日本でこういう罰は聞いたことがない。なぜやらないのか、やらせないのか、不思議である。

考えてみれば、筆者を含む昔の人は言葉遣いや敬語を学校で習ったり、特別な本を読んで勉強したりはしなかった。親はじめ周りの大人に習い、そのとおり真似たにすぎないのだが、小学校では相手が級友か先生かで言葉遣いを変えていたし、中学に入るころにはすでにいっぱしの敬語の使い手であった。そのとき子供の心に、先生に対する親愛や好悪の情はあっただろうが、敬意があったかといえば、たいがいの場合ノーだろう。敬意などは後で大人になってから発生するものだ。そして、それでいいのである。

と、断定的に述べていると、必ず、何よりも気持ちがいちばん大事だという反論が返ってくる。

「その人を尊敬しているから敬語を使うのであって、敬語が使えないのは尊敬したくなるような人がいないからだ」
「心がきれいでありさえすれば、言い方などはどうでもよい」
「建前よりも本音が大切だ。建前の発言ではなくて、本音が聞きたい」
「これはほんとうの私じゃない。ほんとうの私を誰も理解してくれない」

若者がよく言うセリフである。

ならば問う。江戸時代の百姓は武士階級に対して敬語を使っていたが、武士という武士を全員そんなに尊敬していたのか。

若い女性の多くはバレンタインデーになると、身近な男性にチョコレートか何かをプレゼントする。形より気持ちが大切なのなら、愛情があるのにわざわざチョコレートをプレゼントする必要はないではないか。それに、愛情もないのになぜ義理チョコをプレゼントするのか。

これらは形である。言語表現でないだけで、贈答行為という立派な形である。心や気持ちは無形のものだ。人は無形のものは信じられない。どんなに長年連れ添った夫婦でも、実は互いに相手の気持ちが全然わかっていなかったということは、熟年になって妻から突然離婚を切り出される夫の口癖である。この夫はまた、長いこと我慢した挙げ句突然離婚を切り出すのではなく、文句があるならその場で言ってくれればよかったのに、と言うものである。

「悲しいから涙が出るのではない。涙が出るから悲しくなるのだ」というのは至言である。言葉や行動という表現が先にあれば、気持ちは後から連動してくる。そして行動は言葉によって導かれる。気持ちがあるかどうかに関係なく、とにかく口に出して言ってみることが大切だというのは、そういうことである。

そして、後で詳しく論じることになるが、日本文化の根底を支えている「言霊思想」も、おそらくこのことを指しているのだと思われる。

敬語の原理の解明があるべき社会の創造に結びつく

現代人は、自分の希望がなかなか実現できず、正義も実践されない社会に閉塞感を抱き、若年者の凶悪犯罪が増加していることを憂えている。そして、なぜ外国に対して上手に交渉ができないのか、紛争を避けるだけのために相手国の言いなりになってしまう外交交渉に不満を持っている。また、自分自身も人間関係に多くの悩みを抱えており、どのように対処したらいいか困っている。

だが、それが互いの言語を含む行動と密接に結びついていることを、案外自覚していないのではなかろうか。ただ、なんとなく犯罪が少なく、みんなが親しげに挨拶をかわすような、潤いのある社会が好ましい、外国とはとにかく仲良く付き合えればよいと考えているのだろう。

端的な現れが、敬語使用の可否に対するアンケート結果である。「これからの敬語」以降、敬語を単純化しようとする内外の圧力が高まってきていたが、二十一世紀に入って以降はむしろ、どのアンケートによっても敬語はきちんと使えたほうがよい、という回答が過半数を占めるようになり、この流れを受けて平成十九年、文化審議会は政府に「敬語の指針」を答申した。「これからの敬語」以来、実に五十五年ぶりの公的な「敬語マニュアル」である。

しかし、この内容は後で詳しく述べるが、過剰なマニュアル敬語に一定の歯止めをかけるものではあったが、そもそも敬語の真の原理や意義を論じることなく、現状を追認するにとどまったため、この「指針」によって人間関係が改善されたかという疑問である。また、それまで尊敬語・謙譲語・丁寧語という三分類だった文法上の敬語の扱いが、尊敬語・謙譲語・丁重語・丁寧語・美化語という呼称としても紛らわしい五分類になったため、教育現場での混乱と誤解は火を見るよりも明らかである。

現代人が、敬語がむずかしいと思う最大の理由は、階級制がなくなり人々が平等になって互いの上下がはっきりしなくなったということと、敬語が歴史上類を見ないほど複雑多岐になったことである。これはコインの両面の関係にある。だから、言葉の使い方だけを習おうとしてもうまくいくはずがない。コミュニケーションをとろうとする相手との人間関係をまず把握しないことには、その相手についてどんな言葉を使ったらよいかも決められないのである。

平等で複雑な人間関係の現代だからこそ、敬語とその表現全体を見直すことによって、何とかこの社会を暮らしやすく潤いのあるものにしたい。下の者の意見や希望を上の人が採り入れ、共に理想を追求できる社会にしたい。そして外国とは、互いを尊重しつつも粘り強く戦略的な交渉を行って、共存共栄できるようにしたい。そう願うのは筆者のみではないと信ずる。

現代人が望んでいる潤いのある社会、相互尊重の精神で適切な敬語が使われる社会とはどんなものかを明らかにするためには、日本の歴史と社会をもう一度振り返り、あらためて敬語の原理と意義を確認する必要がある。

辻村敏樹氏（故人）は平成十九年刊行の『日本語学研究事典』の「敬語」の項で、**【課題】**として次のように述べている（注0―6）。

上述のように敬語研究は盛んになり、特にその理論の面での成果には見るべきものがあるが、史的研究の面はまだ緒についた段階である。従って、その原点とも言える敬語発生の問題を究明するとともに各時代の実態をより詳しく明らかにする必要がある。それも従前の言語形式に偏した研究ではなく、社会相とのつながりにおいての敬語史の研究が望まれる。

敬語の原理を解明することが、あるべき社会の創造に結びつくと考える所以である。

総論　第一部

敬語の原理

——敬意表現の起源と意義について

第一章　日本人の世界認識の前提

第一節　美しき国は災害大国であった

いま、筆者の目の前に、八年前の平成十七年（二〇〇五）に刊行された小著『「敬語」論――ウタから敬語へ』がある（注1―1）。その第二章は次のような書き出しで始まっていた。

二〇〇四年はまさしく災害年であった。度重なる台風の上陸による水害と、極めつけは新潟県中越地震である。しかも、被災地は復興が始まったばかりだというのに、例年にない大雪で、もう二十人も除雪作業中に死傷者が出ているありさまである。また、最近、三宅島の島民の帰還が始まったが、噴火は依然としてやまず、有毒な火山ガスがいまだに島を厚く覆っている。

この書き出しを見て愕然とした。わずか九年しかたっていないのに、筆者の脳裏から新潟県中越地震はほとんど消え失せ、三宅島の噴火災害についてはまったく意識もなかったからである。現在の日本人の頭を占める災害の記憶は、ほとんど一昨年（平成二十三年）三月十一日に発生した東日本大震災とそれに由来する大津波、そして福島第一原子力発電所の事故であろう。実はこの年の秋には台風による豪雨のため、紀伊半島で大規模な山崩れが発生して山中に塞き止め湖が出現し、下流の集落は洪水の危機に瀕していたわけであるが、世間からはすっかり忘却されてしまったかのようである。

新潟県中越地震の九年前の平成七年には、かの阪神・淡路大震災が起こった。その数年前にはまた別の場所で大地震があり、台風被害もあり、火山の噴火もあり……。ようするに、この日本列島上に住むかぎり、自然災害から免れられる場所はほとんどない、と言っても過言ではないほど、日本という国は災害大国なのである。

大災害が起こるたびに、この教訓を忘れないようにすることが大切だという意見が報じられ、被災者もその他の国民もみな異口同音にそう言うが、現実はまったく逆である。大災害に見舞われ被災者の救援も復旧も思うように進まないうちに、次のあらたな大災害が発生してその対応に追われ、人間の対策は常に後手後手に回ってきた。復興事業や防災事業は、国・自治体や政党の権力争いに発展したり、責任論争が巻き起こったりして、遅々として進まず、ダムや大規模道路といった公共事業は、当該地域住民の現在の生活を最優先させる考えと真っ向から対立した。

その結果、いつの時代も根本的対策はなし崩しになり、問題は先送りされた。だから、災害が起こるたびに、それは「未曽有」の大被害を引き起こし、多くの犠牲が出続けることになった。

そして、その繰り返しの中で日本人が民族的絶望に陥ることなく生き延びてきた方法とは、「のどもと過ぎた災害はなかったことにして、元どおりの生活を何とかいちはやく再建することだったのである。だから、自力で生活再建できない高齢者や障害者などの災害弱者と呼ばれる人々は、残念ながらいずれ「災害関連死者」の中にひっそりと加わっていく可能性を否定できない。

次の大地震は南海トラフだとか首都直下だとか噂されているが、もし万一そのような地震が起きて数十万人単位の被災者が出れば、平成十六年の新潟県中越地震はむろんのこと、平成二十三年の東日本大震災でさえ閑却されてしまうに違いない。

その地震で十五メートルを越す大津波に襲われ市街地が壊滅した岩手県陸前高田市では、津波の到達した地点に桜を植え、「桜ライン」と名づけた。桜の季節が巡ってくるたびに、津波がここまで来たのだという教訓を子孫に伝えんがためだと言う。だが何十年かたてば、その木の下で花見をする住民は、津波で市街地が完全に壊滅した当時のことを、意識的にせよ無意識的にせよ、思考の中から消してしまうだろう。

三陸地方に伝わる「津波てんでんこ」の知恵は、皮肉なことにはるか昔から日本国民全体に共有される「災害てんでんこ」「復興てんでんこ」の「知恵」に発展的に昇華していたのである。

この自然災害の多さは、日本列島の地理的位置と気候・風土に由来するもので、今に始まったことではない。飛行機や船で自由に国外に脱出できる時代ならいざ知らず、何十万年か前の原始時代の日本列島に住んでいた原日本人は、地震・津波・台風・洪水・山崩れ・雷、そして火山の噴火などの自然災害を恐れ、その被害にどれほど苦しんだことだろう。

ならば日本列島は呪われた島なのだろうか。否、誰もそうは思うまい。

眩しい春の陽光を浴びて河岸の土手になびく柳の芽吹きの美しさ、そこに桜吹雪が散りかかり、少し霞んだ青空に映える薄ピンクとみずみずしい若緑が目にも鮮やかだ。どこからともなく沈丁花のすがやかな香りが漂い、ウグイスやホオジロ、シジュウカラなどが盛んにさえずってわが世の春を謳歌する。

夏になれば、紺碧の空に純白の入道雲がもくもくと盛り上がり、山の緑は目にも濃い。深山ではカッコウやコマドリの声が谷に響きわたる。

秋は秋で、黄金の稲穂が平野にうねり、山は極彩色の錦に彩られる。果物や木の実が枝先で赤く色づき、街路ではキンモクセイの甘い香りが街中を包み込む。

冬もまた、真っ白な雪景色の中に濡れた木立の幹の黒い輪郭がくっきりと隈取られ凛とした風情である。キーンと冷えた空気や、人や動物の吐く白い息さえも、この風景にふさわしく美しい。

災害の元でもある活火山でさえ、この景色の中に溶け込むと、このうえもなく雄大で神々しいまでの姿となる。日本の国土は何と美しいのだろう。視覚のみならず五感のすべてを充足させられる美しさは他に類を見ないほどである。特に外国から日本を訪れる観光客は、みな日本の自然と豊かな産物に感動するという。この変化に富んだ美しい日本の風土は、東アジアのモンスーン地帯に位置する湿潤な気候と、急峻な山岳地形、環太平洋造山帯が創り出した合作である。

そして温帯に位置しているから、暑さ寒さも長続きせずそれほど極端ではない。適度な雨と日照は豊かな植物の実り（広葉樹の木の実）を約束する。四周の海は、二つの暖流と二つの寒流がぶつかりあう潮の目を何箇所ももつ世界四大漁場の一つであるから、沖へ出なくとも魚が海岸に押し寄せ、海草や貝・カニ・ウニなどの浅海資源を手に入れるのも容易であった。

ようするに、何十万年か前の日本列島に住んでいた原日本人にとって、平時の日本列島は見るに美しく、暮らすに楽で、食物の豊かなこの世の楽園といってもいいようなところだったのである。

仮に日本の自然が、砂漠地帯のように常に苛酷で、そのままではとても人間が住めない環境であったとしたら、原日本人も自然を改造したり征服したりしようとしたかもしれない。そして、人間をも自然をも支配する唯一絶対神を創造して、自然の征服を正当化したかもしれない。世界の大宗教の発祥地が、いずれも西アジアの砂漠地帯であることは象徴的である。あの地域では、人は絶対神がいなければ、そしてその力を借りなければ生きていけないのである。

しかし日本列島はそうではなかった。日本には一年をはっきり四等分できる四季の区別があるが、これは同じ季節が三ヵ月しか続かないということである。しかも、春→夏、夏→秋、秋→冬、冬→春の季節の変わり目には必ず天候不順になるから、安定した天候が続くのはそれぞれの季節の中ほど一ヵ月程度であろうか。だから長雨や日照りといっても、一ヵ月も我慢すれば季節が移ろって自然に終わる。「暑さ寒さも彼岸まで」「梅雨も菜種梅雨も一ヵ月」なのである。アフリカの乾燥地帯のように、三年間雨が一滴も降らないなどということは決してない。

低温・乾燥を好むウィルスは夏には生きられず、高温・多湿を好むカビやバクテリアは冬には生きられないから、流行病も半年以内に収束する。

これ以外の災害はたまにしか起こらず、しかも一過性である（だからこそ、福島第一原発の事故とその後の放射能漏れは天災ではなく人災であると断言できる）。台風は一晩で通りすぎ、雷は一瞬である。大地震・大津波・洪水や火山の噴火は何十年・何百年に一度である。一昨年の東日本大震災に匹敵する大地震は、東北地方では千年前の貞観時代にあったという。それを聞いて「向こう千年はこの規模の大地震はこの地域にはもう来ない」と、元の場所に家を建て始めた被災者もいるらしい。

人間にとって自然環境は親のようなものである。常に苛酷すぎる厳格な親では、子供は初めは痛めつけられるが、そのうちに親を乗り越え征服することを考えるようになる。逆に、何でも子供の言いなりになる甘い親では、子供は親の存在を無視するようになり、尊敬を得ることはむずかしいだろう。

日本の自然のように、平時は美しく穏やかで豊かな実りを約束してくれるが、いったん怒り狂うと猛威を振るい、恭順してしばらく待っていると、また元の美しく穏やかな状態に戻る自然は、さしずめメリハリの利いた子育てのできる、子供に尊敬される親なのである。この子供は親を賛美し、従うことに喜びを見いだし、征服したり無視したりは考えなくなるだろう。

日本人は基本的に自然を改造しようとは思わない。庭園にしても絵画にしても、人間が手を加えないように見える状態におくのが最も美しいと考える。そして自然の事物一つ一つに神が宿っているから、その一つ一つを尊重しなければならないと考える。そこいらに立っている木も、ある程度古くなって太くなると、もう神が宿っていると考えて注連縄を張ったりし、伐採することに罪悪感を覚える。

公害で自然が破壊されたと反省するやいなや、たちまち対策に乗り出し、いちはやく復元しようと必死の努力をする。高度経済成長時代にあれほど汚染され悪臭を放っていた東京の隅田川が、白魚の遡上する清流に蘇ったのは、西欧的な近代化に逆行するがごとき奇跡的な快挙であるが、当の日本人はむしろ当たり前のことだと考えている。

東京の大気汚染に歯止めをかけようと、石原慎太郎都知事（当時）は、ある日突然ディーゼル車に排気ガスを浄化する装置の装着を義務づけ、期限を過ぎても従わない車は都内に一歩たりとも入れないという強硬な政策を打ち出した。業界は口では猛反発したが事実上の反対行動などはせず、むしろメーカーも環境技術開発業者もこの「外圧」に応えるべく必死の努力をした結果、東京の空気は十年前よりむしろきれいになったのである。隣国・中国が工業発展と車の増大によって、年々深刻化する大気汚染問題を起こしているのと好対照である。日本の環境技術が世界最先端であるのも故なきことではない。

長引く不況にもかかわらず、日本で最もよく売れている乗用車が高価なハイブリッド車であることは、単に燃費がよいという経済的な理由だけではあるまい。昨夏も今夏も猛暑であったが、各家庭では自主的な節電に努め、広域の大規模停電を免れ得たのも、日本人が心の奥底で自然を尊重し、環境に悪いことはしたくないと思っていることの証左であろう。

旅行に行って写真を撮れば、風景だけの写真を撮ることが多く、特定の人物が入り込むことを好まない。欧米人のように、人物（なかんずく自分）が入っていないと絵にならない、とは考えないのである。

筆者はアマチュア歌手としてドイツ・リートの研究もしているが、世界中で歌われかつ研究もされているシューベルトの歌曲集「冬の旅」の写真集や絵画を捜し回ったことがある（注1―2）。欧米人の作ったものには必ず風景の中に主人公の若者や恋人の幻想などが描かれる（注1―3）のに対して、日本人の作ったものには人物がまったく出てこず、ただただ雪と氷の冬の野山の景色がえんえんと続いていく（注1―4）のがきわめて特異的であった。

これらの底にある日本人の自然に対する心理、それは畏怖の感情である。

第二節　原ユーラシア人の宗教感情――自然は神である

原日本人はホモ・サピエンスの一員であるから、ホモ・サピエンスに共通する生活形態をとっていたはずである。それは一組のつがいとその子供たちから成る単位家族が複数集まった、複数のオスと複数のメスとその子供から成る、ゆるやかな群れである。

考古学でいうと、この時代の日本は旧石器時代ということになる。旧石器時代といえば、よくシカやイノシシなどの大型獣を男たちが石斧や石槍で狩っているさまが紹介される。ラスコーの洞窟壁画にも大型獣を狩る原始人の様子が描かれている。しかし、日本の原始時代では、大型獣はよほどエサが乏しくなったときに群れの男たちが協同で狩り、あるいはたまたま手に入ったときに食べるくらいで、実際の常食はもっと安全かつ容易に手に入る貝・カニ・木の実などであった。貝塚があちこちに発見される所以である。

こういうあまり動かない物を採集するのが主ということになると、群れ自体も獲物を求めて広い地域を大移動ということにはあまりならない。また、群れの人数があまり多くなっても食物が足りなくなるだろうから、せいぜい二、三家族、総勢十数人であったと推測される。

原日本人は人間である以上、何らかの言葉を話していたに違いない。接近する危険やエサのありかを知らせるなど、生活に必要な情報を群れの仲間に伝達する方法は単純で具体的であるから、使う言葉も

「クマ！」

などそのものズバリの直接表現だろうし、もっと言えば言葉によらなくても可能である。その証拠に、群れを作る動物はみな、哺乳類・鳥類はもとよりミツバチのような昆虫でさえ、何らかの方法でこれらの情報を仲間に伝達しているのである（注1―5）。この日常的な伝達表現に待遇（敬意表現）は必要ない。最も簡潔に内容を述べることが最も効率的であり、かつ生存に最も有利だからである。

この日常的な情報伝達の他には、挨拶表現や怒っている相手をなだめるなだめ表現があったと思われる。敬意表現がないのに、なぜ挨拶表現やなだめ表現があったと考えるかというと、人間と同じような群れを作るオオカミやチンパンジーにもこれらの表現行動が存在するからである（注1―6）。

挨拶行動としては、オオカミでは下位者が上位者の口のあたりをぺろぺろなめ（飼い犬が飼い主に対して行うものも同じ意味である）、チンパンジーでは毛づくろいをする。怒っている相手に対するなだめ行動としては、オオカミでは首や腹などの急所を見せ、チンパンジーでは手を差し出す。これらの行動は、幼児が大人に甘えたり、排尿・排便の世話をしてもらったり、エサをねだったりする行動が様式化されたものである。

人間でこれにあたるものを探せば、お辞儀（低頭）は明らかに下位者の上位者に対するなだめ行動であり、武装解除を意味する挙手・抱擁・握手や、頬・口への軽いキスも、この挨拶行動やなだめ行動と考えられる。行動でなく言葉で表現することも十分に考えられるが、恋人どうしの間で時に聞かれる赤ちゃん言葉がその系譜であると、動物行動学者のデズモンド・モリスは指摘している（注1―7）。

こういう生活の中で、人々が最も恐れていたものは何であろうか。大型獣（クマ・トラ・オオカミなど）や他の群れの人々に対しては、日常的に遭遇する機会も少なくなく、それらへの対処法は十分にわかっていたはずである。アフリカのサバンナに行けば、ライオンやチーターなどの大型肉食獣と捕食動物であるインパラ・ガゼルなどの草食獣とが、つかず離れずの距離で互いに生活空間を共有し、どちらも絶滅することなくいわば共存共栄で暮らしているからである。

むしろ、恐ろしいのは突然やってくる避けようのない（対処法のわからない）天災であっただろう。前に述べたように、災害大国の日本では、地震・津波・台風・豪雨・洪水・日照り・火山の噴火などの自然災害と、当時の人間の力ではどうにもならなかった病気が、最も恐ろしかったはずである。

自分たちの力の及ばない存在を「神」とみなす、という考え方は、世界中に存在する。それは世界の主な宗教とそれ以前の文明を比較することで明らかになる。

日本はユーラシア大陸の東に浮かぶ島国であるが、ユーラシア文明の伝播の行き止まりととらえることができる。古代文明の発祥地をバビロニアかアナトリア地方あたりと推定すると、そこからシルクロード方面の陸路を通って中国から朝鮮半島など東へ進むルートA、インドからスリランカ、マラッカ海峡を通る海路でフィリピン・台湾など東北へ進むルートB、逆に黒海・地中海へ出て海路を通りギリシャ・イタリア・スペインなど西へ進むルートCという三つのルートが想定される。

日本列島に流入してきた文明として、ルートAからは北方騎馬民族も来たであろうし、朝鮮半島の国、百済を経由して漢字・儒教や仏教が入ってきた。ルートBからは稲作に代表される弥生文化が入ってきた。ちなみに、大野晋氏は「日本語タミル語起源説」を唱えたが、氏の言う日本語とは弥生時代以後の言語であり、弥生文化がルートBを通って入ってきた以上、言語もタミル地方の影響を受けていないとは言い切れない。紫式部をして「物語のいできはじめの祖（おや）」と言わしめた「竹取物語」がチベットの伝承に原型をもっていることは、すでに指摘されている（注1―8）。また近年、古代史学者たちの研究によって、記紀神話の多くがインドの古典「リグ・ヴェーダ」に存在する話と酷似しているという指摘もなされている（注1―9）。

ルートCは地中海のギリシャ・エジプト・ローマ文明へとつながるわけだが、上の想定ではルートAもBも、もともと発祥地を同じくする文明の、伝播の方向の違いによるバリエーションに過ぎないから、当然何らかの共通点が見出されるはずである。

そこで記紀神話・仏教説話とギリシャ神話を比較すると、次に挙げるように、非常に多くの類似点・共通点が見出されるのである。これは日本もユーラシア文化圏の一部であったことの重要な証拠になるのではなかろうか。

（ギリシャ神話には諸説あり、神々の名もさまざまに伝えられているが、以下、主にカール・ケレーニイ『ギリシアの神話』によることにする。注1—10）。

たとえば、記紀神話では世界を分けるのに、三柱の神すなわち、アマテラスオオミカミ（天・地）・ツキヨミノミコト（黄泉の国＝冥界）・スサノヲノミコト（海）が担当したが、ギリシャ神話ではこれが、ゼウス（天・地）・ハーデス（冥界）・ポセイドン（海）となる。双方の違いはアマテラスが女神でゼウスは男神だという点であるが、沈着で冷徹なハーデスや荒ぶる神のポセイドンの性格は、そっくりそのままツキヨミノミコトとスサノヲノミコトにあてはまる。アマテラスが女性でその孫ニニギノミコトが降臨して地を治めるという記紀神話の特徴は、時の持統女帝から孫の文武への皇位継承を正当化するためであったと推察される。

記紀神話最大の英雄といえば景行天皇の皇子、ヤマトタケルノミコトであるが、ヤマトタケルの悲劇的な人生はそっくりそのままギリシャ神話最大の英雄（＝半神の意）、ヘラクレスの悲劇にあてはまる。

ヘラクレスはゼウスの息子でありながら、正妻で結婚の神であるヘラの嫉妬によりしばしば狂気に見舞われ、人殺しなどの罪を犯してしまう。その償いのために、さまざまな無理難題である十二の功業を命じられ、ついにこれを成し遂げる。

しかし、妻・デイアネイラの嫉妬のため、かつて退治した猛毒の水蛇ヒュドラの毒を塗り付けた礼服を送られ、これを身にまとったところ服が肌に張りつき、皮膚をすべて剥ぎとられる苦痛を与えられることになる。夫・ヘラクレスの浮気封じの薬と思いこんで、ヒュドラの毒を礼服に塗った妻は、最愛の夫が永遠の苦痛に苦しんでいる報を聞き、自らの行いを悔いて自殺してしまう。

ヘラの乳を飲んで不死身であったヘラクレスは、妻から訳を聞こうにも自分は不死で冥界に行かれないためかなわず、せめて永遠の苦悶から解き放たれたいと、生きながら火葬され、肉体が滅んだのち天界に迎えられて星座となった。

ヤマトタケルも兄・オホウスノミコトを狂気のようにつかみつぶして殺戮してしまったため、今度は自分の命も危ういと恐れた父・景行天皇の命により、決死のクマソ征伐や出雲・東国征伐に派遣されることになる。クマソを征伐した際、女装して宴席にもぐり込み隙を狙って斬殺する話や、東国征伐の際荒れ狂う海に自分の身代わりとして入水した最愛の妻・オトタチバナヒメの話、ヤマトに帰還することもかなわず出征先で最期を遂げる話など、まさにヘラクレスの出生や功業（人生）によく似ている。

これ以外にも、死んでしまった妻・イザナミノミコトを黄泉の国へ迎えに行き、振り返ってはならぬという禁を破ってウジの湧いたイザナミの姿を見たために追われるイザナキノミコトの話は、毒蛇に噛まれて死んだ妻・エウリュディケを追って冥界へ行き、やはり振り返ってはならぬという禁を破って永遠に失ってしまうオルフェウスの話に似ている。

スサノヲノミコトがヤマタノヲロチを退治して人身御供にされていたクシナダヒメを救い後に妻にした話は、英雄・ペルセウスが怪竜を退治してその人身御供に捧げられていたアンドロメダを救って妻にした話とまったく同じで、この種の英雄譚を「アンドロメダ型」と呼ぶ。

仏教説話にもギリシャ神話との共通点がある。仏教説話では、この世（此岸）とあの世（彼岸）との間に川があり、渡り瀬が三つある（三瀬川・三途の川）。この世で生を終えた人間は、この川の渡し守に船賃を払って小舟に乗り、向こう岸へ渡してもらう。筆者が子供のころには、葬式の際、柩の中に紙で作った六文銭（三途の川の渡し賃）を入れたものである。

この世で善行をなした者は、極楽へ行き永遠の安楽のうちに暮らす。この世で悪行をなした者は地獄へ行くことになるが、地獄の入口には牛頭（ごず）・馬頭（めず）という門番が立っており、中に閻魔大王がいて、死者の霊はここで審判を受け、相応の永遠の罰を受ける。嘘をつけば舌を引っこ抜かれてしまう。

一方、ギリシャ神話では、この世とあの世の境には川が三本ある。そこへ行く手前には恐ろしい番犬・ケルベロスがいて、死者が通るときにはおとなしく見ているだけだが、生者が通ろうとしたり死者が後戻りしたりしようとすれば、襲いかかって引き裂いてしまう。

最初の川はアケロン（悲哀の川）で、これは地上のコキュトス（嘆きの川）とつながっている。このアケロンにはカロンという渡し守がいて、やはりここで銭を払わないと向こう岸に渡してもらえず、永遠に岸辺をさまよっていなければならない。二本めはプレゲトン（火焔の川）で、ここで死者の霊は神火によって焼き清められる。三本めはレテ（忘却の川）で、死者はこの水を飲み、地上で経験したことの一切を忘却する。冥界の三本の川は合流して、ステュクスという女神の名のついた大河となって冥界中を巡っている。

レテを過ぎた死者の魂は、ここで初めて冥界の王ハーデスらの審問を受け、神々に愛された者と生前エレウシスの秘儀を受けた者は、そよ風の吹くエリュシオンの野で永遠の安楽な暮らしを約束される。一方、ここで有罪と判定された者の霊は、その罪状に応じた永遠の罰を受けるか、さらに地下深くの暗黒世界・タルタロスへ落とされた。

余談であるが、現存するギリシャ神話に諸説あるのは、地中海・中東地方の伝承を集めたものを、古代ギリシャ人たちがそれぞれに記録してきたからで、中にはエジプトや中東の伝承とも重なるものもある。『旧約聖書』のノアの箱船やシェイクスピアの『ロミオとジュリエット』にそっくりの話がギリシャ神話の中に存在するのも決して偶然ではなく、そういう共通の伝承がその地方に伝わっていたからで、シェイクスピアやゲーテ、シラーといったヨーロッパの文豪は、それらの伝承を翻案して自分の作品の中に取り込んでいったのである。

さてこのように、キリスト教が普及する前のヨーロッパ文化は、ギリシャ神話に端的に表れているように多神教的で、しかもこの神々には善悪の観念がない。ギリシャ神話の神々の中にはずいぶんひどいことをする神もいるが、人間はただ信じて従えばよいというふうに描かれる。これはギリシャ神話の神が人間のような独立した人格を持つものではなく、自然現象やその抽象性を神格化したものだからである。

アマテラスが太陽神であったのと同様、ヘリオスは太陽そのもの、セレネは月そのもの、オケアノスは大洋そのものである。ただし、ギリシャ神話にはこの他、太陽の輝きと栄光を具現化した神・アポロン、月光の純潔性を具現化した女神・アルテミス、海の激浪と豊穣を具現化した神・ポセイドンがいる。この他、冥界の王・ハーデス、天空の神・ウラノス、大地の女神・ガイア、美と愛と豊穣の女神・アプロディーテ、争いの女神・エリス、農耕と豊穣の女神・デメーテル、火と鍛冶の神・ヘパイストス、盗みと交易と仲介などの神・ヘルメス、しばしばいたずらをして騒動の種となる西風の神・ゼピュロスなどがいる。

オリュンポス神族の他にも巨人（ティタン）神族として、人間を土から造り火を与えたプロメテウスや、地の果てに立って天空を両肩に担う罰を与えられたアトラスなどがいる。また、世界を破壊する怪物テュポン（「台風」の語源となった）やギガスたちも、もともと大地の女神・ガイアから生まれたものである。

このように、自然の草木・湖沼などの精であるニンフまで含めると、ありとある自然現象とそれに伴う事物・抽象概念や感情が神格化されている。まさに「八百万（やおよろず）の神」なのである。

また、ギリシャ神話の神々はいつでも自分の望むものに変身できる。ゼウスは白鳥や馬・牛に変身して人間の女と交わったり、また黄金の雨となって塔に閉じ込められていたダナエの元を訪れ、英雄・ペルセウスを生ませたこともある。古代史学者たちは、記紀神話時代には帝王の儀礼的な獣婚があったと述べているが（注1―9前掲書）、これはのちの『延喜式』「大祓」の「国つ罪」として獣婚が挙げられていることと無関係ではなかろう。

反対に人間が神に褒美として願うと、望みどおりの姿に変身させられた。老夫婦・ピレモンとバウキスは死ぬときは一緒に、また死んでからもいつまでも一緒にいられるようにしてほしい、とユピテル（ローマ神話でのゼウスの別名）に願い、死んだ後も冥界へ行かず、ユピテル神殿の前に立つカシとボダイジュに成り変わった。

メドゥーサやアラクネのように、自分のほうが神よりもすぐれていると自慢した者は必ず罰を受け、恐ろしい姿に変えられてしまった。トロイ戦争の英雄であったはずのオデュッセウスも、帰路、海神・ポセイドンの子（一つ目の巨人族）を殺したためにポセイドンの罰で海難に遭遇し続け、故郷のイタケに帰還するまでに十年の苦難を余儀なくされた。これらは、人間が傲慢に自然と争ったり破壊したりすると、必ず自然から手痛いしっぺがえしを受けるという教訓にもなっていると言えるだろう。

ついでに言えば、ギリシャ神話において、冥界は地下またはこの世の西の果てにあるとされた。これは記紀神話でも同様である。ギリシャから見て西の端とはフランスあたりである。そこで、冥界の極楽エリュシオンの野はフランスにあることになり、このあたりの地名はフランス語でエリゼと呼ばれた。現在、パリ中心部にあるフランス大統領府（エリゼ宮）やエリゼ通り（シャンゼリゼ）の名はここから来ている。

隠岐島はもとは沖にあったから「オキの島」と呼んだのだろうが、出雲神話でここを冥界扱いしたために「隠岐」の文字をあてたと思われる。貴人の死は「雲隠れ」と別称され、「死ぬ」の最高敬語は「お隠れになる」であるからである（注1―11）。隠岐が冥界なら、出雲は冥界からの出口ということになる。畿内のヤマト政権から見て出雲はこの世の西の端にあると思われたのであろう。イザナキが冥界から追ってくるイザナミを避けたヨモツヒラサカは出雲にある。

出雲大社は注連縄の綯い方が通常とは逆になっている。また、通常の神社は二礼二柏手で参拝するものを、出雲大社に限り四礼四柏手で参拝することになっている。これは、出雲大社が隠岐（冥界）に封じ込めた神が出てくる（再生）のを防ぐ目的で建てられているためで、参拝のたびにそこに祭られているオオクニヌシに四（死）を言霊としてなすりつける意図があったからである。

のちに、足利尊氏（一三〇五～一三五八）が後醍醐天皇（一二八八～一三三九）を中央から排除する際、隠岐に遷幸としたのも、言霊の力によって神の子孫である天皇に死の烙印を押すために他ならなかった。最近、出雲市で発見された国富中村古墳（六世紀末～七世紀初め）内で、いったん埋葬したのちに掘り返して遺骨を破壊するなどの、死者が蘇らないよう願う「再生阻止儀礼」が行われた形跡が見つかった。そして畿内中心部の古墳にはこのような再掘の痕跡はないと言う（注1―12）。私見であるが、ここに埋葬された者は恐らくは身分ある反逆者であったと思われる。

ヨーロッパではこの後、キリスト教が猛烈な勢いで浸透し、人々は完全に教化され、この世の自然も事物も人間もすべてたった一人の神が造ったという思想に染まってしまった。そして、神の定めた戒律を人間が厳格に遵守することが信者の要件となり、神と個人との契約で信仰が成り立つという前提が確立された。中東ではこれとまったく同じことが、イスラム教で行われた。インド発祥の仏教もややゆるやかな形で、一神教的な世界観となった。

しかし、古代ギリシャや古代ゲルマンでは、このような一神教的な世界観はなく、自然のありとあるところに神が宿っているという多神教的な世界観で、その神には逆らえない、神の言うことを信じてその通りに従えばよい、そして困り事があるときはどれかの神に頼めば何とかしてくれるという生き方がなされていた。極東の島国・日本でもまったく同様で、仏教もキリスト教も伝来はしたのだが、完全な一神教になることはついぞなかったのである。

第三節　日本人の宗教感情——先祖崇拝

人が死んだとき、日本では火葬が一般的である。そして、遺体を焼くと骨上げして墓に納め、その後、命日を始めお盆やお彼岸には墓に詣でて供養をする。家庭には仏壇があって近親者の位牌が納められており、日本人はそれに向かって、毎朝新しく沸かした湯で入れたお茶と炊きたてのご飯を上げて拝む。到来物もまずは仏壇に供え、その後お下がりをいただくことになる。家に仏壇のない都会の人でも、お盆やお彼岸には故郷に帰って先祖の墓参りをするだろう。

ふだん無宗教同然の生活をしているわれわれも、墓や仏壇で手を合わせると、その時だけは何となく殊勝な気持ちになる。理由はない。幼いときから両親が先祖を拝む姿を見ているうちに、墓や仏壇で手を合わせると、何となくそういう気持ちになるようになったのである。

知人にSさんという中国人がいる。筆者がかつて中国の河北大学で日本語教師をしていたときの同僚で、日本の大学で研究を続けるために来日していた。この人は来日当初、神奈川県逗子市のとある一軒家に間借りしていた。ここはおばあさんの一人暮らしで、部屋が空いているから、掃除や雑用をしてくれれば部屋代はいらないという、Sさんにとっては願ってもない条件の家だった。

この家には仏壇があって、おばあさんは毎日ご飯と水を上げてお参りをしていた。Sさんは、初めこれを不思議な（不可解といったほうが正確かもしれない）気持ちで見ていたのだが、Sさんがお守りとして持ってきた小さな観音像を仏壇に置いてくれ、一緒に拝んでくれるようになってから、気持ちが少しずつ変わってきたのだそうである。おばあさんは、

「Sさんのお母さんもおばあさんも、そのまたおじいさんもおばあさんも、みんなここにいらっしゃるんですよ。さあ、一緒にお参りしましょう」

と言ったそうである。Sさんも初めは真似をして手を合わせていたそうだが、そのうちほんとうに亡くなった母親に向かって、

「どうぞ今日一日私をお守りください」

と祈っているような、そしてその母親に見守られているような、何とも安らかな落ち着いた気分になってきて、外国に暮らす緊張がほぐれ、癒されるように感じ、その日一日がたいへん楽に暮らせるようになった、というのである。

Sさんは最後に筆者に向かって、

「日本人っておもしろいですね」

といかにも感慨深げに語ってくれた。

Sさんが体験した安堵感は、きっとわれわれ日本人も、ふだんは気づかないが確実に心の奥底にあって、日々を生きていく支えとしているものに相違ない。現世がすべてで死んだら終わりと考える中国人の死生観と比べると、日本人がいかに先祖崇拝の気持ちを持っているかが理解できる。自分が遠い過去の人間たちと、連綿と続く

一本の糸でしっかりとつながっていること、そして日本人がそのつながりをとても大切に思っていることを痛感する。

老人たちは誰も供養する者（墓守）のない無縁仏になることを恐れている。生きているうちから墓地や霊園を買ったりし、中には戒名までつけてしまう人さえいる。墓や死に装束・骨壺がビジネスの対象になるのは、日本くらいのものではあるまいか。

日本人は死ねばあの世へ行き、そこで先祖の仲間入りをするのである。火葬が広まる前の土葬の時代であればなおのこと、死ねばそのまま自然に帰っていく。

日本では生産に関係することは神の領域とし、死に関係することは仏の領域とする習慣ができあがっている。本来の仏教は一神教であるから、仏教による誕生行事も結婚式もその他の儀礼もすべてあることはあるのであるが、日本ではあまり一般的ではない。日本が真の仏教国でない証拠である。

もう一つ特徴的なことは、日本人は死ねば誰彼の区別なくみなホトケになれる。生前に善行を積んだかどうかに関係なく、とにかく死ねばホトケである。警察関係の隠語では「ホトケ」とは死体そのものを言う。しかし中国でもタイでもその他の仏教国でも、人間は死んだからといって決してホトケになったりはしないのである。一神教の仏教においては、仏とは釈迦ただ一人だからである。

タイからの留学生に日本語を教えていたとき、

「日本人は死んだ人のことを仏様と言います。私の母も仏様です」

と言ったら、敬虔な仏教徒の学生たちは目を丸くして驚いた。

中国の寺院での人々の礼拝のしかたを見ていて、日本人の礼拝とはだいぶ違うと思ったことがある。中国人が仏教寺院で仏像を拝むとき、文字通り膝をつき額を地にすりつけ、礼拝する。仏像の前には、膝をついて額ずくための座布団が備えてあることもある。

チベット仏教やイスラム教の場合はもっと丁重である。チベット仏教では、本尊の前にたどりつくまで、巡礼の人々は一歩ごとに地面に体を投げ出して祈る（五体投地）。そこで、聖地に至る石畳の道は、人々の服にこすられてぴかぴかに輝いているほどである。これは筆者が中国・河北大学の教師だった時代に、青海省西寧の塔尓寺（タールスー）付近で目撃している。

ようするに、中国の仏教やチベット仏教、イスラム教では、人々は絶対者としての仏や神を拝んでいるのであり、まちがっても自分の先祖を拝んでいるわけではないのである。唯一絶対の存在を拝むのであるから、五体を投げ出すくらい当然であろう。

日本人が墓や仏壇で拝むときは、だいたい手を合わせて頭を少し下げ、目を閉じる。寺の本堂の本尊を外から拝むときでも、立ったままであることが多く、そこで膝まずく人はたいへん珍しいと言わなければならない。結局これは、仏像を拝むと称して、実は釈迦如来を拝んでいるのではなく、自分の先祖を拝んでいるからであって、自分の近い先祖を「ホトケ様」と呼んではばからないことにも通じるのである。

日本の仏教は中国やタイの仏教とは違う。中国やタイからの留学生は、日本の僧侶が結婚し子供をもうけていることに驚愕する。日本の仏教は、僧侶という一個人が仏陀という一神と向き合う本来の仏教ではなく、葬祭儀礼と継続的な先祖崇拝（墓守）を担う役割が重視されるから、檀家の墓を供養する後継者がいなくなることは絶対に避けなければならない。そういう地域の特殊性から、本来僧侶なら守らなければならないはずの女犯（にょぼん）の戒さえ、許されることになってしまうのである。

だから、僧侶といえども一般人となんら変わることなく妻子を持ち、酒を食らい、肉食もする。そのうえ非課税なのだから、人生やりたい放題だった有名人が余生を安穏に暮らすために出家する、という本家の仏教国ではおよそ考えられない事態も起こりうる。

さらにまた、先祖の中でも特にすぐれた働きをして地域の人々に崇められるほどの存在になると、その人は神になる。千葉県の口之宮神社（佐倉惣五郎）、熊本県の布田神社（布田保之助）など、日本各地に個人を御神体とする神社があるが、その地域に貢献した個人（多くは名主など地域の最上位者）が祭られ、その地域の子孫たちはその神社をお守りしながら、先祖の事蹟をたたえ、伝え続けていくことになるのである。

日本人がこのように先祖とのつながりを大切にするということの背景には、そもそも日本人の起源がどこまでもたどっていけて、しまいに神の系譜につながっていくという事実がある。もちろん、現存の人にはすべて祖先があり、それが有史以前にまでさかのぼれるのは動物として当然なのだが、日本人は外国人に比べてこの連綿と続くつながりを特に強く意識しているのである。

日本人の系図がどんどんさかのぼっていくとついには神の系図に連なってしまうことは、確かに世界でも類を見ないことかもしれない。中国人の系譜をたどっていっても神には行き着きそうもないし、欧米人の系譜はギリシャ神話ではプロメテウスによって土をこねて造られたもの、『旧約聖書』ではアダムとイヴまでで、そこから先は切れてしまう。このことは渡部昇一氏が『日本史から見た日本人・古代編』の中ですでに検証している（注1―13）。

日本人が現世で行動を起こすとき、「ご先祖様に申し訳がない」「これでご先祖様に顔向けできる」という意識の上に行動規範を作っていったとすれば、先祖がなしえなかったことを子孫がすることはできないことになる。

つまり、自分の先祖が仕えていた人の子孫を、子孫の自分が倒すことはできないのである。

日本の歴史において、歴代の天皇はずいぶん危ない目に遭っているが、それでも皇統が何とか連綿と守られ続けてきたのは、日本人が自分の先祖を超えることを忌んで、神の直接の子孫であるところの天皇家を尊重し続けてきた結果である。

後で日本史を通覧して再度確認するが、日本史上で天皇が弑逆されたのは、父・大草香皇子の仇を討つために眉輪（まよわ）王に刺殺された安康天皇と、飛鳥時代の蘇我馬子（?～六二六）の画策による崇峻天皇の暗殺（五九二）のみである。安康天皇刺殺は、皇室内部で親子兄弟が血みどろの皇位継承争いを繰り広げていた結果であり、父の仇討ちという大義名分があった。

他方の蘇我氏は武内宿祢（生没年不詳）の子孫と称しているが、字音の姓を名のっているから、渡来人と考えたほうが自然である。馬子・韓子など馬韓（百済の前身）出身を思わせる名前の人物も出ている。しかも「蘇った我」（または「我を蘇らせよ」）という文字自体が穏やかでない。「ソガ」という発音は朝鮮語の「ソッカ」に酷似しているが、これは「釈迦」の朝鮮語読みである。つまり、蘇我氏は釈迦の生まれ変わりを自称し、自らもそう信じて疑わず、当時まだ伝来して間もない仏教の普及に尽力した。そして、それに反対した崇峻天皇を排除するため暗殺したと考えれば、辻褄が合うのではないか。

日本史において民衆が支配者を倒すクーデターというのはほとんどない。百姓一揆は数知れず起こっているが、そもそも一揆の目的は自分たちの要求を支配者たちに聞き入れてもらうことである。具体的には、年貢を少なくしてもらうとか、借金を棒引きにしてもらうとか、非道な代官を罷免してもらうとかということであった。

一揆が初めから封建秩序という政治体制そのものを覆すことを目的として行われたのは、応仁の乱（一四六七

〜七七）前後の一向一揆と山城の国一揆だけである。一向一揆は言うまでもなく、山城の国一揆の背景にも、蓮如（一四一五〜九九）によって集団組織化された一向宗の影響が重大な影を落としていた。

なぜ日本の歴史上でクーデターがないかというと、死ねばホトケになってあの世で先祖の仲間入りをしなければならない日本人は、現世の体制秩序を崩すことが先祖の秩序を崩すことになることを恐れたからである。その恐れを克服するには、あらたなる宗教理念が必要であった。

逆に言えば、非常に強力な宗教の力でも借りないかぎり、日本人は体制秩序そのものを覆す行動には出られないと言えるのではなかろうか。先進国でこれほど政教分離が徹底して行われているのは日本くらいのものであるが、オウム事件が起こるずっと以前から、日本人は強力な宗教によって死生観が変わると現世の秩序が乱れることを本能的に察知していたと言えるだろう。

革命とクーデターで歴史を作ってきた欧米では、今日選挙という平和的な手段によって政権交代が容易にでき、政策を百八十度転換できる。しかし日本では、政権が自民党以外の政党に交代してもなお、政治の継続性を重視して政策転換がなかなかできないのは、歴史上、革命やクーデターがないに等しかったことと無関係ではない。

最近、特に都市部では先祖代々の故郷の墓に入らず、個人で墓を購入する人が増えている。そして子供に墓守の苦労をさせたくないという親は、芝生の下に他人と共同で入りそのまま自然に帰る樹林墓地の公募に殺到する。老親の介護を施設任せにしたり、死んでも葬式を出すどころか親名義の年金を着服したり、逆に子供より猫がかわいいとわが子を餓死させたり、今や日本人の伝統的な死生観は危機に瀕しているように見える。

もし日本全体にこのような風潮が広がったとき、大規模なクーデター（現世秩序の崩壊）が起こるか、あるいはその時の日本人にクーデターを起こすエネルギーがもしなければ、外国の意のままになる傀儡国家と化してしまうかもしれない。

第四節　天皇とは何か――自然＝神が具現化した象徴

記紀神話によれば、神武天皇はアマテラスオオミカミの孫・ニニギノミコトが宮崎県の高千穂の峯に降臨し、その子孫・カムヤマトイワレビコノミコト（神武天皇）が「討ちてしやまん（討たずにおくものか）」と次々に東方へ侵略して支配地を固めたとされ、神の子孫ということになっている。したがって、この神武から万世一系でつながっている天皇家は、神の直系の子孫ということになる。

日本のように原ユーラシア文化の生きている国では、神とは自然そのものであるから、実は庶民も死ねば土に帰りホトケ（特別な功績者は神）となるわけで、天皇家と根本的な違いがあるわけではない。にもかかわらず、日本史上で天皇家を覆す行動を起こしたのは、前述の飛鳥時代の蘇我氏だけである。蘇我馬子は崇峻天皇を暗殺したが、孫・入鹿（「鹿苑に入る」の意であろう。?〜六四五）の代になって中大兄皇子（六二六〜六七一、のちの天智天皇）・中臣鎌子（六一四〜六六九、のちの藤原鎌足）らにより、宗家が滅亡する。これが乙巳の変（六四五）と言われる事件である。

ただし、蘇我氏は、倉山田石川麻呂（?〜六四九）の家系が依然として朝廷の重職を占め、天皇弑逆という大罪を犯したにもかかわらず一家断絶にはならなかった。これ以後の日本は仏教を国教化させていくから、仮にも「釈迦」を名のる家系を断絶させるわけにはいかなかったのであろうか。

これ以後の天皇は、前に述べたようにそうとう危ない目にも遭っているのだが、少なくとも皇統が血縁のない第三者に簒奪された記録はなく、先の第二次世界大戦で敗戦するまでは、日本において民衆が直接共同で統治するような共和制や民主主義・共産主義体制になったことは一度もない。

ところで、『古事記』は皇室内の私的伝承であるが、『日本書紀』は後代に伝えるために政権が公に書き残した歴史書で、「日本」という国号が最初に文献の名に登場するのもここからである。記紀は、天智天皇の息子・大友皇子（六四八～六七二）との皇位継承争い（壬申の乱）に勝利した天武天皇（大海人皇子、？～六八八）が編纂を明じ、元明天皇（六六一～七二一）の代になって完成した（七二〇）。いわば戦いに勝利した側が自らの正当性を内外に主張した「御用歴史」である。

天皇の最も重要な仕事は、神としてそこに存在し、人々から崇拝される偶像となることである。これはすなわち象徴となるということである。日本人にとって自然＝神であるから、死ねばみな自然に帰り、神の仲間入りを果たすことになる。このような先祖崇拝が主の日本人にとって、広く言えば天皇は自分の先祖を含む自然を一身に体現した象徴であるから、人間が自然を畏怖するのと同様に、天皇も畏怖されなければならない。つまり天武の理想とは、自然に連なる神である天皇が、生前はもちろん死後も、人々の尊崇を集めることであった。そしてその尊崇は、人々が自分の祖先を崇拝するのと等質のものであったのである。

自分の先祖を超えることのない日本人に、天皇家を凌駕する気持ちの湧いてくるはずのなかったことが、ここから明らかになるであろう。

ところで、このような歴史観を持っていた天武天皇という人物はどのような人物であったのだろうか。『日本書紀』では最も偉大な帝王ということで、上下二巻に分かれて記述されているほどの最重要人物であるのに、歴代上の天皇の中でただ一人生年が不詳である。記紀では天智天皇の同母弟ということになっているが、幼いころの大海人皇子の記録はなく、乙巳の変の後から突然歴史に現れる。

中大兄の「大兄」という称号は「年長の跡継ぎ」というような意味と解されるが、中大兄が最も年長の男子であるなら、なぜ「中」大兄なのであろうか。そして、彼は「同母弟」の大海人に娘を四人も嫁がせている。これは仮に大海人が皇位につくことがあっても、孫には自分の血筋を残したいという中大兄の意思の現れではあるまいか。

天智は即位前から亡命百済人を重用するなど、親百済的な外交政策をとっていたのに対し、天武は親新羅的な外交政策をとったから、この「兄弟」は国策として正反対の考えをもっていたことになる。

天智天皇が病気になり皇位を譲りたいと大海人に話したとき、大海人は自分はそんな器量ではないから皇位は天智の皇后である倭姫に譲ったほうがよいと献策し、その場で剃髪して武器を国庫に納めさせ、吉野に隠棲してしまう。これは明らかに、天智を油断させるための策略であった。天智が崩御するや吉野から反攻して大友皇子を破り、実権を握ったのだった。これが壬申の乱（六七二）である。

天武の皇后となった持統（六四五～七〇二）は天智の娘の一人であり、その諡（おくりな）が示すとおり、己れの血を引く者だけに皇統を継がせるべく、ありとあらゆる手段を講じた女帝である。天武時代、皇太子であった息子の草壁皇子（六六二～六八九）が二十六歳で病没すると、他の有力な成人皇子には皇位を渡さず、孫の文武（六八三～七〇七）が即位するまでの間自分が天皇となり、文武の子・首（おびと）親王（七〇一～七五六、のちの聖武天皇）がまだ幼かったため、成人するまでの期間を、文武の母である元明（六六一～七二一）、さらにその娘である元正（六八〇～七四八）と皇位をたらい回ししたのである。

ところで、「天皇は自然＝神の子孫であり、日本人全体の親のようなものである。日本人は子が親を畏敬するがごとく、天皇を畏敬しなければならない」とした戦前の国家神道は、日本人の宗教観・歴史観から言えば実はごく妥当な考え方であった。問題は、日本人にとって、神とはどのような存在であったのかという考察が欠落していたことである。その内容については、第三章で詳しく論ずることにする。

第二章　敬意表現の起源──遠隔表現～ウタ～敬語

第一節　原日本人の世界認識──ウチ・ソト認識

原日本人にとって自然がどういう存在であったかを考えるには、古代人の境界認識がヒントになる。大野晋氏は『日本語練習帳』の中で、

日本語の社会で最も古く根源的なのは、人々が、近いか遠いかを軸にして人間関係を考えることでした。

と述べている（注1―14）。また、古代の助詞ガとノがどのように使い分けられているかについて、同書の中で次のように言及している。

ガは、自分を中心とするわが家の住人に使っています。わが家は垣根で囲まれていて、その垣根の中の人にはガを使い、その囲いの外の人はソト扱いで、「大君の命（みことのり）」「神の社（やしろ）」のように、大君も、人も、皇祖も、神も、天も地も雨も風も、春夏秋冬もその点では同じくソト扱いでした。地名はほとんどすべてがソト扱いでノが付きます。〔中略〕

つまり、原始日本語の社会では、ウチとソト（話し手のごく近いところとそれ以外）の区別が鮮明で、助詞でもウチ扱いにはガ、ソト扱いにはノと区別していたのです。

普通に考えると、自分の群れ以外の外の人も人間であって、天候や季節などの自然現象や地名など生命のないものとは、扱いを変えてしかるべきである。現在では人間社会・その他の生物・環境という三層で考えることが多く、後で詳しく論ずるが、人間社会の内部をウチ・ソト・ヨソの三層にさらに細分化して、それぞれ扱いを変えた待遇をしている。

ところが、原日本人は世界認識を人間対非人間というような分け方をせず、自分の最も身近なウチとそれ以外のすべて（森羅万象）とに区分し、それを言語の上でも明瞭に表現し分けていたことがここからわかるのである。これは外の人間とのコミュニケーションがあまりなかったことを意味する。だから、原日本人にとって、ソトというのは家の外の人間というよりは、むしろ外界の自然と考えたほうが妥当である。前に述べたとおり、日本の自然は平時には美しく実り豊かだが、時に天災を起こし猛威を振るう。しかし訴えて一定の期間恭順して待っていれば、じきに必ず元のよい環境に戻ったからである。まさに「待てば海路の日和あり」である。

前に述べた日常的な情報伝達や挨拶・なだめ表現は、言わばウチに対するコミュニケーションである。それなら畏怖すべきソトの自然に対して、原日本人はどのようにコミュニケーションを行っていたのだろうか。

ウチ・ソトで、言葉（?）の言い方を変える動物が身近にいる。鳴禽類（よい声で鳴く小鳥）である。たとえば、ウグイス。ふだんはオスもメスも暗く繁った藪の中にいて、ジュッジュッと低い声で囁くように鳴いている。この声は一般に地鳴きと呼ばれ（ウグイスの場合は特に「笹鳴き」と言う。英語では call と呼ぶ）、さしずめウチの相手に対する伝達である。

ウグイスと聞いて真先に思い出すホーホケキョという鳴き方は、さえずりと呼ばれ、言うならばソト向きの伝達である（英語ではsongと呼ぶ）。この鳴き方は原則としてオスだけが行うもので、二つの重要な意味がある。すなわち、自分の縄張りを広く周囲に宣言して、同種の他のオスを排除するという意味と、同種のメスに自分の存在をアピールしてつがいになるために呼び寄せるという意味である。

ちなみに谷渡りと呼ばれる鳴き方は、ホトトギスなどの天敵が近くにいると仲間に知らせる警戒音である（英語ではalarm callと呼ぶ）。夏、山に行くと、ホトトギスのテッペンカケタカ（あるいは特許許可局）というさえずりに混じって、ウグイスの谷渡りが聞かれる。

ホオジロ、シジュウカラ、クロツグミ、オオルリなど鳴禽類のオスは、みな大きくてよく響く独特の美しいさえずりを持っているが、これはみなソトに対する鳴き方で、メスを獲得してつがいが成立したとたんにさえずらなくなり、地味な地鳴きで愛を語るようになるのである。つまり繁殖期に盛んにさえずっている鳴禽のオスは、まだメスを獲得できていない独身者だということである。

野鳥の鳴き声のCDで実際の地鳴きやさえずりを聞くと、おもしろいことがわかる（注1―15）。地鳴きは種が近縁の鳥のものは非常によく似ていて、ウグイス、ホオジロ、ジョウビタキ、ツグミなどはほとんど同じように聞こえる。これはウチ向きの鳴き方で、相手はすぐ近くにいて目で確認できるため、あえて独特の鳴き声を工夫する必要がないのであろう。

これに対して、さえずりはどんなに近縁であっても、そして他種のさえずりを自分の歌に採り入れることが多々あるにしても、その種固有のさえずりが必ず入っていて、オスはその部分を強調してさえずる。しかも、たいていソングポストという縄張り内の最も高い木のてっぺんなどに止まって、繰り返し繰り返しさえずり続ける。これは相手が目に見えない遠いところにいるからで、しかも同種のメスを確実に呼び寄せなければならないからである。鳥類では呼吸に関係なく長時間鳴き続けるために、気管に鳴管という特別な装置があり、呼気のみならず吸気でも声が出せる。

ソングポストで声高らかにさえずっているオスはたいへん自尊心が高くなり、反対に警戒心は非常に小さくなる。そのため、倒木の上などでさえずる全長十センチに満たないミソサザイなどは、さえずっているオスの口の中の黄色がはっきり見えるほど人間が近くに寄っても逃げず、非常に高い金属的な声で長時間さえずり続けるという。当然、天敵にはかっこうの獲物となってしまうが、そういうリスクをあえて冒しても生き延びて自己主張できるのが、すぐれたオスの条件だということもできるわけである。

鳴禽類の場合、さえずりを聞かせるソトの相手は、ライバルのオスとつがいを作るべきメスである。人間は鳥と違って空を飛ぶことはできないから、長距離を移動することは容易ではなく、それほど広い範囲をコミュニケーションの対象としてカバーする必要はない。まして、前に述べたように、あまり移動せずに初めからつがいを含む群れ単位で暮らしていたとなると、畏怖すべきソトの自然にいったい何を伝えるというのだろうか。

原日本人にとって、訴えるべきソトの相手とは長雨や日照りなど思うままにならない天候や、猛威を振るう災害をもたらす自然そのものであり、そして、当時の人々の力ではどうにもならなかった病気もまた、訴え祈る対象となった。原日本人は平時には美しい自然を賞賛し、その幸を享受して安楽に暮らしていたが、長引く天候不順や災害・病気に見舞われたとき、日常のウチに対する表現とは異なる表現形式で、自然に対して祈り訴えたのである。

もし、これが他の群れなどの人間相手であれば、群れの進路を変えて避けたり、逆に戦って相手を倒したり、無視したりすることも可能であったはずである。鳴禽ではライバルのオスが出現すると、一方が縄張りを放棄して逃げ去るまで、果てしなく死闘を繰り広げる。

しかし、自然災害や病気は避けることも無視することもできず、怒って（?）猛威を振るっているときには、ひたすら訴えて鎮静化するのを待つ以外に道はなかった。そして、四季折々に移り変わる日本の天候は、長くとも一ヵ月待てば必ず元の穏やかで美しい自然に戻った。これは、神である自然が人間の祈りを聞き届けたことにほかならない。そして災害が起こるたびに祈りの必要性は増し、その災害が通過して収まれば自然への畏怖は以前にも増して高まる結果となった。

こうして　原日本人はますます自然を親として敬愛し、神として畏怖する感情が強まっていったのである。

第二節　音を延ばし節をつける表現形式——合理的な遠隔表現

鳴禽類は大きいものでも三十センチに満たないが、非常に大きな声で山全体に響き渡るようにさえずる。このようにソト向きの伝達は、遠くのものに聞こえるように大きな声で言う必要があるが、ただ音量だけを大きくしても、短時間しか続かなければ、自然の風などの音にかき消されてしまう。だから、大きな声で一瞬怒鳴るよりも、長い時間をかけて声を出し続けたほうが、遠くの相手にちゃんと聞き取ってもらえる可能性が高くなるだろう。

犬が遠くの仲間に何事かを伝達するとき、大声でワンワン吠えるのではなく、比較的高い裏声で声を長く引っ張って鳴く（遠吠え）のは、まったく理にかなったやり方である。鳴禽類のさえずりが、しばしば歌のように複雑なメロディーを長く続けたり、同じメロディーを何度も繰り返したりするのも同じ理由による。アルプス地方に伝わるヨーデルという伝達方法も、山の向こうにいる相手に対して、複雑な起伏のある裏声を長く引っ張って言うものであるし、もっと言えばターザンの「アーーアアーーー」という叫び声も、何事かを遠くの相手に伝達していると言うことができる。

この、声を引っ張って長く延ばすという方法は、原始的であるがゆえに、言語の構造さえ許せば、遠くへ訴えを届かせる方法としては最も効率的である。そして、日本語という言語は、このやり方にまさにうってつけの条件を備えた言語なのである。

日本語は、まず第一に、ンを例外としてすべての音節が母音で終わる開音節言語である。五十音のどれを発音しても、原則として最後は必ずアイウエオのどれかになる。子音で終わらないから、言葉の末尾が聞こえなくても意味の伝達に支障は起こらない。英語のような閉音節言語では cat と cap は別の意味の言葉であるから、語末のｔとｐが聞こえなければコミュニケーションに支障をきたす。

さらに日本語では、音節の前につく子音もｋｓｔｈとその濁音ｇｚｄｂ、プラスｎｐｍｙｒｗなどのうちの一つだけで、欧米語のような二重・三重子音はない。

もっとも、日本語がほんとうにもともと開音節言語であったかどうかについては、疑義がないわけではない。古典の文学作品を見ると、実際にはラ変動詞以外の動詞の終止形で終止する例はほとんどない。終止形は実は文法理論上だけのもので、もともと「行ｋ」「話ｓ」など子音で終わっていた可能性も考えられるわけである。

また、印欧語族の一つであるイタリア語は、ほとんど開音節であって、語末に来る子音はｎかｒくらいのものである。語族は異なるが、ポリネシア語族の一種ハワイ語も開音節である。一方、イタリア語と同じ印欧語族の一つドイツ語は典型的な閉音節言語であるから、音節が開いているか閉じているかは、言語識別の根本的な指標にはならない。

イタリアではゴンドラや船を漕ぎながら歌ったり話したりする遠隔表現が多い。ハワイも海洋性民族である。とすると、日本語も日常的に遠隔表現を行ってきたがゆえに、もともと閉音節だったものが開音節として定着したとみることもできないわけではないが、ここでは日本語そのものの特質を論ずる場ではないので、問題提起だけにとどめておくことにする。

第二に、日本語の音節には長短の区別がない。現代日本語は漢語も外来語もあるから、「ショーチョー」（象徴・消長など）」「ショチョー（所長・初潮など）」「ショーチョ（小著など）」「ショチョ（諸著など）」は別の意味の言葉になってしまうが、もともとの日本語（和語）には母音に長短の区別がない。「いーぬー」「いぬー」「いーぬ」と言っても「いぬ」の音を延ばしたに過ぎず、別の意味になるわけではないのである。

和歌の伝統では、使用される語彙は和語に限られ、漢語は忌避された。これは漢語が王朝雅びにふさわしくないからというよりは、母音の長短の区別のある漢語では音を延ばすと意味が変わってしまうので、そもそも音を延ばして言う形式に適していなかったからではあるまいか。

第三に、日本語の音調は高低アクセントである。印欧語のように強弱でリズムを作るのではなく、メロディーで文意を伝える言語なのである。日本語にとっては一文の意味が正確に伝わるためには、一つ一つの発音の正確さよりも、むしろ高低の位置が重要である。強弱をつけて言うと弱拍が聞こえにくくなるが、高低をつけて言うのなら全部同じ音量で言うことができ、一部が聞き取れないということはなくなる。

この日本語の音声上の三つの特徴、すなわち①開音節、②母音に長短の区別がない、③高低アクセントは、実は「小鳥のさえずり式」ないし「犬の遠吠え式」の遠隔表現には、まさにうってつけなのである。

その証拠に、音を延ばして遠くのものに訴えを届かせる伝統的な形式が、今もなお連綿と使われ続けているのである。

他人の家を訪問した際、玄関の引き戸をがらりと開けて

(1)「ごめんください」

と言えば、それはすぐ近くに家人がいることを前提とした挨拶であると言える。玄関が施錠されており、チャイムを鳴らしても返事がない場合、人は家人の在不在を確認するために声を出す。曰く、

(2)「ごめんくださーーい」

この挨拶は近くに人がいる前提で言う(1)より明らかに声の高さが高く、ある一定の場所を延音してメロディーをつける。これが典型的な遠隔表現の形式である。

筆者が子供のころ、よく物売りが行商に来たが、その物売りの呼びかけも遠隔表現の典型である。

(3)「たーーけやー。さおだけーー」

(4)「やーーきいもーーー、いーしやーーきいもーーー」

(5)「きんぎょーーえ、きんぎょーーーー」

これらの遠隔表現は、従来のアクセントやイントネーションで表現できるものではなく、ほとんど音楽のようにさえ聞こえる。筆者が考案した三線譜（注1—16）によって、その音楽性を確認すると68頁の図1のようになる（図中のHMLは声の相対的な高さを表し、Hは話し手の高音、Mは中音、Lは低音である。その他の記号や音符などは五線譜に準ずる）。

大切なのは、このようなメロディーで音を延ばして言うと、具体的な言葉がよく聞き取れなくても、遠く（周辺）の相手に意味が伝わることである。

また、次のような例もある。

(6)「ひーでーこーちゃん、あーそーびーまーしょ」

(7)①「はーあーい」（イエスの返事）

②「あーーとーーで」（ノーの返事）

(8)「おーーーい、ふねがでるぞーーーい」

これらも参考のため、図2で三線譜に表示しておく。

筆者が子供のころ、近所の遊び友だちは生垣の向こうから、(6)のように呼びかけてきた。普通の日常会話の「ひでこちゃん、あそびましょ」のそれぞれの拍を二〜三倍に延音したものである。そして延ばす長さが長いほど正式——勧誘の意図が高いと理解された。この勧誘に対して筆者は(7)のように答える。この呼びかけと応答の音程は全音（長二度）で、音高としては二つのピッチしか使わないが、(7)①のイエスの返事は、各音節を呼びかけと同じ長さだけ延音して延ばすのに対して、(7)②のノーの返事では、延ばす長さを呼びかけの拍の二倍の長さ分延ばすことになっている。そのため、たとえ言葉としてははっきり聞き取れなくても、イエスかノーかはわかるしくみになっている。

特に喧嘩などして絶対拒否の気持ちを伝えたい場合には、最後の「で」の音に強いアクセントをつけて言い切った（図2の(7)②）。そのメロディーを聞けば、相手は「あ、秀子ちゃんはまだ怒ってる」と即座にわかったものである。

(8)は低いところから高いところへ声を張り上げるが、延ばす部分が決まっていて語尾のピッチが自然に下がる。音を延ばすと遠くに伝える表現になるという原理は、現代語の感動詞にもその例が多数見られる。たとえば、「あれっ」は、話者の気づきや驚きが思わず口に出たときに使う感動詞だが、この音を延ばして「あーーれーーー！」とすると、遠くの人に自分の驚きや恐怖を訴える表現になる。「おい」は近くの相手に注意を喚起する呼びかけだが、「おーい」は遠くの相手に呼びかける表現になるのである。「やい」と「やーい」、「それ」と「そーれ」も同様である。これらも三線譜で音調を示しておく（図3）。

原日本語においても、遠くのものに訴えを届かせるとき、おそらくは現在の方法とそう違わないしかたで、音を延ばし一定の拍数のリズムと音程によって言葉を述べたのではなかろうか。

ちなみに、「述べる」は「延べる」と同源の言葉で、声を長く延ばして言う意である。

【図1】

(2)
(3)
(4)
(5)
H
M
L
ごめんくださーーい　たーーけやー。さおだけーー
やーーきいもーーー、いーしやーーきいもーーー
または
きんぎょーーえ、きんぎょーーー

【図2】

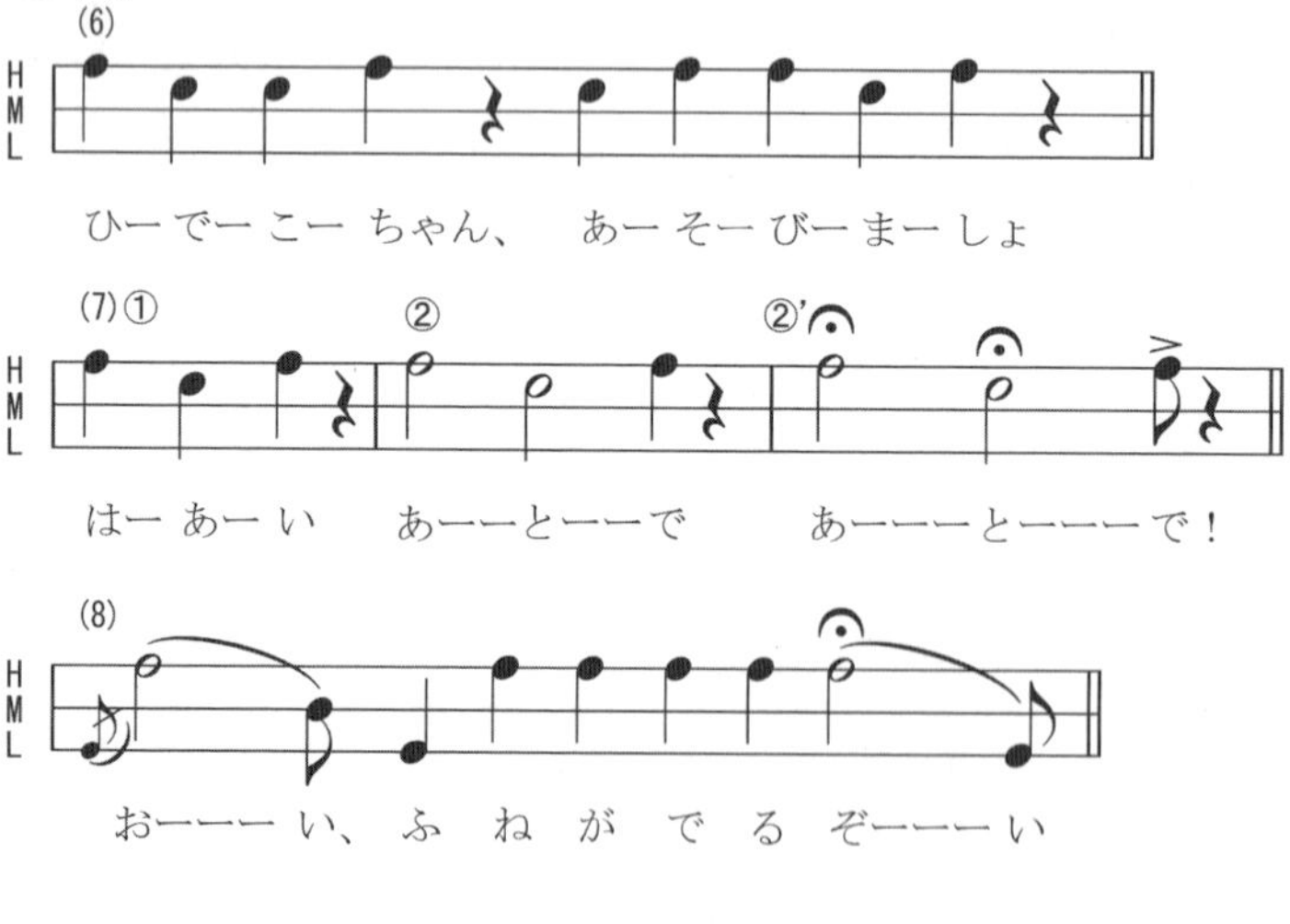
(6)
(7)①
②
②'
(8)
H
M
L
ひーでーこーちゃん、　あーそーびーまーしょ
はーあーい　あーーとーーで　あーーーとーーーで！
おーーーい、ふねがでるぞーーーい

【図3】

H
M
L
あーーれーーー！　おーーーい　やーーーい　そーーれ

第三節　ウタとは何か

百人一首というものがある。正式には「小倉百人一首」といい、藤原定家（一一六二～一二四一）が京都の小倉山の別荘で、古今の名歌百首を屏風に書き写したもので、古くは和歌や習字の手本に使われたが、江戸時代ころからカルタとして一般に広く普及し、正月の家庭の娯楽になった。

日本のハイテク技術やビジネスを勉強する目的で留学してきている留学生に、現代でもなお一般家庭の正月の娯楽として、老人も子供も八百年以上前の古い詩歌で遊ぶ伝統行事が行われているというと、たいそう驚き、読み札に描かれている古代の風俗にたいへん興味を示す。

そして、トランプのように黙って組み合わせたり揃えたりするのではなく、歌のように声に出して読んで、その下半分を探して取るという遊び方に感心する。トランプは数字と絵であるから何の知識もなくてもルールさえ知っていれば参加できるが、百人一首は参加する者全員がこの百の古い歌を知識として共有していることが前提だからである。

最近の百人一首カルタにはテープがついているので、授業中、留学生にこのテープを聞かせたことがある。全日本かるた協会七段の吉川光和氏が朗詠している（注1―17）。筆者は、読み手の老人の声と王朝雅びを彷彿とさせるようなのんびりとした音調がいくぶんそぐわないかなとも思ったが、さほどの違和感を感じずに聞いていた。ところが、留学生の感想はもっと率直でおもしろかった。曰く、

「気持ちわるい」

「なんか、いやな感じ」

どうして気持ちが悪くていやな感じなのかと尋ねると、

「やーーきいもーーーー。いーしやーーーーきいもーーー」

みたいで、ちっとも芸術に聞こえないと言うのである。筆者は心中快哉を叫んだ。読み手の声の影響もあるが、留学生が抱いた感想と連想は少しも不自然ではないと思ったからである。

現存する最古の歌集は『万葉集』であるが、その開巻第一の歌は雄略天皇（五世紀後半）の御製である。雑歌という部立てがついており、

「こもよ　みこもち　ふくしもよ　みぶくしもち　このをかに　菜つます子　のらさね………」

で始まる長歌だが、見てすぐわかるとおり五七五の定型になっていない。また、のちの『古今集』『新古今集』に見られるような、掛詞・縁語・序詞・見立て・体言止めなどの技巧もない。ただ、適当にリズムよく言葉を並べただけ、というような印象を受ける。内容は、天皇が国見をした際、土地の娘に自分を誇示し求愛するもので、鳴禽類のオスのさえずりと同様である。

ちなみに、この歌は実際に天皇が丘に立って、特定の娘に向かって求愛したと解釈するのが通例である。しかし、国見とは支配者の示威行為なのであるから、そこに実際に娘がいる必要はなく、とにかく己の縄張り（支配地域）のメス（娘）を呼び寄せ、自分の子をたくさん生ませることによって強固な支配を固めるという、きわめて原始的で生物学的な意味をもっていたのではないか。国見の歌が鳴禽のオスのさえずりと同様と考える所以で

ある。

ところで、「歌をよむ」というが、これは紙に書いてあるものを目で読むという意味ではない。頭の中にあるものを口に出して朗詠するという意味である。正月に宮中で歌会始めの儀式があるが、これも選ばれた歌をきちんと声に出して一定の調子で朗詠する。『万葉集』の雄略天皇も、もちろん特定の娘にラブレターを手渡したわけではなく、自分の支配地域全域に向かって呼びかけたのである。

和歌は貴族社会の教養というイメージが強いので、つい文学（芸術）と考えてしまいがちになるが、初期の和歌はこのように型にもはまらず、芸術的価値にも疑問符がつく。記紀を見ると、身分の上下を問わず事あるごとに歌を詠んでいて、歌というものは、もっと人々の日常生活に密着した実用的な言葉遣いそのものとさえ言えると思う。

その証拠に『古今集』「仮名序」には、

「やまとうたは人の心を種としてよろづの言の葉とぞなれりける」

とある。

歌が日常生活の中で発せられる言葉そのものであるなら、なぜ普通の言い方ではなく、一定の調子で朗詠する必要があるのだろうか。

筆者は、歌の原型は、原日本人が遠く（ソト）の相手（自然）に自分の訴えを届かせるための表現であったと考えている。音を延ばし、一定のリズムと音程で遠くの相手に言葉を述べること、それこそがウタなのである。

だからこそ、朗詠された歌を聞くと、先入観のない留学生の耳には遠隔表現の典型である「やーきいもーー」に酷似して聞こえるのだ。そのつもりで聞けば、宮中の歌会始めの朗詠も、「おーーーい、ふねがでるぞーーーーい」の調子によく似ているではないか。

原日本人にとって自然は恐ろしいものである。用もないのにわざわざ遠くの恐ろしい相手に呼びかけることはありえないから、ウタの形で言うとは、つまりはどうしても何か訴えたいことがあったからにほかならない。それは、長引く天候不順であり、自然災害の鎮静化であったろう。

そして、そのウタの祈りが通じて、神がその訴えを聞き届け、長雨が上がったり、日照りに慈雨が降ったり、火山の噴火が治まったりすれば、それこそがウタの効用として、

「力をも入れずして天地をも動かし……」（『古今集』「仮名序」）

ということになったのである（図4）。

このことは、ウタ（動詞ウタフ）の語源説からも裏付けられる。ウタフの語源には諸説あるが、折口信夫・高崎正秀ら民俗学者は「訴フ」の語根とみる。これからウタヒとウタへへ分かれ、ウタヒは「歌う」へ、ウタへは「訴える」に下っていったと考えるのである（注1―18）。

江戸時代後期の歌舞伎には、この比喩的用法とみられる

「サア、いま金払へば料簡する。もし金がなけりゃ引摺って行てうたはすのぢゃ、うせさらせ」

（「花雪恋手鑑」、傍線引用者）

という例があって、これは「悲鳴をあげる、声を出して泣く」という意味である。

『古事記』には「歌曰（うたひていはく）」という言い方もある。また、清寧天皇の条には「為詠曰（ながめごとしていはく）」という言い方もある。これは普通の言い方ではなく、ウタという、音を延ばしリズムよく言葉を述べる形式によって言うという意味と解される。

ようするに、古代のウタは音楽や芸術ではなく、伝達手段の一種であったことが明らかなのである。

実は、ウタの語源説は現在「(手を) 打チ合フ→ウタフ」から来たとする説が有力らしいのだが（注1―19）、筆者はこの説には首肯できない。記紀に出てくるウタで、楽器を奏したり手を叩いたりしながらウタっていると考えてもいいのは酒盛りのときくらいで、他はむしろ日常的な伝達だからである。

ただし、求愛や共同謀議のような普通の会話では口に

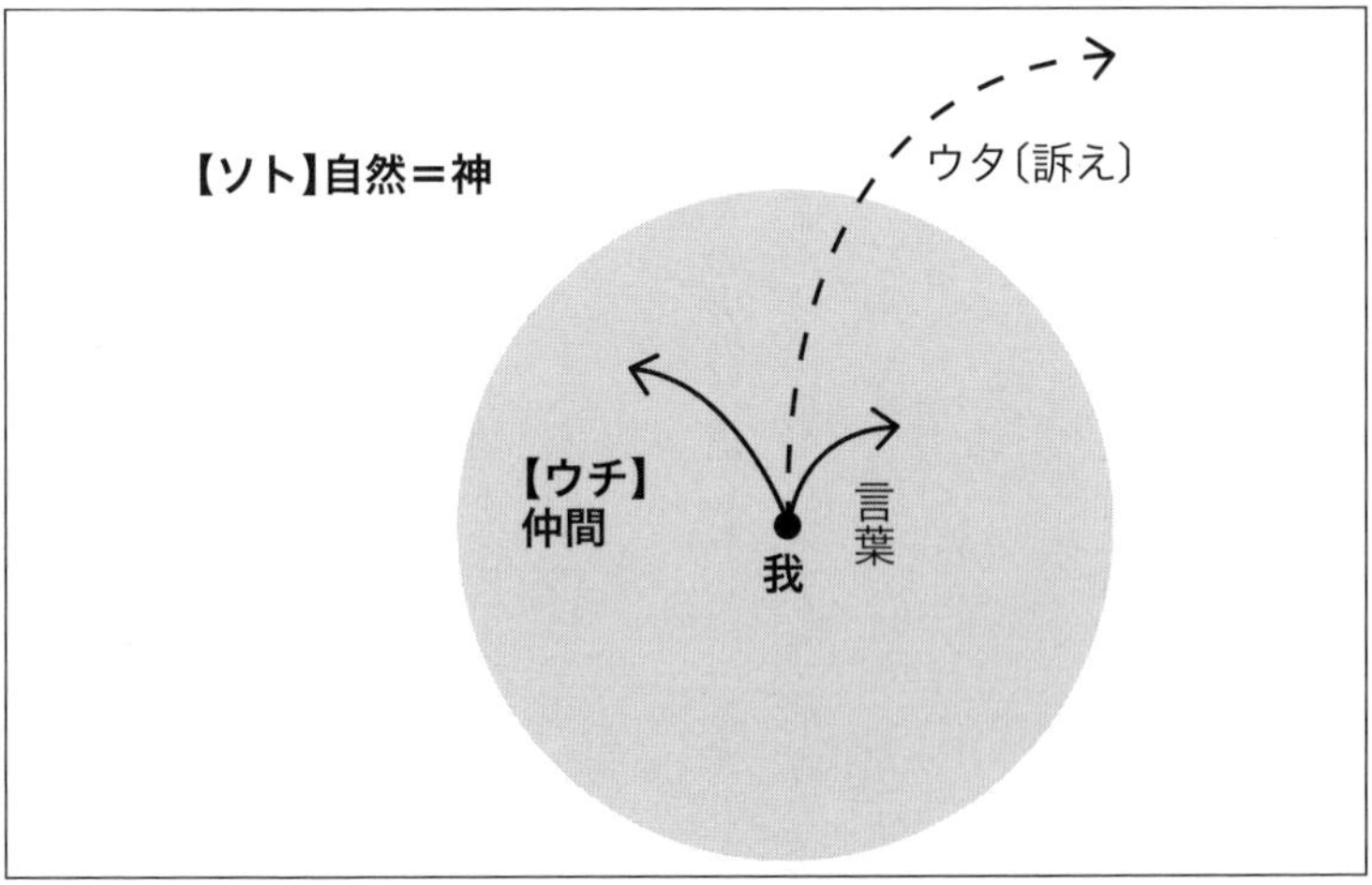

【図４】ウタの原型

（浅田秀子（2005）『「敬語」論――ウタから敬語へ』勉誠出版より）

しにくい内容を伝達するとき、決まったようにウタの形式を使っているので、この形式に特別な意義があったことは間違いない。

第四節　ウタの効用――なぜウタフのか

ところで、音を延ばして言う遠隔表現を近くの者に向かって使うことがある。

筆者は現在二頭の犬と暮らしているが、毎朝毎晩散歩に出る。すると必ず何人もの犬友に出会う。犬を飼っている人は必ず毎日散歩に出るが、たいてい決まった時間に家を出て毎回同じコースを通るので、いつも出会う犬連れと仲良くなることが多いのである。

ある日、いつものように散歩に出たところ、メスの雑種犬を連れた犬友の男性に出くわした。筆者のところのオス犬がこのメスに関心を示して、臭いをかいだり尻尾を振ったりして盛んにアピールをする。筆者の家のメスは臆病なので、後ろに隠れてしまう。犬どうしがあまりにも仲良くしていて飼い主に対してほとんど注意を払わなかったので、この男性は

「おーい、のりくーん。ぼくのこともわすれないでくれよーー」

といつもより少し高い声で言ったのである。これは明らかに遠くにいる者に対して使う遠隔表現である。筆者は微笑ましく思ったが、同時にこの表現が直接の

「おい、のり君。ぼくのことも忘れないでくれよ」

に比べて、ずいぶん柔らかくて婉曲だと感じた。遠隔表現を使うと婉曲になるのである。これは目の前の相手を

あたかも遠くにいるかのように扱うからだろう。つまり遠隔表現を使うと心理的な距離が空くのである。待遇表現は時間の経過とともに待遇価値が下がってくるから、現在でもなお婉曲に聞こえるのであれば、原日本語では相当の待遇の高さを表現できたものと推察されることになる。

ウタでも同様のことが言える。本来、ウタは遠くの神に対して自分の訴えを述べる形式である。しかし、現実に記紀においては、遠くの神だけでなく目の前の相手に対してウタっているのである。結局、これも効果の問題で、目の前の相手をあたかも遠くにいるかのように扱うということである。つまり、ウタとは自分と相手との間に距離を空ける表現形式だということになる。

距離を空けるとはどういうことか。相手をソト扱いすることである。すでに何度も述べたように、原日本人にとってソトとは神＝自然であり、畏怖すべき存在であった。だから、ウタとは、もともと自分と相手との間に心理的な距離を空けることによって、相手に畏怖の感情を表明するシステムだったのである。

畏怖とはおそれうやまうこと、相手を神と祭りあげることである。だから、ウタから発展した「訴える」が「下から上に言う」という意味になるのも当然であろう。

神々の世界の話である『古事記』上巻は、相対的にウタが少なく（全百十二首中九首）、通常の会話が多い。『日本書紀』でも「神代紀」は全百二十八首中わずかに六首である。これは言うならば神々どうしのウチの会話だからで、ソト向きのウタの形式にする必要がなかったからだと思われる。

ここで、日本人の世界認識をもう一度振り返ってみる必要があるだろう。もともと原日本人はウチ・ソトで世界を認識していた。つまり水平秩序である。ところが、ある時点でこの水平秩序に上下秩序が加わってくる。この原因としては、大陸から上下秩序をもった別民族が移動してきたとも考えられるし、あるいは日本列島上でも集落が大規模化してくれば、自ずと階層は生まれるだろう。自然を気象・天候と考えれば、空は上にある。

自分と同じ階層の相手に対しては、今までウチの相手に使っていた表現をすればよかったのだが、原日本人にとって、上の階層の相手に訴えるときどんな表現をすればよいかは、一考を要することであったに違いない。選ばれたのはウタであった。相手との間に距離を空けて畏怖の感情を伝えるウタの形式を使えば、上位者に対しても失礼でなく訴えることができたのである。

ところで、それまでソト＝神であった自然は、人間のウタに対して言葉で答えることをしなかった。「雨を降らせてください」というウタ（訴え）に対しては、雨を降らせるという行為で答えればよかったからである。しかし、現世の上位者には答える言葉が必要である。かといって、普通の言葉では上位者どうしのウチの表現になって、相手を自分と同じ階層と認めてしまうことになる。上位者にとって、下位者はあくまで下でなければならない。選ばれたのは、またもウタであった。

ようするに、身分の下位者が上位者に対してウタフのは、相手との間に距離を空けることによって畏怖（敬意）を表すためであり、上位者が下位者に対してウタフのは、相手との間に距離を空けることによって自分の身分を超越させる（尊大・自敬）ためであった。

ウタという形式によって、互いに相手を心理的に遠ざけたうえで、上下のコミュニケーションを成立させていたのである（図5）。

日本の歴史上で、人々の間に身分・地位の上下の差が最も大きいのは上代（奈良時代以前）である。そして、この時代に成立した記紀には、景行天皇の子であるヤマトタケルと火焚きの老人とがウタを交わした例など、上下の人々が互いにウタを使ってコミュニケーションするさまが数限りなく描かれている。

『古事記』下巻の顕宗天皇の条には歌垣が出てくる。顕宗天皇と志毘臣（しびのおみ）という二人が、大魚（おうお）という乙女をめぐって歌を応酬し合い、志毘臣は真剣に怒って天皇に敵対しているが、こんなことができるのもウタという形式なればこそである。

また、『古事記』下巻の仁徳天皇の条には、仁徳天皇を暗殺しようと夫婦で共同謀議するハヤブサワケノミコと妻・メドリノミコのウタが登場する。はじめ、仁徳はメドリに求愛しようと弟であるハヤブサワケを使者として遣わしたのだが、メドリはこの弟と勝手に夫婦になってしまい、ハヤブサワケは天皇に復命しなかった。そこで仁徳は自らメドリの元を訪れて

　女鳥の　我が大王の　織ろす機　誰が料（たね）ろかも

（いとしい女鳥王が織っておられる織物は、いったい誰の着物になるものなのであろうか）

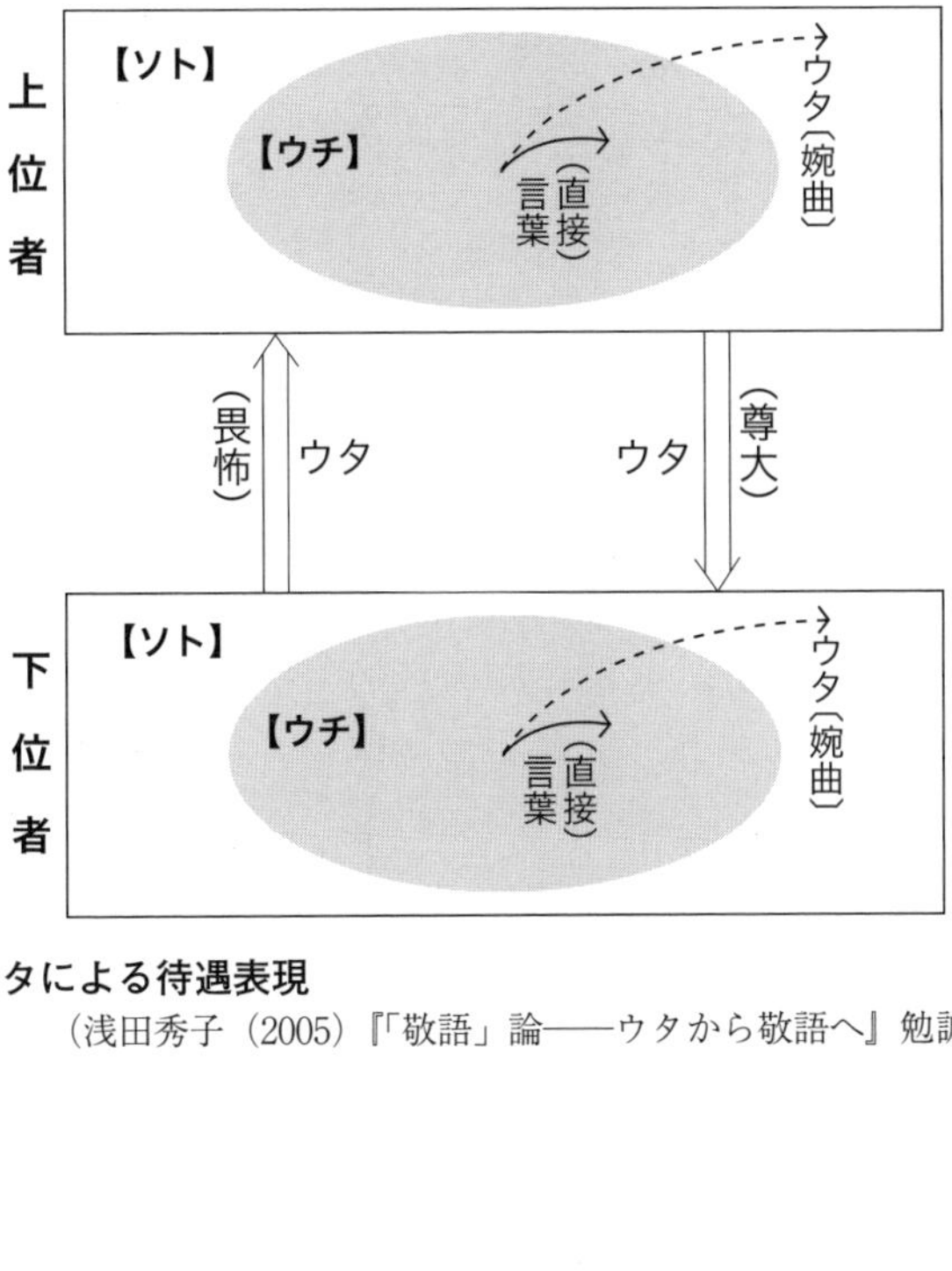

【図５】ウタによる待遇表現

（浅田秀子（2005）『「敬語」論――ウタから敬語へ』勉誠出版より）

（荻原浅男・鴻巣隼雄校注・訳『日本古典文学全集　古事記　上代歌謡』）

と歌うと、メドリは答えて次のように歌った。

高行くや　速総別の　御襲料（みおすひがね）

（速総別王がお召しになる、襲のためのものでございます）　（前掲書）

と答えたので、天皇は手出しができず、宮中に戻らざるを得なかった。ここから、天皇からの求愛であってもウタでなら無礼でなく退けられたことがわかる。

こののち、夫・ハヤブサワケがやってきたとき、メドリは

雲雀は　天に翔る　高行くや　速総別　鷦鷯（さざき）取らさね

（雲雀は空高く上がります。速総別王よ、鷦鷯をお取りなさいませ）　（前掲書）

と歌ったため、仁徳はただちに軍勢を集めて二人を殺そうとしたというのである。メドリはあくまでウタの上では「ハヤブサにミソサザイを捕らえよ」と命じているに過ぎないわけだが、夫の名前がハヤブサワケで、仁徳の名前がオホサザキノミコト（サザキ＝ミソサザイ）であることを踏まえると、これは暗殺の共同謀議ということになる。普通の会話ではとても言えない内容をウタでなら言えるわけだ。

この他、直接口にしにくい相聞もウタの形でなら言えたようである。たとえば、兄妹相姦の罪で流罪になった木梨軽皇子（きなしのかるのみこ）と軽大郎女（かるのおおいらつめ）の相聞歌である（注1―20）。軽大郎女はその身の美しさが着ている衣を通して輝き渡っているということで、衣通姫（そとおりひめ）とも呼ばれる美女である。

当時異母きょうだいであれば結婚もできたが、同母きょうだいの結婚はタブーとされた。その理由は推測するに、生物学的なものではなく、呪術的なものであろう。男が女を召しだしたり女の元を訪れたりして一夜を共にし、子が生まれるのが普通だったから、美人の元には複数の男が通って来ることがありうるし、男もあちこちの女に自分の子を生ませているわけである。母が異なればそれは半分以上の確率できょうだいではないと言えた。しかし、母が同じであるということは確実に血のつながったきょうだいなのである。

血のつながったきょうだいどうしの結婚は、神の専権である。これは世界中に共通であって、記紀神話やギリシャ神話の神々は、親子・きょうだいで交わって子を生んでいるし、帝王は自分の娘と結婚することさえあった（注1―21）。自分の血を最も濃く受け継いだ子ができるからである。平安時代中期の『延喜式』の大祓詞にも、「国つ罪」（一般に行われる罪）として「近親婚」や「獣婚」が載っているが、これも本来、神が行うべき行為を下界の人間が行うと罪になるという意に解釈すべきである。

木梨軽皇子は皇太子であったから、即位してからなら問題なかったのに、それまで待てず妹と通じるという、天皇（神）の専権を冒したために、廷臣たちはみな軽皇子を見限り、反逆罪で捕らえたのである。

反逆罪になることがわかっていて、なぜ互いに相聞歌を公言したのだろうか。黙っていればわからなかったのに、などと考えるのは現代人だけである。それはウタが鳴禽のさえずりと同様に、自分の存在を宣言しつがいを囲い込む効果があったからである。これは「言霊の力」と言い換えることもできる。

仁徳がメドリノミコに手を出せなかったように、ウタで宣言されるとその言霊の力が盾となったのである。もしウタで宣言しなければ、美人の軽大郎女は他の男たちに言い寄られたであろう。だから彼女は他の男を拒絶するために、命がけでウタを読み、兄が伊予に流罪になると後を追ってゆき、そこで心中を遂げた。

さてここで、上代の資料からうかがわれるウタの効用をまとめておくことにする。

①隔絶した身分の者どうしのコミュニケーションの道具として
②共同謀議・釈明・弁明・相聞など直接言及をはばかる内容のコミュニケーションの道具として
③どうしても実現させたい内容を実現させるため、言霊の力を引き出す道具として
④親しくない相手への婉曲表現の道具として

記紀にはすでに敬語も使われているが、この敬語は神とその子孫である天皇や皇族に対するものばかりである。しかも単独の「ます」「たまふ」「たてまつる」が多く、敬語を組み合わせるという発想がない。丁寧語もない（「菜つますす子、のらさね」を尊敬の助動詞「す」（四段活用）としている文法書が多いのであるが、この「す」は神・天皇・皇族以外にも用いられ、特に異性に対するウタの中で多用される傾向がある。これは、神・天皇・皇族専用に用いられる他の敬語動詞とは明らかに異なる用法であり、むしろ丁寧語的であると言えるが、この語をどう扱うべきか筆者は現時点では結論が出ていない）。このように、上代の敬語は敬語史上最も単純なのである。

そしてまた、天皇や皇族が自分の行為に敬語をつける、つまり尊大語や自敬語があるのも上代語の特徴である（後代で自敬語を使ったのは関白となった豊臣秀吉ぐらいである）。これは、上から下へウタを使い、自分の身分

を超越させてものを言う心理に通ずる。

最も身分差の大きい時代の敬語が最も単純だということは、敬語以外のコミュニケーションの道具が機能していたからであり、それが記紀をいろどる多数のウタなのである。

時代が下っても、互いによく知らない者どうしがコミュニケーションを始めようとするとき、直接言葉による会話以前にウタ〔歌〕が登場する。そして最も言いたい核心ほど、言葉でなく歌にする傾向がある。

平安貴族たちのコミュニケーション・スタイルでは、まずある意図を託した物を贈る。次に、互いに歌をやりとりして相手の意図を忖度する。それから言葉（手紙）でのやりとり、さらに直接（性）交渉という段階を踏む。

物〔無言〕→ウタ〔歌〕→言葉（敬語）（→行動）

この三段階のコミュニケーション・スタイルの典型的な例が、平安時代中ごろに書かれた『和泉式部日記』に出てくる。

和泉式部は紫式部と同時代の女性であるが、たいへん和歌にすぐれていて情も深く、貴族の男性と噂が絶えなかった女性である。特に、冷泉天皇の皇子である弾正宮（だんじょうのみや）為尊（ためたか）親王と激しい恋をし、それがためか弾正宮は二十六歳の若さで亡くなってしまう。失意のうちに日を送る式部が、故宮の一周忌近くなってようやく少し落ち着きを取り戻した四月十日過ぎのこと、弾正宮の弟である帥宮（そちのみや）敦道（あつみち）親王から使いの小舎人童（こどねりわらわ）がやって来る。この童はもと弾正宮に仕えていたので、式部とは顔見知りである。帥宮は兄宮の噂の恋人に興味があったのだが、いきなり手紙を書いたりはしない。

「これもて参りて、いかゞ見給ふとて奉まつらせよ」とのたまはせつる」とて橘の花を取り出でたれば、「昔の人の」と言はれて。「さらば参りなん。いかゞ聞えさすべき」と言へば、ことばにて聞えさせんもかたはらいたくて、「なにかは、あだ〳〵しくもまだ聞え給はぬを、はかなきことをもと思ひて

かほる香によそふるよりはほとゝぎす聞かばやおなじ声やしたると

と聞えさせたり。まだ端におはしましけるに、この童かくれのかたにけしきばみけるけはひを御覧じつけて、「いかに」と問はせ給ふに、御文をさし出でたれば、御覧じて

おなじ枝に鳴きつゝをりしほとゝぎす声はかはらぬものと知らずや

（遠藤嘉基校注『日本古典文学大系　和泉式部日記』）

「宮様は「これを持ってうかがって、どのようにごらんになりますかと言って差し上げなさい」とおっしゃいました」と小舎人童は言って、橘の花のついた枝を取り出したので、私（式部）はつい「昔の人の」と口に出てしまったの。「それでは失礼いたしましょう。どのように申し上げたらよろしいでしょうか」と小舎人童が言うので、言葉ではっきり申し上げるのも都合が悪いし、ええ、なあに。宮様は浮気っぽいという御評判もまだおありでないのに、浮かれたことを申し上げてもと思って

橘の香になぞらえるよりは、ほととぎすよ、同じ声をしているかどうか聞きたいものだわ

と申し上げさせた。宮がまだ屋敷の縁先にいらっしゃるときに、この童が物陰でいかにも様子ありげにしているのを発見なさって、「どうだった」とお尋ねになったので、（歌が書いてある）お手紙を差し出すと、ごらんになって

（私は兄と）同じ枝で鳴いていたほととぎすだよ。声は変わらないと思わないか　（訳・注引用者）

皇族である師宮は、もちろんコミュニケーションの段階を心得ているから、兄の恋人に興味があるからといって、いきなり訪ねていったり、ラブレターを書いたりはしない。そんなことをすれば、自分が軽く見られるからである。そこでまず橘の枝という物を贈る。しかもこれが謎かけで、「どうごらんになりますか」と使者に尋ねさせるのだ。

この橘の枝は、『古今集』巻三にある「さつき待つ花橘の香をかげば昔の人の袖の香ぞする」という読人知らずの歌にあるとおり、昔の恋人を連想させるよすがである。橘を見てこの古歌を連想しないようでは、初めからまったく話にならないのだ。この程度の和歌の基礎知識は、貴族はもとよりそれに仕える人（この場面では小舎人童）も知っていたと思われる。

和泉式部は歌人であるから、当然この歌を連想し、しかもその一句が口をついて出てしまった。このとき式部の心には、弾正宮の面影と気配（特に、同衾したとき腕枕をしてくれた着物の袖に焚きしめた香）がなまなましくよぎったことであろう。使者の童にも式部の心のうちが瞬時にわかった。それで返事を促すということになる。

文中の――線部「ことばにて聞えさせんもかたはらいたくて」は意味が深い。つまり、師宮からはまだ橘の枝という物でしか問われていないのだから、これにすぐ文章で直接的に答えるのは失礼であるし、相手の人品骨柄もまだわからないのに、文章でもし積極的なことを言ってしまったら、相手が式部の期待するような男でなかった場合には、言質をとられ、言い逃れできなくなってしまうからである。

そこで、式部は「かほる香に」の歌を読んだ。この歌は表面上は、橘の縁語であるほととぎすに問いかけている。むろん、内実は帥宮に「あなたは兄宮に似ていらっしゃいますか」と聞き、会ってみたいと謎をかけているのだが、そこが歌の便利なところだ。いざとなれば、これはほととぎすの歌であって、私の気持ちとは何の関係もない、と白を切ることもできるからである。

さすがに帥宮は兄宮にまさる雅男（みやびお）であったから、この歌で式部が思い描いていた通りの女性であったことがわかると、自分をほととぎすになぞらえて、ちゃんと「兄と似ていますよ」と返歌をくれた。

式部は帥宮の歌に対して返事をしなかった。すると今度は、帥宮のほうから手紙を寄越す。つまり、思いをはっきりと文章に出してきたわけだ。その心のこもった文章や歌に式部も心を動かされ、今度は手紙（文章）で返事を出すのである。こうして、帥宮からたびたび手紙や歌をもらい、式部もときどき返事をするという状態が続いていたが、あるとき、帥宮から歌で「今夜訪ねたいが」という探りが入れられ、それに対して式部も歌で「まんざら嫌ではない」という返事をした。するとその夜、帥宮は身分が知られぬようにみすぼらしい車でこっそりと式部のところへ来て、しばらく部屋の内と外で語り合ったあと、内にすべり入って初めて契るのである。

このように、平安貴族たちのコミュニケーションで歌が重要な役割を果たすのは、単に優美にするためとか、教養を誇示するためではなく、他のものになぞらえたり、すべて言い尽くさずにほのめかしたりすることによって、表現を婉曲にできたからであった。それはあるときには敬意の表現にもなり、あるときには言い逃れの手段にもなった。

平安時代においてさえ、まさに歌は実用だったのである。

第五節　ウタから歌へ、そしてウタから敬語へ

ウタは、はじめ外界の自然や上位者に日常的に訴えるために使われてきたが、そのうちに通常の会話では言いにくい内容を宣言したり、言霊の力を引き出す道具として使われるようになり、また冠婚葬祭や宮中行事など特定の場面で、儀礼の一環として用いられるようになった。そして、次第に五七五などの拍数やリズム、対句や繰り返しなどの技巧が凝らされるようになって、芸術への舵を切った。

そうなると、ウタに替わる日常的な敬意表現が必要になるのは当然であったろう。言い換えれば、ウタフが「歌フ」と「訴フ」とに分岐する時点で、「訴フ」ための表現形式が必要になったのである。それが敬語だったのではあるまいか。だから、誕生当初の敬語は相手との間に距離を空ける形式であり、上位者を尊敬する形式ではなかったはずである。

たとえば「あなた」という言葉は、相手が遠くの方（あなた）にいると言うことによって敬意を上げるわけである。敬語動詞の中には「オモホス・キコス・ナス・メス」など語尾にスのつくものが多い。二重敬語の「セタマフ」のセは連用形であるが、これらの意味を使役と考えれば、貴人に直接接触するのを忌んで遠ざけ、使者を介して婉曲に接触することが敬意を表す形式になっているのである。

記紀にはすでに豊富な敬語使用があるから、敬語が使われ始めたのは記紀以前、つまり有史以前ということになる。『万葉集』は「歌」集であるが、そもそも「歌」を特別視して集を編もうと考えること自体、歌がすでにウタでなくなっていた証拠である。

このの ち、歌は、枕詞・掛詞・縁語・序詞・見立てなど修辞技巧を凝らしてますます儀礼的・芸術的方面に進化を続けて、本来の実用的な待遇表現から遠ざかっていき、江戸時代の社会風刺や皮肉を主とする狂歌という支流を生みながら現代に至っている。

現代の和歌は、平安～鎌倉の和歌全盛の時代に比べると、修辞的に稚拙で内容的にも表面の文字通りの意味以外に深みがないように感じられる。漢語・外来語の使用も解禁され、単に五七五七七の形式で日常の一面を切り取ったものが多いようだ。

しかし、数百万人と言われる和歌俳句人口を支えているのは、もともとウタが日本人なら誰でもできる「音を延ばして遠くの相手に言う婉曲表現」から出発している証左のようにも思える。初めから儀礼・芸術が目的で読まれたものであったなら、国民全体に支持され続けるとはとうてい考えられないからである。

ここで、遠隔表現から敬語へと至る道筋を図示すると次のようになる。

遠隔表現（声を延ばし一定の節をつけて高い声で言う）→ウタ（賛美・訴え）→歌
　　　　　　　　　　　　　　　　　　　　　　　　　　　　　　　　　　　→敬語

この考えによれば、現代の敬語も原始の遠隔表現やウタの延長線上にあることになる。その確かな証拠が、実はある。それは日本人の電話の声である。

最近の日本人の多くは、自分の携帯電話で私的な話をすることが多くなったが、会社や家庭の固定電話で公人として話す日本人の電話の声は、欧米人には異常に聞こえるほど高い。かく言う筆者もそうである。特に、会社の電話で取引先の人と話すときの声は、家族と話すときの声より五度はピッチが高いのではなかろうか。

「はい、○○社でございます」

と頭のてっぺんから出るような甲高い声で電話に出、相手が家族や親しい友人とわかったとたんに、

「なんだ、△△か」

と男のような低い声になる女子社員はたくさんいる。

これは個人の問題ではない。ニューヨーク在住の知人（五十代の日本人女性）も電話に初めて出たときには、年相応の低い声で

"Hello"

と言うのに、相手が筆者だとわかった瞬間に、

「あっ、せんぱ〜い！」

と少女のような高い声の日本語になる。彼女は日本語で話しているあいだじゅうそのピッチで話し続け、敬語を使ってくれる。そして、日本語を使うと英語よりずっと高い声になってしまって、自分でも変な感じがする。アメリカでは女性の高い声は子供のようで幼く見られる。日本語自体が子供っぽい言葉なのか、などと言うほどである。

電話というのは、今でも新入社員研修で電話の取り方を教えるくらいだから、丁寧な言葉で話すのが基本だろう。実は電話以外でもそうなのである。気取った奥様の「ざあます言葉」の声は、下町のおかみさんのざっくばらんな会話の声よりずっと高い。

逆に、

「てめえ、なめんじゃねえよ」

などとヤクザまがいの言葉を使う女子中学生の声は、十三、四の女の子の声とは思えないほど低く、ほとんど男子と区別ができないほどである。甲高い声で男言葉を使う女子中学生など聞いたことがない。

つまり、日本人は丁寧な言葉を使おうとすると声が高くなり、罵りやくだけた言葉を使おうとすると声が低くなる傾向があるのである。いわゆる「ドスの利いた声」である。若い女性がかなり無理をしてでも高い声で甘ったれた口調でものを言うのは、そう言ったほうが丁寧で聞き手に好まれると無意識に判断しているためだろう。

女性ほどではないが、男性も敬語を使って丁寧に話している声はよく通る。電車内で他人が話している携帯電話の声がうるさいと感じるときは、たいてい私的な会話ではなく、仕事上の公的な会話である。これもたぶん敬語を使うことによって、意図せず音量が大きくなり、ピッチも高くなっているためだろう。

そういえば、前に学生の自己紹介で登場してもらった○山君も、ふだんぼそぼそ話す声とは比較にならないくらい大きなはっきりした声で、

「ただいまご紹介にあずかりました○山×夫でございます」

と言っていた。

さらに、この現象は現代だけのものではない。そのつもりで古典を読むとちゃんと出てくる。平安中頃に書かれた『枕草子』九十一段（能因本）に、大内裏の中に市井の女乞食が入り込んで宮中の女房と会話するくだりがある。この女乞食が高貴な女房に質問されると

「声ひきつくろひて……言ふ（声をとりつくろって言う）」

と書いてある。そしてこういう言い方を、その場で聞いていた作者の清少納言は

「はなやかにみやびかなり（はなやかで優美である）」

と褒めているのである。

このように、日本人ははるか昔から一貫して、丁寧に言うときには声が大きく高くなるという特徴を持っていたわけだが、実はこれが遠隔表現の最大の特徴なのである。遠くのものに訴えを届かせるには、大きな声で音を延ばせばいいのだが、ピッチが高ければもっといい。高い声で長く音を延ばすほど、遠くまでよく聞こえるからである。

ミソサザイという鳴禽がいる。やっと十センチになるかならずの、スズメより小さい茶色の地味な小鳥であるが、その鳴き声たるや、たった一羽のさえずりが全山に響き渡るほどである。つまり非常に遠隔表現にたけているわけだ。

ミソサザイのさえずりは他の鳴禽に比べても非常にピッチが高く、最高で八キロヘルツもある。ピアノの真ん中のラ（1点イ音）が四四〇ヘルツくらいだから、八キロヘルツというと、ピアノの右端の鍵盤の音（五点ハ音）よりさらに一オクターヴくらい高い。そして複雑な節回しで、最長二十秒も連続して鳴き続ける（注1—22）。

四十五年間、野鳥の声を録音し続けてきた蒲谷鶴彦氏は、ミソサザイの声を、

近くで聞くと耳が痛いほどキンキン響く。このように複雑で高い声で鳴く鳥はほかにはいないので、一度覚えてしまえば間違えることはない。

と言っている（注1—23）。

日本語の遠隔表現やウタが鳴禽類のさえずりに相似することは再三指摘してきたが、日本語で言葉を丁寧に（敬語に）すると声のピッチが高くなり音量が大きくなるという現象は、もともと敬語の起源が遠隔表現やウタであったという一つの有力な証拠と言えるだろう。

第三章　敬語の意義と効用

第一節　日本の自然(神)の特徴

神である自然は、人間の思うようにならないという意味で気むずかしくはあったが、日照りのときに雨を降らせろだの、火山の噴火を鎮めろだの、病気を治せだのと、どんなに勝手なことを祈っても、だからといって怒って神罰を下したりはしなかった。

呪詛（じゅそ）というのは、特定の人間に災いをもたらすことを神に祈るわけであるが、神には人間世界の善悪の判断は関係ないので、形式に従って祈りさえすれば、その祈りは必ず聞き届けられると考えられたわけである。この点が、日本の神道と、神の戒律を人間が遵守して始めて信者と認める外国の一神教が根本的に異なる点であって、そもそも日本の神は「人殺しをするな」「人の物を盗むな」などとは、一言も言っていないのである。

神が怒って神罰を下すのは、供物が貧弱だったり、鳥居に小便をするなど態度が不敬だったりして、祈り方が悪かったときであって、祈る内容がけしからんということではない。「祝詞」には神に対するさまざまな祈りの文章が載っているが、台風や日照りなど人間にとって都合の悪い天候は神の怒りの現れであると考えられたから、基本パターンは神をほめたたえることによってその怒りを鎮め、形式を整えて丁重に頼めばよかった。

現存する最古の祝詞は『延喜式』（九二七）の巻八にある。その中の一つ「祟り神を遷（うつ）し却（や）る」

を紹介する。恨みをもって死んだ人物が怨霊になって特定の人間や場所に祟る場合、その場所に出ないように頼む祝詞である。

高天の原に神留りまして、事始めたまひし神ろき・神ろみの命もちて、天の高市に八百万の神等を神集へ集へたまひ、神議り議りたまひて、我が皇御孫の尊は豊葦原の水穂の国を、安国と平らけく知らしめせと、天の磐座放れて、天の八重雲をいつの千別きに千別きて、天降し寄さしまつりし時に、誰の神をまづ遣はさば、水穂の国の荒ぶる神等を神攘ひ攘ひ平けむと、神議り議りたまふ時に、〔中略〕山に住む物は、毛の和物・毛の荒物、大野の原に生ふる物は、甘菜・辛菜、青海の原に住む物は、鰭の広物、鰭の狭物、奥つ海菜・辺つ海菜に至るまでに、横山の如く几つ物に置き足はして、奉るうづの幣帛と平らけく聞しめして、祟りたまひ健びたまふ事なくして、山川の広く清き地に遷り出でまして、神ながら鎮まりませと称辞竟へまつらく」と申す。

（倉野憲司・武田祐吉校注『日本古典文学大系　古事記　祝詞』）

「高天の原に神が初めてとどまってイザナキ・イザナミの二神をもって、八百万の神々と相談して、天皇家の祖先にこの日本を治めるように決められたが、反抗する者がいて、なかなか治められなかった。ようやく治めたこの国を、祟り神の方々は十分おわかりくださるだろうから、諸々の宝、野の産物、山の産物、海の産物を供えてお願いしますから、どうぞ山川の広く清き地にお遷りくださって、お鎮まりください」と申し上げるという内容である。

ようするに、この地がいかに苦労して手に入れた土地かを縷々説明し、相手は神だからそれは理解できるだろ

う と同情を求め、ここよりもっとよい土地を明け渡すし、山海の珍味を供えてお願いするからここを出て行ってほしいと、交換条件をつけて「祟りをなす神」に頼むわけで、他の祝詞もだいたい同じ展開パターンである。
迷信と笑うなかれ。インチキインチキと言われながら霊感商法や占いはいっこうに廃れず、水子や悪霊の祟りに不安を覚える現代人はずいぶん多いではないか。

知人の神主に聞いた話だが、今日住宅に限らずビルや高速道路などを建設する際、たいていの建主は地鎮祭を望み、その地鎮祭には工事会社の代表はもちろん、現場の作業員も必ず勧んで参列すると言う。だいたい一間四方の空間をきれいに掃き清め、四隅に青竹を立てて注連縄を張り、その中央に祭壇を作って山海の珍味を盛り、神に降臨してもらう場所を作る。

地鎮祭では、その土地の神に対して、そこに建主が建物を建てることの許しをもらい、工事期間中事故のないよう見守ってもらい、建物が完成してからはそこに住まう者や使う者の幸福を願う、という三つのお願いから成り立っている。たとえ何千万・何億出して購入してもその土地は人間の物ではなく、元からいる神の物と考えているわけである。

そのまま一週間ほど置いておき、何も起こらなければ神が承諾したと考える。もし不承知の場合は、祭壇に雷が落ちるとか大雨や台風で祭壇が流されたり飛ばされたりしてしまう。むろん、天候が不順な季節に建物を建築すればこのようなことが起こるわけだが、地鎮祭を行うということは、結果的にそれを避けることによって事故を未然に防ぐという実利的な役割もあったことになる。

航空会社はジェット機の初フライトの際、必ずお祭りを頼むそうだ。古代にはむろん飛行機などはないが、空を飛ぶものをつかさどる神には天鳥船尊（あめのとりふねのみこと）がいる。その天鳥船尊に対して、祝詞の展開パターンどおりに、ジェット機が飛ぶことの由来と必要性を説明して理解と同情を求め、機体番号（ジェット機の個体識別を神にしてもらうため）を挙げ、どこへ飛ぶかという航路を説明し、山海の珍味を供えてご機嫌をとり、安全を祈願するという。いずれの場合も神主の祝詞のあと、関係者が玉串を捧げてお祭りは終了する。

ジェット機に限らず、大型タンカーの進水式や原子力発電所の竣工式などの際にも必ずお祭りが行われ、何もしないとかえって工事関係者が不安がる。中央線で飛び込み自殺が多発したことがあったが、ＪＲ担当者が行った対策は、ホームの監視強化のために臨時職員を雇うことではなく、神主を呼んでお祓いをすることであった。将来、日本からスペース・シャトルが打ち上げられる日が来ることになっても、その日きっと神主が呼ばれ、お祭りが行われるに違いない。

このような自然を神として畏怖する心性は、外国人から見ると非常に不可思議に見えるかもしれないが、日本人の心の中に厳然と存在し、これからも存在し続けていくだろうことは、ほとんど疑いない。近代的なビルの屋上に小さな神社を祭るのは日本独特の光景である。日本人は科学者といえども、人間が神（自然）に変わりうる万能の存在だとは決して考えないのである。

神にものを頼むときには下手に出て、丁重な言葉と態度を用いる。その際、神主は水垢離をとり白装束を着、所定の幣をもつなど、衣服をすべて形式どおりに整える。言いにくい依頼、無理な頼みほど丁重にする。神は気むずかしがり屋だと考えられていたから、怒らせては大変と、人々は山海の珍味を供え丁重な態度と言葉で祈った。

前掲の祝詞は宮中で一字一句改変されることなく上げられてきたものだが、尊敬語・謙譲語をほとんど毎語句ごとに連ね、恐れによる言いよどみを表すと考えられる繰り返し語（「集ひ集ひ」「議り議り」の類）を多用した、たいへん丁重な依頼文である。

ただし、神は人間と違って一度聞けば忘れたりはしないから、一定の書式に従って口頭で一度頼めば十分で、頼み事を紙に書いて残したり奉納したりする必要はない。宮中の祝詞は、いわば人間が失礼を犯さないようにするための「敬語マニュアル」であり、本来残す必要のないものであった。

神道には仏教の経典、キリスト教の聖書、イスラム教のコーラン、ユダヤ教のタルムードにあたるものがない。神道の祭りにおいては、何か決まった文句を読み上げるわけではなく、必要事項を形式にのっとって神主自身が文章を書き、それを神に聞いてもらえばよいのである。これは本来参列者にさえ聞かせる必要のないものであって、民間の地鎮祭や結婚式などでは、あくまで依頼者へのサービスのために神主が節をつけて聞かせているのだ。伊勢神宮などで行われる本来的な祈りの場面では、神主は真っ暗な中で、自分と神だけに聞こえる声でひそやかに祝詞を上げ、参列者には何が行われているのかさえ定かにはわからないという。

先日、近所の家の葬儀に参列したのだが、この家は神道で、白装束の神主は明かりをすべて消した真っ暗闇の中で、祭壇に向かって何事かを祈っていたが、筆者にはまったく聞こえなかった。ちなみに神道では、戒名?は「〇〇（俗名そのまま）の命（みこと）」と言い、戒名料などは取られないそうである。

前に述べたように、日本の自然は平時には四季おりおりの変化に富み、美しく実り豊かで、基本的には穏やかな気候・風土である。だから、そこに暮らす日本人も平時には美しい自然をたたえ、その豊かな実りをありがたく享受しているだけですむ。自然の条件が自分たちに都合よくいっているときには、自然に対して何も訴えない。

しかし、日照りや洪水、台風や火山の噴火など、自分たちにとって困った状況になったときだけ、

「雨を降らせてください」

「洪水や風を鎮めてください」
「火山の噴火を鎮めてください」

などと丁重に依頼する必要が出てくるわけである。まさに「困った時の神頼み」である。

そして、日本の自然はその風土特徴から、一カ月も待てば鎮静化して元の美しく穏やかな状態に戻るのが常であったから、これは神が人々の祈りを寛容に聞き届けてくれた結果にほかならない。少なくとも原日本人はそのように考えた。ここから、神に対しては、とにかく形式を整えて丁重に待遇しさえすれば、どんなことでも頼める、何でも言えると考えたのは、日本人がウタや敬語を使い始めたときの最大のポイントであった。何しろ恐ろしい祟り神に対してさえ、非常に丁重な態度と言葉でなら「出ていってくれ」と頼めるのである。

現代でも、日本人は相手を丁重に接待しようとするとき、しばしば接待の内容を充実させるよりも形式を整えることを第一に考える。外国から来た大切なお客をもてなすとき、日本人は一流の料亭へ連れていって典型的な和食をご馳走し、歌舞伎・能などの伝統芸能を見せ、自分らは和服を着て、土産には高価な日本人形や最新式の電子機器などを持たせるなど、形式を万端整えることに意を用いる。

まちがっても、洗濯物のぶら下がっている自分の三ＤＫのマンションに招待し、家族総出でアルバムを見せたりして楽しく話し、カレーライスでもてなすなど、思いもよらない（実はこれはアメリカ式の大切なお客のもてなし方である）。

宴会や儀式・会議などで行うスピーチにしても、席が改まれば改まるほど、紋切り型の形式に凝り固まったものが多くなる。会社の上司は、仕事の内容よりも言葉の使い方がなってないと言って、部下を叱ることが少なくない。

このような傾向には敬語の考え方が大きく影響している。確かに形式にあてはめてしまうと、自分の頭で創意工夫する必要がなくなるので楽である。しかし、日本人が大切な場面で内容よりも形式にこだわるのは、エネルギーの節約のためではなく、上位者に対しては形式を損なってはならないと、心の奥底で考えているからにほかならない。日本では形式が整えば整うほど、相手に高い敬意を表したことになるのである。礼法の指南でも、敬意が高くなればなるほど形式にこだわるようになり、心がこもっていさえすれば何をどのようにしてもよい、というふうには決してならないのである。だから、どんなに人間性が善良でも、ぶっきらぼう（態度と言葉が乱暴）な人は信用されない。形式を整えること、形式に意を用いることが、内容の確かさを証明すると考えるのである。

このわずかな例外として、千利休（一五二二〜一五九一）の侘茶があげられよう。実際のかたちはどのようであれ、この客を一生に一度しか出会わない客と心得て、とにかく客をもてなす心（内容）を大切する、という侘茶の神髄は、実は茶室という別宇宙の前提があって始めて発揮されるものであった。茶室に入るには、「露地」という産道を通り、現世の身分を表す刀を捨て裸になって、「にじり口」という産門をくぐる。こうして、現世の人間関係を一度捨て去り、茶室で亭主と客という別の人間に再生してから、一期一会の茶を飲むわけである。考えようによっては、これも一種の死生観の入れ替えと言えるかもしれない。

上位者（神）に祈るとき、たとえ悪気はなくても万一形式が間違っていたら、上位者は怒って罰を下すだろう。それが恐ろしいので形式を記したマニュアルに頼る。スピーチ集やマナー集、そして敬語の本がよく売れる背景には、相手に敬意を表するときの日本独特のやり方が関係しているのである。このことは、日本を訪れる外国人にはぜひとも理解してもらいたいところである。

ともあれ、日本の神＝自然は、人々が形式にのっとって丁重な祈りをしたときには、どんな内容であれ、寛容にそれを許し、聞き届けるという特徴をもっていたのである。

第二節　伝統的上位者の三徳（寛容・鷹揚・寡欲）

日本の伝統的な上位者はいちばん上は天皇であるが、これは神の直系の子孫であり、神の持っている心性をそのまま持っていることが要求された。つまり日本の上位者は、下位者が形式にのっとりウタや敬語を使って丁重に申し開きをしてきたときには、それを聞かねばならない、あるいは聞き届けてやらねばならないと思っていたようである。

前に述べた『古事記』に登場したメドリノミコは、仁徳天皇の求愛に対してウタで敢然と拒絶した。しかし、天皇は別に怒って罰を下したりはせず、宮中に引き返しただけであった。後で日本史を通覧して確認するが、ヤマトタケルノミコトも雄略天皇も、形式にのっとったウタや敬語による申し開きを聞いたあとは、必ずその罪を許している。

日本人が相手を殺すときに吐く「問答無用」というセリフは奥が深い。つまり、相手との問答を許し、相手の申し開きを聞いてしまったが最後、殺したりはできなくなってしまうからである。『古事記』ではたくさんの人々が、あやうく死刑になりそうだったのを、ウタや敬語を使って謝罪し弁明することで助かっている。そういう心性が『古事記』の時代にはすでに明瞭に認識されていたのである。

逆に言えば、上位者の最も上位者たる特徴は、下位者の丁重な謝罪や弁明に対する「寛容」である。これは現代でもそうであって、相手が丁重に謝っているのに、いつまでも怒っていて許してやらないと「大人げない」と言われ、逆に非難の対象になる。だから先に謝ってしまえば、相手は許さざるを得なくなるのである。こうして、事態は謝った側（下位者の側）の望む方向へ進むことになった。

また、日本の伝統的な上位者は「鷹揚」でなくてはならなかった。つまり、あまり細かいことにこだわって、いちいち口をさしはさむようなことは上位者らしくないと思われたのである。実務は担当者が細かい点まで注意に注意を重ねて間違いのないよう整えているので、上位者たる者はそれを信じて任せるものである。部下を信じられない者に上位者の資格はない。逆に上位者らしくあろうとすると、実務に口を出せなくなってしまうのである。

天皇が日本社会の統合の象徴であり、実際に政治を担当する必要がないのもそういうことである。そして、この天皇を頂点とするピラミッドは、規模の違いこそあれ、将軍や藩主を頂点とする幕藩体制や、同族会社の社長を頂点とする小規模な会社に至るまで、まったくの相似形で作られている。そこでは頂点の天皇・将軍・藩主・社長は単なる象徴（飾り物）と化し、最終認可を下すだけで、自らは何も実務にタッチしない。それどころか、むしろ実務は有能な部下群に任せたほうが組織全体がスムーズに働く。こうして、日本の組織では、社長や会長が実務に口を出さない伝統ができあがっていくのである。

日本の政治史上、天皇が親政を行った時代は数少なく、しかもたいてい失敗している。まず飛鳥時代・奈良時代であるが、この時代の政治は皇室内の皇位継承争いがほとんどであった。平安時代中期の醍醐（八八五〜九三〇）・村上天皇（九二六〜九六七）時代は藤原氏の勢力がまだ政争を続けていて統一されておらず、延喜・天暦の治が実現したが、藤原道長（九六六〜一〇二七）が勝利すると、あっという間に天皇は実権がなくなり、逆に政治は安定するようになる。その醍醐天皇を理想とし、自ら諡号を存命中につけた後醍醐天皇（一二八八〜

一三三九）は、しかし時代が足利氏・新田氏を始めとする武士に実権が移っていることを認めようとせず、建武の親政（一三三三～六）は失敗に終わっている。最後に明治～終戦（一八六八～一九四五）に至る時代であるが、この時代は親政でありながら、その実下級武士・足軽あがりの元勲や軍人らが天皇の名の元にさまざまな実務を（勝手に）行い、責任をとれずに投げ出している。

ようするに、日本人の組織では、最上位者は象徴として存在し、実務は有能な部下に組織的に行わせたほうが効率的でうまくいくようになっているのである。最上位者である天皇が神の子孫として祭祀を行う者であるとすれば、実務を行う部下は幕府や政府ということになる。

源頼朝（一一四七～一一九九）が鎌倉に幕府を開き自ら初代（征夷大）将軍となったとき（一一九二）、天皇を倒して幕府を開いたわけではなかった。自らも源氏（皇孫）であった頼朝は、将軍の地位を天皇に任じられた者とし、天皇は将軍を信任して実務に口を出さないこととした。これは、下位者である頼朝が実力者・後白河法皇（一一二七～一一九二）の崩御に乗じて、まだ十二歳だった後鳥羽天皇（一一八〇～一二三九）に願い出、当然ながら「寛容に」許されたものである。そして天皇と将軍が車の両輪となって日本全体を支え進めていくという、政教分離がここで実現したのである。

このことはあまり指摘されないことだが、ローマ法王庁が一三七七年に設置されたのちも、国王と教皇による行政権の奪い合いが続いたヨーロッパより格段に進んだ思想である。ヨーロッパの王国が立憲君主制を取るようになるのはようやく近代に入ってからだが、日本の上位者の「鷹揚」の伝統が、このような世界に先駆けた政教分離を成し遂げることになったわけである。

さらに、日本の上位者にはもう一つ、徳がなければならなかった。日本の自然は実り豊かで惜しみなく分け与えたから、その自然＝神に連なる上位者はまた「寡欲」でなくてはならなかったのである。会社へ来たお中元やお歳暮を全部自分の家へ持って帰ってしまうような社長は、上位者にあるまじき強欲であるということになる。自分は何も取らずに、みな下の者に分け与えてしまうような上位者こそ、真の上位者らしいということになっていた。日本の皇室は他の諸外国の王室に比べ、比較にならないほど質素であるが、これは最上位者は「寡欲」の見本でなければならないという伝統の現れである。

この上位者の三徳（寛容・鷹揚・寡欲）は日本の伝統的な上位者に絶対に必要な要件であり、たとえ身分上、上に立っていたとしても、この三徳を備えていないと上位者とはみなされなかった。しかし、日本の上位者が初めからこの三徳を身につけていたわけではない。記紀に登場する天皇は人の女を奪ったり横暴な行為を行ったりしている。

日本の歴史を通覧してわかることは、記紀以降、日本の上位者が世襲で固定されてから、この三徳を持つ傾向が顕著に見えてくるようになる。つまり、自分の地位がクーデターによって脅かされる心配がなくなり、余裕が出て始めて、三徳を発揮できるようになったということである。そして、逆に上位者が寛容に下位者の罪を許し、理性的な上下交流が行えるようになると、互いのことをよく知り合えるようになり、ますますクーデターを起こす必要はなくなっていった。

伝統的上位者は三徳を持って下位者に対処し、最終責任は全部自分がかぶって取った。女王・卑弥呼が殺されたのも国が戦争に負けた責任を問われたためだろうし、徳川幕府によって藩が取りつぶされるときは、たいてい藩主は切腹ということになった。前に述べたように、日本では死ねば現世の罪は全部帳消しになるので、これで晴れて神の仲間入りを果たすことができることになるわけである。

実務は下位者が行い、責任は上位者が取るというこのやり方は、伝統的日本社会ではごく普通に行われていた。たとえば、江戸時代の百姓階級の最上位者である名主や庄屋は、配下の水呑みや小作を雇って自分の土地で耕作させ、納税義務を負っていた。たとえ不作のときでも、小作や水呑みという労働力を失うわけにはいかないから、それまでに備蓄してある食糧を与え、決して飢え死にさせるようなことはなかった。名主や庄屋は自らは実際に耕作はしなかったが、そのかわり藩によって苗字・帯刀を許されていた。

武士には苗字があるが、普通の百姓にはない。苗字とは家の名であり、苗字があるということは家が伝統的に存続し続けることが公認されているということである。江戸時代の武士は原則、幕府や藩に仕える役人であるから、これは特別な落ち度がないかぎり、そして藩が存続するかぎり、その家の長子を役人として召し抱えるという意味である。同様に、名主に苗字を許すとは、その土地の支配権を未来永劫その家が持ってよいという公認を与えるのと同義である。

帯刀は脇差しを持つことである。これは切腹用の刀であり、いざという時には最終責任を自分の命を持って償えという約束をさせるということである。そして、自分で自分の命の始末をつけることこそが名誉であり、他人の手にかかって死ぬのは不名誉であるから、自殺の権利を与えることが名誉になる。

江戸時代には死刑に何種類もあったが、最も名誉を重んじた死刑は切腹で、これは主に武士に与えられる刑である。打ち首には二種あり、首を獄門台の上にさらして衆目にさらし恥を天下に宣伝するのは、単なる打ち首よりも重い刑であった。さらに重いのは磔で、これは十字架に罪人をくくりつけ槍で突くもので、執行される本人にとっては切腹より楽なはずであるが、自分の手で死ぬことができないので不名誉な重い刑であった。

家（支配権）の存続と自殺の権利をセットにして与えたのは、まことに賢明なやり方であった。名主は自分も命が惜しいから、平時は支配地の納税や事務を滞りなく行い、何かどうしても訴えたいことがあった場合には、代官に訴状を差し出して嘆願した。それでたいていは聞き入れてもらえたが、どうしても聞き入れてもらえない場合には、覚悟を決めて領主や将軍などへ直訴に及び、自分は死罪になったとしても、家は存続するので後顧の憂いなくあの世へ行けた。そして、子孫や配下の百姓たちは、自分たちのために責任をとって死んだ名主を神と祭り、子々孫々にほめたたえた。

現在、上位者にこのような責任の取り方をさせる組織はなかなか見当たらない。一昔前までは、大会社で不祥事があって会長や社長が引責辞任する場合、マスコミの前などに出てこず、黙って静かに蟄居したものである。

大相撲の世界は、現在でも伝統的にこのやり方を守っている。すなわち、大関までは負け越して地位を陥落しても再起のチャンスがあるが、横綱に上がってしまうと負けがこんできても、もう再起はできない。なぜなら、大関までは人であるが、横綱は神であるからである。神は負けるはずがなく、したがって現実に負けているとしたら、それはもう神ではなくなった証拠である。だからみっともない負け方をして神としての面目を失う前に休場して、人々の目から一時消える。そして次の場所で勝てる自信がなくなったとすれば、後は引退して力士をやめるしかない。そして引退すれば必ず「名横綱」とたたえられる。

横綱が締めている綱はまさに神を祭る注連縄と同じであるし、土俵入のときに道中を清める露払いを先立たせ、自裁する責任を明示する脇差しを持った太刀持ちを従えるのは、面目を失ったら腹を切るという意味である。

行司にも同様の格があり、最上位の立行司・木村庄之助は脇差しを差しているが、これも軍配を差し違えたら腹を切って責任を取るという意である。木村庄之助は一日一番しか行司をしない。それはその一番に命（名誉）を懸けているからである。現在でも、木村庄之助が差し違えをした場合には、いちいち進退伺いを出すことになっているようだ。

神は絶対に間違ったりしない、というこの基本思想は、自然に善悪がないことに由来する。刑法には天皇が犯罪を犯した場合の規定がない。神は人間の決めた犯罪など犯すはずがない、という思想で作られているからである。だからこそ、第二次大戦の敗戦時に、臣下から天皇に責任を問えなかったのである。それどころか、進駐軍によって天皇が戦争責任を問われ、絞首刑になるかもしれないということを、時の軍部は恐怖した。そしてそうなる前に、どこかで責任の俎上を止めねばという一念で、東条英機（一八八四～一九四八）を始めとする幹部が戦犯として処刑された。

このことを皆わかっているからこそ、そして本来問われないはずの責任を天皇の代わりに負って処刑されたからこそ、その死に報いるべく、靖国神社に英霊として祭ってあるのである。だから政府の要人が靖国神社に参拝するのはまったく国内向けの慰撫（鎮魂）行事であり、中国や韓国などの外国を刺激する意図などは毛頭ないことは断言できる。しかも日本では死んだ人はすべてホトケで、特にすぐれた功績を挙げた人は神になり、現世でどんな罪を犯しても死ねばすべて帳消しになるから、戦犯と一般の戦没者が合祀されていても少しもおかしくないのである。

だがしかし、責任はやはり最上位者が取るものであって、下位者が上位者の責任を肩代わりするのは僭越・不敬というものである。当時、欧米列強に遅れまいと太平洋地域独占を狙って軍拡を続けていた軍部の幹部は、昭和天皇（一九〇一～一九八九）を無邪気と言えるほど心底から敬慕していたのであろう。だから天皇の身代わりに処刑されることも厭わなかった。しかし、下位者が上位者に代わって責任を取るなど、明らかな階級秩序の転覆である。

それがわからなかった幹部は、やはり明治維新（一八六八）で成り上がった似非上位者の子孫であった。かえすがえすも、あのとき昭和天皇は戦争責任をとって譲位すべきであった。昭和天皇は「自分の身はどうなっても国民を救ってほしい」とマッカーサーに訴えたそうだが、マッカーサーのほうは民主主義国（君主のいない国）の考え方で、戦後経営に天皇はぜひとも必要と考えて天皇の罪は問わず、軍部に戦争責任を負わせた。アメリカ人に「天皇を譲位させる」という考え方が起こるはずはないと思うが、天皇自身が「戦争の責任を取って皇太子に譲位する」と言えば、国内には誰も反対できる者はなく（なぜならまだ天皇＝神であったから）、もしそうしていればその後の中国・韓国の対応もずいぶん違ってきただろうし、靖国問題も起こりえなかっただろう。昭和天皇自身、明治元年の詔勅（一世一元の制）に叛けないということであれば、隠岐に遷幸してから譲位という手もあった。

最近の会社や役所・学校などでは、ミスをしたらその担当者がクビになり、社長や校長はそのまま居座り続けるということが起こっている。しかも、その社長や校長などの最上位者がマスコミに向かって「お詫び会見」したりするわけであるから、いったいこの人々がほんとうの上位者なのかどうか、疑わしいと言わざるを得ない。「お詫び」は典型的な下位者の行動で、上位者は絶対にしてはならない行為だからである。謝って許してもらえるのは下位者だけである。上位者は謝らずに腹を切る（引退する）、これが伝統的に見て正しい行為なのである。このような風潮は明治以後顕著になるのだが、それはのちに詳述することにする。

ところで、日本の上位者がなぜ敬語を使われると「寛容な」気持ちになるのかと考えるに、それは敬語を使われることが神扱いされることだからである。これはクーデターがなく身分・階層が原則的に変えられない現世では、絶対に起こらないことである。だから、神扱いされていい気分になると同時に、神の持っている三徳を発揮せざるを得なくなるのである。

ここで、韓国の場合を考えてみよう。韓国には日本語によく似た敬語があって、日常的に上司や年上の人などに対して厳しく使われている。前に日本人店員のタメ口に激怒した韓国人留学生の例を挙げたが、店員は当然お客に対して丁寧な言葉遣いをしなければならない。この敬語使用の思想は儒教に基づくものである。儒教では年上の者は尊敬の対象で、年下の者は必ず敬語を使わなければならない。だから初対面のとき、同年代だと思ったら必ず相手の年齢を聞く。そして一歳でも上だったらその人に対して敬語を使わなければならないのである。

年齢というのは移り変わっていくものである。自分が若いうちは年寄りに敬語を使ってばかりだが、自分が年寄りになれば当然若い人に敬語を使われる立場になる。だから下位者が敬語を使わないことは絶対に許せない。逆に敬語を使うのが当たり前であるから、それでいい気持ちになったりはしない。上位者は敬語を使って頼まれたからといって、必ずしも寛容な気持ちになるとは限らず、下位者の申し開きが常に通るとは限らないのである。

上位者が寛容でなく下位者を搾取するばかりだったら、下位者はクーデターを起こして階級秩序を転覆させるほかない。実は、朝鮮半島の国はそのようにしてクーデターを繰り返し、そこにまた他の国との争いが複雑にからみあって、実に虚々実々の駆け引きで政治が行われてきたのである。これは半島という地形に特有で、世界各地の半島は多くの場合みな絶え間ない戦場になっている。

こう考えると、日本の敬語使用がいかに純粋培養的なものか、外国の思想や宗教に影響されず、原始のままの宗教感情が現代まで連綿と続いている希有な現象であるかが明らかになるであろう。

第三節　日本人の上下交流の歴史

ここで、日本人が有史以来、ウタや敬語によってどのように上下の交流をしてきたか、歴史を通覧することによって確認したいと思う。

日本最古の文献は記紀であるが、記紀の記述がすべて客観的な事実に忠実であるかというと疑義が生じるのはいたしかたないことである。たとえば、皇室の家庭内伝承の役割を持っていたとされる『古事記』には、崇峻天皇暗殺の記載がない。ただ何歳で亡くなったとあるのみである。『日本書紀』は歴史書という体裁上、諸説を列挙したりして一見客観的に見えるが、戦時中の「大本営発表」と同様、編纂を指示した天武天皇側にとって都合の悪いことは書かなかっただろう。しかし、一つ一つの細かい記述はともかくとして、少なくとも当時の人がどんな社会情勢の中にあって、どんな価値観を持ち、どんな気持ちでいたのかを知るのには十分であろうと思う。

なお、上代の古典資料を参照するにあたっては、注意すべきことがある。それは、漢文の訓読や現代語訳が、しばしば現代の人間関係から見て適当な言葉遣い（特に待遇表現）に変えられてしまっていることである。原文が無敬語であるのに、校訂者（多くは国文学者）が勝手に敬語を付け加えて訓読し、現代語訳していることが多いのである（奇しくも、このことは「聖書」の日本語訳にもあてはまる。英語やドイツ語の「聖書」は当然のことながら無敬語であるが、日本語の「聖書」ではキリストや神の事蹟を紹介する場合、必ず敬語をつけて待遇されている）。そこで、肝心の部分だけを原文に沿って引用することとし、その他の部分は筆者の要約で紹介することとする。

三－1　現人神の子と火焚きの老人の交流

ヤマトタケルノミコトは景行天皇の皇子でもとヲウスノミコトといい、『古事記』中巻に登場する。『古事記』によれば、父・天皇はヲウスの双子の兄・オホウスノミコトが最近食事に顔を出さないので、ヲウスに教えさとすよう命じた。しかし兄は五日たってもやはり出仕しなかったので、天皇はヲウスにどのように教えたのか尋ねたところ、

「夜明けに兄が厠に入った時、出てくるのを待ち受けて捕らえ、つかみつぶして、その手足をもぎ取り、薦に包んで投げ捨てた」

と答えた。それほど勇猛で、荒々しい心を持っていた。景行天皇は自分にも害が及ぶのを恐れて、ヲウスにクマソ征伐を命ずる。ヲウスが少女の姿に変装して部屋の内に入り込むと、クマソタケルの兄弟二人はこの少女が気に入って、自分たちの間に座らせて盛んに祝宴を催した。祝宴が最高潮に達したときを見計らい、ヲウスは懐から剣を取り出して兄のクマソの衿をつかんで剣をその胸に刺し通した。弟が驚いて逃げ出すところを、背中の皮をつかんで剣を尻に刺し通した。まさに問答無用である。するとその弟が

「その刀を動かさないでほしい。死ぬ前に申し上げることがある」（傍線は原文に敬語があるところ。以下同）

と言うのでヲウスが許すと、名前を聞いたので、

「纏向（まきむく）の日代宮（ひしろのみや）にいらっしゃって、大八島国をご統治なさる大帯日子淤斯呂和気天皇（おおたらしひこおしろわけのすめらみこと）の皇子で、名は倭男具那王（やまとおぐなのみこ）である」

と答えると、クマソは

「西の方では我ら二人より強い者はいないが、大和の国には我ら二人より強い男がいらっしゃったのだなあ。だから私はお名を差し上げよう」

と言った。それを聞くや、ヲウスは「熟した瓜を割くように」クマソタケルの体を引き裂いて殺した。これ以後、ヲウスはヤマトタケルノミコと称することになった。

天皇（神）の命令は絶対であるから、ヲウスはクマソを問答無用で殺そうとしたが、弟・タケルが死ぬ間際に願ったので問答を許し、「タケル」の名を受け継いだと言うのである。これは言霊思想で、クマソの「タケル」という強さをヲウスが我が物としたという意である。

このあと上京する途次、出雲の国で首長の出雲タケルを殺す。ここでも「タケル」という名前となっているが、ようするに「荒くれ者」というような意味なのであろう。こうして服従しない者を次々と平らげて都に帰還し、天皇に復命した。

そこで、景行天皇はさらに東国征伐を命ずる。さすがにヤマトタケルも父・天皇が自分の死を願ってのことだと感じ、叔母・ヤマトヒメノミコトに相談すると火嚢と草薙剣を授けてくれた。東国征伐は困難を極め、相模国では野火の難に遭い、走水海では愛妃のオトタチバナヒメノミコトが渡の神の怒りを鎮めるために人身御供として入水する。そしてようやく東国を平定し、吾妻から甲斐に出て、酒折宮に出た。ここでヤマトタケルは歌を詠む。

新治　筑波を過ぎて　幾夜か寝つる（常陸の新治や筑波の地を過ぎてから、今までにもう幾日ぐらいたったのであろうか）

とお歌いになった。すると夜警の火をたく老人が倭建命のお歌に続けて、

日々並べて　夜には九夜　日には十日を（日に日を重ねて、夜は九夜、日では十日になった）

と歌った。即座に歌ったので、その老人をほめて、東国造の姓をお授けになった。

（荻原浅男・鴻巣隼雄校注『日本古典文学全集　古事記　上代歌謡』、訳・傍線引用者）

この同じ箇所を『日本書紀』では、まず日本武尊（ヤマトタケルノミコト）が従者に歌をもって問いかけたところ、誰も答えることができないでいたのを、明かりをともす者が日本武尊のお歌の後につけて詠んだとある。ヤマトタケルは天皇の皇子であり、『日本書紀』では

「吾是現人神之子也（私は現人神の子である）」

と名のっている。そのような高い身分の者が従者に、

「あれからどのくらいたったのだろうかね」

と尋ねたわけである。

従者が答えられなかったのは、何日たったのか実際にわからなかったからではなく、皇子が片歌で尋ねてきたので、これに付ける形で返歌をしなければならないからで、つまりは歌がうまくできなかったから答えられなかったのである。ヤマトタケルはここ以外にも、事あるごとに歌を詠んでいるのだから、従者はヤマトタケルが歌によって質問したり感慨にふけったりすることには慣れているはずで、急にうたいかけられてびっくりしたということはありえない。

さて、ここで火焚き（または明かりともし）の老人の登場である。火焚きというからには身分は高くない。に

もかかわらず、ヤマトタケルの歌に答えうるだけの歌の素養を持っていた。ということは、ふだんから歌を詠む言語生活を送っていることにほかならず、この生活は上位者の言語生活とさほど違わないことを意味している。しかも、老人はヤマトタケルと同席し、ヤマトタケルの話す言葉を理解しているわけである。

渡部昇一氏は、身分の低い火焚きの老人が天皇の子・ヤマトタケルの歌に答えたという事実を重大視して、古代の日本では「日本人は和歌の前に平等であった」（注1―24）という説を唱えているのだが、これはむしろ逆ではなかろうか。和歌以外の場面では「厳重なカースト」があるために抑圧されていて平等ではなく、和歌を詠むときだけ身分を超越できたと考える根拠を、渡部氏は示していない。もともと上位者も下位者も似たような考えを持ち、コミュニケーションもできる状況にあったからこそ、その当然の帰結として、ヤマトタケルの歌に答えることができたのではなかろうか。

そもそも古代において、ウタというものは、渡部氏が考えるような芸術的教養的なものではなく、もっと日常生活に密着した必要不可欠のコミュニケーションの道具であった。原文で敬語が書かれている部分に傍線を引いてみたが、天皇とその子に対する尊敬語・謙譲語のみである。多くの現代語訳は下位者の発話に「です・ます」をつけて訳しているが、原文には丁寧語は存在しない。

このような未発達な敬語以前の遠隔（婉曲）表現として、ウタという形式でならどんな相手にもどんな内容でも言えたのである。だから、ヤマトタケルも火焚きの老人も、ウタを応酬することが階級秩序の破壊にはつながらないと確信していた。そうでなければヤマトタケルは老人の僭上を罰するはずで、「ほめて東国造の姓をお授けになる」はずはないからである。

ようするに、現人神の子と火焚きの老人とは、決定的な身分差・階級差がありながら、ウタという手段でならいくらでも交流し、意思疎通ができる状況であったのである。

三―2　民の暮らしを思いやる仁徳天皇

『古事記』の下巻には、聖徳の天皇ともいわれる仁徳天皇が登場する。仁徳天皇は大阪府堺市にある世界最大の墓ともいうべき前方後円墳・仁徳天皇陵の主である。この古墳は、全長四百七十五メートル、周囲に三重の壕があり、その土盛りのため一日千人が四年間を要したとされている（注1―25）。

これほどの巨大古墳は、支配地域を全国規模に広げ、強大な権力を掌中にして始めて可能なことであったろう。この強大な権力を手にしていた天皇が、記紀では庶民の生活にいたく心を砕いた天皇として描かれる。

仁徳天皇の人となりはその即位前記にすでに表れる。『日本書紀』仁徳天皇の条によれば、仁徳は名をオホサザキノミコトと言い、応神天皇の第四子で、「若くして聡明叡知にして、貌容美麗」であった。応神天皇は皇太子をオホサザキの異母弟・ウジノワキイラツコとしていたが、崩御後、ウジノワキは自分は天皇の器ではないと言って即位しようとせず、異母兄のオホサザキに譲ろうとした。ところがオホサザキは固辞して譲り合い、その間に他の異母兄弟が皇位を狙って反乱しようとしたのを協力して討った。

その後も二人による皇位の譲り合いが続き、天皇に献上する魚が両者の間を往復してたびたび腐ってしまうという事態まで起き、決着しそうもなかった。そこでウジノワキは自殺を図り、その知らせを聞いたオホサザキは難波から馳せ参じて「髪を解き屍にまたがって」「我が弟の皇子よ」と三度大声で呼ばわると、不思議や死体が生き返った。ウジノワキは、兄王が聖人であることをあの世で父・天皇に告げたい、そして同母妹を後宮の一人に加えてほしいと遺言して亡くなった。こうして、オホサザキが皇位に就いたというのである。

この皇位の譲り合いはいささか誇張されすぎているようにも見えるが、後年の天武天皇の即位前記に鑑みるに、ウジノワキはオホサザキの真意を確かめるためにあえて自殺を図った、と考えられないこともない。前にも紹介したが、仁徳はメドリノミコという女性をめぐって、異母弟のハヤブサワケの逆心を察知し誅殺したという非情さ・周到さも持ち合わせている天皇である。

仁徳が即位して三年たったとき、高い山に登り四方を眺めると民家から煙が上がっていない。畿内でさえこのように窮乏しているのなら、畿外ではなおのことだろう。これからのち三年間はすべての課役を免除すると言った。この日から、天皇は自らの着物や靴を破れないかぎり新しく作らず、食物は腐らないかぎり取り替えなかった。宮殿の垣根が壊れ、風雨が隙間から入って衣服や夜具を濡らし、星明かりが床にも届いた。

三年たって再び国見をしたところ、民家から煙がたくさん立ち昇っているのを見て、天皇は「私はもうすっかり豊かになった」と言う。皇后が宮殿の垣根や建物が壊れて雨漏りがするのに、どうして豊かになったと言うのかと尋ねると、「人民が豊かならば私が豊かなのである」と答えた。その後も天皇は窮乏を忍んでいたので、人民のほうから「もうすっかり私たちは豊かになったのに、もしこの時に租税を出して宮殿を繕わなければ、天罰が当たってしまう」と言ったが、なお天皇は三年そのままで忍んだ。そして七年後の冬、改めて課役を課すと、人民は老幼を問わず自ら率先して昼夜を問わず働き、じきに宮殿は修築された。

この話の末尾に有名な次の文が続いている。

故、於今称聖帝也（それゆえ、今に聖帝と称えるのである）。

（小島憲之・直木孝次郎・西宮一民・蔵中進・毛利正守校注『日本古典文学全集　日本書紀　2』、訳引用者）

『古事記』ではもう少しあっさりと書いてあるが、『日本書紀』では仁徳の用心深さがくどいぐらいに強調されている。仁徳はしばしば「いにしえの聖帝の御世」を引き合いに出し、民が豊かならば支配者が豊かなのだという持論を展開している。仁徳は古代中国の堯・舜に倣ったのだろうが、堯帝時代の泰平の治世を象徴する故事「鼓腹撃壌」とは根本的な違いがある。

「鼓腹撃壌」は、堯帝の世にある老人が腹鼓を打ち大地を踏みならして泰平を謳歌し、

日出而作、日入而息、鑿井而飲、耕田而食、帝力于我何有哉（日が昇ったら働き、日が沈んだら休む。井戸を掘って水を飲み、田を耕して食う。皇帝の力なんか私には関係ないね）（訳引用者）

と歌ったという故事によるものである。ここに見えるように、堯の理想は支配されていることを感じさせない支配であった。ところが、仁徳の場合には、被支配者である人民が自ら率先して税を納め、宮殿の修築に老幼が昼夜を問わずに尽力する。被支配者が支配者を思いやって自ら協力する。支配者の慈愛に対して人民は滅私奉公で応えたのである。

こういう心性と上下交流が「正史」にくどいほど強調されているということは、日本における上下交流の理想的な姿を後世に示す意図があったのであろう。

三－3　惜しんだ大工の命を惜しんだ雄略天皇

『日本書紀』雄略天皇十三年の条に、興味深い話が載っている。雄略天皇は、仁徳天皇の五代後の天皇で、「馬に乗ったままオシハノオオキミを馬から射落とし、すぐにそのまた体を斬って、それを馬の飼い葉桶に入れて地面と同じ高さに埋める」ほど、勇猛果敢として知られていた。中国の歴史書『宋書』の「倭王・武」に比定されている天皇である。その天皇がおもしろいことをしている。

イナベノマネというすぐれた大工がいて、その者は一日中材木を削っても、手斧の刃を傷つけたことがないという評判だった。雄略天皇は自らマネのところに赴き、「どんなことがあっても、下に敷いた台に刃を当てることはないのか」と尋ねると、マネは「そんなことは決してしない」と強気で答えた。

それならというので、天皇は采女という後宮に仕える少女たちを裸にして褌をさせ、人目につくところで相撲を取らせたのである。さすがのマネもぼうっとして見とれ、つい手元が狂って、斧の刃を下の台にこすり傷つけてしまった。

そこで天皇は勝ち誇り「お前はいったい誰に向かって、絶対傷をつけないなどと言ったのか。思い上がるのもいいかげんにしろ」と言って、刑吏に引き渡し死刑にしようとした。すると仲間の大工がマネの腕を惜しんで、歌をうたったのである。

あたらしき　猪名部の工匠（たくみ）　かけし墨縄　其（し）が無けば　誰かかけむよ　あたら墨縄

（死なせてはもったいない、イナベの工が使っていた墨縄。もしあの男がいなければ、いったい誰が使うだろうかね。惜しい気がする墨縄だね）（前掲書、訳引用者）

天皇はこの歌を聞いて今までの気持ちとは反対に、マネを殺すことを残念に思う気持ちがし、嘆きの声を発して「もう少しで大切な人間を失うところだった」と述懐した。そしで、ただちに赦免の使者を立て、使者は甲斐の国から献上された黒馬に乗り、早駆けに駆けて刑場に到着し、処刑を中止してマネを許した。こうしてマネを縛っていた縄を解かせた。すると仲間がまた歌った。

ぬば玉の　甲斐の黒駒　鞍著（き）せば　命死なまし　甲斐の黒駒

（真っ黒な甲斐の黒駒。それにもし鞍を着けて走っていたら、命は失せていたろうに。甲斐の黒駒はありがたい）（前掲書、訳引用者）

前半は天皇と大工の意地の張り合いである。現人神の子孫ともあろうものが、わざわざ大工のところへ出かけていって、じきじきに「お前はいつも失敗しないか」と聞くのも物好きというものだが、少しも謙遜しないで「決して失敗しない」と答えた大工も相当な心臓の持ち主である。何しろ相手は暴虐で簡単に人を殺し、正史にさえ「大悪天皇也」（『雄略紀』二年）と言われた人物なのである。よほど腕に自信があったに違いない。うっかり読んでいると、とても天皇と大工の会話とは思えないほどである。

そして二人は賭をするということになる。はっきり賭とは書いていないが、「絶対失敗しない」と言われて、それならと失敗させる手をあれこれ考えるのは自然の成り行きというものだ。それにしても、やり方がいかにもえげつない。采女というのは、地方の豪族の娘の中から特に選ばれて後宮に仕えている少女で、容姿端麗が第一の条件である。その娘たちを裸にして、あろうことか褌までさせて、人前で相撲を取らせたというのだから、居合わせた人々はさぞびっくりし、喜び、またはらはらしたことであろう。

マネも男であるから、当然のことながらぽーっとし、上の空となり、手元がお留守になってつい手斧の刃を傷つけてしまった。それ見たことか、と喜んだのは天皇である。喜んだと同時に、天皇である自分に対して、少しも謙遜する態度を見せなかった（これは階級秩序を遵守しないことを意味する）のはけしからんという怒りがふつふつと沸いてきた。そこでマネを死刑にすることにしたというのである。

ここまでは、どこの国の王や皇帝でもしそうなことであるが、ここから先が違う。天皇は、仲間の大工がマネの腕を惜しむ歌を聞いて、自分の怒りが一時的な感情によるものだったことを反省する。一時の感情で貴重な腕を持つ大工を殺してよいものか、絶対によくない、と決断すると、その後の行動が実に早かった。すぐさま使者を遣わして罪を許し、死刑をやめさせるべく最大限の努力をするのである。甲斐の黒駒はおそらく天皇愛蔵の馬だろう。その大切な馬に鞍を着ける間も惜しんで使者を急行させ、マネの命を助けたのである。

ちなみに雄略の和名、オホハツセワカタケルのワカタケルは「若いころには暴虐であった」の意と解することができる。ここでは、若いころの暴虐な天皇とはうってかわったように、人間的で民衆と喜怒哀楽を共有できる天皇になって再登場している。

雄略天皇の四代後にヲハツセワカサザキという和名を持つ武烈天皇がいる。この武烈も若いころは政務に邁進していたのに（ワカサザキ。サザキはオホサザキ＝仁徳の名を踏まえたもの）、ある時から妊婦の腹を割いて胎児を見るなどしきりに淫靡な悪行ばかり行い、善行の一つもしなくなったという。この仁徳と雄略を足して二で割ったような和名を持つ武烈天皇は、仁徳朝の系譜の末裔とされているので、聖帝の末裔は桀・紂のごとき暴君が出るという中国思想の影響による、実在しない人物と考えられている（注1―26）。

ただし、日本が中国と違うのは、暴虐な天皇だからといって第三者が倒して皇統を奪うようなことは起こらなかったということである。武烈の次に皇位を継いだ継体天皇は、応神天皇の五世の孫ということになっている。このように、わざわざ暴虐な天皇を創作までして「正史」に残すのは、天皇＝神＝自然に善悪の観念は存在せず、時に慈愛に満ち、時に暴虐に荒れ狂うことを象徴的に表しているようにさえ思う。

ともあれ、ここでの雄略天皇は、絶対上位者としての誇りと自覚に基づきながらも、なおかつ民衆の心を理解できる支配者として紹介されている。そこには、上位者と下位者の間の断絶や乖離はなく、互いの身分・階級秩序を遵守しながらも、国全体を守っていこうとするきわめて社会的な意識を垣間見ることができる。

記紀には、この他、神武天皇が疲労した兵を慰めるために歌をうたってやる話（「神武記」）、仁徳天皇が美貌の女官に夫をとりもってやる話（「仁徳紀」十六年）、雄略天皇が自分の家を天皇の宮殿に似せて作らせた豪族の僭上を激怒して、この家に火をつけて焼き払おうとしたのを、豪族が自分は卑しい下僕で気づかなかったと言って珍しい犬を献上して謝罪したところ、あっさり許してやった話（「雄略記」）、同じく雄略天皇が三輪川のほとりで洗濯していた娘に求愛して、「宮中に召すから嫁がずに家にいろ」と言ったのを、娘は四十年（原典「八十歳」）も忘れずに待ってすっかり老いさらばえてしまったが、操を守り通したことをどうしても天皇に打ち明けずには気がすまず申し上げたところ、天皇がとても後悔して悲しみ、たくさんの品物をくださった話（「雄略記」）などもある。このように、記紀には上位者の天皇が下位者を思いやったり許したり共感したりする例が、枚挙にいとまないほど多く語られている。

『日本書紀』は朝廷で正式に作った「正史」である。対外的に発表し、後世に残しておくべき史料としてこのような話が書かれたということは、非常に重要であると思う。ここには、当時の人々の考えていた理想の支配者像と、あるべき支配者と民衆の関係があますところなく描かれている。

この基本思想は、実は聖徳太子が作ったとされる「十七条憲法」の第一条に

一に曰く、和を以て貴しとし、忤ふることなきを宗とせよ。人皆党有り、また達る者少し。是を以ちて、或いは君父に順はず、乍いは隣里に違ふ。然れども、上和ぎ下睦びて、事を論ふことに諧ふときは、事理自づからに通ふ。何事か成らざらむと。

（一に言う。和を尊び逆らい背くことのないようにせよ。人はみな徒党を組むが、賢者は少ない。それゆえ、ある者は君父に従わず、ある者は近隣の人と諍いをする。しかし上の者が和み下の者が睦み、事を論じて合意すれば、道理は自然に通じる。何事であれできないことはないと）

（前掲書、傍線・訳引用者）

と高らかに謳われており、それもまた『日本書紀』推古天皇十二年の条に載っているわけである。

『日本書紀』は六国史の嚆矢であり、この後の歴史書は『日本書紀』にならって書かれることになるから、後世の人々がこのような歴史・伝統にのっとって上下の階級秩序や上下間の交流を考えたとすれば、これは日本と日本人の歴史にとって決定的なことであったといえよう。

三―4　天皇から貧民・兵士・罪人まであらゆる階層が作った歌を集めた『万葉集』

平安時代の初期に世に出たと思われる『万葉集』は、日本最古の国家的な規模の和歌集である。『万葉集』所載の和歌のうち、最も制作年代の古いものは仁徳天皇の御製であり、最も新しいものは天平宝字三年（七五九）の大伴家持（七一八?～七八五）の歌である。つまり、この中には三世紀にわたる歌が含まれていることになる。

『万葉集』にあらゆる階層の国民の歌が集められていることは、つとに有名な事実である。その作者は、上は天皇から下は貧民・防人（兵士）に及ぶ。また、巻十四には東歌として、当時まだ畿内の中央政府の支配下にあったとは思えない東国の民謡まで採録されている。またその他にも、膨大な数の作者不明歌がある。これらの、いちいち名前を記されない作者不明歌には、大和を中心とする地域の下層官人や庶民が含まれていたと思われる。このように広い層の国民が参加できるためには、それなりの下地がなければならない。

国家として庶民の歌を奨励する施策は、実は天武天皇時代にすでに打ち出されていた。壬申の乱に勝利した天武天皇は、新しい皇統による秩序を打ち建てるべく、六七五年、大和・河内・摂津・山城・播磨などの諸国に、

所部の百姓の能く歌ふ男女及び侏儒・伎人を選び貢上れ（領内のあらゆる民の中で、歌のうまい男女及び小人・芸人を選んで差し上げろ）。（「天武紀」四年）（前掲書、訳引用者）

と命じた。「百姓」はむろん「農民」ではなく「すべての民」の意であるから、これは身分・階級を問わず歌や技芸の上手な男女を集め、宮廷儀礼の中にこれを取り入れようとしたことを意味する。宮廷内部の重大事を決め

るのに、すべての民を集めて参加させるという発想そのものが、身分・階級の断絶ある社会からは決して生まれないことは明らかであろう。

また、天武天皇はその直後、「諸の才芸ある者」に褒美を与えたという（「天武紀」四年）。これは歌を始めとする技芸を一般民衆に奨励することに他ならず、こういう下地があって始めて『万葉集』が成立することになるのである。

日本人はもともと音を延ばして音楽的に言うウタという遠隔表現を行っていたから、その上にこのような技芸としての磨きがかかれば、和歌という技芸が国民全体に素養として身につくのは自明であったろう。つまり『万葉集』は全国民が歌を詠める状態にあったという前提で成立したのである。欧米や中国の現状と比較して、「全国民が歌を詠める」という状況がいかに希有な社会状況かはむろん言うまでもあるまい。

この前提があって始めて、世界に類を見ない広い階層の作者の参加ということが実現できた。記紀において、ヤマトタケルと火焚きの老人が歌の応酬をしていたが、一般庶民の中でも歌を詠むという行為はすでに日常化していたのである。

ところで、『万葉集』の作者を問題にするとき、特筆すべきことがある。それは、天皇の勅勘をこうむって断罪された罪人の歌が、堂々と実名で載っていることである。たとえば有間皇子（巻二）・大津皇子（巻二）・長屋王（巻一・三）や中臣宅守と狭野茅上娘（巻十五）などである。このことを疑問視して、罪人の歌を天皇の歌と同列に載せられるはずはないから、大伴家持のフィクションだと唱える説もある（注1―27）。だが、むしろ罪人の実名を堂々と載せるからには、本人の作をそのまま載せたと考えるほうが自然であろう。言霊の威力を考えれば、この世では不遇であった罪人の歌を載せることで、怨霊を鎮める鎮魂の意味があったと考えられるからである。

名をかたって勝手に使えば、逆に祟られてしまうだろう。

『万葉集』の最終的な編纂者と目される大伴家持は、政治的にかなり微妙な立場にあったようだ。『万葉集』に実名で載っている罪人の罪は、有間皇子は天智皇統を、大津皇子・長屋王は天武・持統皇統を強引に貫くための陰謀にかかったもので、明らかに濡れ衣であった。その濡れ衣の罪人の歌を堂々と選ぶからには、天武・持統皇統の現天皇家とその政策に対する反発があったとみなければならない。

さらに、巻十五の前半には遣新羅使人の歌がある。ところが新羅という、当時大和朝廷にとって最も大切だった外国へ行く公式使節の歌にしては、これらの歌はあまりに女々しいのである。

その一四五首にものぼる彼らの歌のなかには、不可解なことだが、「大君の遠の朝廷」(15三六六八)としての新羅へ遣わされた使人の、公人としての使命感をうかがうことがほとんど不可能である。そこに流れるのは寂寥感であり望郷の念であって、彼らの目はひたすら後へ後へと向くばかりである。

(大久保正編集・市古貞次責任編集『日本文学全史　上代篇』)

妹を思ひ眠の寝らえぬに秋の野に男鹿き鳴きつ妻思ひかねて

(いとしい妻を思って夜も眠れないでいると、秋の野で鹿が妻を思うのにたえかねて鳴くことであるよ)

(15三六六五)

この遣新羅使人の歌は、日本へ残していく妻との相聞歌の体をなしている。初夏四月に大和を出発し、晩夏六月に難波を出航した一行が、秋に帰ってくることはまったくの不可能事であるのに、秋に妻と再会を約した歌が多く、一行の関心はほとんどそこに集中しているかのようにさえみえる。

往路の歌は、まだ新羅に到着しない対馬竹敷の浦で断絶しているが、この時点で晩秋九月になってしまい、妻との約束が絶望的になったことを暗示するのであろう。そして一転して妻との再会を暗示する「家島の歌」で、悲しみが喜びに変わるのである。

ようするに、この遣新羅使人の歌では、新羅への使節という公的任務はまったく無視され、使人個人の感情だけが取り上げられているわけで、これは明らかに編纂者がこの主題のもとに、実際に詠まれた歌を取捨選択して再構築したことを意味している。これは国家の政策に水を注すに等しい。つまり、ここに編纂者である大伴家持の、朝廷の親新羅政策に対する反発を読み取ることができるわけである。

奈良（朝鮮語で「ナラ（国）」の意?）という都は、新羅・唐連合軍に大敗して滅亡した百済（「クン（大）ナラ（国）」の転?）の亡命貴族たちが、大和朝廷の中に入り込んで作った都と言える。百済を滅ぼして朝鮮半島を統一した新羅は、いわば亡命百済人にとっては敵である。とすれば、日本でのみ百済をクダラ、新羅をシラギ（「シルランニ＝シルランチル」（喧嘩ばかりふっかける嫌な奴）の意?）、大和から朝鮮半島への入り口であった任那をミマナ（「ミ（再び・下に）＋マンナム（ようやくここまでやってきた）」の意?）と呼ぶ意味が解されよう。家持は親百済的な思想の持ち主であったようである。

このような例はまだある。『万葉集』には聖武天皇（七〇一～七五六）があれほど精根傾けて造った奈良の大仏に関する歌がただの一首もない。これも古来謎の一つになってきたわけだが、すでに歌が日常的な営為になっていた当時、あれほど大きな国家的事業に対して実際に歌が一首も詠まれなかったはずはないから、これは編纂者が相当あったはずの大仏讃歌を故意に無視したということに他ならない。

罪人の歌を堂々と載せ、国家の重要な政策を讃えず逆に水を注すような主題の歌を並べ、国家的事業はまったく黙殺する。これが大伴家持が『万葉集』で行ったことなのである。内心によほど朝廷への反発心がなければとてもなしえまい。そのせいか、家持は二度も暗殺事件の連座責任を取らされて地方へ左遷されたり、官位を剥奪されたりしている。

『万葉集』の成立年代については、かつては奈良時代説だったが、近年平安時代説が有力である。それは『万葉集』が世に出られるようになるためには、平安京という新しい都へ遷都し（七九四）、天武皇統が断絶して家持が復権する平城天皇（七七四～八二四）の時代まで待たねばならなかったからである。

三-5　民の苦しみを救いたかった女帝

奈良時代中期から平安時代にかけて、数回、都から諸国に「問民苦使」という臨時の巡察官が派遣された。これは諸国の政情や庶民の生活ぶりを視察する役目だというのだが、実際のところどんな役目を帯びていたのかはあまりよくわかっていない。

問民苦使は「もみくし」とも称し、天平宝字二年（七五八）、前年の橘奈良麻呂の乱後の地方政治に対する配慮と施策の必要性から五畿七道に派遣されたのが始めとされる。

西海道では藤原楓麻呂が民の疾苦二十九件を採訪して上申している。（中略）また、延暦十六年（七九七）ごろにも派遣されているが、東海道使紀広浜が食料の乏しくなる夏月の徭役に公粮の支給を申請した。（中略）その後、寛平八年（八九六）には問山城国民苦使平朝臣季長の奏上に基づき王臣家の国務対捍を抑止する政令が施行されている。その後の派遣は見られない。『太平記』によれば、後世その名称から王朝時代の仁政主義の一端を示すものとして理解されていたことが知られる。

（『国史大辞典』）

「民の苦しみを問う使者」という名前を持つこの問民苦使は、律令には記載がない臨時の官職、つまり令外の官である。不思議なことは、律令には「巡察使」という諸国視察のための官職があったにもかかわらず、似たような官職をわざわざ作ったということである。この巡察使で役目が足りていたなら、またあらたに官職を作る必要はない。しかしこれでは足りないと天皇が思ったからこそ、問民苦使を派遣したわけである。

問民苦使を最初に派遣した天皇は、孝謙女帝（のちに重祚して称徳天皇となる。七一八～七七〇）である。この六年前、孝謙天皇の父、聖武天皇が発願した大仏が完成して開眼供養を行ったばかりであった。大仏鋳造には、莫大な資金と労力が必要で、聖武天皇が国力のすべてを傾けたといっても過言ではなかっただろう。いきおい、諸国の民衆の有形・無形の尽力・犠牲があったはずである。民衆の中に、天皇の治世に対する鬱憤や反抗のエネルギーが相当に蓄積されていたであろうことは、容易に想像される。それらを少しでも汲み取り鎮撫する役割を、この問民苦使が担っていたのではなかろうか。

孝謙天皇は、橘奈良麻呂の乱（七五七）をおさめて権力支配が完全に安定したとみると、全国の民衆に支配者の慈愛をまず見せようとしたのだろう。そうでなければ、わざわざ「民の苦しみを問う使者」という名前をつける意味がない。その証拠に、この数回しか行われなかった問民苦使で、民の疾苦を上申したり、夏の労役の際に食糧を支給させたりという、「民の困苦を救う」試みが実際になされているのである。

孝謙天皇は、このほかにも正丁（公の義務を負うべき成人男子）の年齢を一歳引き上げて、徴税・労役の負担を減らしたり、九州地方の守りを固める防人を遠隔地の坂東から徴用するのをやめ、近距離の西海道七国の兵士をあてたりしている。これも庶民のことを考えた政策と言えるだろう。

万里の長城の例にも見られるように、支配者が強大な権力で国民を動員して巨大構造物を造ることは、洋の東西を問わずどの国でも行われることである。しかし、その直後、全国に「民の苦しみを問う使者」を遣わして、自分の治世を問わしめる支配者も珍しいのではなかろうか。つまり、これは天皇が自分の権力を「神の子孫なのだから国民を搾取して当然のもの」と考えていたのではなく、「民の合意の上での支配」と考えていた証拠だと言えるだろう。

しかも、問民苦使は孝謙天皇個人のパフォーマンスではなく、その後百四十年間に何回か行われている。この間、天武皇統が断絶して、国の重要な政策が刷新されたにもかかわらずである。これは後代の天皇（朝廷）がこの制度を継承したからにほかならず、この制度が上位者・下位者の双方に支持された結果と言えるのではなかろうか。

実は、天皇が人民の罪を許し、困窮している者に施しをし、百済や新羅から朝貢されてきた者たちに土地と生業をあてがってやるという善政は、『日本書紀』記載の最後の天皇である持統天皇（六四五〜七〇二）が毎月のように行ってきたことである。『日本書紀』の持統天皇の条は、ほとんど毎行のように、この種の施しや恩赦、労役の軽減の沙汰などに満ちている。干ばつに際して行われた雨乞いは、午前のうちに国中にあまねく雨が降ったと記されており（「持統紀」二年）、天皇の祈りは神もすぐに聞き届けたことがわかる。

持統天皇は前に述べたように、自分の直系の子孫だけに皇統を継がせるべく最大限の努力をした女帝ではあるのだが、『日本書紀』においては天皇深沈有大度。（中略）雖帝王女、而好礼節倹、有母儀徳（天皇はしっとりと落ち着いていて広い度量の持ち主であった。（中略）みかどの娘でありながら、礼を重んじ、慎ましやかで、母親としての徳を備えていた）。（前掲書）

と、『後漢書』の文言をそのまま使って絶賛し、それを証明するかのように、天皇の毎月の仁政の条々を列挙していくのである。時の元正天皇（六八〇～七四三）の祖母にあたり、アマテラスオオミカミのモデルとなった天皇と思えば手離しの礼賛も当然かもしれないが、望ましい為政者の姿として、慈愛や寛容を掲げる仁政の系譜は、記紀で明確に示され、それは確実に後代の天皇にも受け継がれていった。それがこの「問民苦使」の例でも認められるのである。

三－６　『古今集』は貴族だけの歌集ではない

われわれは『万葉集』には天皇・貴族以下貧民・兵士・罪人の歌まで載っているから万人平等の扱いであるが、『古今集』以後の勅撰和歌集は貴族や御用僧侶、専門歌人の歌ばかりだから、平安時代以降は急に身分・階級に断絶ができて、庶民が勅撰集から締め出されたように考えがちである。

しかし、それは正しくない。すでに述べたように、平安時代になると庶民の間でも歌は日常的に盛んに詠まれていたし、宮廷では歌合が盛んに行われていたから、場を共有しさえすれば、いくらでも庶民の歌が勅撰集に載るチャンスはあったのである。

庶民と貴族とが場を共有できるポイントは、第一に都そのものの構造にある。

平安京ができるまでの都は、十年ばかり長岡京におかれたのを除くと、奈良の平城京である。しかし、この都は平安京ほど確立し固定された都ではなく、後宮も完成されていなかった。奈良時代までに至る時代は、天皇となるべき男子が病弱であったり、逆に有力皇子の間での皇位継承争いから暗殺・冤罪事件が多発したりして、皇位継承自体に混乱を来し、皇位が祖母から孫へ、また息子から母へ、母から娘へと、天武系の血筋の中で右往左往していた。その結果、この時代には女帝が多数出現することになった。藤原氏が後宮をがっちりおさえた平安時代以降、女帝は江戸時代初期の明正天皇（一六二三～九六）になるまで一人も出ていないのである。

後宮を中心とする宮廷文化は、都自体が落ち着くまでは花開くはずもなく、最古の歌合は、平安京に遷都してから九十年もたってからの仁和元年（八八五）の「在民部卿家歌合」である。

奈良時代になる前は、前述の理由で天皇の代が替わるたびに都を点々と変えていた。われわれは都といえば、きちんと道路区画された整然とした都市を想像するが、奈良時代以前の都は、主な建物といえば天皇の住む御所と政務を行う政庁くらいのもので、整備された町並みがあったわけでも、人々のにぎわう市があったわけでもない。

そのようなところでは、天皇・皇后といえども深窓にとどまっているわけにはいかず、自ら屋外に出て周辺の状況を眺めることも少なくなかっただろう。国事行為としては国見があるわけだし、それ以外でも、雄略天皇がイナベノマネという大工のところへ出かけていった『日本書紀』の話を思い出してもらえればよかろう。

『万葉集』の巻一に持統天皇の歌がある。この有名な歌は、一二〇五年撰上の『新古今和歌集』では同じ持統天皇の御製として、少し変えられて載せられている。

春過ぎて　夏来るらし　白妙の　衣ほしたり　天の香具山
（春が過ぎて夏が来たにちがいない。天の香具山に真っ白な衣が干してあるよ）
（『万葉集』１二八、訳引用者）

春過ぎて　夏来にけらし　白妙の　衣ほすてふ　天の香具山
（春が過ぎて夏がもう来てしまったというよ。天の香具山に真っ白な衣が干してあるそうだから）
（『新古今和歌集』３一七五、訳引用者）

『万葉集』から『新古今集』へどこが変わったかというと、『万葉集』では「夏来るらし……衣ほしたり」であったものが、『新古今集』では「夏来にけらし……衣ほすてふ」となっているところである。『万葉集』のほうの「夏来るらし」の「らし」は、確実な根拠に基づく推定を表し、現代語の「らしい」のような不確実な推量ではなく、「〜にちがいない」のほうがニュアンスとしては近い。「衣ほしたり」の「たり」は完了・存続で、「干してある」という意味である。

『新古今集』のほうの「夏来にけらし」の「来にけらし」は「来にけるらし」が縮まったもので、完了の「に」、過去・詠嘆の「ける」、推定の「らし」が使われている。「けり」は伝聞に基づく過去を詠嘆的に表すから、ここの箇所は「もう来てしまったというよ」くらいだろう。「衣ほすてふ」の「てふ」は「という」の縮まった形で、文字どおり「〜という」という意味の伝聞である。

ようするに、『万葉集』では、天の香具山の真っ白な衣が目の前の実景としてとらえられているのに対して、『新古今集』では、人から聞いた景色になってしまっているのである。

つまり、持統天皇の飛鳥時代（七世紀）には、天皇自ら天の香具山に干してある衣を見ることが可能であったのに対して、『新古今』の時代（十二世紀）では、天皇自ら山に干してある衣を見るのはおかしいという宮廷の状況になっているわけである。これは、新古今時代の皇族や上流貴族が、自分の目で外の景色を実際に見ることがなくなり、従者や女房が見て深窓の貴人に報告するという形をとっていたことを意味する。平安時代以降、都が整備され、内裏が貴族の恒久的な生活の場として安定してくると、身分の高い貴族ほど、特に女性はそこから外に出なくなっていたのである。

そういう宮中で歌合が行われたとして、どうして内裏の外にいる庶民が参加することができようか。ようするに、平安時代以降は貴族と庶民とが歌の場を共有することが上代に比べて減ってしまったことが、『古今集』以後の歌集に表向き庶民が登場しない理由なのである。

しかし、歴代の勅撰集では、次のように、あらゆる階層の人々の歌を採ったと明記されている。

　生きとし生ける者、いづれか歌を詠まざりける　（『古今集』「仮名序」）

　言を選ぶ道、すべらぎのかしこきわざとても避らず、誉れをとるとき、山がつの賤しきこととても捨つることなし　（『後拾遺集』「序」）

　この代に生まれと生まれ、わが国に来たりと来たる人は、高きも下れるもこの歌を詠まざるは少なし　（『千載集』「序」）

　昔古今時を分かたず、高き卑しき人を嫌はず、目に見えぬ神仏の言の葉も、うばたまの夢に伝へたる事まで、広く求め、あまねく集めしむ　（『新古今集』「序」）

このように、どの勅撰集も作者の身分が低いからといって入集を退けることは決してなかったと言っているのである。それなら、庶民の歌はいったいどこへ行ってしまったのであろうか。

『古今集』には、全体の四割にあたる四百五十首ほどの作者不明歌がある。この時代は妻問い婚であったから、貴族の男は女の元に通うために町中を頻繁に往来していたわけで、下層の人々の生活やその感情に触れる機会は少なくなかったはずである。

『源氏物語』に、源氏があばら家で夕顔に出会う場面がある。あれはフィクションだから、あばら家の夕顔が源氏のライバル頭中将の昔の愛人だったということになっているのであって、実際のあばら家の娘は「名もなき」下層民である可能性のほうがはるかに高いだろう。

また、中央貴族の男性が地方の国司などとして赴任するために旅をすることも多かったので、その旅の途中で下層の人々に出会い、交流する機会も少なからず存在したであろう。そういうところで耳に留まった歌を、歌合の際に「読み人知らず」として紹介することは大いにありうる話である。

あるいはまた、罪人で名前を公にできない者の歌を載せた可能性も考えられる。大伴家持個人の編纂による『万葉集』と違って、勅撰集は天皇の命令によって集めるわけだから、まさか罪人の実名を載せるわけにはいかないだろう。『平家物語』の「忠度都落」には、平忠度（一一四四～八四）の歌の師、藤原俊成（一一一四～一二〇四）が、都落ちしていく忠度が勅勘の身であることをはばかって、勅撰の『千載和歌集』（一一八八年撰上）に忠度の歌を「読み人知らず」として載せたとある。

その後、世が治まって、千載集を撰ばれたが、忠度のあの時のありさま、言い残していったことばを、今あらためて思い出してしみじみとした感慨が深かったので、あの巻物の中に、入集にふさわしい立派な歌はたくさんあったけれども、勅勘の人であるので、名字を公にされず、故郷の花という題で詠まれた歌一首だけを「作者不明」としてお入れになった。

さざなみや　志賀の都はあれにしを　むかしながらの　山桜かな

（志賀の旧都は荒れてしまったが、長等山の山桜は昔そのままだなあ）

（市古貞次校注・訳『日本古典文学全集　平家物語　二』）

われわれは『平家』があるから、「さざなみや」の歌が忠度の歌だとわかるのであって、『平家』を知らなければ、『千載集』収録の「読み人知らず」歌の一つという認識しかないであろうことは疑いない。『古今集』以降の歌集に存在する多数の作者不明歌は、庶民を始めとする上流貴族以外の人々が宮廷の歌合に間接的に参加し、勅撰集にも採集されていた証拠なのである。

三－7　召使いの少女に恋した貴公子の物語

平安時代の初期に『伊勢物語』という歌物語ができる。登場する人物は平安時代の貴族の男性と、それをめぐる女性である。ただし、都の人物ばかりではなく、東国の女性も現れ、全体として多彩である。その中心的な主人公は在原業平（八二五〜八八〇）である。

この『伊勢物語』に「すける物思ひ」という話が載っている。

昔、若い男が、ちょっと人目をひく召使い女を愛しいと思った。この男には、子を思うあまり、気をまわす親がいて、わが子が女に執着しては困ると思って、この女をほかへ追い出そうとする。そうは思っても、まだ追い出してはいない。男は、親がかりの身なので、まだ進んで思うままにふるまう威勢もなかったので、女をとどめる気力がない。女も身分が低い者なので、対抗する力がない。そうこうしているうちに、女への愛情はますます燃え上がる。にわかに、親がこの女を追い出した。男は血の涙を流して悲しんだが、女を引き止めようもない。人が女をつれて家を出た。男は涙ながらに詠んだ。

いでていなば　たれか別れのかたからむ　ありしにまさる　今日は悲しも

（自分から女が去ってゆくのなら、こんなに別れがたくも思わないだろう、無理に連れ去られるのだから、今日はいままでのつらい思いよりもいっそう悲しいことだなあ）

と詠んで、気を失ってしまった。親はうろたえてしまった。なんといっても子を思って、女と別れるよう意見をしたのだ。まったく、これほどでもあるまい、と思ったところ、ほんとうに息も絶え絶えになってしまったので、狼狽して願を立てた。今日の日暮れごろに気絶して、翌日の戌の刻ごろにやっと生き返った。昔の若者はこんないちずな恋をしたものだ。当節のご老人、どうしてこのような恋愛ができようか。

（福井貞助校注・訳『日本古典文学全集　伊勢物語』、傍線引用者）

この物語で特徴的なのは、主人公が召使いの少女に恋をすることである。これは身分を超えた恋である。しかし、よく読むとこれは主人と召使いの恋というよりは、男と女のまったく対等な恋愛なのである。男は女が連れ去られる日、悲痛な歌を詠むのだが、「自分から女が去ってゆくのなら、こんなに別れがたくも思わないだろう」というのは、女の人権と意思をはっきりと認めた言葉である。この女は身分低き召使いではあったが、主人公からは独立した人間として尊重されていたことが、ここからはっきりとわかる。しかも『伊勢物語』の作者は、この恋を「当節のご老人にはできないいちずな恋」と称揚していて、決してタブーを踏み越えたけしからん行為とはとらえていないのである。

欧米において身分差・階級差は決定的な断絶であり、これを埋めることはできない。つまり、身分の上位者と下位者の間においては、本来対等な人間関係の一つである「恋愛感情」が起こるはずはない。あるいは起こってはならないことになる。そして、その階級差を踏み越えてしまうと、それはたとえようもない屈辱となるか、タブーを侵した犯罪者という扱いになってしまう。

ヨーロッパ中にバリエーションのある「シンデレラ」の民話にしても、シンデレラ（灰かぶり娘の意）が王子と出会い、求愛を受け入れられるようになるためには、魔法によって自ら身分差・階級差を飛び越える操作が必要であった。だからこそ魔法が切れる十二時には、シンデレラはあんなにあわてて王子の前から姿を消さなければならなかったのである。それが欧米における身分差・階級差というものである。

ところが、『伊勢物語』に表れている恋愛感情は、現世においてそのまま対等な人間としての真誠な心の交流であり、これは身分を超えた恋というより身分には関係ない人間どうしの交流である。

実は『伊勢物語』には、この「すける物思ひ」に限らず、入内前の二条の后を下層貴族が誘拐する話（「芥河」）や、九十九歳の老女が自分を恋していると聞くや出かけていってその望みをかなえてやる話（「つくも髪」）など、身分・階級や年齢など、本来超えがたい障壁と考えられているものを軽々と飛び越えて、互いの恋愛感情を成就させる男女の話が少なくない。

しかし、これもタブーを超越しているわけではなく、身分・階級や年齢にかかわらず相手を一個の人間として待遇しようとする思想・感情が、日本人全体の中に備わっていたからだと考えられるのである。もし、シンデレラの舞台が日本だったら、魔法が切れた十二時、シンデレラは逃げ帰らずに貧しい娘の正体を王子の前に現し、王子が改めて貧しい娘に求婚するという話になったであろう。

三―8　一夫多妻制の効果

日本の前近代は一夫多妻制であった。上位者は、正妻には自分と同じ階級の者を迎えたが、第二夫人、第三夫人となると階級は関係なくなり、自分と感情を共有できさえすればよいという考え方になって、相手を身分・階級には関係なく一個の人間として待遇するようになった。

平安時代は前述のように妻問い婚である。上流貴族が下層階級の人の中にまで立ち交じって女を求めているさまは、『源氏物語』「帚木」の巻の「雨夜の品定め」に詳しく描写されている。妻問い婚の習慣は、階級の違う社会どうしの乖離を防ぐ効果を生んだ。というのは、皇族・貴族の男性がきそって内裏の外に出て、身分の上下を問わず気に入った女を一夜の妻として求めた結果、下層階級の人々の中に貴種の落胤が多数生まれる結果となったからである。

貴族の訪れが途絶えてしまうと、子供は父親の顔を知らずに生まれてくることになるが、それでも、その子の父が〇〇の大臣であるとか、〇〇の院であるなどという噂は絶えるはずがなく、その子が何か異才を持っていたりすれば、ますます貴種の落胤であることを因果としてとらえるようになるわけである。たとえば、琵琶の名手といわれた雑色の蝉丸（生没年未詳）は醍醐天皇（八八五〜九三〇）の落胤ということになっている。

下層階級に生まれたその子は、しかるべき時期が来れば、貴族である父親の元に引き取られることも少なくなく、その場合には下層の暮らしを知っている上流人が誕生することになる。『源氏物語』「常夏」の巻にも、源氏のライバルの内大臣が、美しい玉鬘を引き取って育てている源氏に対抗して、以前どこかの女に生ませた子、近江の君を引き取るが、才色兼備の玉鬘に比べ、近江の君は田舎者丸出しで内大臣を困惑させるさまが描かれている。

平安時代中期以降は平安京の右京は荒れ果ててしまい、都市機能の中枢は内裏と左京から川原あたりに移ってきていた。江口・神崎あたりに集まる遊女は上流貴族の恰好の相手であり、当時の人々の噂の中にもよく登場してきていたらしい。

次に詳しく述べる後白河院（一一二七〜九二）の編纂した『梁塵秘抄』「口伝集」には、次のような話も伝えている。

上流貴族の平清経が遊女・目井の今様があまりにすばらしいので、美濃から京へ連れてきて、屋敷に呼んで日夜これを聞くうちに、とうとう愛人関係になってしまった。が、すぐに嫌気がさして、共寝をしている背中に目井のまつげがさわるとぞっとするほどになったけれど、今様があまりにすばらしいのでそれに免じて、故郷に帰るときには送り迎えをしてやり、食い扶持をあてがってやるなど、死ぬまで世話をしてやったという。

鎌倉時代になると、頼朝の武家政治の支配が徹底し、商品流通のために京都・鎌倉間の街道筋が整備されたためもあって、平安時代には一般的でなかった女性の旅が見られるようになった。後深草院二条（一二五八〜？）

の『とはずがたり』や阿仏尼（?〜一二八三）の『十六夜日記』『うたたね』などは、そのような背景の下に成立している。この上流の女性が、旅の途次、侍・野党・僧・百姓などと「心のほかなる契り」を結び、心ならずも妊娠してしまったり、そのために土着を余儀なくされたりすることがあったという。

戦国時代になると、どんな下層民の子も源平藤橘の出自を称したというが、それが可能だったのも、上流貴族の血が民間の中に混じる原因となる行為を、前代にせっせと行ったからである。

江戸時代になると、将軍はじめ大名諸侯は、血筋を絶やさぬため妻を複数持つのが当たり前であり、正妻こそしかるべき上流の娘をめとったが、側室は気に入りさえすれば、商人の娘でも農民や漁民の娘でもよかった。徳川五代将軍・綱吉（一六四六〜一七〇九）の母は京都の八百屋の娘といわれ、八代将軍・吉宗（一六八四〜一七五一）の母にいたっては、まったく素性の知れぬ下層庶民の娘という。これは、下層庶民の娘が将軍や大名の屋敷に下働きや行儀見習いとして奉公していたためで、上位者と下位者は日常的に接触し、交流する機会があったことを意味している。

ようするに、男も女も身分の上下で結びつくことが少なからずあるのが、日本の前近代の常態だったのである。

一夫一婦制を厳格に強いた欧米のユダヤ・キリスト教社会では、そもそも初めから身分の違う男女が結びつくことは考えられなかった。たまに、貴族の男が女中など下層の女に子供を生ませることがあっても、その子供は下層民として育つのが普通であった。娼婦にも上下の格があって、貴族相手の高級娼婦はパトロンの援助を得て貴族同様の生活をし、下層庶民など相手にしなかった。なぜなら彼らは上流階級の社交の場である舞踏会に出席できる者としか接触しなかったからである。そのためもあって、ますます上位者は上位者だけの社会で、下位者は下位者だけの社会で固まることになり、上下の交流はむずかしい状況になっていったのである。

しかるに、日本では上流階級と下層庶民が常に交流していた。しかも、上流の身分や階級そのものは、そのことによって少しも揺らぐことはなかった。また、庶民も上流階級と交流があるからといって、僭上に上流を侵そうとは考えなかった。そこには、先祖が下層であるその子孫は決して上流にはなれぬ、子孫は先祖を超えることはできぬと考える日本人特有の死生観（先祖崇拝）が大きく影響している。その結果、上流社会の人々と下層社会の庶民とは、常に交流しながら、しかも決して階級差がなくなったり入れ代わったりはせずに、互いに連綿と続いていくことになったのである。

三－9　平安貴族と庶民は十分に情報を交換し合っていた

平安時代の貴族の男性は、女のもとに通うため、町中をあちこちと歩き回って庶民の生活を知るチャンスがあったが、それなら貴族の女性たちはどうだったのだろうか。ヨーロッパや中国のように、閉鎖された宮廷の中で自分たちだけの歓楽にふけっていたのだろうか。

前述のように、平安京という都が確立し、奈良時代のような皇位をめぐる争いも少なくなって世の中が落ち着いてくると、後宮を中心にさかんに文化活動が行われる時代になった。いわゆる国風文化の時代である。この時代の「遊び」が詩歌管弦を意味することはよく知られている。特に、後宮の実権を握っていた藤原氏が自分の娘を天皇の後宮に入れる際、学問や芸術の教養を身につけさせようと、きそって才女を教育係に雇ったことは、大いに影響があった。紫式部（九七三？～一〇一四？）や清少納言（生没年未詳）は、一条天皇の中宮彰子（九八八～一〇七四）や定子（九七六～一〇〇〇）の教育係であった。

貴族の女性たちの生活は、清少納言の『枕草子』にいきいきと描写されている。女性たちは、男性のようにあちこち出歩けないぶん、どうやら暇をもてあましてかなり退屈していたらしい。中宮を取り巻く女房たちは、かわるがわるおもしろそうな話をしたり漢字や和歌のゲームをしたりして、何とか中宮の退屈を紛らわそうとした。暇な男たちも頻繁に訪ねてきた。それでもおおかたは退屈していたから、ちょっと変わったニュースがあると、それを取り沙汰して大騒ぎになったのである。そこでは、ニュースになりそうなことなら何でもよく、特にみんなで嘲笑して楽しめる下層の人々の様子などは、恰好の話題となった。

『枕草子』九十一段（能因本）に、いかに平安貴族の女性たちが退屈していて、おろしろい話題や情報を求めていたか、そしてそれらの情報の中に庶民のものもしっかり入っていたかが明瞭にわかる話がある。

職（しき）の御曹司（みぞうし）に中宮さまがおいであそばすころ、西の廂の間で不断の御読経があるので、仏の画像などをおかけ申し上げ、法師の坐っているのこそ、その尊さは今更いうまでもないことだ。始まって二日ほどたって、①縁のもとに、いやしい者の声で、

「やっぱり、その仏のお供えのおさがりはございますでしょう（なほその御仏供のおろし侍りなむ）」

と言うと、

「どうしてどうして、こんな早くには」

とあしらって言うのを、何者がこんな事を言うのだろうと思って、立って出て行って見ると、年とっている女法師が、ひどくすすけている狩袴で、竹の筒とかいうもののように細くて短いのをはき、帯から下五寸ぐらいで、衣とかいってよいものだろうか、同じようにすすけているのを着て、猿のようなかっこうで言うのだった。

「あれは何事を言うのか」

と言うと、その女法師は②声をとりつくろって、

「仏のお弟子でございますから、仏のおさがりをくれてやってくださいと申しあげるのを、このお坊さまがたが物惜しみをなさるのです（仏の御弟子に候へば、仏のおろし給べと申すを、この御坊たちのをしみたまふ）」

と言うその声が、派手で優美である（はなやかにみやびかなり）。③こんな者は、しおれてめいっているのこそ、しみじみとかわいそうな気もするものなのに、気にくわぬ事に、いやに派手な事よと思って、

「ほかの物は食べないで、仏の御さがりだけを食べるのか。ひどく殊勝な事よ」

と言う様子を見てとって、

「どうしてほかの物もいただかないことがありましょう。それがございませんからこそ、おさがりを取り申すのでございます（などかこと物もたべざらむ。それが候はねばこそ、とり申しはべれ）」と言うので、

④果物や、のし餅などを、何かに入れて与えていたところ、ひどく仲よしになって、いろいろな事を話す。

⑤若い女房たちが出て行って、

「亭主はいるのか（男やある）」

「どこに住むのか（いづこにか住む）」

などと、口々に聞くと、おもしろい事や、冗談ごとなどをするので、

「歌はうたうのか。舞なんかはするのか（歌はうたふや。舞などはすや）」

と聞きも終わらないうちに、

「まろはたれと寝む、常陸の介と寝む。寝たる肌もよし」

とうたい始める。この歌の先がたいへんたくさんある。また、

「男山の峰のもみぢ葉、さぞ名は立つ、さぞ名は立つ」

とうたいながら、頭をぐるぐるまわして振るのが、ひどく気にくわないので、笑ってにくらしがって、

「立ち去れ、立ち去れ（いね、いね）」

と追い立てるのが、たいへんおもしろい。

「これに、何を与えよう（これに、何取らせむ）」

と言うのを⑥中宮さまがお聞きあそばされて、

「ひどくまあ、どうしてこんなにそばで聞いてもきまりが悪いような事をさせてしまったのか。とても聞いていられなくて、耳をふさいでいた。その着物一つを与えて、早く向こうへ行かせてしまえ（いみじう、などかくかたはらいたき事はせさせつる。えこそ聞かで、耳をふたぎてありつれ。その衣一つ取らせて、とくやりてよ）」

と仰せ言があるので、着物を取って
「お上がこれをお前に拝領させるのだよ。着物がすすけよごれている。よごさないで着なさい（これ給はらするぞ。衣すすけたり。白くて着よ）」

といって、投げ与えたところ、伏し拝んで、⑦何とまあ、肩に着物をうち掛けて拝舞の礼をするではないか。ほんとうににくらしくて、みな奥に引っ込んでしまった。

それからのち、なれなれしくなっているのであろうか、いつもわざわざ人目につくようにうろうろ歩きま

わって、それで人々は、歌の文句をそのまま「常陸の介」とあだ名をつけた。着物もきれいに着かえず、同じすすけよごれたままなので、この前いただいたのはどこへやってしまったのかなどとみんなでにくらしがるうちに、⑧右近の内侍が参上している時に、中宮さまが

「こうこういう者を、ここの女房たちは、手なずけて置いてあるようだ。こうしていつもやって来る事よ（かかる者なむ、語らひつけて置きたンめる。かうして常に来る事）」

と、以前あった様子など、小兵衛という女房にそっくりそのまま話させてお聞かせあそばされると、右近は

「その者をぜひ見たいものでございます。必ずお見せあそばしてくださいませ。どうやらごひいきであるようです。決してどうあっても私の方で手なずけて横取りしたりはしないつもりです（あれいかで見はべらむ。かならず見せさせたまへ。御得意なンなり。さらによも語らひ取らじ）」

などと言って笑う。

（松尾聡・永井和子校注・訳『日本古典文学全集　枕草子』、傍線引用者）

問題になる部分に傍線を引いて番号をつけてみた。（　）内は原文である。

まず①である。作者・清少納言は中宮定子に仕えているのだが、その場所は庶民などのまったく立ち入れない内裏のはるか奥かというと、そうではなく、意外に簡単に庶民が入り込める場所である。「職の御曹司」というのは「中宮職」の中にある居室で、しばしば中宮の仮の住まいとなっていた。中宮を始め天皇の妻にあたる女性たちは、内裏の中に一部屋（局）をあてがわれてそこで起居しているが、しばしばそれ以外のところにも出ていって居住しているようである。

ともあれここには、大内裏の中へ庶民が入っていって物をほどこしてもらったりすることが日常茶飯事になっ

ているという事実が表れている。宮中では仏事が盛んに行われたが、そのたびに出るお供え物を庶民に下げわたすことが慣習になっていたこともわかる。この「いやしい者」が法師の恰好をしているのは、ほんとうに仏道修行をしているからではなく、そういう恰好をしていたほうが仏事の下がり物を分けてもらいやすいからであり、ありていは乞食である。

②では女法師は、高貴な女性に声をかけられたと聞くや、「声をとりつくろって」返事をするのであるが、その返事の内容がまことにお見事である。というのは、「給ぶ」などの敬意の高い尊敬語を使って丁重ではあるのだが、ようするに、

「私は仏の弟子だからお下がりをくださいと言っているのに、このお坊さんたちがケチってくれないのです」

と、堂々と抗議しているのである。「このお坊さんたち」というのは、当然内裏に仕えている僧であり、いうならば貴族である。乞食に等しい庶民が、高貴の女性に向かって、堂々と相手側に属する人を非難するセリフを吐いている。しかも、どうみても決死の覚悟で言っているわけではなく、「声をとりつくろって」丁重に言っているだけである。これを聞いている清少納言の感想、「はなやかにみやびかなり（派手で優雅である）」も、かなり意味深長な表現である。女法師の言葉は、はっきりと言ってはいるが丁重でまともであるし、それなりに美的にも感じられるということだ。さしずめ「ざあます言葉」のように、ということであろう。

③は貴族側の一方的な感想である。さすがに身分卑しい者に思う存分発言されるのは、いい気持ちはしない。しかし、問題外としてまったく忌み嫌ったり無視したりしているわけではなく、身分卑しい者が自分たちと同じように振る舞うさまを見て、自分たちが笑い物にされているように感じ、いたたまれなくなったということころではないだろうか。

その証拠が④である。ようするに、女房たちは退屈しているものだから、口のへらないこの女法師にいろいろ物をやって、何かおもしろい話をさせてみようとするわけである。すると女法師は調子に乗って、歌は歌うわ、踊りは踊るわで、その厚かましさに女房たちは辟易してしまう。これが⑤である。

中宮もこの騒ぎが聞こえるところにいる。騒ぎを聞いてやはりいたたまれない気持ちになり、⑥のような発言となるのである。

貴族が褒美（禄）として着物を与えるとき、もらう側はそれを肩に掛けて受け取るのが礼儀である。⑦の作法は貴族が禄をもらうときの作法であり、それを乞食が知っているものだから、女房たちは「何とまあ」と呆れ果てたわけである。つまり貴族の習慣や礼儀を庶民も知っているのである。これは貴族のいろいろな情報が庶民の側に流れていることを意味する。

⑧に出てくる右近の内侍というのは天皇付きの女房である。このように、宮中では女房どうしが横の連絡をかなり密に取り合っていたらしく、お互いに退屈している身としては、どこかにおもしろい話はないかと探し回っていたのである。中宮は右近に女法師の話をそっくりそのまま、おもしろおかしく語らせて聞かせた。その場は、女法師の滑稽な身振りやしぐさなどを揶揄したり嘲ったりで、さぞ盛り上がったことであろう。その話があまりにおもしろかったものだから、右近はぜひ見たい、決して横取りしないからと言う。見ればさっそく天皇に報告し、天皇もまた恰好の退屈しのぎをするであろう。

同じ九十一段の後半には、十二月になって大雪が降ったので、退屈しのぎに巨大な雪の山を作らせ、この山がいつまで溶けないでもつかという賭を行う話がある。清少納言は、他の女房たちよりも格段に遅い日を予想して、「正月十五日までは溶けないで残るでしょう」

と申し上げてしまった。暮のうちは例の女法師・常陸の介がまたやってきて、他の尼を羨ましがる歌を詠んだりし、それをおもしろがっているうちに過ぎてしまった。

年が明けても雪の山はまだ高く残っていた。清少納言はぜひ賭に勝ちたいと思って、白山の観音を拝み、子供や犬がいたずらしないように、土塀の外に廂をさしかけて住んでいる植木番の老人に見張らせた。しっかり見張って雪の山が十五日の当日残っていたら、中宮さまから相当のご褒美が出るはずだし、私自身もたくさん褒美をやるからと「語らひて（親しく話し込んで）」、果物や何やかやをたくさん与えて頼みこんだ。十四日になってもまだ円座（わろうだ、座布団）くらいの大きさで残っていたので、清少納言はもちろん植木番もとても喜んで、「このぶんならあしたあさってまで十分ございましょう。ご褒美をいただきとうございますね（明日明後日までも候ひぬべし。禄給はらむ）」

などと有頂天になっていた。ところが中宮が意地悪をして、当日の朝になる前に、こっそり雪をかき捨てさせてしまうのである。

ここには、中宮に仕える宮中の女房が、植木番を手下に使って賭に勝とうとし、勝ちが見えたと喜び合っている様子がはっきり描かれている。その交流のさまは、絶対に抑圧階級と被抑圧階級のそれではない。厳然たる身分差・階級差を承知のうえでの、人間と人間の対等な交流なのである。

貴族の情報が庶民の間に流れていた証拠をもう一つ挙げれば、同じ『枕草子』の二百九十一段に次のような記事がある。

相当な身分の男を、下衆の女などがほめて

「たいへん親しみの感じられる方でいらっしゃる（いみじうなつかしうこそおはすれ）」などと言うと、人はそのままさっそくその男を自然と軽蔑するようになってしまうにちがいない。悪口を言われるのは、かえってよい。下衆の者にほめられるのは、女でさえあまりよくない。また、下衆の者はほめるうちに、言いそこなってしまうものなのだから。（前掲書）

つまり、上流貴族は庶民のゴシップのたねであり、庶民は興味と憧れの対象として貴族社会を常に注目していたのである。このあたりは、現代の女性週刊誌が皇室の話題をきそって掲載し、皇族の女性のスカーフの結び方や靴のブランドまで解説して、大衆がそれを楽しんで読むのとまったく同じである。禄をもらうときの作法なども、憧れの貴族の情報の一環として、それを実際に見た宮中の使用人の口から内裏の外の一般庶民へと伝わっていったものであろう。

ちょっとした聞きかじりからあることないことを興味本位に広めていくので、清少納言が憤慨するまでもなく、下層の庶民がまるで見てきたように上流貴族の噂をすることは十分にありうることだったのである。貴族の側からすれば、あまりなれなれしく言われるのはかえって自分の身分・階級の侵害と感じられるから、「悪口を言われるのはかえってよい」ということにさえなる。

このように、平安貴族は自分の周辺にいる下層の使用人と実に密に交流していたし、内裏の外に暮らす一般の庶民とも頻繁に情報を交換していた。貴族にとって、庶民は揶揄・嘲笑の対象ではあったかもしれないが、少なくとも庶民はこんなものである、こんなことに困っているという類の情報は、貴族社会に確実に入り込んでいった。

をよく知り合っていたのである。平安時代の上流貴族と下層庶民は、男も女もわれわれが常識で考える以上に交流し合っていて、お互いに相手

三－10　傀儡女（くぐつめ）に今様を習った後白河院

平安時代の終わりごろになると、院政という不思議な政治体制が出現する。これは白河天皇（一〇五二～一一二九）をもって嚆矢とするが、ようするに天皇が次の天皇に位を譲ってもそのまま政治の中枢に居座り続けることを言う。譲位した前の天皇を太上天皇、略して上皇と言い、院で政治を執っていたので、院（治天の君）とも言う。

院が政治の実権を握るようになると、天皇は完全に飾り物と化し、堀河天皇（十歳）、鳥羽天皇（五歳）、崇徳天皇（五歳）、近衛天皇（三歳）のように、天皇はごく幼年で即位していた。そして、幼少の天皇に皇統の看板を担がせて飾り（象徴）とし、壮年の院が院庁（いんのちょう）という役所の役人を指揮して実際の政治を取り仕切るという権力の二重構造ができあがっていく。幼少で即位した天皇は、壮年になるとまた幼少の皇太子に皇位を譲り、自らは院政を行うというパターンができつつあった。

ところが、久寿二年（一一五五）、近衛天皇（一一三九～五五）が十七歳で病死すると、天皇から上皇へというパターンが崩れてしまった。本来近衛天皇の子供へ行くはずだった皇位は、近衛天皇が子供を残さずに死んだため、思いがけず異母兄の雅仁親王（のちの後白河天皇、一一二七～九二）のところへ転がり込んできたのである。このとき雅仁親王は二十九歳であった。それまでの天皇が幼少で即位していたことを思えば、この二十九歳での践祚がこの時代ではいかに異例かがわかる。これは美福門院（一一一七～六〇）と時の関白・藤原忠通（一〇九七

〜一一六四）の計画によるものとされ、守仁親王即位までのワンポイント・リリーフの性格が強かったと言う。

後白河自身はそれまで天皇になるとは夢にも思っていなかったようで、本人は庶民の歌謡である今様に明け暮れていた。後白河の今様狂いは即位後も続き、死ぬまでやむことはなかった。前にもふれた『梁塵秘抄』を編纂したことはつとに有名である。後白河がどれほど今様に凝っていたかを知る恰好の史料が現存している。それは後白河院自らが今様狂いのさまをつづった自叙伝『梁塵秘抄』「口伝集」である。

十余歳で今様を習いはじめた後白河は、初め一人で稽古していたが、五条に住む盲目の老傀儡女・乙前が今様の上手であることを聞きつけ、その娘を通じて使いを出した。乙前は歳もとっているし、もう忘れてしまったといって固辞したが、後白河は承服しない。あまりに後白河がしつこく頼むので、とうとう断りきれなくなって御所に参上した。

ところが乙前は遠慮して「遣戸の内に居てさし出づる事無」かったので、人払いしてようやく対面した。それから歌の解説を聞き、院も謡って聞かせ、乙前も謡った。この夜は一晩中謡い交わし、師弟となる約束をしたうえで後日改めて呼び寄せ、御所の中に居室を設けてさまざまに習ったという。

傀儡（くぐつ）とは人形を遣って芸をし、歌ったり踊ったりして各地を放浪した芸人で、傀儡女はやがて人形を遣うかどうかに関係なく、芸をしたり売春をしたりして暮らすようになった。京では鴨川の河原をねぐらにしていた。

乙前が後白河の今様の師であることは、『今様之濫觴』（尊経閣文庫所蔵）にはっきり系譜として載せられている。だいたい、今様という大衆芸能の系譜に天皇や上流貴族が出てくること自体、欧米の常識ではまったく考えられないことであるが、それが遊女や傀儡と同じ系譜の中に堂々と組み込まれて載っているというあたり、まことに公平で客観的であり、ここには現世の身分はまったく関係ないものとされている。

棚橋光男氏の『後白河法皇』に『今様之濫觴』からわかりやすく書き起こした系譜が載っているので、引用しておく（注1—28）。

【図6】今様の系譜

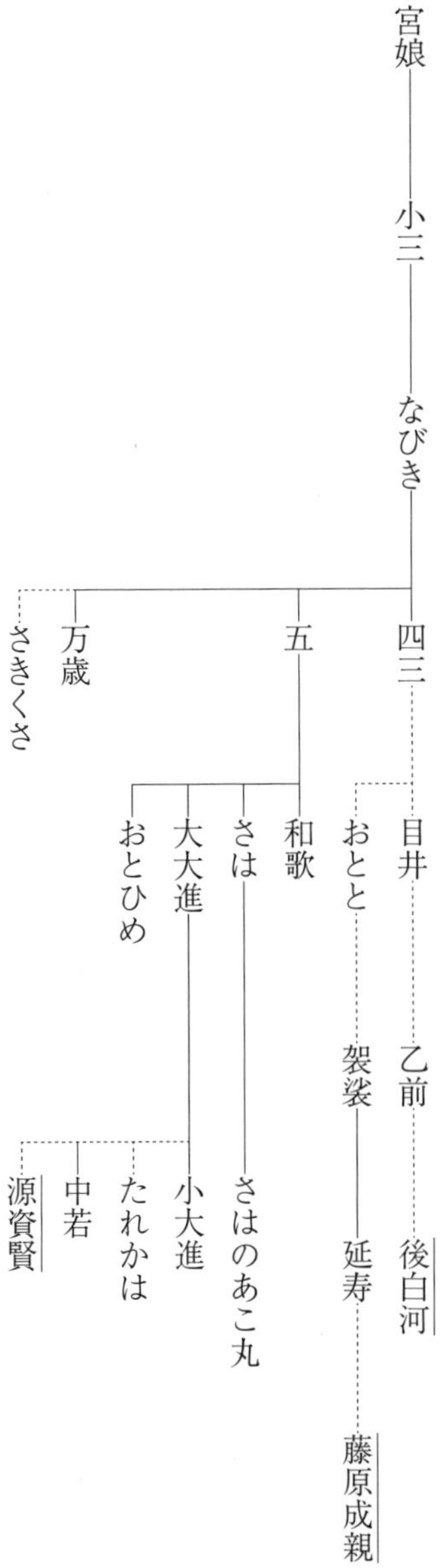

（棚橋光男（一九九五）『後白河法皇』講談社メチエより。——線は実子を表す。傍線引用者）

「口伝集」には、後白河が乙前をいかに敬愛し、師として厚く待遇していたかが記されている。特に乙前が八十四歳で死ぬときの記事には、身分を超えた人間どうしの深い心の通い合いがあふれている。

乙前八十四と云し春、病をしてありしかど、未だ強々しかりしに併せて、別（べち）の事も無かりしかば、さりともと思ひし程に、程無く大事になりにたる由告げたりしかば、近く家を造りて置きたりしかば、近々に忍びて行きてみれば、女（むすめ）にかき起こされて対ひて居たり。弱げに見えしかば、結縁のために法花経一巻誦みて聞かせて後、「歌や聞かむと思ふ」と言ひしかば、喜びて急ぎ頷く。

像法転ては、薬師の誓ひぞ頼もしき、一度御名を聞く人は、万の病無しとぞいふ、

二三反ばかり謡ひて聞かせしを、経よりも賞で入りて、「これを承り候て、命も生き候ぬらん」と、手を擦りて泣く泣く喜びし有様、あはれに覚えて帰りにき。（志田延義校注『日本古典文学大系　梁塵秘抄』）

乙前が八十四歳という春、病気をしていたが、まだ丈夫だったのに加え、特別のこともなかったので、大したことはないだろうと思っていたら、やがて危篤になったということを告げてきたので、近くに家を造って乙前を置いてあったので、すぐに忍んで行って見たところ、娘にかき起こされて座っている。弱々しそうに見えたので、後世の結縁のために法華経一巻を誦んで聞かせてやってから、「今様を聞きたいと思うか」と言ったところ、乙前は喜んで急いで頷く。

像法が進んでいくと、薬師が救ってくれるという誓いは頼もしく感じられる。一度この薬師の御名を聞く人は、万病がなくなるということだ。

二、三遍ぐらい謡って聞かせたら、法華経よりもありがたがって、「これを承ってございまして、私の命ももつことでございましょう」と、手を擦って泣きながら喜んでいるありさまは、まことにあわれに感じられて帰って来た。（訳引用者）

後白河院は乙前が死ぬと、

惜しむべき齢には無けれど……哀れさ限り無く……多く歌習ひたる師なりしかば、（前掲書）

と、供養のために朝には法華懺法を誦み、夕べには阿弥陀経を誦んで五十日間勤めた。一年間に千部の法華経を誦み終わり、一周忌のときには法華経一部と「経よりも歌」と思って、乙前に習った今様を一晩中謡い明かした。するると、乙前の霊が現れて、院の今様はいつにもましてすばらしかったと言ったという。

後白河院は熱心な仏道修行も行っていたが、だからといって当時の仏教がみな身分を超越して、すべての衆生の極楽往生を説いていたわけではない。それを説く浄土教はまだ唱え始められたばかりであった。

棚橋光男氏は、後白河院が下層の人々をも含めた情報ネットワークの中で、みずからの政権を確立してきたと述べる（注1—28前掲書）。後白河院にとって下層階級の人々との交流は不可欠であった。そして同時代の事実上の首都である六波羅は、まさにこのあたりだったのである。

践祚以前から、後白河の居所は「上達部・殿上人は言はず、京の男女・所々の端者・雑仕・江口神崎の遊女・国々の傀儡子」の往来・交流・交感の〈場〉であった。

そして、践祚・即位の後、親政・院政の時代を通じて、後白河の宮廷は、帝王と遊芸の徒との交錯の〈場〉、したがって交通・情報ネットワークのサブセンターであり続けた。（棚橋光男『後白河法皇』）

今様を謡っていたグループは、身分・階級の別によらず、純粋に今様の技量で競い合っていたようである。そのことのはっきりわかる記述もある。

法住寺の広御所にして、今様の会あり。小大進が足柄を聞くに、我（後白河）に違はぬ由申す。あか丸（あこ丸）がには似ずして、この京足柄と云乙前がに違はず。人々、「いづらあか丸がに似たりける。五条（乙前）がには違はず」などと云合ひたり。（中略）露ばかりも御所の御様に違はずと、その座に侍る成親卿・資賢卿・親信卿・業房・季時・法師蓮浄・能盛・広時・康頼・親盛、座の末に候季時、色代かひ〲しく、この筋違はぬを賞で感ず。広時、「御歌も聞かぬ居中より上りたるが、斯く露違はぬ事の、ものの筋あはれなる事」とて流涕するを、人々これを笑ひながら、皆涙を落とす。あこ丸腹立ちて、小大進が背中を強く打て、「良かむなる歌、又謡はれよ」と云。皆人憎み合ひたり。

（前掲『梁塵秘抄』、注引用者）

法住寺の広御所で今様の会があった。小大進の「足柄」を聞いてみると、私（後白河）にそっくりだということを皆が言う。あか丸のには似ていなくて、この京風の「足柄」というのは乙前のにそっくりである。人々は「どうしてあか丸のに似ているだろうか。五条の尼（乙前）のにそっくりだ」などと言い合っている。（中略）ほんとうにまったく御所（後白河）の歌の御節回しと違わないと、その座に伺候していた成親卿・資賢卿・親信卿・業房・季時・法師蓮浄・能盛・広時・康頼・親盛などが言う。座の端に控えていた季時はうやうやしく礼をして、この節回しが違わないことを称揚する。広時も「小大進は院の御歌を聞いたこともない田舎から参上したのに、このようにまったく節が違わないことの、なんとしみじみと趣深いことか」と鼻をすり上げたので、人々はこれを笑いながらも、みなもらい泣きをしてしまった。ところが、あこ丸は一人腹を立てて、小大進の背中をどんと打って、「耳あたりのいい歌を、また謡いなさいよ」と言ったので、そこにいたみなはあこ丸を憎み合った。　（訳引用者）

小大進というのは遊女であろう。『今様之濫觴』によれば、大大進の娘ということになっている。あこ丸は同じく「さは」という者の子ということになっている。おそらく他の謡物と同様、節回しなどに流派があって、それを聞けば誰の弟子ということがすぐわかるようになっていたものと思われる。

ここに登場する小大進は田舎から出てきて、後白河院の歌を聞いたこともないのに、「足柄」という今様を謡ってみると、その節回しが院のものにそっくり、つまり乙前流であった。その場には藤原成親（一一三八～七七）や源資賢（一一一三～八八）を始め、たくさんの貴族がいたが、みな感涙にむせび、絶句して褒めたたえた。一方、この見事な今様を聞いてねたましく思った者もあった。それがあこ丸である。小大進の背中をどんとたたいて「また耳あたりのいい歌をせいぜい謡いなさいよ」とイヤミたっぷりに言ったのであろう。そこにいた人たちはみんな、「なんだ、あいつは」と思ったという話である。

このあこ丸は、みんなが小大進の今様をほめるものだから、自分もと思ってねたましかったに違いない。後白河院の面前であるにもかかわらず、少しも遠慮しているふうが見えない。同じ場所に同席している藤原成親や源資賢も、卿という肩書どおり上流貴族である。院や上流貴族と傀儡や遊女が同席して、純粋に芸術上の交流ができるというのは、実に希有のことであろうし、日本以外では考えもつかないことなのではないだろうか。

ちなみに、この文でも、院の歌を言うときには助詞「の」を使い、小大進・乙前・あこ丸の歌を言うときには助詞「が」を使っていて、身分の上下による「の」と「が」がきっちり使い分けられている。おそらく席も上下の区別が厳しく、下衆どもは部屋の外の広縁、貴族は室内、そして院は部屋の奥の御簾の中にいるのであろう。しかし、こういう言語や行動形式上の待遇はともかく、内容についてはまったく対等に言い合っている。

下衆どもにしてみれば、このようにはっきりと待遇差をつけてもらったほうが居心地がよいはずで、身分差・階級差を言葉や待遇で表現するからこそ、かえって対等に渡り合えたのである。

『梁塵秘抄』巻二に次のような歌がある。

釈迦の御法（みのり）は多かれど、十界十如ぞ勝れたる　紫磨（しま）や金（こむ）の姿には　我等は劣らぬ身なりけり（釈迦の教えは多くあるけれども、十法界と十如是の教えが最もすぐれている。その理によれば、われら凡夫の身も釈迦の尊い紫磨黄金の姿に劣らぬものであったのだ）

（前掲『梁塵秘抄』、傍線・訳引用者）

今様は庶民の中で流行した歌謡であり、傍線にみれらる平等意識からは、当時の人々が今様の中にこそ心の平安を求めていたことがわかる。そして、時の第一の権力者である後白河院は、自分の里内裏を下層の民衆をも含めた情報・流通のサブセンターとすることによって、これらの人々と対等な交流をし、今様に込められた民衆の思いをも共有することができたのである。

三-11　地頭と代官と百姓たちの駆け引き

中世末期から百姓一揆がしばしば起こるようになった。これは、荘園が貴族や寺社の私有地として開墾あるいは寄進されて領主の権力が拡大する一方、百姓が荘園における耕作担当者としての自覚を高め、団結して自らの地位と生活を安定させようとした表れである。

言うまでもないが、前近代の日本では身分は生まれつき決まっていて、生後に変えることは原則としてできなかった。だから百姓に生まれた者は代々百姓であり、どんなに努力しても貴族や武士にはなれず、居住地を変更することは禁じられていたから、その土地の生産者としての義務を未来永劫負っていた。

同様に、貴族や武士に生まれた者は代々貴族や武士であり、どんなに困窮しても自ら耕作したり生産したりという活動は、身分上できなかった。つまり、貴族や武士は専ら消費者であったから、生産者である百姓が年貢を納め労役をしてくれなければ、生きていくことができなかったのである。領主は搾取しているようでいて、その実、生殺与奪の権利を百姓に握られていると言ってもよかったことになる。

百姓たちは、決して領主を倒して百姓の独立国を作りたくて一揆を起こしたのではない。むしろ、自分たちの都合のよいように支配者を操り、被支配者としてぬくぬくとしていたいがためにこそ、一揆を起こしていたと思われる。そしてまた、支配者の側も、百姓の訴状や一揆を巧みに利用して、自らの支配権を確立しようとしていた。そこには、支配者側と被支配者側のそれぞれの思惑のからんだ、虚々実々の駆け引きがあったのである。

備中国上原郷は東福寺が地頭を務める寺領であったが、ここの百姓たちはたびたび訴状を提出して、自分たちの要求を通そうとした。峰岸純夫氏の「中世社会と一揆」（注1―29）によれば、上原郷の場合には百姓の訴状は次のように処理されていった。

明徳四年（一三九三）九月のケースでは、百姓は桑にかけられた年貢（銭）の半分を免除すること、及び田数の算定基準を古いものに戻すよう訴状を書いて要求した。ところが、桑のほうは騒動によって木が刈られてしまった。訴状はその前に提出してあったのだが、効果がなかったため、百姓は逃散（ちょうさん）してしまった。

この「逃散」というのは、百姓が領内から一時的にいなくなることで、違法ではない。日本の気候は前述したように移り変わりが非常に早いため、農作業は農事暦にしたがって遅滞なく行わなければ、収穫がまったく望めないこともありうる。そのためほんの短期間でも耕作担当者がいなくなれば、その年の収穫全体に影響するという事態になる。つまり、逃散とは、百姓が耕作担当者であることをはっきりと自覚しているためにとれた有力な戦術であり、刀・槍などの武器を手にしなくても十分に戦える、百姓という身分そのものを武器にした闘争手段であった。

東福寺は百姓に逃散され耕作担当者がいなくなって非常に困り、ともあれ必ず解決するからと約して、百姓に村へ帰ってもらった。その後、寺は庄主（代官）を交代させ、実際の年貢の徴収を延期した。これは百姓側の勝利に終わったケースである。

文安元年（一四四四）十二月五日のケースでは、地頭である東福寺の庄主・光心が守護方に通じて俸禄までもらい、上原郷を守護の支配下に置こうと企んだことと、光心自身の非道が原因である。寺側も独自に調査をし、守護方と光心の弁明を聞いたが、光心のほうでは百姓が年貢を滞り一揆を起こしていると一歩も譲らない。百姓はこの悪代官を辞めさせるべく徹底抗戦のかまえをみせ、十一月二十八日から翌月二日にかけてことごとく逃散し、領内に百姓が一人もいないという状況になってしまった。そして、庄主・光心の罷免を要求して訴状を提出したのである。

その訴状の内容は非常に細かく多岐にわたっている。

一、ゆゑなき事ニ名田畠被上召候事、

一、無先例御手作大勢被召候て、牛馬女男ニ至まで、のうさく（農作）のさかりにわ、御手作を本ニ朝くらきより夕去まで、たいはん（代飯）をも不給候上ニ馬牛をむちにて使候様に、さんさんのはうこん（亡魂）候て、めし使候事、

一、御手作を本ニ仕候間、牛馬人足ひまなきにより、田畠をそく（遅）作、霜雪ニそんしつ（損失）候間、そんまう（損毛）事申候へハ、公方の御手作ハ吉候により、一向御百姓のくわんたい（緩怠）とて、御しよういん（承引）なく候て、寺家へも御申なく候事、

（中略）

一、ひらう（疲労＝貧乏）人、物を借申ハならいにて候に、見門（権門）御使をあなたに此方を御かたらい候て、かせき（苛責）を被至候間、日やくそくを仕候沙汰申候処ニ、文書御出なく候て、重守護殿の御使を御申候て、かせきをいたし、いき（異議）にをよひ（及）候ハヽ、くひ（首）をきり候ハんとすると候事、をそろしく候、

（中略）

一、計会（＝貧窮）之御百姓のならいにて、御年貢を未進を仕候利分を加被召候事、せん候なき次第候、

一、御百姓ぬしある女をも、御中間御こ物（小者）なんとを御使わし候てめされ候を、御意にしたかわす候

へハ、御きうめい（糾明）候間、にけうせ候事、
一、百姓分のむすめなんとめされ候て、不参候へハ、をや（親）ひか（僻）事と仰候て、とか（科）人をとちられ候事、
一、なかわき殿のこけ（後家）しやうらう（上臈）の御方へ御かよい候道にて、かわうそをきりころし、政所にてしこく（至極）きこしめされ候て、あいのこり候を、しをから（塩辛）にめされ候、并ニかわ（皮）をはりをかれ候、是我ら申事なく候へ共、寺家の御領になり候て、此方か様御庄主（光心）御入なく候、
（後略）
（峰岸純夫「中世社会と一揆」、傍線引用者）

ここに引用した条々を要約すると、

・光心が理由もなく勝手に田を取り上げたこと、
・光心が勝手に自分の田を作って、そこで百姓や牛馬をこきつかい、食事もあてがわなかったこと、
・そのために公田の耕作が遅れ、霜雪の被害にあったことを百姓の怠慢と決めつけたこと、
・貧乏人が物を借りるのは当たり前であるのに、督促の使いを予告なくよこして容赦なく責めたて、そのうえ守護の使いまでよこし、異議を申し立てると首を切ると脅したこと、
・貧しい百姓が年貢を滞納するのは当たり前であるのに、滞納分に利子を付けると言ったこと、
・百姓の妻を、使いをよこして屋敷に召しだそうとしたが応じなかったのを糾明したこと、
・百姓の娘を召しだそうとして屋敷に行かなかったのを、親の罪として罰したこと、
・なかわき殿という後家の家に通ってくる途中でカワウソを殺生し、政所で平らげ、残りを塩辛にし、皮を剥い

でおいたこと（自分たちは別に言いたいことはないが、寺の領地なのだから、その代官がこんな殺生をしてよいものか）、となる。このほか内検に不正を行う、馬飼いなどに使役する、用水を奪う、百姓の女を犯す、挨拶をしないと譴責する、百姓の家庭争議の原因を作る、意味なく折檻する、守護領にすると言明する等々、十七か条にわたり、よくもまあと思うほどいちいちあげつらって庄主・光心の非道を責めている。そして末尾には次のような脅し文句までつけてあるのである。

> 右彼条々申上ハ寺家の御せいはい（成敗）并ニ守護殿の御奉書をめされ候て、しかしかと御定候て、新庄主御しつけ候ハす候ハヽ、永代けんちう（還住）仕ましく候（右の条々を申し上げたからには、寺方で御成敗をし、並びに守護殿の御奉書をお取り上げになってきちんと処分し、新しい庄主をお決めくださらないということでございましたら、われわれは未来永劫帰村いたさないつもりでございます）
>
> （峰岸前掲論文、訳・傍線引用者）

この闘争は、この後、東福寺の調査の結果、光心の守護方への内通が明らかであったので罷免することとしたが、光心が任期途中であったので、本年中はこのままとし、来年から別の庄主に交代させるということで一件落着した。

ここに見られるように、百姓の合法的な闘争は、百姓訴状↓逃散↓解決↓還住（げんじゅう）のサイクルで問題が順次処理されたが、解決できないときには一揆を起こした。一揆の前には、原則として逃散して耕作を放棄する闘争手段が取られ、それに先立って提出される訴状には、願い事が通らなければ未来永劫帰村しないという脅し文句がしばしば使われていた。

問題は、このような訴状が荘園領主あてに提出されるのが通常の闘争手段だったという事実である。つまり下位者から上位者に訴えをする道が確保されていたということである。この訴状は文中に傍線をつけてあるとおり、提出先の東福寺に対して「候」などの丁寧語を使うのはもとより、非難している光心に対しても「召（めす）」「御」「被（る）」「仰（おほす）」「きこしめす」などの尊敬語や、「仕（つかまつる）」などの謙譲語などの敬語をふんだんに使って、きちんと待遇している。

百姓たちが周知を集めてこれだけの文面を書き上げ、荘園領主に提出するまでには相当の団結力と組織力が必要である。逆に、そういうものがすでにあったから、こういう訴状が書かれたのだと言ってもよい。この種の訴状が効を奏して、荘園領主が代官を処罰したり首をすげかえたりすれば、それによって百姓は代官をかなりの程度操ることができるようになるわけである。

網野善彦氏の『日本史再考』によれば、奥能登の旧家（庄屋）から、「ここ三、四年不作が打ち続き、人民が餓死するので、救米を頼む」という意味の文例が載っている江戸期の手習い本が発見されたという（注1―30）。これは手習いの文例であるから、不作のとき庄屋がこのような訴状を代官あてに書き、援助を求めていたことがわかる。だから、実際には大したことのない不作でも、このマニュアルに従って訴状を提出していたということも十分考えられる。ここにも下層階級の人々の、支配者を巧みに操るしたたかな「支配のされ方」を垣間見る思いがする。

また、支配者側から言えば、地頭や代官の首をすげかえるのに、上からの一方的な命令によらず、下からのやむにやまれぬ訴えによるというかたちを、多少の無理をしてもとったものとも考えられる。上原郷の例で言うと、東福寺側では光心の離反が明らかなので罷免する機会を狙っていたところへ、うまい具合に百姓が訴状を提出してきたというのが本音だったろう。

一方、代官は代官で、百姓にきちんと年貢を納めさせるため、いろいろと手を打っていたらしい。

代官は百姓にきちんと年貢を納めさせなければならないのですが、けっしてただ武力で脅かしてとるようなやり方はしていません。百姓たちが正月の年始の挨拶に来ると、魚や豆腐を肴にし、飯や餅を出して酒宴をひらいています。祭りには費用を出して一緒に祭りに加わる。年貢を百姓が蔵に納めたときも、酒宴をひらいて慰労していますし、クレームをつけられないように、周囲の有力者を接待したり、国司や守護の使いが来ると客人として丁重にもてなして帰ってもらうようなこともしていますが、これらの費用は限度を超えなければ、必要経費として年貢から公然と落とすことができるようになっていました。

（網野善彦『日本史再考』）

このように、封建時代といえども百姓は決して領主に搾取されっぱなしになっていたわけではないし、また代官と百姓はいつも対立していたわけでもないのである。

こんな百姓の訴状を読んで思うことは、現代のほうが封建時代よりも、はるかに税の取り立てが厳しく容赦ないということである。税務署の役人が前近代の代官のようなことをすれば業務上横領で捕まるだろうし、何より庶民は税金の支払いがほんの少し遅れただけで延滞税（利子）が付き、意図的に支払わなければ罰金の重加算税まで付いてくる。それでも払えなければ財産を差し押さえられ、身ぐるみ剥がれて放り出される。しかも日常のほんの小額の買い物にさえ消費税がかかる。笞こそ使わないが、これほど重税の時代は日本史上なかったのではあるまいか。しかも現代では、訴状を提出する先も手段もない。

原武史氏の『直訴と王権』によれば、朝鮮王朝では十八世紀に英祖（ヨンジョ、一六九四～一七七六）・正祖（ジョンジョ、一七五二～一八〇〇）という英明な国王が出て、儒教精神に基づいて庶民の困苦を国王自らが直接聞く直訴を法制化して認めたという（注1―31）。人々は冤罪はもとより役人の非道や不作による飢饉までさまざまの訴えを行い、国王はその救済に努めた。

国民はこの国王をあまねくたたえたが、皮肉なことに正祖が死去すると、国王に政治権力を独占され直訴によって階級秩序を踏みにじられた官吏階級（両班（ヤンバン））が猛烈な巻き返しを図り、「民乱」の十九世紀へ突入して、外国の軍事介入の絶好の口実を与える結果となってしまうのである。

英祖・正祖は個人としては立派な政治を行った。しかし、それが結果として階級秩序を破壊し、後代の混乱の引き金になってしまったのは、もともと朝鮮王朝そのものがクーデターによって成立した王朝であったことと無関係ではないのかもしれない。

日本の支配者が直訴を禁止したのは、下位者の訴えを聞き入れないためではなく、上下の階級秩序を破壊しないためであった。日本において階級秩序の維持は何よりも優先されるべきであり、その思想は支配者のみならず被支配者の側にさえ浸透した、ほとんど「暗黙の常識」であった。だから建前こそ厳重に守られたが、現実の社会運営を円滑にするための方策はいくらでも柔軟に考えられたのである。

江戸時代には、直訴は確かに御法度で破れば死罪だったが、これは直上の上位者（代官）に訴える道が通常であったからで、訴えそのものを禁止しているのではないことを思うべきである。逆に、命を懸けた直訴の背景には実際に深刻な抑圧や非道が存在することが多かった。支配者は、直訴者は法度の建前どおり死罪にしたが、直訴の内容自体は適切に取り上げたので、結果として百姓にとって望ましい解決が得られることになった。だからこそ、木内惣吾郎（佐倉宗吾）は義民として後世に名を残すことができたのである。百姓たちの望む結果が得られなければ、直訴者はまったくの犬死にであり、決して義民にはなりえない。そしてこの種の義民は程度の差こそあれ、多くの村に少なからず存在していたのである。

前近代の百姓たちは、地域の百姓全体の幸福が得られるならば、直訴者一人が死罪になったとしても何ほどのことがあろう、それでこそ先祖に対して面目をほどこすのだと、覚悟を決め、腹をくって支配者と対峙していた。百姓は支配されながらもその精神は決して抑圧されておらず、相当に政治的な駆け引きをして巧みに支配者を操っていたのである。

三－12　主君と家来の化かし合い

鎌倉時代から室町時代にかけて、能が流行した。その能の幕間の喜劇として狂言が広まった。考えてみれば、能がこの世とあの世の交錯した幽玄の世界を描出しているのに対して、狂言がこの世の大名（小名）と家来である太郎冠者との滑稽な化かし合いをテーマとしているというのは、ずいぶん意味深長である。

たとえば、小学校の教科書にも採用されている「附子（ぶす）」という話は、次のような展開をする。ちなみに「附子」とはトリカブトの根から採った猛毒で、かつてこれによる殺人事件も起こったが、有毒成分の検出がむずかしいため死因の特定が困難で、危うく完全犯罪になるところであった。中毒すると顔がふくれて表情を失うところから、そういう顔をも附子というようになり、現代の醜女という意味にまで派生した語とも言われている。

さて、「附子」の話である。主人が出かけると言って太郎冠者と次郎冠者に留守番を言いつける。そのとき、壺に入っていた黒砂糖を食べられては困ると思い、これは附子という猛毒で、ここから吹く風に当たってさえ命がないから、決して手を出すなと脅かして出かける。ところが、太郎冠者は主人の態度がどうも怪しいと疑い、壺の中身が猛毒の附子というのはウソではないかと思い始め、扇であおぎながら近寄って見るとうまそうに見えたので、ついに食べてみることにした。すると頬っぺたが落ちるほどうまいではないか。こうして太郎冠者と次郎冠者は壺に入っていた黒砂糖を全部食べてしまった。

食べ終えてからしまったと思ったが、もう遅い。そこで太郎冠者は一計を案じて、主人が大切にしている茶碗を粉々に割り、掛軸もずたずたに引き裂いてしまう。そして、太郎冠者と次郎冠者がおいおいとウソ泣きしているところへ、主人が帰ってくるのである。

主人が不審に思ってなぜ泣いているのかと尋ねるが、二人はしばらく互いに訳を言い渋る。それほど言いにくいこととは何かと主人が聞くと、太郎冠者はここぞとばかり、実は次郎冠者と相撲を取って、御主人様が大事になされていた掛軸を引き裂いてしまった、そしてまたあの茶碗も、と指を差す。主人はびっくり仰天して二人を譴責しようとする。すかさず太郎冠者は、とても生きてはいられないと思い、二人で死のうと思って猛毒の附子を食べたのだけれど、いくら食べても不思議や全然死ねない。とうとう全部食べてしまったけれどもまだ死ねない、どうしたらよいだろう、とちらりと主人をうかがう。

主人は、なに、附子まで全部食べてしまったのか、と舌打ちして悔しがる。太郎冠者は調子に乗って、全部食

べても死なないことのめでたさよと踊りだし、ふざけたふりをして、
「アラ頭かたや（このケチの頑固者め）」
と主人の頭を扇で叩く。主人は「許さないぞ」と追いかけ、太郎冠者と次郎冠者はほうほうの体で退場していく、というストーリーである。

狂言の主人公はあくまで太郎冠者であり、ここでコケにされているのは主君である。結局、狂言というのは、頓智の利く太郎冠者と少々間抜けな主君の絶妙のコミュニケーションが笑いを誘っていたのであり、こういう主従の、言い換えれば上位者と下位者の滑稽なコミュニケーションが笑いを誘い、それが当時の支配階級である武士に受け入れられたというのは、非常に重要な意味があることである。

この「附子」では、たわむれであるにせよ、家来が主君の頭を叩くという「暴挙」を行っている。狂言を喜んで見ていた武士たちは、自分たちの階級である主君が叩かれコケにされても、決して不快にはならなかった。もちろん、狂言の結末は、たいてい主君が「やるまいぞ、やるまいぞ」と棒を振り上げて太郎冠者を追いかけ、太郎冠者は「許させられい、許させられい」とひたすら謝って退場することになっているから、決して下克上を奨励しているわけではない。

家来が主君をコケにする芝居を支配階級の武士が喜んで見ていたということは、武士が己の地位に確固たる自信を持っていた証拠である。太郎冠者がいかに主君をコケにしようと、それはあくまで日常生活の中のちょっとした遊びであり、決して本気で主君を侮蔑し反逆しようと思っているのではないことを、武士はちゃんと知っていたのである。こういう余裕が支配者の中にあったことは、特筆すべきことである。それは、家来も自分の分によって支配者を支える体制を遵守していることを、無条件で信頼する余裕があったということなのだから。

つまり、狂言とは、主君と家来との無条件の信頼関係を前提とした喜劇と言えるのではなかろうか。

三－13　下克上の世にも独裁者は身分を超越する場を作った

戦国時代に入ると下克上の世となり、どんな低い身分の者でも大名になるチャンスが出てきた。そうなると、既成の身分制や階級制が崩れていくのは、早晩時間の問題であった。実際、美濃の大名、斎藤道三（一四九四～一五五六）は油商人であったし、太閤・豊臣秀吉（一五三七～九八）は尾張中村の水呑百姓のせがれである。

ふつう、こういう最下層から身を起こして頂点に上りつめた者がすることは、身分制や階級制を堅固なものとして、自分と同じような者が二度と出現しないようにすることである。せっかく最下層から支配者になったのに、また下克上されて追い落とされてはたまらないからである。これはどんな国の人間でも同じである。革命家は革命が成功すると、みんな独裁者になる。ナポレオンしかり、レーニンしかり、毛沢東しかりである。

しかし、豊臣秀吉の行ったことは、普通の成り上がりの支配者とは少しく趣を異にする。秀吉は天正十五年（一五八七）、北野で大茶会を催している。この茶会がユニークなのは、自分たちだけが贅沢に楽しめばよいところを、一般の民衆まで参加させていることである。それも無理強いしたのではなく、参加したい者は自由に参加してよい、茶がなければ「麦焦がしにても苦しからず」と言い、そればかりか秀吉自慢の名器を見せ、「お手前にて御茶下さるべし」という具合で、とにかく自分の主催するパーティーを民衆と一緒に楽しみたいという意図がありありとわかるのである。

秀吉は茶会の会場をあちこち歩き回って「一間の明所もなく八百余」次第不同で建てられた茶席を見、変わった趣向を凝らした者に声をかけ、そこで茶を飲んだという。当日の参会者は、公家・大名・茶人はもとより、若党・町人・百姓、その数一千余人に上ったといわれる。「お手前の茶」は四つの茶席で、秀吉・千利休（一五二二〜九一）・津田宗及（?〜一五九一）・今井宗久（一五二〇〜九三）の四人が担当し、来会者をくじ引きで一定人数ずつ選んで客とし、秘蔵の茶器で茶を飲ませたという。

自分自身、水呑百姓のせがれであった秀吉は、普通ならその出身の者と話したりすることを嫌がるはずである。現代でも出世して偉くなったら、旧悪を知っている昔の友人に声もかけないということはよくある。それなのに、秀吉はわざわざ民衆と共有できる場を設けて、天下に自分の支配が及んだという喜びを分かち合おうとしたのである。このあたり、何とも無邪気という気がするが、それも日本人がもともと持っている無邪気な性質の典型的な表れと言えるだろう。

秀吉は書簡の中で自敬語を用いているが、これは本居宣長（一七三〇〜一八〇一）などによって早くから指摘され、無学のなせる業とされてきた。しかし、西田直敏氏は秀吉の書簡を編年で比較研究した結果、天正十三年七月に関白に任じられる前と後とで、その文体が一変していることを指摘している（注1—32）。秀吉が関白になった後は、臣下を表明した毛利輝元（一五五三〜一六二五）や上杉景勝（一五五五〜一六二三）に対する敬語が激減し、自らは自敬語を用いているのである。これは自らが上位者であることを示すと同時に、毛利・上杉が下位者であることを明瞭に示しているものと言える。つまり、上代とまったく同じ構造（意義）で敬語を使うようになったわけで、秀吉が自らを天皇に準ずる者と位置づけていたことをうかがわせる。天正十五年に行われた北野大茶会は、まさにそういう秀吉の天下人としての自信の表れと言うこともできるだろう。

ところで、信長・秀吉の茶の師匠であった千利休は、茶道を大成したことで知られているが、利休の茶道は初めから身分や階級を否定するところから出発していた。利休の茶においては、現世でどんな身分の差があろうとも、敵と味方に分かれていようとも、ひとたび茶席に着けば、ただの亭主と客という関係になる。そこで、亭主はひたすら客をもてなすことのみに心を用い、客は亭主の心に応ずることのみを考える。茶席での出会いは一生にただ一度しかないような貴重な出会いである。その一生に一度の出会いを悔いのないものにするべく、亭主も客も心を合わせて一杯の茶を飲むのである。「一期一会」はここから来た言葉である。

その一期一会の茶のために、亭主はさまざまに心を用いた。ある暑い日に亭主は露地に穴を掘り、上をわからぬようにふさぐ。一方で風呂の支度を整え、新しい着替えを用意して客を誘う。客はそこに穴があるのを承知であえて落ち、亭主の用意した風呂に入り、新しい服に着替え、気分もさっぱりとして、亭主の点てたぬるめの茶を飲む。亭主はさっぱりとした風呂上がりにぬるめの茶を飲ませたいと意を用い、客はその心に応じてあえて穴に落ち、極上の茶を味わう。これこそ亭主と客の一期一会の茶の極致なのである。

茶室はこういう出会いを演出する場所である。利休はわずか二畳の茶室を作り、そこで侘茶の神髄を見せたが、そのこころは、身分や階級、はたまた戦乱のうずまく現世――娑婆から「露地」という産道を通り、刀など現世の身分を象徴するものはすべて捨てて裸となり、「にじり口」という産門をくぐって、「茶室」という別宇宙に再生することであった。現世の生をいったん捨て、茶室という別宇宙に再生し直すわけであるから、そこでは現世の身分や階級はなくなる道理である。

信長や秀吉という支配階級の武士は、こういう身分・階級を乗り越える装置である茶をこよなく愛し、その茶室を別の意味で積極的に活用した。すなわち、家来と身分・階級を超えた「本音」の話がしたいとき、他人に聞かれては困る秘密の話をするときなどに、別宇宙としての茶室を利用したのである。

日本人は建前と本音を使い分けて生きているわけだが、戦国武将たちは建前が重要視される表向きの世界だけでは、人はとても生きてはいけないことをちゃんと知っていたのである。だから、本音の語れる場所を、政治の表舞台ではないところに確保しておくことは、支配者の心得ともいうべきことであった。それに加えて、身分・階級を乗り越えて始めて本音を知ることができると、信長や秀吉を始めとする当時の支配階級は考えていたことが、当時の茶道の流行からわかるのである。

三－14　地上にパラダイスを現出させた高山右近

秀吉の時代、本場のヨーロッパで誰もなしえなかったことをなし遂げた日本人父子がいる。それは、この現世にパラダイスを出現させたことである。その人の名は高山図書（ずしょ、霊名ダリヨ）とその子、右近（ユスト）である。高山右近（一五五二～一六一五）はキリシタン大名として有名で、初め高槻を居城とし、のちに明石に転封された。

キリスト教は、天文十八年（一五四九）にザビエルが鹿児島に伝えてから、信長の保護もあって、徐々に畿内にも広まってきた。早く洗礼を受けた高山図書と右近は、居城のある高槻を文字通りこの世のパラダイスとしたのである。

高槻は特に強制的な布教活動をしなかったにもかかわらず、領民ことごとくキリスト教信者となった。景勝の地に大きな聖堂と美しい洋風庭園を造り、ミサの際には領主みずから主催して、すばらしい供応を行ったという。また、領内には寺もあったのだが、なんと僧侶までも領主に相談事にきて教化され、キリシタンに帰依していったという。教会では四人の執事を選び、慈悲の業に励むと共に、その実践を通して信心の錬磨に努めた。

宣教師ルイス・フロイスが『日本史』の中で、図書と右近の行いをこう記している（注1―33）。

ある寒い冬の季節のことであった。彼（図書）は一着の古着を持ち、新しい着物を着て城内を巡回した。そこで貧しく寒さにふるえている一兵士を見付けた。彼は室内に入り新しい着物を脱ぎ、それを置いて再び出て行った。徳においても敬神の念においてもすぐれていたマリアという彼の夫人は、彼が帰城した時、尋ねて言った。今日あなたがおつけになった新しい着物を、どうなさいましたか、と。ダリヨは答えて、私はそれを主に捧げたのだ、と。（中略）

当時の風習として、葬儀は盛大にとりおこなわれるのが常であったが、棺を扱い、墓を掘るのはヒジリという賤民の仕事だとされていた。しかし、右近父子は、教会が身分や貧富に捉われず、立派な葬式を行うことを身をもって示そうと考えた。そこで、白いクルスを縫いつけた黒い緞子の棺布を作らしめ、また葬列に掲げるために、キリスト御受難のお姿や、ゼズスの御名を刺繍した絹の白旗を十枚ほど作らせた。

ある貧しいキリシタンが死んだ時、領主右近父子は、いわば葬儀委員長を買って出た。そして城下の武士・庶民たちにも参列を望んだ。彼らは手に手に提灯を持って墓場に集まっていたが、教会を出た葬列を見れば、先頭に十字架、次に白旗が続き、その後に進んだ棺は、実にダリヨと右近の肩の上にかつがれ、その後に沢山のキリシタンが続いていたのである。領主が名もない貧民の一人に対して払った敬意とこの愛の行いは、キリシタンのみならず、すべての人々の心を打たずにはおかなかった。

武士たちは提灯を手放して、墓穴を掘り始め、誰もが争って鍬を取った。貴婦人でさえ、どの手にも一杯土を持ち、埋葬した。それ以来、領民の葬儀に武士たちが援助するのが習慣となったという。右近父子は、その行動を通じて、人格の平等を示し、封建的特権意識を放棄せしめたのであった。

（海老沢有道『高山右近』）

高槻はまさにこの世のパラダイスであった。右近は最下層の賤民の仕事を領主自ら行うことによって、現世の身分を乗り越えたのである。領主・領民一体となって神をたたえ、神の信義を行おうとしているそのさまを、宣教師は深い感動をもって本国に書き送った。

実際、その当時キリスト教の本場ヨーロッパでは、新教と旧教の対立が激しく、イングランドではメアリ女王がプロテスタントの大迫害を始め、魔女狩りが横行していた。ポルトガルとスペインの対立は激化し、ドイツでは宗教改革派と反宗教改革派がしのぎを削っていた。フランスでは、新旧の対立から三十六年に及ぶ宗教戦争（ユグノー戦争）に発展し、そのあげくサンバルテルミーの大虐殺が行われるなど、この世のパラダイスどころか、この世は地獄であった。そして、実はこの後もヨーロッパには、地上のパラダイスは決して訪れることはなかったのである。

高山図書と右近は、本国のヨーロッパ人が決してなしえなかった、現世における神の前の平等をいとも簡単にやってのけたのである。右近が初めてキリスト教の教えを受けたとき、神の前の平等というのはそのまま現世でなされるものと考えたのであろう。なぜなら、日本ではもともとそれが可能な現実があり、自分とその家族が率先して行いさえすれば、むしろたやすいことだったからである。つまり、もともと身分の上位者と下位者が別の人種なのではなく、平等な人間であるという確固たる信念があったために、それがキリスト教に触れて、神の前の平等という信仰がそのまま現世で具現化できたわけである。

高山右近は、秀吉の禁教令（一五八七）に従わず、明石の領地を没収され、文字通り着の身着のままで領国を家族とともに後にし、小西行長（?～一六〇〇）にかくまわれたのち、前田利家（一五三八～九九）の元に身を寄せ、一万五千石をもらっていた。築城・戦略に才があったため、秀吉の小田原攻めに利家の軍奉行として出陣している。

徳川家康（一五四二～一六一六）が江戸に幕府を開いてからも、加賀の城下で右近の名声は鳴り響いていたが、ポルトガルが日本侵略を企てているとオランダにそそのかされ脅威を感じた家康は、キリスト教を徹底的に禁止しようとした。しかし、右近のような名声のある人物を磔などにしては、かえって逆効果となってしまうことを恐れた家康は、慶長十九年（一六一四）国外追放ということで、右近をマニラに追放したのである。足弱の子供を連れ、六十歳を過ぎた右近の加賀から京までの徒歩の旅は、苦難を極めたものであったらしい。これは右近がキリストの受難にならい、貴人籠で護送しようとした加賀藩の好意を謝絶したためである。

しかし右近の苦難は日本を追放されるまでであった。長崎を経てマニラに着いた右近は、宣教師たちが送った書状によって事態を知っていたルソン総督ファン・デ・シルバによって将軍を迎える歓迎を受け、手厚いもてなしを受けて、余生を平和で安楽な祈りのうちに終えた。マニラでは殉教の聖人として列聖運動が寛永七年（一六三〇）に始まり、日本でも昭和二十四年（一九四九）から列聖列福運動が取り組まれ、この運動は現在も継続中で、帰天四百年の二〇一五年には実現する可能性が高まっているという（注1―34）。

三―15　百姓と肌を合わせて相談した武士

関が原の合戦（一六〇〇）に勝った徳川家康は慶長八年（一六〇三）、江戸に幕府を開いた。この関が原の合戦は、俗に「天下分け目の戦い」と言われ、日本国中が二分して争ったということになっているのだが、戦闘の規模としては非常にあっけなかったらしい。というのも、わずか三日で片がついてしまったからである。しかも、戦ったのは東西両軍の武士や足軽だけで、近隣の百姓は手弁当でこれを見物に行っていたのである。

ようするに、いくさは武士がやるものであり、百姓にしてみれば、どちらが勝っても自分たちの暮らしにそう変わりはなく、むしろどんな支配者がどのような年貢を掛けてくるかのほうがはるかに重大事で、実際に世の中が収まってみなければ、暮らしのめどは立たないのであった。だから、武士たちがいつまでも争っていくさをしている間は、飢えないように適当に作物を作り、場合によってはあちこちの陣へ出稼ぎに行き、それもなければ戦闘のありさまを弁当を持って見物していたというわけである。

徳川幕府の政権が安定するようになってからも、百姓と武士というのは上下の関係とはとても言えないものだったようだ。「士農工商」という身分制があって、いかにも百姓は武士の支配下で抑圧されていたように見えるのだが、実は武士と百姓は上下に位置する関係の人間ではなかった（注1—35）。

その実態（江戸時代の身分）は、今日我々がイメージするものとは少し異なっている。一例を挙げれば、よく「身分制社会を象徴する例」として「大名行列」が引き合いに出され、人々は道端に土下座をして支配階級に対する礼を尽くしながら大名の行き過ぎるのを待ったという説明がなされるが、それは正確ではない。

例えば、三代将軍家光から四代家綱時代の江戸の活況を描いて有名な「江戸図屏風」をよく見てみると、武士とそれ以外の町人や農民が、町の中で身分の差を意識した行動をとっているわけではないことがわかる。当時、江戸城の前には御三家の豪壮な屋敷が並んで建っていたが、尾州屋敷の門前には供を連れた侍（おそらく参勤交代で江戸に出てきている者だと思われる）が、水戸屋敷の門前には子供と女中を連れた武家風の女性が、紀州屋敷の門前には女中と小者を連れた商家の隠居風の女性が、それぞれいかにも物珍しそうな様子で見物している。ここでは、武士は町人に礼を要求してはいないし、町人の側にもそうした行為の必要があると意識した態度が見られない。

また、秋田藩の城下町やその周辺を描いた町絵巻（「秋田風俗絵巻」）を見ても、道端の農地を耕している農民は、道を通る武士に対して礼を尽くしているわけではない。農民はそのまま耕作を続けているし、なかには田んぼの畦に寝転がって、煙草をふかしながら道行く武士を眺めているような農民まで描かれる。こうした絵図に描かれている姿は、「武士に隷属させられる農民」という一般的なイメージと大きく異なるのである。

（斎藤洋一・大石慎三郎『身分制社会の真実』）

近松門左衛門（一六五三〜一七二四）の『心中天の網島』（一七二〇初演）の中には、遊女屋の女中が、客として訪ねてきた深編笠の武士の面体を、何の断りも遠慮もなくのぞきこんで吟味する場面さえある。もちろん武士は憤慨しているが、この女中は少しも恐れてはいないし、武士もこの女中を無礼だといって手討ちになどはしていないのである。

むしろ目立つ階級差は、それぞれの身分の中に存在した。藩主を頂点とする役人の家老・上級武士・下級武士、大商人と行商や町の小者、庄屋・名主を頂点とする百姓の本百姓と水呑や小作というふうに、同一の階級の中にさらに細かい階級があり、これらは世襲でその秩序は厳しく守られていた。ただし、その秩序が抑圧・被抑圧の関係だったかというと、必ずしもそうではない。水呑は土地を持たない百姓のことをいうが、百姓というのは農民のみならず漁師・流通業者・手工業者など幅広い職種の者が含まれていたので、地方によっては水呑のほうが本百姓よりも裕福だった場合もある。

さて、『日暮硯』という随筆がある（注1―36）。ここには松代藩の名君・真田幸弘（一七四〇～一八一五）と、藩主が抜擢して藩政改革にあたらせた恩田木工（もく、一七一七～六二）の事蹟が、多大の賛辞をもって書かれている。『日暮硯』に書かれた内容がすべて事実かどうかは別として、ここにはあるべき武士と百姓との関係、すなわち上位者（消費者）と下位者（生産者）の関係が活写されていると思う。

おもしろいのは、恩田木工が年貢の収入をきちんと確保しようとして、百姓の代表と交渉をする場面である。そこには庄屋や長百姓（村方三役の一つ）はもとよりであるが、水呑・小作まで集められているのである。むろん全員ではない。その中の「よくもの云ふ者」を集めよとある。

「よくもの云ふ者」とは何か。つまり、この時代の無学な者は、一定以上の長い文章を口頭で言う訓練ができていなかった。落語には、長屋の御隠居に口上を教わって一生懸命覚えようとするが、つい間違ってしまうという話がよく出てくる。長口上が言えるには、それなりの頭脳の働きが必要であった。

恩田木工は、ようするに自分と対等に交渉のできる者を集めよと言ったのである。自分に有利に交渉を進めたければ、相手があまり頭脳の回らない者であるほうが好都合だし、何よりも藩主の命だといって頭ごなしに命令してしまえば話は簡単なのだが、そうはしないのである。

江戸時代も中期になると、平和が長く続き社会秩序が固定化してきたために、身分の上位者と下位者が接触する機会は少なくなっていた。特に、城勤めの上級武士が百姓と話をする場面が減っていた。その結果、上位者が下々の様子を尋ねた場合でも、下位者は上位者の機嫌をそこねないように、ただ恐れかしこまってありがたがっているばかりで、なかなか本音の話をしようとはしなくなっていた。

木工が「よくもの云ふ者」を集めたかったのは、百姓たちの忌憚のない本音が聞きたかったからにほかならず、表面だけ納得させても百姓が本音のところで納得しないかぎり、藩政改革はうまくいくはずがないと思ったからである。

恩田木工は、正しい政治というものは、単に武士が支配して百姓がそれを支えている、搾取・抑圧の関係では行えないと信じていた。そこで、支配する側とされる側の双方が納得したうえで、みんなで一つの藩という列車を進めていこうとしたのである。領民の納得が得られないような政治では、領民は反発し、ストライキを起こし、一揆にまで発展する。そうなっては、藩全体の命運にかかわるのである。だからこそ、藩政は領民の参加と理解なくしては成り立たないと木工は考えたのである。

非常に民主的な考え方のようにさえ思えてしまうが、木工は領民の代表ではなく、あくまで支配階級側の人間である。しかも、これは木工の独断専行ではない。木工のやり方は、藩主はもちろん同僚の重役や家臣、そして領民すべてに支持され、みな口を極めて褒めたたえた。だからこそ、この『日暮硯』が書かれたのである。

『日暮硯』では、木工が百姓と交渉するとき、命令口調で言っているのではなく、相手の意向を尊重しながら下手に出て頼んでいるさまがよくわかる。そして、木工も百姓も双方納得しながら、話はきわめて理性的に進められていく。木工はまず年貢とは関係のない、自分自身の身の処し方を百姓に示すところから始めるのである。

（前略）先づ手前儀、第一、向後虚言（うそ）を一切言はざるつもり故、申したる儀再び変替え致さず候間、此の段予て皆々左様相心得居申すべく候。さて又、向後は手前と皆の者どもと肌を合はせて、万事相談してくれざれば勘略（倹約）も出来申さず、手前の働きばかりにては勤まらず候間、何事も心やすく、手前と相

> 談づくにして呉れよ。これが第一、手前が皆への頼みなり。
> さて、此の上に、皆々が不得心ならば、手前が役儀（藩の財政再建）も勤まらず候間、切腹致すより外これなく候。依つて、手前に首尾よく役儀勤めさせてくれるも、又切腹させるも、皆皆の料簡次第に候間、如何致し候や、皆々の所存を聞き度く候。さりながら、斯様に庭中にては、皆の者返答もあるまじく候間、先づ今日は帰り、総百姓と相談して、追つて返答して呉れよ。
> （『日暮硯』、傍線・注引用者）

この「まず私は今後一切ウソを言わないつもりだから、そのつもりで」という前口上はおかしい。いかにも古きよき時代という印象である。現在でも「言った」「言わない」で騒動になる政局だから、一度言ったことは二度と変更しないという宣言（「綸言汗のごとし」を実践したわけである）は、木工が百姓の信頼を得るのに一役買ったに違いない。

問題はその次である。木工が話している相手は百姓なのだが、その百姓に「手前と皆の者どもと肌を合はせて、万事……相談づくにして呉れよ」と、武士が頼んでいる。そのうえ、藩の財政再建という自分の役目が勤まるか否かは、百姓たちの協力にかかっているから、自分が腹を切るかどうかも百姓たち次第である、どうだろう、と言う。しかも、木工はその場で返答せよとは言っていない。いったん帰ってみんなで相談してから、あとで返事をしてくれよと頼んでいるのである。

これに対して百姓は、次のように木工の申し出を快諾する。

> 総百姓中は帰村のうへ、村々にて総百姓を集めて、「今度木工様の仰せ渡され候趣き斯様斯様」と一々申

し聞かせ候へば、これを承りて、「あの足軽共の在方へ出て荒びるには困り果てたるに、向後一人も出すまじくとの仰せなれば、こればかりにても有難き事なるに、以後諸役までも御免との事なれば、向後倍金、二年分づつ御年貢差上げ候ても苦しからず候。早々御請け申し上げ、殿様、木工様、御安気遊ばされ候やうになし下され候へ」と、皆一同に悦び申しける。（前掲書、傍線引用者）

これが何のコミュニケーションもない、まったく思いやりのない百姓と武士の間の会話だったら、百姓は「そんなの、こっちの知ったことか。勝手に腹を切れ」で終わってしまうだろう。ところが、ここの百姓は「早くお受けして殿様、木工様を安心させてさしあげよう」というふうに、被支配階級が自ら支配階級を保護する形で藩政改革に協力しようという判断をするわけである。

ここに見られる武士と百姓との一体感は、いったいどこに由来するものであろうか。互いに自分の分を守って身分を遵守してはいるのだが、その根底で「肌を合はせる」ことができ、「相談づく」にすることもできるのである。

この松代藩の例は決して特殊なケースではない。もちろん数ある中には独裁藩主の圧政もあっただろうが、たいていの藩主はみな多かれ少なかれ自分の藩が豊かになるよう、農業を保護し、産業を振興した。赤穂の塩、阿波の藍、能登の漆に代表されるように、米以外の収入をできるだけ上げられるよう、全藩一丸となって努力した。財政が苦しくなれば、藩主自ら木綿ものを着て食事は一汁一菜にするなど、率先して倹約するのが普通の姿であった。

藩内に一揆などのごたごたが頻発すれば、それは江戸幕府（公儀）にとって取り潰しの恰好の材料になった。

これは幕府から藩経営を監査されているに等しく、藩主は自分さえよければという抑圧者の地位に安住してはいられなかった。しかも、身分が世襲で移住を禁じられているから、武士も百姓も生まれ育った土地が死に場所でもあり、子々孫々までそこで暮らして行かねばならない。それゆえ、そこから逃げ出して他の土地で成功するという選択肢がなく、互いに自分たちの地域社会を何とかよくしていく努力をせざるを得なかった。

江戸時代の藩は一つの運命共同体であり、株式会社であった。そこでは藩主以下百姓に至るまで、全員一致協力して自分の藩を栄えさせていこうとする意欲に燃えていた。決して上位者と下位者の抑圧社会ではなかったのである。

三－16　老中の命令を引っ込めさせた銭湯組合

松平定信（一七五八～一八二九）は白河藩主であったが、領国で善政を敷き、全国で餓死者二十万とも三十万ともいわれた天明の大飢饉（一七八二～八八）のときも、白河藩では餓死者を一人も出さなかった。その行政手腕を買われて、田沼意次（一七一九～八八）の賄賂政治によってすっかり狂ってしまった幕政を建て直すため、老中として寛政の改革（一七八七～九三）にあたった。

ただし、この改革はあまりにも急で厳格だったために、庶民からは歓迎されず、改革を揶揄する狂歌も作られる始末であった。

世の中にか（蚊／斯）ほどうるさきものはなし　ぶんぶ（文武）といひて夜も寝られず

白河（定信は白河藩主）の清きに魚の住みかねて　元の濁りの田沼（意次）恋しき

この厳しいはずの定信の改革も、実は建前と本音を巧みに使い分け、人情の機微に分け入るものであった。つまり、階級秩序（建前）は厳格に遵守するが、その実ちゃっかりと事は実現させる（本音）というわけで、このあたりいかにも融通無碍な江戸時代らしいところである。

井上ひさしの対談集『笑談笑発』の中で、江戸文学者の暉峻康隆氏が寛政の改革の裏話を披露している（注1―37）。

寛政の改革でおもしろい話があるんですよ。寛政の改革までは黄表紙、狂歌、川柳の全盛期でしたが、江戸の銭湯は混浴ですよ。同じ湯船に入るんです。それで寛政の改革で松平定信が「近ごろは江戸の盛り場の銭湯でも混浴であるのはけしからん、別々にせよ」と町触れを出したんです。それは口達というのがありますね、文書でやるのは決定的なもので、その前に名主や何かにいうやつ。そうすると江戸の銭湯の組合連中がおそれながらと訴えているんですよ。「別々にいたしますと営業相成りたち難し」（笑）おかしいねえ。つまり庶民の要求があるんですよ。それでお触れ書きがまた出まして「営業相成り〔たち〕難く候と申すももっともなり」と。それでもとのままになっちゃったんですよ。だから式亭三馬の『浮世風呂』で女湯と男湯を書いたのは、あれは口達にしたがって書いたんです。ほんとうは日本橋あたりでも、皆な混浴だったんです。

（井上ひさし対談集『笑談笑発』）

筆者は江戸が混浴だったことを言いたいのではない。川柳・狂歌で揶揄されるほど堅物と思われていた定信でも、頭ごなしに一方的に命令して――階級秩序を笠に着て、町人に言うことをきかせようとは思っていなかったということなのである。

まず、正式文書でない口達でもって根回しを図る。ところがとてもそんな通達は受け入れられないと町人の組合が決めると、堂々とそんなことはできないと突っぱねる。ただし、そのときはもちろん、

「恐れながら、別々にいたしますと営業相成りたち難く候」

というふうに丁寧に申し出るわけである。そう言われれば、いかに権力の中心である老中といえども押して

「とにかく別にせよ。さもなければ皆々首を切る」

とは言えず、あっさり

「それももっともである」

と通達自体をさっさと引っ込めてしまう。上意下達されるべき命令が突っぱねられ引っ込めざるを得なくなっても、決して武士の面子がつぶされたなどとは考えないのである。これは支配階級の武士といえども、被支配者層の理解と支持なくしては自らの支配が成り立たないことを、十分に承知していた証拠ではないだろうか。

こういう江戸時代の支配者の意識に比べ、国民の意見を一言も聞かずに、突然夜中に新税を発表したり、停止していた原発の再稼働を決定したりする現代の支配者層（政治家・役人）のほうが、よほど独裁的である。なまじ、民主主義の世となったため、自分は国民の代表なのだから国民の意見は十分わかっており、あらためて聞くまでもないと思っているのではあるまいか。

江戸時代に限らず、日本の歴史上の支配者は、決して自分を国民の代表などと思ったことはなかった。支配者と被支配者の間には身分・階級の区別が厳然とあり、これは先祖から子々孫々に至るまで超えられないと信じて

いた。だからこそ、下層の者とはよくコミュニケーションを取らなければ理解できないし、理解したうえで、大多数の国民の幸福を先に考えなければならない（先憂後楽）、それが君主の道であると、歴史上の支配者たちは明確に意識していたと思われてしかたがないのである。

三-17　弥次さん喜多さんは実は親子分であった

講談などでもよく知られた弥次喜多の道中は、元の本のタイトルを『東海道中膝栗毛』という。十返舎一九（一七六五～一八三一）が享和二年（一八〇二）から刊行を始めたもので、当時としてはたいへんなベストセラーとなり、続編が次々と書かれた。しまいには日本国内ではもう書くところがなくなってしまったというので、明治時代になると仮名垣魯文（一八二九～九四）が『西洋道中膝栗毛』（一八七〇～七六）を書いている。

この『東海道中膝栗毛』は、弥次郎兵衛と喜多八のコンビが東海道を旅しながら、その所々で起こした事件などをエピソードに織りまぜて、おもしろおかしく行く道中記の体裁をとっているのだが、弥次郎兵衛と喜多八が実は同性愛の関係にある親子分だったことを知る人は、近世文学の専門家でもないかぎり、そう多くはないのではなかろうか。むろん、実の親子ではない。

駿河国府中の栃面屋という相応のあきんどの家に生まれた弥次郎兵衛は、酒色に溺れ、旅役者が連れていた鼻之助という陰間（男色家）の少年を男色の相手として引き取ったりしてさんざん放蕩の限りを尽くし、身代を食いつぶして、とうとう江戸へ逃げてきた。ここでも有り金がなくなったので、鼻之助を元服させて喜多八と名のらせ、相応のあきんどのところへ奉公に出すと、これが要領よく小金を稼ぐようになる。ただ、男ばかりの所帯ゆえ、その日暮らしで身の回りもちっともかまわないので、酒飲み友だちが弥次郎兵衛に女房おふつを世話してやった。

ところが、奉公に出していた喜多八が、店の金を十五両遣い込み、これを返さないとたいへんなことになると言うので、弥次郎兵衛は孕み女おつぼを十五両の持参金つきでもらうこととし、その金をあてようと考えた。そこで邪魔になるのが今の女房のおふつである。弥次郎兵衛は仲間の芋七と結託して茶番を打ち、まんまとおふつに離縁状を受け取らせることに成功する。

弥次郎兵衛が持参金十五両の到着を待っていると、そこへ喜多八が帰ってきて、早く金が欲しいと言う。ちょうどそのとき芋七の連れてきたおつぼが産気づき、どたばたしているうちに、おつぼの腹の子の父親は喜多八で、おつぼは喜多八と別れて弥次郎兵衛の元に嫁入りするために持参金十五両が欲しいと喜多八に言っていたことがわかってしまう。つまり、弥次郎兵衛が待っていた持参金十五両とは、弥次郎兵衛が喜多八に渡さないと来ないあぶく銭なのであった。

そこでまたどたばたしているうちに、おつぼはとうとう血が上がって死んでしまった。弥次郎兵衛と喜多八は運直しに江戸を離れることとし、伊勢参りという名目で酒飲み友だちから金を借り、江戸を後にした。

これが二人が東海道を旅するきっかけになったそもそもの発端である。だから、喜多八は男色の女役で弥次郎兵衛の相方の若者であり、しかも弥次郎兵衛に養ってもらっていたのである。年齢も親子ほど違う。それなのに、そういうことがほとんど気にならないのは、このコンビがあまりにも「ああ言えばこう言う」「ツーと言えばカー」という具合に、対等に洒落のめしたりばかし合ったりしているからである。

たとえば、次の場面は小田原の宿で五右衛門風呂に入る有名な場面である。

此内又やどのおんな「モシおゆがわきました。おめしなさいませ
弥二「ヲイ水がわいたか。ドレはいりやせう
トすぐに手ぬぐひをさげ、ふろばへゆきて見るに、このはたごやのていしゆ（亭主）、かみがたもの（上方者）とみへて、すいふろおけは、上がたにはやる五右エ門風呂というふろなり。左にあらはす図（省略）のごとく、土をもつてかまをつきたて、そのうへゝ、もちや（餅屋）のどらやきをやくごときの、うすべらなるなべをかけて、それにすいふろおけをきけ、まはりをゆのもらぬよふに、しつくひ（漆喰）をもつて、ぬりかためたる風呂なり。これゆへ湯をわかすに、たきゞ多分にいらず、りかただいいち（利方第一）のすいふろなり。くさつ大津あたりより、みな此ふろなり。すべて此ふろには、ふたといふものなく、底板うへにうきているゆへ、ふたのかはりにもなりて、はやくゆのわくりかた（利方）なり。湯に入ときは、底を下へしづめてはいる。弥二郎このふろのかつて（勝手）をしらねば、そこのういているをふたとこゝろへ、何ごゝろなくとつてのけ、ずつとかたあしをふんごんだところが、かまがじきにあるゆへ大きにあしをやけどして、きもをつぶし、
弥二「アツヽヽヽヽ、こいつはとんだすいふろだ
といろ〳〵かんがへ、これはどふしてはいるのだときくもばか〳〵しく、そとであらひながら、そこらを見れば、せつちん（雪隠）のそばに、下駄があるゆへ、こいつおもくろい（面黒い＝面白い）と、かのげたをはきて、ゆのなかへはいり、あらつていると、北まちかねてゆどの（湯殿）をのぞきみれば、ゆふ〳〵とじやうるり（浄瑠璃）、
弥二「おはんなみだのつゆちりほども

北「ヱ、あきれらア。どうりで長湯だとおもつた。いゝかげんにあがらねへか
弥二「コレちよつと、おれが手をいぢつて見てくれろ
北「なぜに
弥二「もふゆだつたかしらん
北「いゝきぜんな
トざしきへはいる。此内弥次郎ゆからあがり、かのげたをかたかげへかくし、そしらぬかほにて
弥二「サアへへらねへか
北「ヲツトしめた
トそう〳〵はだかになり、いちもくさんに、すいふろへかたあしをつゝこみ
北「アツ、、、、、弥次さん〳〵、たいへんだちよつときてくんな
弥二「そう〳〵しい、なんだ
北「コレおめへこの風呂へはどふしてはいつた
弥二「馬鹿め。すいふろへはいるに、別にはいりよふが有ものか。先そとで金玉をよくあらつて、そして
足からさきへどんぶりこすつこつこ
北「ヱ、しやれなんな。かまがじきにあつて、これがはいられるものか
弥二「はいられりやアこそ、手めへの見たとふり、今までおれがはいつてゐた
北「おめへどふしてはいつた
弥二「ハテしつこいおとこだ。水風呂へはいるのに、どふしてはいつたとはなんのことだ

北「ハテめんよふ（面妖）な

弥二「むつかしいこたアねへ、初めの内ちつとあついのを、しんぼうすると、後にはよくなる

北「ばかアいゝなせへ。しんぼうしてゐるうちにやア、足がまつくろにこげてしまはア

弥二「ヱ、埒のあかねへ男だ

ト心の内はおかしさこたへられず、ざしきへかへる。

（麻生磯次校注『日本古典文学大系　東海道中膝栗毛』、傍線・注引用者）

言葉遣いを細かく検討すると、弥次郎兵衛と喜多八は対等にやり合っているようでいて、待遇表現が少し違うことがわかる。たとえば、弥次郎兵衛は喜多八に対して「手めへ（手前）」と言っているのに対して、喜多八は弥次郎兵衛を「おめへ（お前）」と呼んでいる。「手めへ」は目下の者に気安く使う対称詞で、この時代「おめへ」のほうが「手めへ」よりも待遇が高かった。

また、喜多八は弥次郎兵衛に対して「弥次さん」と呼び、「きてくんな」「しやれなんな」「いゝなせへ」と、いちおう敬語と見える表現を使っている。つまり、弥次郎兵衛と喜多八の身分は、弥次郎兵衛のほうが上なのであるが、それはこの二人が男色関係の親子分であるからである。

しかし、そんなことがまったく気にならないほど、この二人の会話の内容は言いたい放題であって、あたかも漫才のツッコミとボケのような役割を担い、弥次郎兵衛がツッコミ、喜多八がボケという感じさえする。そうなってくると、この言葉づかいの待遇の違いは、むしろ表面の礼儀上のことであり、それを使ってさえいれば何を言ってもよいというふうに認識ができあがっていたのだと考えたほうがよくなる。喜多八が弥次郎兵衛を「おめ

へ」と呼べば、それは親分として立てたことになるからで、顔さえ立てておけば、何を言ってもかまわないというふうになっているのであろう。

弥次郎兵衛と喜多八の言葉遣いとその漫才ぶりは、日本の歴史の中で連綿と培われてきた、身分・階級の上位者と下位者の対等な交流を、最も端的な形で象徴するものと言えるだろう。

第四章　階級遵守語

第一節　前近代の日本における上下のコミュニケーション・ツール

いま、筆者は多くのページを費やして前近代までの日本の歴史を通覧し、あらためて次の諸点を確認した。すなわち、

①日本の前近代では、有史以来一度も民衆が統治する社会（民主主義・共産主義など）になったことはなく、身分の上位者は支配して消費し、下位者は支配され生産するという、二つの階級に厳然と分かれていた。

②戦国時代を例外として、身分は原則として世襲であり、居住地の移動も簡単には行えなかったため、両者とも代々その地域社会で生きていくほかはなかった。

③にもかかわらず、上下の階級の人々は活発にコミュニケーションし、互いのことをよく知り合っていたため、抑圧・被抑圧の関係にはならなかった。

④上位者は下位者の理解を得ながら支配を行おうと努めたため、下位者はクーデターや革命を起こす必要がなく、前近代の日本では階級転覆が起こるような事件はほとんど発生しなかった。

⑤上下の階級の人々のコミュニケーションは、古代はウタ、それ以後は歌と敬語を使って理性的に行われた。

ヨーロッパや中国の歴史に比べ、日本の歴史の中で階級秩序を転覆するような革命やクーデターがほとんどないのは非常に特異なことである。この日本文化のキーワードとも言える「継続」の思想は、現代社会でも連綿として生き続けている。例は枚挙に暇ない。

知事や市・区長、地方大学の教授など地域の要職は、ほとんど世襲や姻戚・一族で占められる傾向にある。自治体の首長選挙は現職が勝利する確率が圧倒的に高く、そのうえ国会議員にこれほど世襲議員が蔓延している近代国家は日本くらいのものであろう。万年野党であった社会党が初めて政権を取ったとき、これで憲法解釈や自衛隊の扱いなどが百八十度変わるのかと思いきや、それまでの自民党の政策をほとんどそのまま踏襲した。このような事例を見ると、この国ではそもそも「変革」ということは歴史的に見て不可能なのかもしれないと思ってしまう。

日本社会が諸外国と異なるのは、右に挙げた五点の結果、世界に類を見ないほど人々の間に貧富の格差が少なく、平等な意識を持っていることである。最近はワーキング・プアなどといって若い世代の貧困が話題になっているが、勤労年数の少ない若い世代が貧困で、長年富を蓄積した高齢者が裕福なのはどの国でも共通の現象である。それより、金のないはずの若者でも流行のスマホやゲームには金をつぎ込み、海外旅行に出かけ、ブランドもののバッグを買いあされる。本来人民の平等を謳っているはずの共産主義国家でも、党の幹部などの特権階級と貧民、少数民族などとの貧富の差は、現代日本とは比較にならないほど大きい。

有史以来、二千年にわたり上下交流の歴史を続けてきた日本人は、互いに相手のことをよく知っていたから、明治維新で四民平等となり、普通選挙を経て世界に類をみないほど平等な社会を築けたのは、考えてみれば当然の帰結であった。そして、そういう社会を実現してきた要因は、上下間のコミュニケーション・ツールの存在である。それは古代ではウタ、そしてそれ以後は敬語の力によるものであった。

敬語というと、いろいろなタイプのものが世界中に存在するが、日本の前近代における上下交流を担った敬語は日本独特である。筆者はこの敬語を**「階級遵守語」**と名づける（注1—38）。この敬語は上下の階級を遵守したまま理性的にコミュニケーションするための道具である。

現代ではコミュニケーションというと、気軽なおしゃべりや意見交換というようなニュアンスがあるが、前近代における上下のコミュニケーションはそういうものではない。厳然とした身分・階級差のある社会では、ヨーロッパや前近代の中国のように上下の交流はないのが普通である。通常は上位者が下位者に命令し、下位者はその通りに動く。そこでは言葉は必要なく、黙って言う通りにすればそれで事足りる。上位者の質問に下位者が答える場合を除き、下位者が命令どおりにせず「口答え」すれば、それは命令に従わないという意味であり、これはすなわち反逆行為で上位者の怒りを招いた。ヨーロッパや前近代の中国では命令に従わない下位者はその場で処罰された。

このような前提で、上位者と下位者がコミュニケーションを行うということは、下位者が上位者の命令をそのまま聞かないで逃れたい場合（口答え）、その結果下位者の命が危なくなった場合のいずれかに限られる。前近代の日本の下位者は、命令を何とか逃れたいため、あるいは自分の命が助かりたいために、上位者に訴え、謝罪し、申し開きをするわけで、下位者から上位者へのコミュニケーションは基本的にお願い・お詫びの形になる。

これは原日本人が、平時には自然に対して何も訴えず、災害が起こって自分たちが困る状況になったときだけ、「雨を降らせてください」「洪水を鎮めてください」と、形式にのっとって丁寧にお願いしてきたのとまったく軌を一にする。

古代までの上位者はウタによる下位者の訴えや謝罪・依頼に対して、同様にウタで答えてきた。しかし、前述したように（↓81頁）、ウタが歌となり、芸術・儀礼への舵を切って以来、下位者から上位者への訴えは階級遵守語という敬語が担い、上位者から下位者への会話は無敬語または自敬語が使われたのである。日本語の敬語が文法的な体系を持っているのも、無敬語と敬語の区別が誰の目・耳にも明確に認識されなければならないという社会的要請のためであろう。

日本の前近代の上位者は、下位者に話すときには女といえども無敬語で、現在だったら男とみまがうような言葉を使っていた。前に紹介した『枕草子』九十一段（能因本）の、常陸の介の騒動を聞いた中宮定子の言葉をいま一度引用しよう。

いみじう、などかたはらいたき事はせさせつる。えこそ聞かで、耳をふたぎてありつれ。その衣一つ取らせて、とくやりてよ。（ひどくまあ、どうしてこんなにそばで聞いてもきまりが悪いようなことをさせてしまったのか。とても聞いていられなくて、耳をふさいでいた。その着物一つを与えて、早く向こうへ行かせてしまえ）

（松尾聡・永井和子校注・訳『日本古典文学全集　枕草子』）

これは中宮定子が女房たちに命令している言葉であるが、敬語はまったく使っておらずはだかである。この現代語も相当直訳的であるが、それにしても現在こんな女性の言葉遣いを探そうとすると、ほとんど男言葉をブッて使う女子中学生くらいしか思いつかないだろう。しかし、これは紛れもなく天皇の后、定子の言葉なのである。

つまり上位者は下位者に対しては何もつけないのが普通だったのである。だからこの時代にはまだ男言葉と女言葉は現代ほど違わなかったとも言える。これより前の上代の上位者は文献で見るかぎり天皇や皇子のみで、平安時代の上位者よりも神に近かったせいか、自分で自分の行為に敬語をつけている（自敬語）。

第二節　階級遵守語の構造

上位者と下位者がコミュニケーションするとき、下位者が上位者に対してだけ敬語を使うということは、敬語を使う側は使わない側より下であることを言語的に表明しているのと同じである。逆に、自分で自分に敬語をつけたり敬語を使わずに命令したりすれば、それは相手よりも格段に身分・階級が上であることを意味していた。また、皇族に対しては、天皇・上皇に対してのみ使う敬語、皇后・皇太子・皇子・皇女に対してのみ使う敬語などの絶対敬語があり、その敬語を使えば相手の皇族としての身分・立場を明瞭に示すことになった。

このように、日本語の敬語は、自分と相手との上下関係を言葉によって表明する役割を持っていたのだが、実はこの原理は、社会言語学者の鈴木孝夫氏が親族名称について打ち立てた理論を、そっくりそのまま適用できるのである（注1—39）。

さて父親が自分のことをパパと称することは、自分が相手（息子）に対して持っている親という役割を言語的に確認することだと言える。またこれは同時に、間接的であり含意的ではあるが、相手に自分の子供としての従属的な役割を付与することにもなる。何故かというと、父という概念は、子供（息子、娘）という概念と対をなして成立するものであり、父親は自分の子供に向う時だけ、自分を言語的に父として表現することを許されるからである。

同様にして息子の方から父をパパと呼ぶ行為は、二重に役割確認が含まれると考えられる。その一つは直接明示的に、話の相手に親としての役割を付与し確認することであり、もう一つは子供が相手（父）をパパと呼ぶことで、間接含意的に自分が相手の息子としての役割をとる用意があることを表明することになる。なぜかと言えば、或る人をパパと呼べる人はその人の子供だけだから、パパと呼ぶことで、同時に自分が子供だということを表明していることになってしまうのだ。

また更に、この二人の間の対話において、父親が息子を名前で呼ぶことも、彼が相手（息子）に対して上位者の役割をとることを表明したことになる。同様に父の方からだけ相手を人称代名詞で呼ぶことも、彼の上位者としての役割確認を強化することになる。この関係を図示したのが第14図（図7）である。

（鈴木孝夫『ことばと文化』、注引用者）

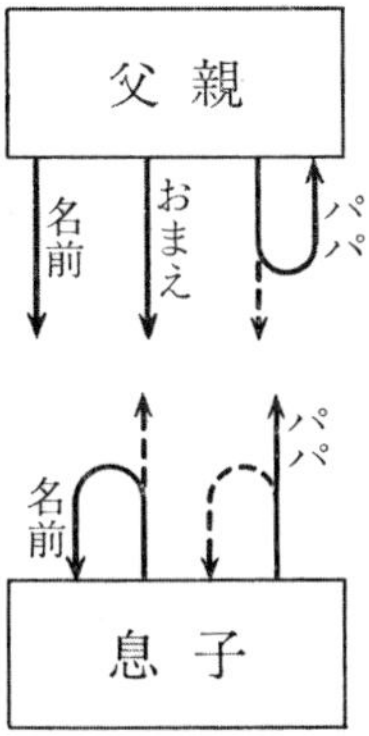

【図7】父親と息子の呼び合い方
点線で示した矢印は間接含意的な役割確認（付与）
実線で示した矢印は直接明示的な役割確認（付与）
（鈴木孝夫（1973）『ことばと文化』岩波新書より）

敬語のうち対等な人間関係を調整する役割の丁寧語を除くと、尊敬語は動作主を上げ、謙譲語は動作主を下げるのが基本的な役割である。鈴木氏の用語を借りていえば、下位者が上位者の行動について尊敬語をつけることによって、直接明示的に上位者の確認が行われ、間接含意的に下位者の確認が行われる。また、自分の行動について謙譲語をつけることによって、直接明示的に下位者の確認が行われ、間接含意的に上位者の確認が行われる。

上位者のほうからは、自敬語を使うことによって、直接明示的に上位者の確認が行われ、間接含意的に下位者の確認が行われる。また無敬語で質問・命令することによって直接明示的に下位者の確認が行われ、間接含意的に上位者の確認が行われる。

ウタでは互いに相手を遠ざける効果しかないが、階級遵守語では直接明示的に四通り、間接含意的にも四通り、合計八通りもいちいち確認しながらコミュニケーションを行うことができる（図8）。

上位者が最も警戒するのは階級秩序の転覆であるから、下位者がいつも「私は下です。あなたは上です」とか

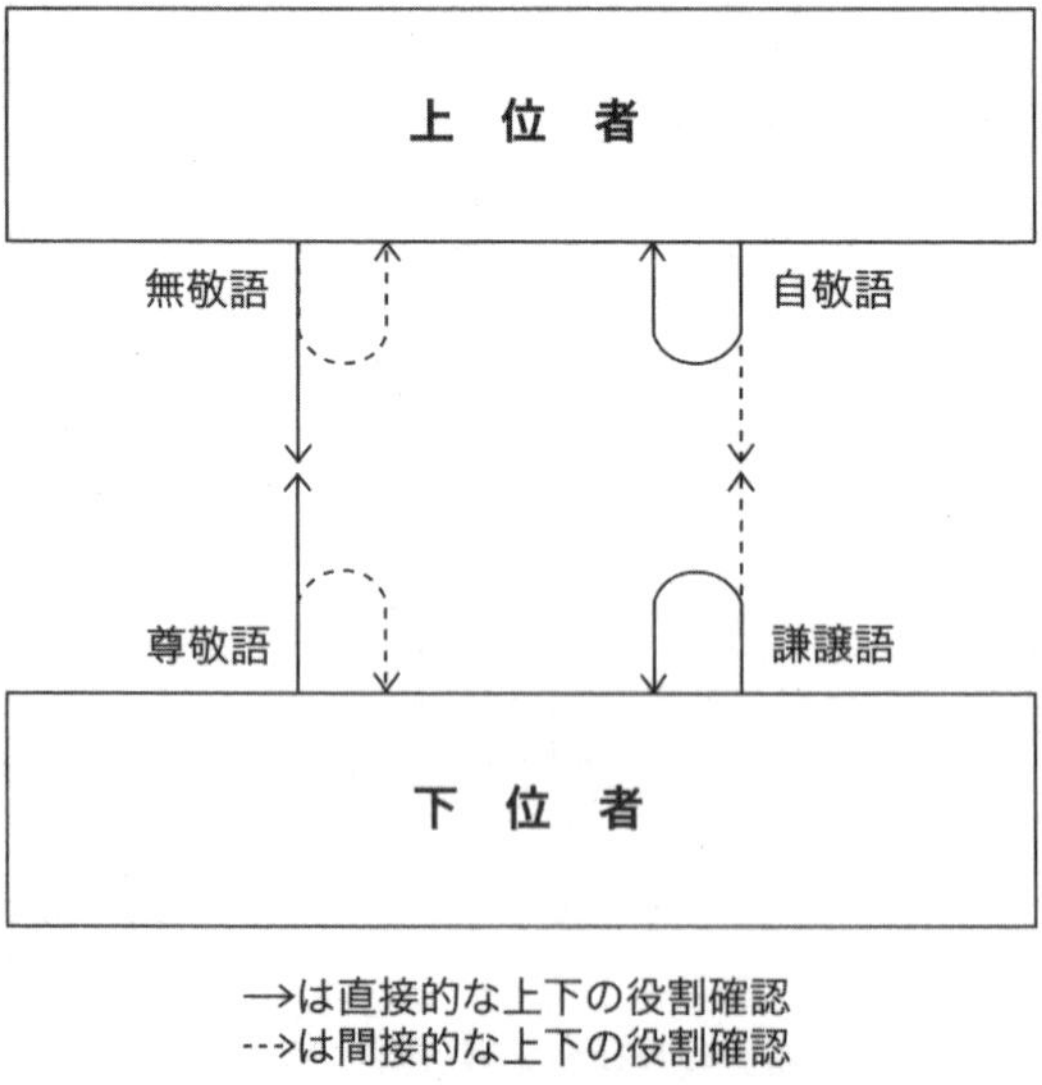

【図8】階級遵守語
（浅田秀子(2005)『「敬語」論――ウタから敬語へ』勉誠出版より）

しこまっていれば、上位者は安心して「寛容・鷹揚・寡欲」の三徳を発揮できた。

そこで階級遵守語を使えば、下位者は何も恐れることなく、何でも上位者に言えるようになった。その結果、上下は理性的にコミュニケーションができるようになり、接触して言葉を交わすという行為自体を問題にされることがなくなったのである。

息子が父親に「パパ」と呼びかければ、親子の会話はスムーズに成立する。息子に「パパ」と呼ばれて怒る父親はいない。「パパ」と呼べば、息子は父親に甘えて何か買ってもらったり、頼みを聞いてもらったりできる。ずいぶん大きくなった息子がいい加減くたびれた父親に向かって

「パパ、今度家建てようと思うんだけどさ、ちょっと援助してくれないかな」

などと、無理難題を言えるようになる。

しかし、「あんた」などと呼びかけるようでは、普通は親子の関係が壊れていると思うだろう。それどころか「父親に向かって『あんた』とはなんだ」というような「売り言葉に買い言葉」のいさかいも起きるかもしれない。「あんた」という人称代名詞では、親子の確認ができない。だから、相手を親と認めたくない、それどころか自分は親と対等だと思っているかもしれないわけである。それで、親としてはカチンと来るのだ。

階級遵守語もこれとまったく同様である。下位者が上位者に対して敬語を使うからこそ、かえって上下の会話はスムーズに成り立った。会話の毎語句ごとに「あなたは上です。私は下です」と確認するのであるから、上位者はある時は上機嫌で、ある時は嫌々ながらでも、上位者の三徳を発揮させられ、下位者の要求を聞き入れざるを得なくなった。

逆に敬語を使わずに何か言おうとすれば、それは相手を上位者とは認めないことを意味した。これは階級秩序

の破壊である。そんな不敬・不遜を上位者は断じて許すはずがない。いわゆる「無礼討ち」である。形式を損なっている祈りに対しては、悪気があろうがなかろうが、神は神罰を下すのである。親子の関係は動かしがたいものであるが、日本では上位者と下位者の関係も親子関係と同様に動かしがたいものであった。なぜならそれは先祖代々決まっていたからである。

上位者に何か言うには敬語を使えばいい。ひとたびこの考え方が確立されると、下位者はもう怖いものはなくなってしまって何でも言えるようになり、大内裏の中へ乞食がずかずか入っていって尋ねられたのをいいことにしゃべり放題となるのが、『枕草子』の常陸の介である。

中世でも近世でも状況は基本的に同じである。鎌倉時代や江戸時代のように、身分・階級が固定化された時代では、上位者と下位者のコミュニケーションの機会自体は減ってしまったが、それでも百姓が代官や武士に訴えるとき――下位者が上位者にどうしてもコミュニケーションをとりたいとき――には、一定の丁重な形式に従って訴状を書いたり申し出たりすれば、よほどの悪代官や領主でないかぎり、普通は受け入れてもらえた。備中国上原郷の百姓の訴状や、江戸時代の町人と老中との交渉を思い出してもらえばよい。

下位者のやむにやまれぬ要求を受け入れられないような上位者は、そもそも下位者とともに社会を担っていく資格がなく、そのような上位者は早晩滅びていった。上位者は消費者であって生産を担っていないから、悪徳上位者がいなくなっても社会としては少しも困らない。下位者の民衆は、あらたな上位者とよりよい社会を作ればよかったのである。

逆に、上位者として自信のある者は家来の進言や諫言を何の抵抗もなく受け入れることができ、それでこそ「大人」であると認められた。「大悪天皇」と言われた雄略天皇でさえ、大工仲間の歌を聞いて不敬を働いたイナベノマネを許している。次章で詳しく紹介するが、中世の狂言「入間川」の大名は家来の太郎冠者に言葉遣いが悪いと咎められても、「お言葉を直いて問はせられい」と敬語で言われれば、それはもっともと簡単に自分の言葉を改めている。

こうして、下位者は敬語を使って願い訴えることによって上位者を巧みに操り、上位者は下位者の意向を尊重しながら支配を行わねばならない、という自覚ができあがっていった。

第三節　階級遵守語の効用

日本の前近代の下位者は、上位者の怒りを買って命が危うくなった場合でも、階級遵守語を使って丁重に謝罪することによって罪を免れることができた。しかし、階級遵守語の使えない外国人や異民族は情け容赦なく誅殺された。平安時代の桓武天皇（七三七〜八〇六）は一人も死刑を執行しなかったが（注1—40）、この対象は日本人（厳密には当時の中央の言葉の通じる民衆）に限られ、東北の異民族は情け容赦なく首を撥ねている。

そう思ってみると、国内では良好な治安を維持できる日本人が、先の戦争で中国や朝鮮半島において残虐行為を行った理由も理解できるような気がする。現在でも中国人や韓国人は、日本人のように簡単に謝ったりはしない。日本の上位者が寛容の徳を発揮できるのは、相手が日本語の敬語で申し開きや謝罪をしてきた場合だけなのである。日本人なら自分が悪くなくても、事態を平穏に収拾させるために簡単に謝る。それほど階級遵守語の威力は大きいのである。

逆に、天皇の命令などによってどうしても相手を殺さなければならないとき、ヤマトタケルはクマソやエビスを「問答無用」で殺している。相手と問答し、謝罪の言葉を聞いてしまったら、殺したりできなくなってしまい、天皇に復命できないことを恐れたためであろう。

これらお願い・お詫びなど依頼に用いられた敬語は、階級を遵守するための敬語である。階級を遵守してなお抑圧にならないことが、この階級遵守語の最大の効用であった。前近代の日本人は、階級遵守語を駆使することによって、上位者の横暴から心身を守り、自分らに都合のよいように上位者に要求した。敬語があったからこそ、かえって厳然とした身分差・階級差を乗り越えることができたのである。

階級遵守語は日本独特で、この意義を正しく理解すると、今まで不可思議だと思われてきた日本人のさまざまな行動や心性が説明できる。

序説で紹介した、筆者が会社員時代に仕事を教えてくれた先輩社員の言葉遣いは、まさに階級遵守語の典型であり、著者を自分の思いどおりに動かすためにこそ、敬語を使っていたのだと言える。筆者が自分の師に匹敵する大学者と親しく交流し、ある時には議論し、ある時は自説を曲げてもらうことさえできたのも、この階級遵守語のおかげである。

夫婦喧嘩した女房が無敬語でわめいているうちは、亭主も対等に罵り合えるし、場合によっては腕力で黙らせることもできるが、この女房が敬語を使って、

「あたくしッ、実家（さと）へ帰らせていただきますッ」

と宣言すると、亭主は何も言い返せず呆然と見送るほかはなくなる。「させていただきます」の四つの意味はのちに詳述するが、上位者の許可を得て丁寧に何かをするというのが元々の意味であるから、「〜する」の最も丁重な表現と言ってもよい。最も丁重な表現がなぜ「相手の意向に関係なくすることを宣言する一方的な通告」に

なるかというと、この女房が使った敬語は階級遵守語であり、これは相手を神の位置まで祭り上げてしまうため、神となった亭主は「寛容」の徳を発揮して、この要求を受け入れざるを得なくなるからである。

たとえふだんツーカーと口をきいている間柄であっても、頼みごとがあるとき、特に無理難題を頼むときには、態度も言葉も丁重にする。すると相手は「急にあらたまってなんだい」ということになって、聞く耳をもってくれる。態度や言葉を丁重にすることによって、一時的に相手より下位者であることを表明し、相手に上位者としての役割――寛容に下位者の願いを聞き届けること――を期待しているわけである。

相手が十分に親しくて好意をもってくれているのに階級遵守語を使いすぎると、それはまるで関係の薄い他人や神に向かって頼んでいるような結果になり、「水くさい」と言われることになる。「血は水よりも濃い（肉親は他人よりも近しいから、いざと言うときには助け合うべきだ）」から、肉親同様に思っている友人を見知らぬ他人扱いするのは心外だという意味である。

ただし、ここが注意の必要なところなのだが、このような「無敬語でもいい」という恩恵は、必ず上位者（頼まれた側）からしか与えられないのである。相手は十分親しい友人だから、と下位者（頼む側）が無敬語でお願いやお詫びをすれば、相手は親しいから何の遠慮もなく「いやだ（ダメだ）」と断ることができる。無敬語で話すとは相手と対等であるということだから、承諾するのも拒絶するのも自由になってしまう。階級遵守語を使われたときのように、どうしても承諾せざるを得なくはならないのである。

我々は、それほど丁寧な敬語を使わなくてもいい場面で、非常に丁重な敬語を使われると、しばしば「バカ丁寧」でかえって侮辱されているように感じることがある。これも、丁重に頼まれれば頼まれるほど拒絶できなくなるという階級遵守語の意義が、日本人の感情の中に深く入り込んでいる証拠だと言える。

また、大学を卒業して何十年たっても恩師や先輩と会話するとき、無敬語ではコミュニケーションができない。日本人は、何十年たっても昔習った先生や先輩とは対等になれないのである。上下の階級秩序の遵守が最重要課題であるという伝統は、現代にも脈々と生きている。日本人はあまりにもその伝統になじんでいるがために、恩師と無敬語で対等に話すという意欲すら起こらない。

しかし、外国では、基本的な人間関係が対等であるから、ある程度付き合って親しくなればくだけた言葉遣いになって当然である。留学生がアルバイト先の先輩や店長に対して、いかに親しくなろうとも敬語を使わなければならないことに気づかないのは無理もない。階級遵守語は日本にしかないからである。

日本人にとって丁重な言葉と態度でされた依頼を断るのは非常にむずかしい。依頼内容が相当の無理難題であってもである。ある航空会社の接客マニュアルに、日本人乗客にどうしても何かをさせたい場合、

「お客様、まことに恐れ入りますが、……していただけませんでしょうか」

と言えというものがあるそうである。この言い方をされれば、日本人なら百％、理由も聞かずに黙ってその通りにすると言う。

上司の頼みが断れないのは、ふだんの上位者が一時的に下位者の役割になってする頼みだからである。選挙のたびに買収が横行するのも、犯罪と知りつつ金（下位者の貢ぎ物）をささげて丁重に頼まれれば嫌とは言えない心性を持った人が、今なお少なくないことを証明している。

「オレオレ詐欺」は孫を何とか救ってやりたいと思う高齢者の階級遵守語意識につけこんだものだが、警察の

取り締まりが強化されて、「おばあちゃん、オレだよ、オレ」という無敬語での要求があまり利かなくなってきたと見るや、詐欺グループは今度は「母さん、助けて」とさらに上位者意識を煽る新手の詐欺を発明した。またこれとは逆に、税務署や年金事務所などお上を名のって、素直に言うことを聞けば還付金（褒美）があると下位者意識をくすぐる詐欺も発明された。このような詐欺の手口の「進化」ぶりを見聞きするにつけ、「オレオレ詐欺」「振り込め詐欺」を考え出した犯人は、なんと日本人の深層心理に通じていることかと感嘆するくらいである。

階級遵守語は日本人であれば幼児にさえも通用する。公園や繁華街などで迷子の幼児を見かけたとき、特に女性が、甲高い幼児語で

「おねえちゃん、誰と来たんでちゅか？」

と尋ねることがある。これは女性が一時的にこの幼児の弟か妹の役割になり、その幼い弟か妹が姉に丁寧に質問しているという階級遵守語の場面を想定しているのである。だから、無敬語で親しげに（対等に）

「誰と来たの？」

と尋ねられたのでは、幼児は泣いたままあるいは黙ったままでいることも可能だが、階級遵守語を使って自分よりさらに幼い弟や妹から尋ねられたとすると、上位者の姉としては泣きやんで答えなければならない。実際、幼児が泣きやまないときなど、この手の階級遵守語を使えば答えさせることができるのである。

この質問が仮想の幼い弟や妹からの階級遵守語であることの証拠は、幼児語でない普通の敬語の文

「おねえさん、誰と来たんですか？」

とは決して言わないことからも明らかである。

ちなみに、「パパ」「おねえちゃん」など自分より年上の親族を表す親族名称は、日本語においては敬称と類似

した役割を果たす。だから年上を表す親族名称は、見知らぬ他人に対する対称詞として使用可能である。逆に、自分より年下を表す親族名称には敬意がない（注1―41）。だから、道行く見知らぬ男に向かって

「ちょっと、そこのお兄さん（お父さん・おじさん・おじいさん）」

と呼びかけることは可能であるが、

「ちょっと、そこの弟さん（息子さん・甥っ子さん・お孫さん）」

とは呼びかけられない（例外として「娘さん」「お嬢さん」「お坊ちゃん」がある）。

この親族名称の使い方も、鈴木氏の前掲書で指摘されていることであるが、実は、日本では肩書の使い方も親族名称と相同で、肩書自体に敬意がある。だから自分の地位より上の人間は肩書のみで呼べるが、下の人間は肩書では呼べない。課長は上司に対しては対称詞として「部長・専務・社長・会長」を使って呼べる。しかし、部長は部下である課長を「課長」とは呼べないから、「〇〇君」などと姓で呼ぶことになるのである。「先生」「先輩」など年長を表す名詞は対称詞として使えるが、「後生」「後輩」は対称詞として使えないのも、同様の理由による。

ついでに言えば、朝鮮語では肩書に敬意がない。だから、平社員が課長を呼ぶときには「課長様」のような敬称を別につけなければならないし、部長が部下の課長を「課長」と呼ぶこともできる。北朝鮮のテレビのアナウンサーが総書記を「首領様」とありがたそうに呼ぶのも、決してかの国特有の過剰敬語なのではなく、ごく普通の常識的な呼び方である。

さて、現代社会では身分差・階級差が消滅し、平等となったため、誰でも時と場合によって上位者にも下位者にもなりうることになる。会社でいばりくさっている社長でも、娘の学校の教師には自分より年下でも敬語を使うだろう。

このように上位者と下位者が流動的な状況では、日本人は自分の要求を通したいと思ったとき反射的に下位者になろうとする性癖がある。下位者として敬語を使って上位者にお願い・お詫びをすれば、その内容は「寛容」に受け入れられてきたという階級遵守語の長い歴史があるからである。何か失態を犯した場合でも、下位者になっていさぎよく謝ってしまえば、それ以上責任を追及できないという慣習もある。そこで多くの日本人は、何か事が起こるととりあえず謝ってすまそうとする。これが「負けるが勝ち」である。

あるいは、どうしても相手に何かを引き受けさせたいとき、相手がうんと言うまで頭を下げてひたすら下位者であり続ける。これが「拝み倒す」である。また、涙を流して相手に憐憫（上位者が下位者に同情すること）を催させ、結果的に頼みを聞き入れさせる。これが「泣き落とし」である。

滑稽なことに、相手に拝み倒されそうになったが、どうしても引き受けたくない場合、日本人がどうするかと言えば、自分も頭を下げて相手に丁重に「承知できない」旨を詫び、「拒絶を承知してもらう」。すると相手は、どうしても承知させようとしてさらに頭を下げ、お願いをしてくる。

このように、大の大人がコメツキバッタのように交互に頭を下げあって、互いに相手より下になろう下になろうとしている図は、欧米人や中国人にはまことに滑稽で卑屈以外の何物にも映らないだろうが、日本人はこのやり方で二千年生き抜いてきたのだから、今さら改めるのはむずかしいだろう。ちなみに、この争いで最終的に勝利するのは、最後まで下であり続けたほう――我慢比べに勝ったほうであり、これも「負けるが勝ち」である。

建設・土木工事の現場には、日本独特の看板が掲げられている。作業服を着た作業員がいくぶん滑稽な追従笑いを浮かべながら、ヘルメットを脱いで頭を下げているイラストがあり、その横には工事中につき、皆様にはたいへん御迷惑をおかけしておりますが、なにとぞよろしく御理解・御協力のほどお願い申し上げます。（傍線引用者）

という類の文がついている。外国の工事現場にも「危険」と注意を促す看板はあるが、日本の看板が特徴的なのは、作業員の恭順した姿を描き、お詫びとお願いをはっきり文章化している点である。

最近では、よりはっきりとお詫びの言葉を文章化し、「たいへん御迷惑をおかけして申し訳ありません」などとする例も多い（図９）。

【図９】お詫び広告看板

現場の作業員は工事会社の社長よりも身分が低く、当然通行人よりも下位者ということになる。したがって、この看板の意味するところは、下位者が丁重にお詫び・お願いしているのだから、上位者扱いされた通行人は、工事が終わるまで多少の騒音や埃・危険は寛容に我慢しろ、そこでクレームをつけたり損害賠償訴訟を起こしたりするのは「大人げない（上位者らしくない）」と言っていることになるのである。

この看板は、実際にクレームが来てから掲げるのではなく、そもそも工事を始める前に掲げてしまう。つまり怒られる前に謝ってしまうわけで、典型的な「負けるが勝ち」の論理で作られている。

敬語学者のパトリシア・ウェッツェル氏は、

「世界中見回したって、こんな変なものは日本以外にはありません。まだクレームも何も来ていないのに謝っちゃうんですから」

と言っていた（注1―42）。

このように、日本人の社会では下位者が要求を通しやすいコミュニケーション・スタイルになっているため、自分の地位にとらわれて人に容易に頭を下げない人は、多くの要求を受け入れざるを得ない立場になると覚悟したほうがよいだろう。反対に、腰が低くて誰にでも頭を下げて気軽に頼める人は、世の中を自分の思いどおりに渡っていくことが可能だろう。

ビジネス雑誌の月刊「プレジデント」の二〇一三年十一月号は、なんと「日本一のスゴ技公開！　すぐに役立つ保存版『謝り方』のお手本』」である。こんな特集が組まれ、ビジネスマンがまじめにこのマニュアルに従って謝り方を学ぶ社会とは、紛れもなく「階級遵守語」社会であろう。

前に、日本の伝統的上位者は決して謝ったりしないと述べたが（↓105頁）、最近では行政のトップや大会社のトップがマスコミの前に出てきて、並んで立ち上がり、

「世間の皆様にたいへん御迷惑と御心配をおかけいたしまして、まことに申し訳ございません」

と深々と低頭してお詫び会見をする図がしばしば報じられる。これも「負けるが勝ち」の論理で言えば、こうして下位者になって謝ってしまえば、それ以上責任を追及されることはなくなるからである。上位者に祭り上げられた国民や被害者は謝った相手を「寛容に」許すしかないので、どこにもやり場のない憤りだけが残り、これが

社会の閉塞感と無力感につながっていると思われる。

現代社会で上下の階級が流動化するのは避けられない事実ではあるが、どんな立場の人でも下位者になれるという「悪平等」は再考されるべきであると考える。

第五章　礼儀語と自己品位語

第一節　礼儀語——人間関係を円滑にするための言葉

『源氏物語』の地の文において、源氏に対しては単独の「たまふ」を使い、天皇に対しては二重敬語の「せたまふ」「おほせらる」などを使うという使い分けが見られる。しかし会話においては、源氏が紫上に対して「せたまふ」を使っている例がある。

『枕草子』にも、中宮定子が兄の伊周（これちか）やその他の貴族たちに対して敬語を使っている場面がある。直接相手と会話をするときに、互いに敬語をつけあうのである。作者・清少納言や他の女房たちと貴族の男性との会話も同様である。中には関白・藤原道隆が女房たちに向かって敬語を使う例さえある（百三十二段）。

　関白殿の、黒戸より出でさせたまふとて、女房の廊にひまなく候ふを、
「あないみじのおもとたちや。翁をばいかにをこなりと笑ひたまふらむ」
と分け出でさせたまへば、

（関白さまが、黒戸からお出ましあそばされるということで、女房が廊にすき間なく伺候しているのを
「やあ、すてきな女房がたよ。この年寄りを、どんなにばか者だと笑っていらっしゃることだろう」

と、間をかき分けるようにしてお出ましあそばされるので）

（前掲『枕草子』、傍線引用者）

天皇の次の位である関白が中宮の女房たちに言う会話であるから、もしここで敬語を使わなければ、それは冗談ではなく真面目な会話と受け取られかねない。前文の「いみじのおもとたちや（すてきな女房がたよ）」も皮肉に受け取られる可能性が出てくる。それで目下の女房にわざわざ敬語を使ったのである。敬語を使えば和やかな会話が成り立つからである。これは、どちらが上でどちらが下というより、互いに互いの身分・階級を尊重し合っている結果であり、相手との人間関係を円滑にするための敬語と言える。

これは簡単に言えば丁寧語だということである。会話の相手（聞き手）に対する丁重な言い方ということであれば、人間の行為だけでなく物事についても使われることになるから、「はべり」「さふらふ」という、いわゆる文法上の「丁寧語」も、この時代になって登場することになる。

相手の身分・階級がよくわからない場合には、とりあえず丁重な言葉を使っておけば、相手を高い身分・階級として待遇したことになるから、万一相手が上流であっても失礼にはならない。そこで、親しくない間柄の人に対しては、とりあえず丁重にしておくという発想が生まれた。これはエチケットとしての敬語であり、筆者は**「礼儀語」**と呼ぶ（注1―43）。

礼儀語は、敬語の原型である、ソトの人間を敬して遠ざけるウチ・ソト敬語の流れを汲むものである。特に知らない人に物を頼むときには、よほど丁重に言わないと聞いてもらえなかった。それは、物を頼むということは、相手に上位者としての役割――寛容に頼みを聞き入れることを期待しているはずだからである。

中世末期に流行した狂言に『入間川』という話がある。

大名「ヤイヤイ、向かいな者に、物問おうやい。と呼びかける
入間（大名に向かって）「ヤイヤイ、向かいな者に物が問いたいと言うは、こちのことか。何事じゃいやい。

大名「太郎冠者、太刀をおこせ。（太刀を取ろうとする）

太郎冠者（それを制して）「まず待たせられい。

大名「待てとは、今のを聞かぬか。

太郎冠者「まずお心を静めて　よう聞かせられい。お国もとでこそ、こなたをお大名と存じますれ、ここもとでは存じますまいによって、お言葉を直いて問わせられい。

大名「これはもっともじゃ。それならば言葉を直いて問おう。

太郎冠者「それがようござりましょう。

大名（入間に向かって）「申し申し、向かいな人に、物が問いとうござる。

入間（「さればこそ、言葉を直いた。こちからも言葉を直いて返事を致そうと存ずる。）

（大名に向かって）「申し申し、向かいな者に物が問いたいと仰せらるるは、こちのことでござるか、何事でばしござるぞ。

大名「ござるぞ　ござるぞ　ござるぞ。（笑って）さればこそ　言葉を直いた。昔から『売り言葉に買う言葉』とは、よう言うたものじゃなあ。

太郎冠者「さようでござる。


（小山弘志校注『日本古典文学大系　狂言集　上』、傍線引用者）

大名が太郎冠者を供に連れて、国元の武蔵へ帰った。大きな川があったので渡り瀬を聞こうと思い、ちょうど川の向こう岸に出て来た入間に、ぞんざいな言い方で声をかける。すると、入間はその横柄な言い方に腹を立て、失礼な言い方で返事をしてくる。それを聞いた大名は怒って刀をよこせと言うが、太郎冠者はそれを制して、「国元ではあなた様のことをお大名と存じておりますが、ここでは存じませんから、お言葉を丁寧に直してお尋ねなさいませ」

と注意する。すると大名はそれはもっともと、言葉を丁重に直してもう一度入間に尋ねる。すると、相手も打って変わって丁重な返事をしてくる。大名は「売り言葉に買い言葉」とはよく言ったものだと納得して、川の名や渡り瀬などを聞くのである。

家来が主人に向かって口のききかたが悪いと注意し、それを素直に聞き入れる主人とのコミュニケーションもおもしろいが（階級遵守語がなければこんな注意はできるはずがなく、主人も家来の言うがままにはならないから）、ぞんざいな言い方では教えてくれなかった入間が、丁重な言い方に直したらちゃんと教えてくれたというところがミソである。大名が、相手も言葉を直して丁重に返事してくれたことを、「売り言葉に買い言葉」とはよく言ったものだと感心するあたり、礼儀やエチケットという意識の発生をまざまざと感じさせる。

江戸時代でも侍どうしの会話では、見知らぬ相手であっても一定の丁重な言葉を使った。たとえば、人足が多数斬り殺されている現場に遭遇した浪人が、通りがかりの様子ありげな深編笠の武士を呼び止めるときはこうである。

待たれよ。お主、ここの事態について何か知ってはおられぬか。

相手の無礼を咎め、果たし合いを申し入れる場合でさえ、敬語が使われる。

（フジテレビ制作『三匹の侍』「血と砂金」、傍線引用者）

拙者、柳生家の者。先刻の貴殿の無礼な振る舞い、とうてい見逃すわけにはまいらぬ。

（フジテレビ制作『三匹の侍』「流転逆手斬り」、傍線引用者）

傍線は敬語であるが、こういう言葉遣いをすることによって、「武士は相身互い」と相手の立場を尊重する姿勢を示すことができるわけである。

この例に見られるように、前近代の日本では貴族・武士階級内でのみ礼儀語を使い、百姓・町人どうしの日常会話は無敬語であった。百姓・町人が敬語を使うのは、上位者である武士や貴族と会話するときの階級遵守語に限られた。貴族も武士も人口としては圧倒的少数であったから、明治維新になって四民平等となったとき、これら上流階級内で用いられていた礼儀語がほとんど姿を消してしまったのは、ある意味やむを得ざることであった。現代では、成熟した社会人ならこの礼儀語を使うことを要求されている。街路で向こうから来る見知らぬ人に

「すいません。東京駅はどっちの方ですか」

と、軽い敬語（丁寧語）を使って聞くのは礼儀語である。すると、相手も同程度の軽い敬語で、

「その先を右に曲がったら、正面に見えますよ」

と答えてくれる。

礼儀語は、相手に敵意がないことを示し、良好な人間関係を築きたいという意向を伝えることが主眼であるから、あまり大仰な敬語は必要ない。だから道を聞くだけのことに、

「あのう、まことに恐れ入りますが、東京駅へはどのようにまいったらよいか、お教え願えませんでしょうか」

などと尋ねたりすれば、相手は気味悪がって逃げてしまうだろう。むろん、いい大人が無敬語で、

「ちょっと。ねえ、東京駅ってどっち?」

と馴れ馴れしく尋ねたりすれば、これまたバカかと思われて逃げられてしまう。

一昔前の山手の奥様連中（上流階級の夫人）も盛んに礼儀語を使っていた。ある奥さんが着飾って出かけるのに遭遇した近所の奥さんが、

「ああら、奥様。今日はどちらへ」

と声をとりつくろってかけるのは、立派な礼儀語である。これに対してご本人は、

「え、ちょっとそこまで」

と、にこやかに答える。全然内容もなく会話にもなっていないが、この会話の主眼は内容ではなく、互いに好意的に付き合っていきたいというサインを伝えることだから、話の内容などどうでもよいのである。

天気のよい気持ちのいい日に家の近所を散歩していて、向こうから来る見知らぬ人と何となく目があったとき、にこっと笑って、

「いいお日和ですね」

と挨拶したら、それは立派な礼儀語である。すると相手も必ずといっていいほど笑顔で、同じような返事を返してよこすだろう。

礼儀語は対等な立場の人間が、互いに同じくらいの軽い敬語や挨拶を交わし合うのが基本で、よく知らない他人どうしが対等でなごやかな人間関係を構築するのに是非とも必要な、潤滑油としての敬語である。

現代の日本社会は礼儀語が圧倒的に不足している。右のような会話は一昔前の山手の奥様連中のものであり、現在近所の奥さんに向かってこのように話しかけたりすれば、「あの、奥さん、なに気取ってるんだ」と言われかねない。今の日本の都会人は、道で誰かにぶつかっても「すみません」も言わずに無言で通りすぎる。日本に来ている欧米人に「日本人ってのは何て失礼なんだ」と言わしめる所以である。

欧米ではこの礼儀語が発達していて、欧米語にも敬語があるというときの敬語は、この礼儀語を指しているのである。そこではよく知らない人への挨拶はもとより、厳しい議論の場面においてさえ直接的な表現を避けて含みを残し、相手を決定的に追い詰めないような余地を残す表現をする。外交交渉においてはなおのことである。イギリスの議会での演説で、しばしば古典を例に引いて自説を展開したりするのは、そのような奥行きのある表現によって、婉曲表現の説得力を増すためである。

欧米人がよく口にする、

“That is your (one) opinion.”（それはあなたの〔ひとつの〕意見ですな）

という言い方は、暗に「自分の意見は違う（あなたは間違っている）」という意味である。

しかし、日本でもし

「それはあなたの意見ですな」

と言ったとしたら、

「そうですよ。何度言ったらわかるんですか（それがどうかしましたか）」

の類の答えしか返ってこず、英会話の練習もどきの会話にしかならない。いきおい、

「あなたは間違っている」

と直接言うことになって、決定的かつ感情的な決裂になってしまう。日本人は婉曲表現が苦手なばかりに、相手と意見が対立することを好まず、しかもいったん対立してしまうと感情的になって、交渉の余地そのものがなくなってしまうのである。

余談であるが、イギリスの国会の会議場は意外なほど小さい。「大声を出すと理性が逃げていく」という論法で、普通の大きさの声でも十分に聞こえるような部屋で議論を行うのである。そこでは、大声を出して相手を威圧したり、まして罵ったりするなどありえない。いかに冷静に相手の発言を受け止め、皮肉や婉曲表現を駆使して相手を説得できるかがカギになる。その演説や野次にも脚韻を踏んだりして、理性と知性を披瀝するのを怠らない。日本の国会の下品な野次やマイクに向かって絶叫するような演説は、日本社会で礼儀語がいかに不足しているかの見本のように思え、この中継を外国人はどう見るだろうかと、日本人として忸怩たる思いがする。

フランス語やドイツ語などには対称詞に常体と敬体がある。フランス語では tu と vous、ドイツ語では du と Sie である。ドイツ語を例にすると、du を使う相手は家族や親しい友人、神様そして子供である。大人が子供に話しかけるときには、見知らぬ迷子であっても du を使う。外国人などがつい習慣で Sie を使って話しかけたりすると、子供は自分のこととは思わず、周りに誰か大人がいるのかと思ってきょろきょろ見回すそうである。それ以外の他人の大人に対しては、どんな場合でも Sie を使うのが原則である。たとえ刑務所内であっても、看守は受刑者に対して“Kommen Sie.”（来なさい）のように言い、あくまでも対等な社会人としての言葉遣いを貫いている。

余談であるが、「戦場のピアニスト」という映画において、ナチスの軍人や将校はゲットー内に押し込め強制労働させているユダヤ人を du で呼び、無理難題を押しつけ虐殺していた。ところが、戦争末期の廃墟内に潜んでいた主人公のユダヤ人ピアニストに対して、一人の若いドイツ将校は最初の発見のときから Sie を使い、相手を自分と対等の社会人として待遇した。この将校は自身もピアノをたしなみ、主人公の職業がピアニストだと知ると、弾いてみせろと自分のピアノの前に連れていく。主人公はそこでショパンのバラード第一番を弾き、その演奏に感動した将校は主人公を屋根裏にかくまい食糧を与えた。

将校が撤退するとき、「あなたに何とお礼を言ったらよいか」という主人公に対して、彼は「すべては神の思し召しだ」と答えた。つまり、ドイツ人もユダヤ人も神の前では平等であり、自分たちは対等な人間として互いに敬意を払わなければならないというのが、この将校の考え方であったように思われる。

将校はやがてソ連軍の捕虜となりシベリアに送られて数年後に死んだが、主人公のピアニストは彼の名前を聞いておかなかったために、収容所から救い出すことも感謝を伝えることもできなかった。そこで、主人公のピアニストは後年、彼の行為に謝意を示すため自伝を書き、それが映画化されたのが「戦場のピアニスト」という映画である。

さて、現代の日本人は、よく知らない人と親しすぎずよそよそしすぎず、しかも失礼にならないように振る舞うのが下手である。敬語は相手を遠ざける効果があるから、日本人が相手と親しく付き合いたいと思うと、自動的に敬意も礼儀（敬語）も消滅して、結果的に相手に対して失礼になってしまうことがよくある。日本の大学教授が韓国人大学教授を、親しみをこめて歓迎するつもりで行きつけの一杯飲み屋へ連れて行ったら、失礼だといって怒られたという話もある（注1―44）。

言語学者のネウストプニー氏は、日本人が英語人相手に英語で表現をするとき、しばしば非常に失礼な表現をする傾向があると述べる（注1―45）。

日本語の敬意表現は、言語手段つまり敬語に非常に依存しているから、敬語を使えない英語でコミュニケーションをすると、結局、敬意をコミュニケーションから、意識的にしろ、無意識的にしろ、落としてしまう事になりやすい。たとえば、私がよく受け取る英文の手紙に、I received your letter……で始まるものがある。これはいうまでもなく、日本語の「お手紙いただきました」の訳で、内容としては差しつかえないが、英語としては失礼である。なぜなら、日本語の「お」や「いただく」の代わりに、英語では Thank you for……などで、同じ役割を果たさせなければならないからである。話しことばの例としては、外国で秘書を使っている若い日本人が、秘書に下書きを渡しながら Type this! といった場面を忘れがたい。勿論、その英語人秘書は非常に感情を害した。（中略）英語では、request の場合、相手が上役にしろ、秘書にしろ、自分の子供にしろ、必ず please とか、would you ……のような表現が必要である。イントネーションで、あるいは、いわゆる「声を甘くする」事によって敬意を表わすこともできるが、この手段は日本語ではあまり使わないから、むずかしいであろう。

（ネウストプニー「世界の敬語」『敬語講座　八』）

英語には日本語のような文法体系となった敬語や敬語専用の語がない。だから、さまざまな婉曲表現を駆使してこれらを表さざるを得ない。そのとき非常によく使われる表現が Thank you である。

「デンジャラス・ビューティー」というアメリカ映画でおもしろい場面を見た。下っ端のＦＢＩ捜査官である女主人公が、昼休みに同僚たちからファスト・フードのランチの買い出しを頼まれる。下町のファスト・フード店は大混雑で売り場前には長蛇の列ができ、みな先を争って殺気だっている。そこで彼女は、ＦＢＩの身分証を振りかざしながら、

“This is an FBI's agent. Thank you. Thank you ……”

と連呼しながら、列をかき分けて先頭へ割り込み、たくさんの注文をするのであった。アメリカ社会において、連邦警察であるＦＢＩの仕事はどんな場面でも最優先されなければならないから、ランチを買う場面でも身分証を振りかざして“Thank you, thank you ……”とかき分ければ、行列を無視して割り込み先頭に出ても文句が出ないのだろう。

一方、もし日本の警察官がマクドナルドで行列に並ばずに「すいません、道を空けてください」と最前列に出、職務質問ではなくただ注文するだけだったとしたら、行列していた他の客は黙っていないだろう。「警官だって列に並ぶべきだ」と言うに違いない。実際、日本の警察官はほんとうの職務でないかぎり、スーパーやコンビニなどでは他の一般人と同様、行列に並んで買い物をしている。

こういう点で日本人の平等意識は非常に高いが、もし職務質問する場合なら、警察官は俄然上位者となり、敬語など使わずに「警察だ」と乗り込むだろう。そうなると行列の人々はさあっと周りへ引いてしまうに違いない。刑務所内で看守や職員が受刑者を「お前」と呼び「○○しろ」と無敬語で命令するのも、第二部で詳述するが、日本では閉鎖された組織内部では容易に上下関係が構築されてしまうことの見本である。

オペラ公演で出演者がキャンセルし代役が立った場合、キャスト変更の場内アナウンスがある。その終わり方は、日本語では階級遵守語を使って、

「お客さまにはなにとぞ御理解をたまわりますよう、お願い申し上げます」
と下手に出て頼む形をとる。こう言われれば日本人としては文句の言いようがなく、しょうがないかと我慢することになる。ところがこの部分の英語はというと、

"Thank you for your understanding."

と言って、対等な相手に宣言して理解を求める形になる。英語人はこれでしょうがないと思うのかもしれないが、日本人としては「誰も『承知した』なんて言ってないよ」と屁理屈をこねたくなる。

デパートで、満員のエレベーターの奥に押し込まれた英語人が、降りる階になって出てこようとして、

"Excuse me."

と人をかき分け、無事に降りられたとき、道を空けてくれた人に振り返って

"Thank you."

と言ったのを聞いたことがある。欧米では、この主の挨拶を言わなければ常識がない、エチケットを知らないと非難され、まともな社会人として相手にされなくなること請け合いである。

だが現代日本で、日本人がこういう場合に何か言うかと考えてみると、どうも何も言いそうにない。咳やくしゃみで謝らないのはもとより、エレベーターや満員電車の中など無言で強引に人をかき分けるし、

「すみません、降ります（降ろしてください）」

は言えたとしても、降りた後は振り向きもせずに立ち去ってしまうだろう。

こういう光景を見て、欧米からの帰国子女が「なんと礼儀知らずな……」と憤慨するのももっともな話である。ところで、こんな現代日本で、礼儀語を他の一般人に比べてはるかによく使う事例があるのである。それは幼

児を連れた老人と犬連れである。幼児を連れた老人は、幼児に話しかける体を取りながら、

「あ、あそこにきれいなお花が咲いてるよ。あ、ワンワンだ。こんにちは」

などと、向こうから来る見知らぬ人ににこやかに挨拶する。すると挨拶された人は、たいてい微笑みながら、

「こんにちは。かわいいお孫さんですねえ」

とお追従の一つも言ってくれる。

犬連れの人はもっと顕著である。犬を散歩させる人は、向こうから来る犬連れの人に向かって、気づいた方から先に

「おはようございます（こんにちは・こんばんは）」

とかなり大きな声で挨拶する。相手を知っている場合はもちろん、まったくの初対面であっても同様に声をかける。かく言う筆者もそうである。

その目的は、飼い主どうしがなごやかに会話することで、連れている犬に相手の犬は敵ではなく友だちであることを納得させることである。犬は社会性が非常に高い動物で、飼い主どうしが仲良く話していると、犬どうしもたいていおとなしく相手を認め合う。飼い主があいつは怪しいとか怖いと思って相手を見ると、犬はたちまち反応してその相手に唸り始めるのである。

犬どうしがたまたま相性が悪くて唸ったり吠えたりする場合でも、飼い主どうしはやはりにこやかに挨拶する。人間の場合と違って、犬どうしの仲が悪くても飼い主どうしの仲は悪くはならない。

犬の散歩はたいてい毎日同じ時間に決まったコースを歩くので、だいたいいつも同じ犬連れと出会い、話を交わしているうちにどんどん親しくなってくる。ドッグランでもあれば、そこにつどう犬仲間は年齢も性別もばら

ばらなのであるが、非常に親しい人間関係を築くことができる。そこで、新米ママの飼い主が子育ての悩みをおばあさん飼い主に聞いてもらったり、トイレに行っているあいだに赤ん坊の世話をしてもらったりし、逆に孤独な老女がそこで赤ん坊のエネルギーをもらうこともできる。自閉症で人づきあいの苦手な若者がドッグランへ来て、犬の飼い主に一時犬を貸してもらい散歩をやらせてもらって癒され、飼い主と話しているうちに、やがては一般の他人とも普通に付き合えるようになる。

このような礼儀語の発達した社会では、相手の名前も住所も知らず、かろうじて犬の名前を知っているに過ぎないのに、非常に強い結びつきと絆が生まれ、困ったときに助け合う人間関係が構築できる。今や大都会では単身世帯が半数を超えたが、身寄りのない独り暮らしの人でも、犬一匹いるだけで地域社会に何の苦労もなく溶け込むことができ、孤独から解放されるのである。このように、犬などを媒介として礼儀語社会を作ることが、特に大都会では今後ますます必要となってくるであろう。

第二節　自己品位語――ステータスの言葉と階級確認の言葉

前に、平安時代の天皇夫人である中宮定子が、無敬語で女房に命令するのを紹介した。この他にも、宮中の女房が市井の女乞食・常陸の介に無敬語でいろいろ質問している。このように、前近代の上位者は下位者に対して何も敬語を使わないのが原則である。

これに対して、今上を始めとする現代の皇族がたの言葉遣い（特にインタビューに答えるとき）は非常に丁寧である。そして話すスピードが一般人よりかなり遅い。こういうゆったりした丁寧な会話を聞くと、たいていの

人は

「ああ、やっぱり上品で優雅でいいなあ」

という感想をもつのではなかろうか。

日本語の敬語の伝統的な考え方からすれば、天皇・皇族は日本の最上位者であるから、誰に対しても敬語を使う必要はないはずである。しかし、現在では敬語を使うことがその人の品位を表すと考えられ、上品な人、ないし上品だと思われたい人は、本来敬語を使う必要のない目下に対してまで使うのである。だから、この使い方は伝統的な敬語の使い方とは違うと見なければならない。

筆者はこの種の、自己の品位を示すために使う敬語を**「自己品位語」**と呼ぶ（注1―46）。雑誌などで日本語を論ずるとき、よく敬語を「美しい日本語」と位置づけるが、そのときイメージされている敬語は、こういうアクセサリーのような使い方をするものである。アクセサリーと考えているせいかどうか、中年以上の女性がよく使いたがる。

たとえば、女性上司が部下に夏休みの予定を尋ねるとき、

「あなた、夏休みはどこかへいらっしゃるの？」

と聞いたら、この「いらっしゃる」は自己品位語である。これに対して、部下が上司に尋ねるときは階級遵守語になるだろうから、

「部長、夏休みはどこかへいらっしゃいますか？」

となる。第二部で改めて論ずるが、現代の敬語は複雑怪奇で、単独の尊敬語「いらっしゃる」だけでは目上の話し相手に直接尋ねられないのである。必ず丁寧語の「ます」と一緒にして「いらっしゃいます」としなければな

らない。だから、単独の尊敬語だけを使ったときは、相手を目上として待遇しているのではなく、自分の品位を示すために敬語を使っているに過ぎない。つまり自己品位語なのである。

その証拠に、この発話は無敬語で、

「あなた、夏休みはどこかへ行くの？」

と尋ねることも可能で、むしろこちらのほうが親しみやすくて好ましい印象を与えるだろう。最初の発話が気取ったよそよそしい感じがするのも、自己品位語を使っているせいである。

同様に、相手かまわず「～でございます」を連発する一昔前のお金持ちの奥様の「ざあます言葉」も自己品位語である。ただし、最近では長引く不況からか金持ち階級も上流意識がなくなってきて、「ざあます言葉」はほとんど姿を消してしまった。

日本語の場合、文法体系の中に敬語があるので、階級・地位の上の人が自己品位語を使おうと思ったとき、敬語を使うことを迷わない。昔は、武士は侍言葉、貴族は貴族の言葉、職人は職人言葉とそれぞれ階級特有の言葉があったから、それがトレードマークのようにその人を表すことができたのだが、現代ではその種の指標は丁寧か乱暴かの二種類しかないので、いきおい上流の（と思われたい）人は丁寧になるのである。敬語を使うにはそれなりの知識・教養が必要であるから、敬語を正しく使えるということは自分のステータスを表すこともできる。だから、自己品位語として丁寧な言葉を使ったら、それはステータスを表す敬語ということもできるわけである。

前近代のロシアでは、王侯貴族はフランス語を使っていた。宮廷内もフランス語である。フランス語ができるということは、貴族階級であるということとイコールであった。だから、貴族の子供は必ずフランス語の家庭教師をつけさせられた。むろん一般民衆はロシア語である。貴族は自分の領内の農奴と話すときにはロシア語を使ったが、自分たちだけの会話ではフランス語を使った。つまり前近代のロシアにおいて、フランス語はステータスの自己品位語なのである。

一方、外国語を併用しない英語国では文法体系としての敬語がないから、上流の人は文法は同じだが品位ある英語――主語や目的語の省略をせず、文法的にも模範的な英語――を使う。イギリスでは、キングズ・イングリッシュというものがある。キングズ・イングリッシュは標準語と訳されることが多いが、日本で考えるような標準語ではなく、もっと階級制に裏打ちされた言葉である。キングズ・イングリッシュを使う人は、しかるべき上流階級（貴族）の人間であると周囲から見なされ、上流階級の人間にふさわしい行動をするよう期待されるのである。

おもしろいことに、日本でも方言のきつい地域では、東京共通語がこのキングズ・イングリッシュと同じように扱われることがある。東京で生まれ育った子供が、父親の転勤などで地方の学校に転校したとき、「気取っている」と言っていじめられるのがその例である。

共通語は東京では普通の言葉であって、くだけた場面でも改まった場面でも一貫して使われている。敬語はその上にさらに用いられるものである。しかし、地方では、日常のくだけた会話は方言で行われ、共通語は改まった場面でだけ使われるという二重言語生活を送っている。だから、方言でくだけた会話をするべきときに共通語を使って言ったりすれば、「なに一人で気取ってるんだ」という印象を持たれてしまうのである。はからずも、筆者が大学時代に味わった「一人だけ浮いているように感じた」違和感も、筆者の話す共通語が東北地方では公式の場での言葉であったため、自己品位語とみなされたからである。

自己品位語を使うには、本人に「自分は品位がある」という強烈な自意識が必要である。だから、そういう自意識のない子供や若者に自己品位語が使えないのは当然で、管理職のほうが平社員より対外的に言葉が丁寧なのも首肯できる。学生時代には自称詞として「おれ」しか言わなかった人が、会社に入ると上司には「ぼく」と言い、そのうち「わたし」と言うようになり、役職についたら「わたくし」と言うようになった、という例など、その典型である。

イギリスでは、上流であると自認する人はキングズ・イングリッシュを使わなければならないが、逆に自認したくない人はあえて使わない。この点が日本の共通語と異なる点である。

先日、世界中で人気のあるサッカーの元イングランド代表、ベッカム選手が記者会見したときの英語がNHKテレビで紹介されていたが、“yesterday”をほとんど「イエスタダイ」のように発音していた。これはロンドンの下町の言葉で、キングズ・イングリッシュをあえて使わない階級の人々の発音なのである。

イギリスは現代もなお階級社会であって、人々は画然と上流（貴族）・中流（事務・管理職）・下層（労働者）の三つに分かれ、それらの人々は交わらない。議会も上院と下院に分かれ、上院は貴族階級、下院は一般民衆の代表ということになっている。上院議員は選挙なしに世襲を含めて任命されるが、下院議員は国民の選挙で選ばれ、時に解散もある。市民革命によって成立した現代では、一般民衆が貴族よりも主役にならねばならないから、首相は下院議員でなければならないということになっているけれども。

下層の人には下層の人の誇り・自意識がある。上流になりたくてもなれないから、しかたなく下層に甘んじているというのではなく、下層民には下層民の連帯感があるのである。

軍というのは国によっては下層ではないが、どこの国でも軍人の仲間うちでの言葉は汚いそうである。これはかつて防衛大学校で各国の士官候補生を教えていたとき、その学生たちが異口同音に言っていたことである。エッセイストの故・米原万里氏もソ連軍のパイロットどうしの交信が口汚い罵りの宝庫であると報告しており、余人の介入を許さぬ濃密な連帯感を演出する、と述べている（注1—47）。

共に命をかけて戦うような仲間には、普通の平和な社会では必要のない強固な信頼関係と連帯感が必要である。そして、上品な人々が決して口にすることのない口汚い罵りが、この種の信頼と連帯を演出するのに一役買っているのである。

多くの外国では、このように社会の階層によって使う言葉が異なり、それがトレードマークとしての役割を果たしているが、国民の大多数が給料生活者である現代の日本は「一億総中流」と言われるように、人々の意識の中に上下の差はまったくといっていいほど感じられない。大会社の会長の好物が目刺しや納豆などの安価な大衆食であっても、それは好意的に受け止められこそすれ、地位にふさわしくない下品な物を好むと非難されることなど決してない。富裕層と貧困層の格差は確かにあるにはあるが、だからといって両者の使う言葉に顕著な違いは認められないのである。

一方、ヤクザや一部の女子中高生が、現代人の普通の感覚からすると異常に汚い言葉を使っているという事実もある。こういう言葉をあえて使うのには、それなりの理由があると考えなければならない。それは、おそらく、「おれたちは上品ぶった奴ら（きれいごとばかり並べる大人）とは違うんだ」という強烈な自意識である。一般の大人が決して使わないような汚い言葉を使うことによって、自分の存在を確認し、仲間との連帯感を強めるのである。ソ連軍のパイロットの口汚い罵りの交信と同類と見てよいだろう。

そういう意味で、これも自己品位語の一種ということができるが、この場合はマイナスの品位であるから、階級確認の言葉と言ったほうがよいだろう。

実は、日本にも江戸時代までは、下層の人々の間で互いの愛情と連帯感を表す、この種の口汚い罵りがあったのである。十返舎一九（一七六五〜一八三一）の滑稽本『東海道中膝栗毛』（一八〇二〜一四刊）の初編に、馬方どうしの会話が出てくる。互いに悪態をついて挨拶を述べるのが、この連中の普通の挨拶だと言っている。

トむかふより、くる馬かた「ヘヱちくしやうめ、はやいな
こちらの馬かた「くそをくらへ
さきの馬かた「うぬ、けつでもしやぶれ
トこれがこのてやいの行ちがひのあいさつ、たがひにあくたいをいつて、ぎりをのべわかれる。
（麻生磯次校注『日本古典文学大系　東海道中膝栗毛』）

階級確認の罵りがかもし出す連帯感は、仲間（ウチ）の絆を強め、安心感を生み出す。だからこの罵りを使う仲間は、家族以上の強い絆が生まれ、容易にその中から抜け出せなくなる。それは階級が厳然と区別されていた前近代と同じである。

丁寧な敬語にしろ、口汚い罵りにしろ、自己品位語はそれを使うことによって、自己の所属する階級や仲間を示し、否応なく自己をその中に囲い込む役割を果たしているのである。

第六章　日本語の敬語の意義——まとめ

これまでに見てきたように、日本語の敬語（待遇表現）を人間関係の中での使われ方で分類すると、次の三種に分類することができる。ここでまとめておく。

(1)階級遵守語

これは下位者が上位者に依頼・要求・謝罪する場面で用いられ、上下間の橋渡しとなる役割を果たす。日本歴代のどの資料を見ても、例は枚挙に暇ないほどである。すなわち、下位者が階級遵守語を用いて丁重に依頼・要求・謝罪をすると、上位者は立場上、寛容・鷹揚にこれを聞き入れざるを得ないため、上位者と下位者は理性的にコミュニケーションすることができ、その結果はおおむね下位者の望むものとなった。そのため前近代の日本社会は、世襲で隔絶された身分・階級秩序でありながら、上下一体となって社会を担っていくという連帯意識が生まれた。戦後の一億総中流意識に代表される日本人の平等感の根底を支えるものであり、日本人の関係認識が上下に移行してから明治維新に至るまでの前近代の日本社会を貫いてきた、敬語の最も大切な意義である。そして、現代社会においても日本人の深層心理の中に深く根づいており、「負けるが勝ち」のコミュニケーション・スタイルを本能的にとってしまう原因となっている。

(2)礼儀語

　これは対等な人間どうしの関係を円滑にするための役割を果たす。前近代では、貴族・武士階級内で相互に敬語をつけあって婉曲に会話をし、見知らぬ相手と会話を始めるときにはとりあえず丁寧に話しかける。これは互いに成熟した社会人として尊重しあった結果であり、潤いのある社会を築くのに必要不可欠な敬語である。欧米社会では、エチケットとしての礼儀語が盛んで、見知らぬ人に対する日常の挨拶やちょっとした謝礼・謝罪がいたるところで聞かれる。欧米社会では、隔絶された身分の上下どうしはコミュニケーションする機会も場もなかったが、同じ階級内の人に対する礼儀語が発達した。日本では、前近代の庶民階級内はウチとみなされたため敬語は用いられず、未曾有の平等社会となった現代においても、見知らぬ他人は物と同じヨソであるために、挨拶もせず敬語も用いない。いずれにしても、知らない（対等の）他人に対する礼儀語は不足することになる。

(3)自己品位語

　これには二種類ある。上流（教養）階級の者が自分の階級を確認・誇示するために丁寧・標準的な言葉を用いるのはステータスの敬語である。イギリスにおけるキンズ・イングリッシュは、貴族階級であることを表すステータスの敬語である。標準語は方言地域ではしばしば自己品位語と受け取られるために、地方に転校した東京の子供が「気取っている」と言われていじめられる原因になっている。気取った女性が目下の相手に用いる単独の尊敬・謙譲語もこれである。下品な相手にわざと自分の教養を誇示するために、丁重な言葉を用いることもある。この反対に、低い階級の者どうしがわざと乱暴で侮蔑的な表現を用いて、互いの階級を確認し、濃密な連帯感をもつことがある。階級社会の欧米では下層の人間特有の俗語が知られているし、前近代の日本にも親しさを表す罵りがあった。

現代では人間関係が複雑になって、単純に上下と割り切れないことが少なくなく、目上・目下といっても時と場合によって変わってしまうので、その場にぴったり合った適切な待遇表現を使用するのは簡単ではない。しかし、最も大切なことは、待遇表現は言語として出力されてくる以前に、入力情報である状況や人間関係、話し手の心理があるわけであるから、どんな敬語（言葉）を使うかを考えるよりも、まず相手とどんな人間関係を持とうとしているのか、自分はどんな心理でその場に臨んでいるのかを的確に把握することが先決であろう。

総論　第二部

現代の待遇表現の構造と実態

総論第一部では、敬語の原理と前近代の日本社会における待遇表現（ウタと敬語）の意義について述べた。総論第二部では、明治維新以後の現代の待遇表現について社会の諸問題と関連づけて述べるが、その前に、まず現代の待遇表現の構造と方法について述べておくことにする。

第一章　現代の待遇表現の構造

第一節　待遇表現（敬語）とは

一－1出力情報としての言語表現と「敬語」

待遇表現とは、端的に言えば、話し手が相手（聞き手及び話題中の人や物事）をどのように扱うかという「扱い」のことで、菊地康人氏は基本の内容に加えられる＋－の敬意を「待遇的意味」と呼ぶ（注2―1）。話し手が「待遇的意味」を結果（出力情報にあたる）として表すためには、まず話し手と聞き手という二人の人間と、この人間の間の何らかの関係、さらにはそれを表現として出力するために不可欠な話し手の心理（ブラックボックスにあたる）と状況（入力情報にあたる）が存在しなければならない。

待遇表現にかぎらず、言語表現はすべてこの「状況↓人間↓言葉」という入力・出力システムを経て生まれるものである（注2—2）。それを図示したのが図10である。

【図10】（浅田秀子（二〇〇一）「待遇表現の構造」『現代日本語講座　2』明治書院より）

ところがこれまでは、出力された言語表現のみを、話し手の心理や状況に踏み込むことなく機械的に単語に分解して、その単語に表された話し手の「扱い」を探ることで待遇表現を論じてきた。従来の学校文法における「待遇表現≒敬語」という一般的な認識は、この考えに基づいている。

この考えは、話し手の心理や状況を特定することが困難な古典の待遇表現については、非常に有効に機能していた。古典の待遇表現が文法の一環として扱われた理由である。ただし、「敬」語という術語では、相手を「敬う」言葉という意味に誤解されるので、体系全体のバランスをとるため、丁重に扱う場合（＋の敬意）、ぞんざい・乱暴に扱う場合（－の敬意）の両方を含む表現ということで、表1のような形にまとめて整理されてきたのである。従来の学校文法における「敬語」は尊敬語・謙譲語・丁寧語を意味する。

【表1】

種類	敬意の対象	敬意の種類	文例
尊敬語	行為主体＝自分以外	＋	先生がいらっしゃった。
謙譲語Ⅰ	行為主体＝自分 行為対象＝自分以外	− ＋	先生のお宅にうかがった。
謙譲語Ⅱ	行為主体＝自分	−	私が申したとおり、
丁寧語	聞き手	＋	きのう秋葉原に行きました。
尊大語	行為主体＝自分	＋	おれ様が行ってやろう。
卑罵語	行為主体＝自分以外	−	早く行きやがれ。

ここでの尊敬語・謙譲語という用語は、単語（一部の連語を含む）の文法形式を指しているから、それが実際の文中でどんな意味をもつか、話し手がそれにどんな心理を含ませているか――入力情報である状況やブラックボックスである人間の心理――は問題にされなかった。言い換えれば、文法形式を問題にするかぎり、尊敬語や謙譲語を使うことにどんな意味があるのかは議論の対象とならなかったのである。

前近代の待遇表現は、ネイティブ・スピーカーが存在しないという決定的理由によって、入力情報や人間の心理にまで立ち入った議論は存在しえなかったし、第一部で述べたように、その役割は主に「階級間の橋渡し」であったので、言語形式を整えること――文法的に正しい「敬語」を用いることこそが最大の関心事であった。

ところが、近年外国人に対する日本語教育が盛んになり、敬語を外国人に教育するという場面になって、言語形式のみを対象として現代の待遇表現を論じることが間違いであるばかりか、きわめて危険な誤解を招く可能性があるということがわかってきた。

たとえば、文法中心の敬語指導からは、次のような誤用が生まれてくる。

①先生、あした三時ごろお宅にうかがいたいが、そのころいらっしゃるか。

②うちには年とったおじいさんがいらっしゃいます。

③（学生が教師に向かって）あなたはいつも「一生懸命勉強しなさい」とおっしゃる。

日本語教育では、動詞の形として「ます形」を「普通形」よりも先に教えるから、学習者は「行きます」「います」を「行く」「いる」よりも先に習う。そこで、学習者は「行きます」「います」は通常の（敬意を含まない）表現だから先生に言うには適切でないと考え、自分が「行く」場合は謙譲語の「うかがう」を使い、先生が「いる」場合には尊敬語の「いらっしゃる」を使う。家に尊敬するおじいさんがいるのだから「いらっしゃいます」を使うのは当然だし、I⇔you の日本語として「わたし⇔あなた」と習ったのだから、先生に「あなた」と言ってどこが悪いというわけである。

また、外国人学習者からは次のような、入力情報や人間の心理にまで踏み込んだ質問がしばしば寄せられる。

④日本は国民の九十％以上が自分は中流だと答えたそうですね。そんなにみんな平等なら、なぜ敬語を使う必要があるのですか。

⑤私はアルバイト先の店長を尊敬していません。尊敬していない場合でも、敬語を使わなければいけませんか。
⑥私は先生を姉のように思っています。姉なのですから、敬語を使う必要はないと思いますが、このあいだ先生に言葉遣いが乱暴だと叱られました。

ここに挙げた例からもわかるように、現代の待遇表現は言語形式だけをとってみても伝統的な文法としての「敬語」では適用できない部分が多い。また、現代の日本人自身が、尊敬してもいないのに尊敬語を使ったり、目下の相手に敬語を使ってご機嫌をとったりするという類の、伝統的敬語観では説明できない体験をしていて、表現が出力されてくる前の状況や話し手の心理に嫌でも踏み込まざるを得なくなっているのである。

一－2　現代の待遇表現の言語形式

そこでまず、現代の待遇表現の言語形式を改めて確認しておく必要がある。このとき、尊敬語・謙譲語・丁寧語という従来の単語の文法形式ではなく、行為の主体と対象、敬意の行き先を先に決定し、それに対してどのような文法形式が用いられるのかという、従来とは逆のやり方をとる必要がある。なぜなら、文法形式は表現された結果の出力情報であり、その前には必ず状況という入力情報やブラックボックスである人間の心理が存在するからである。それを表にしたものが次頁の表2である。空欄は特に特定しないという意味である。

【表2】

誰にどんな敬意か	行為主体	行為対象	どんな表現を用いるか
行為主体に＋の敬意	聞き手		尊敬語＋丁寧語、丁寧語
	第三者		尊敬語、尊敬語＋丁寧語
	目下		尊敬語
	話し手		尊大語
行為対象に＋の敬意		聞き手	謙譲語＋丁寧語、丁寧語
		第三者	謙譲語、謙譲語＋丁寧語
		目下	謙譲語
行為主体に－の敬意	話し手		謙譲語＋丁寧語、謙譲語
	第三者		卑罵語
	聞き手		卑罵語
聞き手に＋の敬意	行為がない場合		丁寧語

古典時代の待遇表現の言語形式と現代のとで、大きく異なる点を列挙する。

(1)聞き手が直接行為主体や対象となる場合、単独の尊敬語や謙譲語では用いられず、必ず丁寧語と組み合わせなければならない。

（例）あしたお宅にうかがいます。

前述の外国人学習者の誤用例①と③は、行為主体・対象である聞き手に対して単独の尊敬語・謙譲語を用いてしまった誤りである。

(2)話題中の第三者の行為については、聞き手に対する配慮がなければ、敬語をつけなくてもかまわない。

（例）（課長が妻に）部長は今度専務に昇進するそうだよ。

話題中の第三者の行為に敬語を用いるかどうかは、第三者と話し手との関係というよりは、話し手と聞き手との関係によって決まる。すなわち、話し手と聞き手が上下の関係や親しくない関係のとき、話題中の第三者に対しても敬語を用い、話し手と聞き手が十分親しければ、話題中の第三者がどんなに偉くても無敬語で言及する場合がある。

(3)丁寧語は古典の場合の丁寧語よりももっと丁重度が高く、目上の聞き手に対して単独で用いることができる。

（例）先生、夏休みはどこかへ行きますか。

あまり指摘されないことだが、目上の相手に対して「先生、夏休みはどこかへいらっしゃるか」とは絶対に言えないが、「先生、夏休みはどこかへ行きますか」と言うことは可能である。敬語は単純化すべきという意見が出される根拠の一つは、いわゆる尊敬語・謙譲語を用いなくても、単独の丁寧語だけである程度の敬意を表すことが可能であるというこの事実を前提にしている。

(4)目下の相手が聞き手でかつ行為主体や対象となるとき、主に女性が用いる単独の尊敬語・謙譲語は、相手に対する敬意を表す心理ではなく、自己の品位を表す心理による。

（例）あなた、夏休みはどうなさるの？

目下の聞き手に対して主に女性が用いる単独の尊敬語・謙譲語は第一部で述べた「自己品位語」であり（→220頁）、話し手の自意識が強く社会的地位が高いほど、言葉遣いが丁寧であるという傾向が見られる。

現代人はこのような表現をさまざまなファクターによって使い分けしている。どんな場合に待遇表現を使うか使わないかということである。菊地前掲書では表3のようにまとめている。

【表3】

A　社会的	(1)場および話題	①その場の構成者　②場面の性質など　③話題
	(2)人間関係	①（地位等の）上下関係　②立場の関係（恩恵授受・権限従属・強弱・優劣） ③親疎関係　④内外関係
B　心理的	(1)待遇意図	①通常の待遇意図　②通常でない待遇意図　③恩恵授受の表示　④親疎の距離の意図 ⑤内外の意図　⑥その他（皮肉・意地悪・ふざけ）の意図
	(2)背景	①相手に対する心情　②場面に対する尊重　③品格の保持　④敬語の習熟度・教養
C　表現技術・伝達効果の観点		①待遇を一定に保つ　②わかりやすさのために選ぶ　③相手に与える印象を考える

Aの社会的ファクターは入力情報の「状況」に含まれ、Bの心理的ファクターはブラックボックスに含まれると考えられる。この中で、特に注意すべきはA(1)①の「その場の構成者」である。現代の待遇表現は古典のそれに比べて場面に依存する度合いが高く、たとえば公的な場面で私的な会話はしにくい。会社で仕事中に自宅から

電話がかかってくると、どんな言葉で話したらよいか困ることがあるが、周囲にあまり親しくない他人のいる公的な環境の中で、家庭内でのくだけた（甘えた）言葉で話すのか、社内での改まった言葉で話すのか、決定に迷うからである。A⑴③の「話題」は、たとえば人の災難や死亡については敬語が使われやすいというものである。

尊敬語・謙譲語・丁寧語などのいわゆる狭義の「敬語」以外に、特定の人間関係において特に選択される（されない）表現があるが、これは各論第一部で詳述することにする。

日本語は話す内容と話者の性格・態度がいつもリンクしていると考えられるので、話者の地位が低かったり態度がまじめでなかったりする発言は、内容そのものがまじめでないと受け取られ、まともに聞いてもらえないことが少なくない。日本の会社では、新入社員や地位の低い社員が上司に対して敬語を使わずに正論を述べると、「生意気だ」と受け取られることが多い。親が子供に「ちゃんとおっしゃい」と叱るのは、論理的に説明せよという意味ではなく、まじめな態度ではっきり話せという意味である。

蒲谷宏氏は「敬語表現」という概念を提唱して、「敬語」が用いられている「表現」全体をとらえる試みをしている（注2―3）。そこでは、お辞儀をする、にっこり微笑む、プレゼントを渡すなどの行動や態度が、「敬語表現」を完成させるのに大きな役割を果たしていると言い、「敬語」と「敬語行動」の不一致の例として「笑顔で読まれる弔辞」「紙飛行機で飛ばされる謝罪の手紙」や慇懃無礼を挙げている。

筆者はかつて、応答の言葉がどのような心理を象徴するかを分析して挨拶表現の丁重度を決定したが（注2―4　491頁に再論している）、それによると、相手に対して全身全霊を集中して緊張し、まじめな態度で口も明確に大きく開いてする発話が最も丁重であり、逆にリラックスして笑ったり、口もろくに開けずに首だけ動かしたりする表現はぞんざいだと受け取られるのである。

各論第二部で詳述するが、肯定の返事を例にとれば、「はい」が最も丁重であるのは、「はい」のHを言うために声帯が緊張し、肯定しようとして声を出したままうなずくと、口の開き方が自然に大→小となって、発音される母音は自然にア→イになるからである。つまり「はい」という発音が表すサインは、尊敬するあなたを前にして緊張して質問に答え、その内容に全面的に同意します、ということである。聞き手は「はい」を聞くと、自動的にそういうサインを受け取るので、最も丁重な返事になるのである。

笑顔で発音される母音はエで、肯定の返事としては「ええ」になるが、日本の伝統的な考え方では目上に笑顔（歯）を見せるのはリラックスを暗示し非礼であるから、「ええ」は改まった返事にはなりえないのである。デパートの接客マニュアルに「笑顔で『はい』と返事せよ」というのがあるそうだが、これは行動から言っても心理から言ってもかなり不自然な要求である。

第二章　日本人の関係認識と待遇表現——ウチ・ソト・ヨソ認識

第一部で、原日本人の世界認識がウチ・ソトの二層構造になっており、助詞ガとノなど言葉の使い方もそれにリンクしていたことを述べた（↓58頁）。このとき、自己を中心とする最も親しい家族や友人からなる集団はウチで、それ以外は他人も物事も季節や天候などの自然現象もすべてソト扱いであった。

しかし、時代が進むにしたがってこの認識は微妙に変容してくる。原始時代の日本では自然＝神であり、それに対して直接訴える必要があったのは、人々が自然に依存した生活をしていたからである。すなわち、生活の主な行動が衣食住のみで、それらのほとんどを自然に依存している狩猟・採集・農耕・漁労が生業であれば、自然に従い、自然を神と畏怖するのも当然である。

ところが集落が大規模化し、人々の間に上下の階級区別が発生するようになると、自然と直接タッチしない支配者（消費者）階級が出現することになる。まして、明治維新以後の近代化で第一次産業の就業人口が激減した現代社会においては、自然はほとんどの人の世界認識の中から存在しなくなった。実際、二十四時間エアコンの効いた室内で過ごす現代人にとって、自然は無視しても生きていけるほど、その存在感が薄まってしまっている。

つまり、現代人にとって、世界認識はそのまま人間関係認識に置き変わってしまったのである。これがウチ・ソト・ヨソ認識である。

ウチが自己を中心とする最も親しい家族や友人からなる少数の集団であるのは、古代と同じである。ウチの人間関係は親しいので敬語など使う必要がなく、何でも相談できて心を許せる関係である。遠慮がないから、時に罵り合いや殴り合いなどの喧嘩も起こりうる。それだけ人間関係が濃密なのである。

ソトは自己と何らかの関係のある他人である。ここは年賀状を交わすだけの遠い関係から、友人、会社の同僚、上司、取引先など濃淡のある関係の幅広い層で、その場の状況によってさまざまな段階の敬語を使い、相手を自分から遠ざけたり近づけたりしながら、互いにコミュニケーションする。意見が食い違った場合でも喧嘩や罵り合いに発展することは稀で、たいていは関係を疎遠にすることだけでそれを伝えることが多い。階級遵守語を使ってお願い・お詫びする相手や、礼儀語を交わし合う近所の人も、ここに含まれる。

ソトのさらに外層にはヨソがある。ここは自己とは無関係な人間で、関係がないからコミュニケーションもしない。扱いは物体と同様になり、日常は無視して暮らしている。

日本語の敬語は遠隔表現から出発しているから、敬語を使うと相手を遠ざける効果が出る。ウチは親しいから敬語で遠ざける必要はなく、ソトは敬語で遠ざけてもなお関係をもつ必要があり、ヨソはまったく関係がないために無視できるから、敬語はもとよりコミュニケーション自体をしない。これがウチ・ソト・ヨソ認識による待遇表現の諸相である。

「水くさい」はこの敬語の意義を前提にした言葉である。親しいウチ（特に「血は水よりも濃い」肉親）関係であるのに、遠慮をしたり敬語を使ったりと、まるでソトの関係のように隔ての気持ちを置くことを慨嘆して言う形容詞である。こういう言葉を外国語に翻訳するのは至難であろうと思う。

敬語以前の待遇表現としてはウタがあったが、これも初めソトに対する非常時の祈願として用いられたものが、やがて自然（神⫲天皇⫲上位者）への畏怖・賛美から芸術へと変化していった（↓69頁）。

ウチ・ソト・ヨソ認識と指標の用いられ方をまとめると、表4のようになる。ただし、この表はあくまで便宜的に関係を示したもので、実際のウチ・ソト・ヨソの境界は弾力的・流動的である。また助詞・ウタ・敬語におけるこの境界認識が、互いに常に一致しているとは限らない。

【表4】

関係認識	**ウチ**	**ソト**	**ヨソ**
助詞	ガ	ノ	
ウタ	日常（婉曲）表現	非常時の祈願	畏怖・賛美→芸術へ
敬語	無敬語	敬語→階級遵守語・礼儀語	コミュニケーションなし
例	ウチわ。ウチの会社	ソトを飾る。ソトづら	ヨソの国。ヨソ者

本来、このウチ・ソト・ヨソの境界は弾力的で、ふだんツーカーのウチの友人でも、頼みごとがあるときには敬語を使ってソトに押し出し、頼みを聞いてもらう。これは相手を上位者にして寛容の徳を発揮してもらうための階級遵守語である。一方、道路を向こうから歩いてくる見知らぬ人はヨソであるが、この人に道を聞こうと思って声をかける場合には、いったんソトに取り込み、軽い敬語を使って尋ね、答えてくれたら礼を言い、関係がなくなれば再びヨソへ追い出す。この敬語は対等な社会人どうしの関係であるから、礼儀語である。この関係を図示したものが次頁の図11である。

前近代の大多数の日本人にとって、日常的にコミュニケーションする相手はウチの仲間で無敬語、敬語を使うのは上位者にお願い・お詫びするときの階級遵守語のみで、知らない人間はヨソ者だから物体同然に無視した。こういう社会では、対等な社会人として相手を相互に尊重する礼儀語が発達する余裕はなかった。

しかし、外国で敬語と言えばほとんどの場合、それは礼儀語を指すのである。そのため、日本人は丁寧で礼儀正しいと言う外国人がいる一方、いや日本人は失礼だと憤慨する外国人もいるわけで、それは敬語の種類をはきちがえているからにほかならない。

敬語の使い方と人間の距離感は実に見事にリンクする。猛烈なラッシュで混雑した車内では、周りの見知らぬ人間は物体（柱や壁）として無視するしかない。ようするにヨソである。そうでなければ、とても体を密着などできるものではないからである。

困るのは、目上の人やあまり親しくない知人と満員電車に乗るときである。この人とのふだんの関係はソトであるから、適当な物理的距離を置き、敬語を使って会話の上でも適当に遠ざけてコミュニケーションしている。

ところが満員電車の中では、こちらは相手を敬して遠ざけたいのに、物理的に周りから圧力をかけられて接近・密着せ

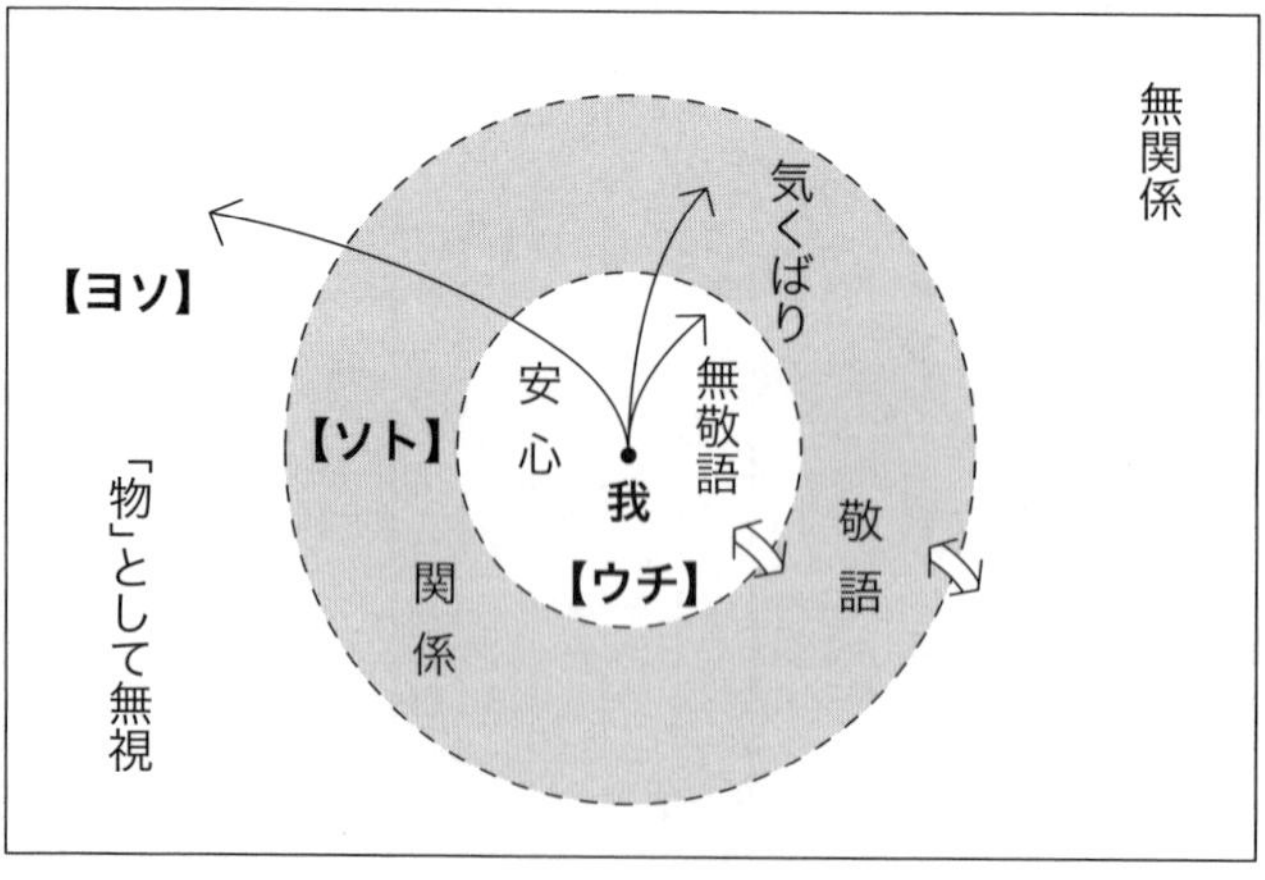

【図 11】伝統的なウチ・ソト・ヨソ認識
（浅田秀子（2005）『「敬語」論――ウタから敬語へ』勉誠出版より）

ざるを得なくなる。これはお互いにたいへん居心地が悪く、会話もできない。いきおい無言で相手を物体（ヨソ）として無視するはめになり、駅に降りるか電車がすくかして、相手と適当な物理的距離をとれるようになってから「すごい混雑でしたねえ」などと、敬語を使ったコミュニケーションを改めてスタートするのである。ほんとうに不思議で見事なからくりだと思う。

現代の敬語には敬意に無数といってもいい段階があるから、ソト関係はどのレベルの敬語を使うかによって、距離をいくらでも調整できる。自分の思いどおりに相手との関係を操れるのである。

相手が何とか親しくなりたくてなれなれしい言葉遣いをしても、自分がそれを望んでいないのだったら、あくまで敬語を崩さなければ、相手はウチへ入ってこられない。ふだん互いに敬語など使わない夫婦が、喧嘩したとたんに奥さんが敬語を使い始めるケースなど、互いに汚い言葉で罵り合う夫婦喧嘩よりよほど怖いし、修復不能という印象を受ける。

しかし、ここで注意しなければならないのは、どんなに敬語を使って相手を遠ざけても、ソトの範囲にいるかぎり関係が切れたわけではないということである。関係が切れたときはヨソになったとき、つまり物体として無視されたときである。子供に対するネグレクトが虐待になるのはそういう意味である。

豊かな人間関係とは、親友（ウチ）をたくさん持つことではない。自分で自由に距離を操れる人間関係（つまりソト）をたくさん持っているということである。敬語を上手に使える人が、つまりは人間関係の達人なのである。

第三章　現代の待遇表現の方法

第一節　敬語を使う対象――いわゆる「目上」「目下」とは

現代の待遇表現を問題にするとき、しばしば使われる用語に「目上」「目下」というものがある。これは前近代における上位者・下位者とは異なり、固定的・身分的なものではなく、むしろ役割といったほうがよいものである。

たとえば、四十五歳の男性会社員（課長）を例にすると、会社においては上司と同僚と部下、そして取引先の人がいる。基本的には上司や取引先は目上、同僚は対等、部下は目下であるが、取引先と言っても親会社は圧倒的優位にある目上、下請けは目下扱いになる場合もある。同僚や部下に対しても、何か無理難題を頼まなければならないとき、一時的に目下になって敬語を使い下手に出ることも少なくない。

家に帰れば家族がいるが、現代では前近代のように稼ぎ手が常に家長とは限らず、妻のほうが威張っていることも多い。ただし、戦前の妻は表面上は敬語を使って主人を目上にしておきながら、経済的実権や家庭経営の全権を握っていて、主人は妻なしでは何もできない子供同然であることが少なくなかった。主人として立てられた男性は対外的な責任を負うのみで、家族の価値観さえ妻のに合わせることが往々にしてあった。現代の妻は主人に敬語を使う人は少なく、家庭内では無敬語が一般的である。いきおい責任の所在もはっきりせず、自分の都合のよいようにそれぞれ考えて行動し、最終的な責任はなすり合いすることになる。

家庭では核家族化が進行し、特に都会では祖父母と同居する人が少ないため、これらの親族とのコミュニケーションの機会はたまに電話をかけるなど非常に限られ、その結果、互いにあたりさわりのない会話を親しげにしていればよい、という淡い関係になる。

老親に介護の必要が生まれたが老人ホームに入居させるだけの金銭的余裕がなく、同居するようになって始めて、老親をどのように待遇すべきかという人間関係の問題が生じ、それによって介護の実質が変わってくる。最悪のケースでは、老親は死亡届を出さない限り年金収入を受け取れる道具という扱いになる。このような扱いはヨソそのもので、おそらく日常的にもコミュニケーションもない物体として扱われているのだろう（死亡しても死亡届を出さず死体を放置したり遺棄したりする事件がしばしば報道されているが、このような家では、たとえ生きていても死体同然の扱いしかされていないだろうことは容易に想像がつく）。

その他の人間関係としては、子供の学校の教師や同級生の親との関係があるが、父親はこれらの付き合いをほとんど持たず、たまに会ったとしても多少丁寧な挨拶をしておけばすむ。しかし、子供が学校でいじめを受けたとき校長に調査の依頼をかけあう場合、調べたわけではないのであるが、多くの父親はどうも正しいコミュニケーションができていないように思われる。

テレビ・ドラマなどではこういうとき、往々にして机を叩いて無敬語で怒鳴るシーンがあるのだが、もしもほんとうにそういう待遇表現の使い方しかできていないのであれば、親の望む解決は得られないであろう。

余談であるが、現代の日本人は、安保闘争や春闘、原発反対闘争など大勢で抗議するとき、なぜか無敬語の命令形を大声で叫ぶ傾向にある。安保闘争の学生は機動隊に「帰れ、帰れ」と連呼し、原発再稼働反対のデモ隊列は「原発は今すぐ止めろー」と叫ぶ。

しかし、無敬語で命令されたら、社会的地位の高い相手は階級秩序の転覆を直観し、ますます態度を強硬にしてくることは間違いない。実際、これらのデモが奏功した事例は皆無であろう。かといって、大勢で声をそろえて一定内容を相手に伝えるとき、表現や待遇の程度に何種類もある複雑な敬語が適当でないことは明らかである。だから、自分の要求を何としても通したいと思ったら、日本ではデモ自体、有効な手段ではないことを自覚しなければなるまい。

このように、現代社会では目上・目下といっても絶対的なものではなく、その場その場で適宜役割を演じ分けているにすぎないのである。だから、最も大切なことは、今自分がどのような役割でどのようなコミュニケーションをしたいと思っているかを的確に把握することである。

日頃世話になっている上司が借金などを申し込んできたとき、この人が一時的に目下の立場になって丁重な態度を取れば取るほど、断るのがむずかしくなる。そして、実際に無理難題を頼むときほど、依頼者はより目下的な態度をとるのが常なのである。むしろ日頃の立場そのままに、尊大な態度で借金を申し込んでくれれば、嫌われるのを覚悟で突っぱねることができる。

外国と比べて日本が特殊なのは、政府と国民の関係である。階級遵守語のおかげで有史以来ほとんど革命・クーデターを起こしたことのない日本では、現代になっても政府（お上）は上位者であり、国民は下位者である。だから国会議員は「先生」と呼ばれ、年上の有権者からさえ敬語を使って待遇される。そこで、お上から国民への通達は上意下達の形になる。最近でこそ個人あての役所からの手紙の宛て名は「○○様」になったが、法人あてに税務署からくる通知などは「ユウゲンガイシャ　ニホンゴコスモス　ドノ」と上から下へ言う形になっている。

警察が犯人を逮捕するときには

「警察だ！　〇〇〇、×××の容疑で逮捕する！」

と無敬語であるし、おそらく取り調べも無敬語で

「お前がやったんだろう」

のように待遇され、それに対して被疑者は丁寧語で

「いいえ、私がやったんじゃありません」

と答えるのだろう。ここには無条件の上下関係がすでに構築されてしまっている。ひとたび上下関係ができあってしまうと、上位者の命令・質問を下位者が拒否するには敬語を使うほかなくなるから、こうなるのである。

しかし、前近代の上位者と異なり、現代の警察は「被疑者＝犯人」の前提で取り調べを行うから、被疑者の否定を受け入れるはずはなく、それは犯行の否認（すなわち嘘）ということになって、悪くすると「反省の様子を見せない」からと罪がますます重くなる結果になる。

現代日本で冤罪事件が少なくないのは、被疑者が下位者になってしまうことと、警察の言うがままに認めたほうが肉体的・精神的に楽で、否認すれば素直に言うことを聞くより罪が重くなると説得されるためと思われる。

警察官を含む政府の役人が、ほんとうに国民の奉仕のために仕事をする「公僕」であるならば、このような上下関係はおかしいだろう。前にドイツでは、受刑者に対してさえ敬称のSieが使われると述べた（→214頁）。儒教精神で年上・上司への敬語使用の厳しい韓国でも、見知らぬ相手に物を頼む場合には丁寧な言葉遣いをしなければならない。政府が国民に対して何かを要求する場合でも上意下達ではなく、たとえば道路標識など「左側を

通行してください」「止まってください」のような丁寧な表現で書いてあると言う。韓国人留学生が「止まれ」と無敬語の命令形で書いてある日本の道路標識を見て、非常に腹が立ったと言っていた。

第一部ですでに詳述したが、日本の伝統的な社会で用いられた上下の階級間の橋渡しをする階級遵守語は、日本独特であり、ヨーロッパや中国・韓国にはない。

外国と日本の上位者というものの違いを端的に示す例がある。一九八七年にイタリア・イギリス・中国合作で作られた歴史映画「ラスト・エンペラー」での一シーンである。

清朝最後の皇帝である宣統帝・溥儀がまだ七、八歳の少年時代、紫禁城で暮らしているとき、弟・溥傑と言い合いになり、溥儀は「自分は皇帝である。だから言うことを聞け」と言う。すると溥傑は「それを証明しろ」と言い放つ。溥儀は困って、側に控えている宦官に向かい、硯に入っている墨汁を「飲め」と命ずる。その宦官は硯の墨汁を飲んだ。それを嫌悪の表情でじっと見つめていた溥傑は「今に見てろ」と言って走り去ったのである（注2―5）。

命令の拒否は即反逆であるから、宦官はこの理不尽な命令に対して従わざるを得なかった。最上位者である皇帝の証が、このように権力を乱用することでしか確かめられない社会では、宦官の恨みを想像するまでもなく、やがて民衆に打ち倒されるであろうことは容易に理解できる。

もし、日本の天皇が誰かに「天皇であることを証明してみろ」と言われたら、きっとこう答えるに違いない。

「みなが私に絶対敬語を使ってものを言うではないか。これこそ私が天皇であることの証である」

と。さらにまた、側近は天皇に「墨汁を飲め」と命じられたら、躊躇なく幾重にも敬語を使って、

「なにとぞそのような無慈悲なご命令はお許しいただきとうございます」

と懇願することだろう。その懇願を天皇は必ず聞き届け、側近は天皇の寛容に感謝しあまねくたたえるだろう。こうして上下の秩序は厳然と保たれたまま、平和に交流してきたのが伝統的な日本社会で、その重要な道具が階級遵守語だった。

一方、抑圧とクーデターを繰り返してきた欧米の前近代の歴史は、別の遺産を残した。つまり欧米人は階級秩序の転覆に慣れているので、今日選挙という平和的手段によって政権を容易に交代させることができ、政策をダイナミックに転換することを恐れない。

二大政党制は、対立する理念・政策の両党であるからこそ意味があるのであって、その真意は、社会がおおむね正道から外れないで進むために、ハンドルをあるときは右に切り、あるときは左に切るということである。だからイラク派兵賛成派と反対派の大統領候補が選挙を戦い、賛成派が敗れて反対派が勝利すれば、ただちに兵をイラクから撤退させる。この場合、大統領は権力者ではあっても、民衆に支持されなければたちまち覆されることが目に見えているから、選挙前の公約はただちに実行しなければならないし、公約に違反することなど、彼らはしたくてもできないのである。

ヨーロッパと共通の、革命と階級転覆の歴史をたどってきた中国では、共産主義革命（一九四八）によって人々が平等になり、さらに文化大革命（一九六六～七六）によって徹底的な意識改造が行われた結果、筆者が河北大学に赴任していた一九八六年当時は、無敬語の極端な悪平等社会になってしまっていた。知識分子として弾圧された大学教授より路上のアイス・キャンデー売りのほうが収入が多い、と言われるほどであった。個人企業はまだほとんどなく、観光地の記念写真さえ「国営」であった。

この当時、中国を訪れた外国人がみなショックを受けたように、商店では商品や釣り銭を投げてよこし、「鉄飯碗（親方日の丸）」という言葉に象徴されるように、労働者は働かないほうが得だと考え、路上で聞く人々の日常会話は罵り合いのように聞こえた。前近代に上流階級のあいだで使われていたステータスのための敬語は、まったく使われなくなっていた。

その後、文革の反省から改革開放路線が強力に推し進められ、資本主義経済も導入されて、個人企業が激増し、富裕な人々が生まれるようになってきた。それとともに、人々の使う言葉も欧米型の待遇表現となって、外国人や知らない人にも丁寧に「你好（こんにちは）」「対不起（すみません）」「不客気（どういたしまして）」などと礼儀を表すようになり、エチケットを説く本も出回るようになってきた。買い物をすれば、笑顔で「謝謝（ありがとう）」と言ってもらえるようになった。サービスをよくしてお客に気に入ってもらえば、売り上げが伸びて高い給料がもらえ、豊かな生活ができる、という考え方に人々が慣れてきたからである。

これと並行するように、上流であると自認する人は、手紙などで敬語を使うようになった。この敬語は古い時代の言葉で、現代では使わない表現である。知人の中国語の編集者は、中国の大学教授から手紙をもらうと、辞書にも載っていないような古い表現が多用されていて、その意味を解釈するのに頭をかかえ、こちらもそういう表現をしないと失礼になるので、返事を書くのに四苦八苦すると言っている。

中国語の敬語は、日本語の敬語のような文法体系ではないので、日常生活とは別の言葉を覚えなければならない。だからこの敬語は特別な教養に属し、一般人の誰でも使えるというものではないのである。つまり自己品位語の一種ということになる。前近代に上流階級どうしで使われていたステータスの敬語が復活したのである。

中国では、対等・目下の人に対しては口汚い罵りを使うことも普通で、社会的地位が高いからといって常に誰に対しても自己品位語を使うとは限らない点が、日本やヨーロッパの自己品位語と異なる。

第二節　マイナスの敬語——尊大語と卑罵語

現代の待遇表現には、＋方向へ上げる「敬語」のみならず、－方向へ下げる表現もある。むろん前近代にも自己品位語の一種（階級確認の罵り）が－方向への待遇表現であった。表1（↓235頁）に掲げた尊大語は行為主体の自分を上げる待遇表現であり、卑罵語は行為主体の相手を下げる待遇表現である。簡単に言うと、尊大語は威張る表現、卑罵語は罵る表現である。

前近代は絶対的な身分の上下があったので、天皇と下級貴族など互いの身分が極端に違うと、天皇が自分の行為に敬語をつけて言うことがあり、これを自敬語と言った。天皇以外で自敬語を使ったものとしては、豊臣秀吉が関白となってから使った例が報告されている（注2—6）。自敬語は絶対的な身分差があるときは当然のことと見られていた。また、物語の作者が、天皇の言葉を書く際に自分の敬意を含ませてしまっていると見ることもできた。

現在では、尊大語は目下の相手に威張りたいときには誰でも使える点が前近代とは異なる。ただし、現代の女性は、目下の相手に威張りたいとき尊大語を使うより、尊敬語・謙譲語を多用する——より丁重な表現にする傾向がある。これは自己品位語であり、皇族の丁寧な言葉の正体でもある。現代の皇族が尊大語・卑罵語などの自敬語を使わずに自己品位語を使うことは、一般国民に対して皇族も自分たちと同じ言葉を使うという親近感と、誰よりも丁寧な言葉を使うことによる品位の両方を演出する役割を果たしていることになる。

卑罵語は表1に掲げた「～やがる」以外に「読みくさる」「行きおる」「やってけつかる」「読みさらす」など

があり、特に関西方言で発達しているようだ。交替形式では「死ぬ」に対する「くたばる」、「言う」に対する「ぬかす」「ほざく」、「する」に対する「やっつける」「しでかす」「やらかす」「さらす」など、日常よく行う行為に対してそれを罵って言う言葉もたくさんある。

また、特に行為を命令する際、最も敬意の低い表現として、例えば「見る」に対して「拝め」があり、これは相手の「見る」行為を下げて対象を上げる卑罵語である。

次に、日常よく使う言葉の丁重～罵りの表を挙げておく。

【表5】

丁重な言葉 ◀								▶ 罵り言葉
殿方	紳士	男性の方	男の方	男性	男	やつ		野郎
ご婦人	レディー	女性の方	女の方	女性	女	あま	スケ	女郎
あちらの方		あの方	あの人		あいつ	あん畜生		あの野郎
こちらの方		この方	この人		こいつ	こん畜生		この野郎
お子様	お子さん	子供さん	子供		ジャリ	ガキ		クソガキ
頭部		おつむ		頭				ドタマ
かんばせ	おも	お顔		顔	メン			つら
腹部		おなか		腹				どてっぱら
お腰	おいど	お尻	腰	おケツ	尻			ケツ

「相手側の人の呼び方」「自分側の人の呼び方」にも、丁重な言葉と罵り言葉との間に多くの段階があるが、各論で詳述する（→368・379頁）。

第三節　待遇表現で効果を発揮する副詞

副詞は一般に敬語扱いされていないが、プラスやマイナスの待遇を添えるうえで重要な役割を果たすものがある。プラスに働けば話し手の品位が上がり、マイナスに働けばあてこすりになるのである。

たとえば、「おかげさまで」という副詞は、自分側の好ましい事柄が、相手の有形・無形の尽力によって実現できたことを感謝するという意味である。患者が主治医に向かって、

「お加減はいかがですか」
「おかげさまでだいぶ楽になりました」

というのが最も基本的な用法である。しかし、相手が主治医でなく近所の人であっても、このような会話をすることがある。厳密には、近所の人の尽力で病気がよくなったわけではないのだが、「おかげさまで」を使えば関心を持ってくれていたことに対する感謝になるのである。

また、聞かれてもいないのに、

「おかげさまで、娘が第一志望に合格いたしました」

などと報告することもある。この場合、「おかげさまで」がないときと比べてみると明らかだが、誰も聞いていないことを突然言いだせば、それは自慢しているとしか受け取られないのである。つまり、「おかげさまで」を

つけることによって、自分の謙虚さを演出できる。オリンピックで好成績を残した選手が、

「実力があったから勝てたんです」

などということはめったに言わず、

「応援してくださったみなさんのおかげです」

「この場に立つチャンスを与えてくださったことを感謝します」

など、何らかの形で感謝する意味のことを言うのによく似ている。

逆に、自分側の不都合な物事について「おかげさまで」を使うと、皮肉なあてこすりになる。夜よく吠える犬のいる隣家の人に向かって、

「おかげさまで、毎晩よく眠れますわ」

などと言えば、陰湿な恨みを感じること請け合いである。皮肉やあてこすりの場合には、言葉が丁寧であればあるほど無礼になるのである。かえって直接的な
「夜、吠えないようにしていただけますか」

のほうが相手は受け入れやすいだろう。

「あいにく」は、「おかげさまで」とは反対に、相手側の不都合に対して同情の気持ちを表す副詞である。相手側の不都合なら何でもいいわけではなく、相手の物事の正常な進行にとって妨げになることが生じたときに使う。相手が何を望んでいるか、どんな行動をおこしているかを想像し、それがうまくいかなかったときに同情するというニュアンスである。日常的にいちばんよく登場するのが、電話での応対である。

「○○商事の鈴木と申します。田中課長はいらっしゃいますか」

「あいにく、田中はただいま外出しております」

この場合、鈴木氏は田中課長に用があって電話をかけてきたわけだから、田中課長が外出していれば鈴木氏の用件は果たせない。それで「あいにく」と同情の気持ちを表すわけである。ここでもし「あいにく」と言わなければ、「田中課長が外出している」という事実だけを答えていることになるので、相手は非常につっけんどんな応対だと受け取るだろう。つまり、「あいにく」を使えば、相手に対する思いやりの気持ちを伝えられるのである。ただし、相手の希望や行動の意図に対する想像力が足りないと、おかしなことになる。

「浅田君、悪いんだけど、今日残業してくれないかな」

「課長、あいにくですけど、他をあたってください」

上司の「残業せよ」という頼みは個人的な依頼ではなく、業務命令である。だから部下にとっても無関係な事柄ではなく、本来上意下達されるべき事柄である。それなのに「あいにくですけど」と言うと、自分にはまったく関係のない他人事になって、しかもそれを拒否しながら同情するというニュアンスになってしまうのである。こんな答えをされた上司の嘆きが目に見えるようだ。

次も実際にあった例であるが、授業中、教師が学生に質問をしたところ、学生が

「あいにくわかりません」

と答えた。これを聞いた教師は怒り心頭に発し、

「わからないんなら、わかりませんだけでよろしい！」

と怒鳴ったそうである。無理もない。教師が質問するのは教師自身のためではなく、学生がちゃんと理解しているかどうかを確認するなど、どちらかと言えば学生のためである。「あいにく」を使うと、教師の質問は教師自

身の動機で行っている個人的な行為になってしまい、学生はまるで自分に関係のない事柄のように教師に同情していることになってしまうのである。

「せっかく」も要注意の副詞である。使い方によって相手が微笑んだりカチンときたりする。

「せっかく来てもらったのに、出かけてて悪かったね」

これは「せっかく」を使って微笑まれる例である。相手が来たことに対して「せっかく」と言っている。

「せっかく来てあげたのに、手伝うことないの」

これは「せっかく」を使ってカチンとこられる例である。自分が来たことに対して「せっかく」と言っている。

では、自分の行為だと常に相手がカチンとくるかというと、必ずしもそうではない。

「せっかく伊東に来たんだから、温泉に入っていこう」

「せっかく」とは、ある物事に非常に価値があることを話者が惜しんで言う気持ちを表す。最初の例は相手の行為に価値があると言っているので、相手はニンマリする。自分の行為を自分で価値があると言っている二番めの例はカチンとくるのだ。

「せっかくの休みを会議でつぶされた」

「人がせっかく教えてやったのに、あいつは全然聞く耳を持たないんだ」

「ドアを開けっ放しするなよ。せっかく冷房効かせてあるんだから」

特に最後の例など、「せっかく」がなければ、ただドアの開放を禁止する理由を述べているに過ぎないが、「せっかく」を使ったことによって、自分の意図をだいなしにされた怒りまでも表すことになるのである。

第四節　言及しないという待遇表現

ある場面で特定の内容に対して、あえて言及しないで避けるという待遇のしかたもある。欧米では、パーティーでは政治の話題を持ち出さないのが常識であるし、公的場面で性的用語や話題を避けるのも暗黙の了解になっている。

英語ではcockという単語に、隠語として「（勃起した）ペニス」という意味があるため、「オンドリ」「水道栓」と言いたいときrooster, tapという別の単語を使うという暗黙の常識がある。しかし、英語国以外の英語教育では、「オンドリ」はcock、「メンドリ」はhenで習うことが多く、roosterという単語は知らないことが多い。

筆者が中国の河北大学で日本語教師をしていたとき、教師仲間で遊びに行った公園に真っ赤な鶏頭の花がたくさん咲いていた。「これは何という花なの」とアメリカ人教師が英語科の男子学生に聞いたところ、彼はぽっと顔を赤くしてしばらく考え、“Chicken's head.”と答えた。彼はこの隠語をちゃんと知っていて、自分のできる範囲で言及を避けたのである。

沖縄でいっこうにやまない海兵隊員による婦女暴行事件を受け、日本の政治家が「こういうことがあるから日本の慰安所は必要だった」「米兵は風俗店を活用してほしい」という趣旨の発言をしたところ、米軍を始めアメリカの政府高官が「侮辱」だと猛反発した。欧米人にとっては、政治家のような公的立場の人間が公式の発言として性的な話題を取り上げることは異常であり、その対象とされること自体「侮辱」である。

しかし、そもそも日本文化において「性」はタブーでも何でもないから、宴席での会話で性的な話題が飛び交うことは珍しくなく、むしろそういう話題を取り入れることによって堅苦しさを和らげ、和やかな雰囲気を演出することさえある。今回のアメリカ側の反発に対して日本政府も当の政治家も困惑したのではないか。そして、あわてて「侮辱するつもりは毛頭なかった」と謝罪することになった。

日本は、沖縄で婦女暴行を繰り返す米兵に「厳重抗議」をし、米軍に対しては「綱紀粛正」を促すべきであり、米兵の性的欲望の発散を容認するような「理解ある発言」など断じてすべきではなかった。上位者として「寛容」の徳を見せたつもりだったのかもしれない。だが、両者に対して失言の「謝罪」をしなければならない羽目になり、結果的にますます従属的な立場に立たされることになってしまった。これでは新型ヘリコプター・オスプレイの配備を始め、普天間基地の移設問題など、日本にとって優位な交渉などまったく望めないだろう。

福島第一原子力発電所の事故現場を視察してきた大臣が、取材に来た記者たちにふざけて「放射能、つけちゃうぞ」などと冗談を言ったことが問題発言と報道され、大臣は改めて謝罪し、結局辞任に追い込まれた。子供でもふざけるのは許されても「悪ふざけ」は許されないことを、この大臣は知らないと見える。しかも公人の発言はすべて公的発言であり、オフレコと思っていても報道される可能性があることを忘れてはいけないのだが、そもそも激甚な被害をもたらした重大事故を冗談のネタに使うこと自体、現代日本の政治家が待遇表現の意義をわきまえていない証拠である。少し前なら「不謹慎」という言葉があったのだが、現代日本では、この言葉はすでに死語のようである。

このように、現代日本の政治家の失言の多くが、ある場面において「言及すべきでない話題に対する配慮の欠如」にあることは明らかで、「綸言汗の如し」を肝に銘じてもらいたいところである。

家族にガン患者がいる人の前ではガンや病気の話題は避けるだろう。これは敬語の問題というよりは気配りの問題である。

一方、実は、日本文化には、特定の場面において言及すべきでない言葉が厳然とある。それが「忌み言葉」である。これは言霊思想に裏打ちされたもので、悪いことが実現しないようその言葉と同音の言葉の使用を避けるというもので、冠婚葬祭場面を中心に現在でもなお保ち続けられている。

「忌み言葉」の内容については、各論第一部で詳述することにする（↓391頁）。

第四章　国語政策の当否

第一節　「これからの敬語」成立の歴史的背景と問題点

一―1　「これからの敬語」が建議されるまでの時代と建議の背景

昭和二十七年（一九五二）四月、国語審議会（第一期）から文部大臣・天野貞祐に対して「これからの敬語」が建議された。日常の言語生活における最も身近な問題である敬語を取り上げ、これからの時代に即した新しい敬語法の発達を望んだものである。

敬語は言語の運用規則の一面をもつのみならず、日本人の意識や社会生活様式の表れである。敬語は、記紀に登場してより、その後歴史上・社会上のさまざまな変化にもかかわらず、現代まで連綿と使い続けられ、この間一度たりとも途切れることがなかった。これは日本人が敬語を社会生活上不可欠の道具と考える継続的意識の表れである。

しかし、敬語についての研究は存外新しく、近代になるまではほとんど顧みられることがなかった。近世初期にロドリゲスが敬語を日本文法の一項目として論じた（注2―7）のを始め、明治のアストン（注2―8）、チャンブレン（注2―9）らの外国人による敬語論が敬語研究の事実上の嚆矢となったことは、それまでの日本人がみずから操る敬語というものにいかに無自覚であったかを象徴するように思われる。

その後、大槻文彦（注2—10）、松下大三郎（注2—11）らにより、文法の一項目として研究されるようになったが、敬語単独のまとまった研究としては、山田孝雄の『敬語法の研究』（一九二四）まで待たねばならなかった（注2—12）。

山田はその「第一章　総論」において、

凡そ敬語の発するはもと社交の間にあり。敬語は実に人々相推譲する意を表明する一の方法なり。もとよりこの敬語は上下貴賤の区別をあらはすに適すといへども必ず階級制度の結果とのみいふべからず。人は人として相交る間にその人格を重んじ、その才能、知識、徳望、品格等を尊ぶに於いて、それを言語によりて表明することこれ実に自然の人情にしてそれの存するはこれわが民族間に推譲の美風の行はるるによるものなれば、寧ろ嘉みすべき事なりとす。

（中略）

抑も敬語は礼儀の自然に言語の上にあらはれたるものなり。即ち長上に関する事物動作には特別に尊敬したる語を用ゐ、又之に対して自己の事物動作には謙遜したる語を用ゐることこれ敬語の基づく所なり。

（傍線引用者）

と述べ、敬語をイデオロギーの発露や階級制の維持のためというよりは、個人の個人に対する「礼儀の自然に言語の上にあらはれたるもの」ととらえている点に特徴がある。いまここで山田の説の妥当性を論ずるつもりはないが、『敬語法の研究』はのちの敬語研究に多大の影響を与えたことは事実である。

一方、明治・大正時代において敬語が国家政策上どのように考えられていたかは、この時代の学校教育において、敬語がどのように指導されていたかに端的に表れている。それは作法の項目の中に現れる。「小学校作法教授要項」（一九一一）（注2―13）には、「第七　言語応対」として全二十項あるが、そのうち言語に関するものは次の九項である。

一　言語ハ明瞭ナルヘシ
一　下品ナル言語及方言・訛音ハ之ヲ避クヘシ
一　呼掛・称呼ニ注意シ皇室ニ関スル談話ニハ必敬語ヲ用フヘシ
一　人ヲ呼掛クルニハ「もし」又ハ「もしもし」ト呼フヘシ
一　姓又ハ名ヲ呼ヒ掛クルニハ「何さん」ト呼フヲ通例トス
一　貴人又ハ尊長ニ対シテハ余儀ナキ場合ノ外呼掛クヘキモノニアラス
一　人ヨリ呼掛ケラレタルトキハ「はい」ト答フヘシ
一　自称ニハ「私（ワタクシ）」ト称シ対称ニハ「あなた」ト称スルヲ通例トス
一　他称ニハ相当ノ敬語ヲ用フルヘシ但シ自己ノ家族・親戚ニ関スル場合ニハ敬語ヲ用ヒサルヲ通例トス

（傍線引用者）

また、「師範学校・中学校作法教授要項」（一九一一）（注2―14）の「第八章　言語応対」「第一節　称呼及敬語」では次のようになっている。

一　皇室ニ関スル談話ニハ必ス敬称・敬語ヲ用フヘシ
二　称呼ハ自他ノ身分ニ相当シ正シクシテ且野卑ナラサルモノヲ用フヘク又人ト談話ヲ交フル場合ニハ相当ノ敬語ヲ用フヘシ
三　自称ハ通常「私（ワタクシ）」ト称スヘシ同輩ニ対シテハ「僕」ト称スルモ差支ナシ
四　対称ハ通常「貴方（アナタ）」ト称スヘシ同輩ニ対シテハ「君」ト称スルモ差支ナシ
五　対話者以外ノ人ニ就キテ語ル場合ハ相当ノ敬称・敬語ヲ用フヘシ但シ自己ノ家族・親戚等ニ就キテハ之ヲ用ヒサルヲ通例トス
六　官公職・爵・学位等ハ他称若クハ対称ノ場合ニ於テハ其ノ人ノ姓ニ此等ノ名ヲ附称シテ差支ナシト雖モ自称ハ之ヲ用ヒサルモノトス
七　親任官其ノ他高貴ノ人ニ対スル対称ニハ通常其ノ官職名・爵名等ニ「閣下」ヲ附称スルモノトス但シ陸軍部内ニ於テハ、将官以上ニ「閣下」、佐官以下ニハ「殿」ヲ附称スルヲ例トス
八　「薨去」・「卒去」・「死亡」等ノ語ハ一定ノ用例ニ従ヒ注意シテ之ヲ誤用セサルヘシ　（傍線引用者）

西田直敏氏はこれら「作法教授要項」の特徴を、

ここには、極めて明瞭に、作法としての敬語の第一は、皇室尊崇のためであること、第二に、身分に応じた呼称、敬語を用ふべきこと、第三に、第三者への敬称・敬語を用うべきことの注意と同時に自己の家族・

親戚等には敬称・敬語を用いないことの注意、第四に、政府高官・貴族（ママ）、軍人に対する敬称の注意が示されている。（西田直敏『日本人の敬語生活史』）

とまとめている（注2—15）。そして、この特徴は戦前の敬語教育の根幹をなすものであった。

「師範学校 中学校 作法教授要項」は昭和八年（一九三三）に改訂され、第八章の「言語応対」の第一節に、以下に示す「言語一般の心得」が付け加えられた（注2—16）。第三節の「称呼及敬語」は明治四十四年のものと同一である。

一　言語は思想感情の発表用具なり。されば一語一句、誠意を旨とし、決して軽薄駄弁を弄すべからず。
二　努めて標準語を用ひ、方言、訛語、卑語は避けざるべからず。又濫りに古語、漢語、外国語を用ふることは最も慎むべきことなり。
三　言語は常に簡単明瞭、適当の速度を保たしむべし。
四　言語を発する際はつとめて沈着、静粛且温容を保し、尊敬の念を起さしむやう努むべし。

ここに至り、中等学校（中学校・師範学校・高等女学校・実業学校を含む）の生徒の発話態度そのものの規範が示されることになる。この第二項の「標準語」を用いるべしという要点は、地方での方言がなかなかなくならず標準語の普及が思うように進んでいない当時の社会状況を反映したものである。また「濫りに古語、漢語、外国語を用ふることは最も慎むべきことなり」と、生徒が知識をひけらかすことを戒めている点なども、国策として大いに評価できるものであろう。

昭和十六年、文部省は中等学校の礼法教授資料として「礼法要項」を制定した。そして、これは中等学校の生徒のみならず、「一般国民の日常心得べき礼法の規準たらしめんとする」ものであった（注2—17）。その前篇第五章に「言葉遣ひ」という章があり、大部分は敬語に関する心得である。

一、長上に対しては相当の敬語を用ひる。
二、自称は、通常「私」を用ひる。長上に対しては氏又は名を用ひることがある。男子は同輩に対しては「僕」を用ひてもよいが、長上に対しては用ひてはならない。
三、対称は、長上に対しては、身分に応じて相当の敬称を用ひる。同輩に対しては、通常「あなた」を用ひ、男子は「君」を用ひてもよい。
四、対話者以外の人に就いて語る場合、長上は勿論、その他の者にも、相当の敬称・敬語を用ひる。長上に対して、その人より地位の低い者に就いて語る場合には、たとひ自分より上位の者であつても、普通の敬称・敬語は用ひないか、又は簡略にする。
五、自分の近親に就いて語る場合には、敬称・敬語を用ひない。一般に当方の事に就いては敬称・敬語を用ひないのを例とする。
六、受答には、必ず「はい」と言ふ。特に長上に対して「えゝ」と言ふのはよくない。
七、長上に対しては、なるべく「ございます」「あります」「参ります」「致します」「存じます」「遊ばす」「申します」「いたゞきます」等、時に応じて用ひる。長上には「です」「もらふ」「くれる」等は用ひない。
八、他人の物事には「お」「御」を附け、自分及び当方の物事には用ひないのを通例とする。一般的の物事にも用ひないのを通例とするが、口調や慣習で用ひる場合もある。

九、言語は出来るだけ標準語を用ひる。

（傍線引用者）

「礼法要項」は、基本理念は「作法教授要項」と変わらないが、教授対象を一般国民に広げているためもあって、たとえば第三項では、対称として長上に対しては「あなた」でなく「身分に応じて相当の敬称を用」いるよう示したり、第四項で、話題中の人物が対話者より地位が低い場合には、たとえ自分より上位であっても敬語のレベルを落とすという、より大人としてふさわしい指針が示されているのが特徴である。第六項では、応答詞として長上に対する「ええ」はよくないと、一般人（なかんずく若い女性）が陥りがちな誤りが特記されている。第九項には、引き続き標準語使用が示されているが、なかなか進まない地方の標準語教育の実態を暗示しているように思う。なお、「礼法要項」では、「皇室・国家に関する礼法」は後篇の冒頭に七章にわたり示されている。

このように、戦前の規範としての敬語は、社会生活においては皇室を頂点とする階級制を示すため、またそのミニチュア版として、職場では上司・部下、家庭では親子、長幼の序を言語的に示すためのものと位置づけられた。したがって学校教育はもとより一般国民にとっても、敬語は国語の教育ではなく、修身や作法・礼法の教育の一環として行われたのである。

戦時下には皇室尊崇の傾向が著しく顕著になり、言論統制も厳しく行われ、特に皇室関係の記事には入念な自主規制や検閲が行われるようになった。公用文では欠字も頻繁に行われた。「大日本帝国憲法」の

「第一條　大日本帝国ハ萬世一系ノ天皇之ヲ統治ス」

「第三條　天皇ハ神聖ニシテ侵スヘカラス」

を奉ずる政府としては、天皇に対する忠誠を、敬語を道具として国民に植えつけようとしたのであろうし、また敬語がそのために存在していると考えたのは当然であった。

ところで、「作法教授要項」は皇室敬語が最初に書かれてはいるが、第二項以降は現代でも通じる至極穏当かつ簡明な敬語使用の指針である。第六、第七項も、場面を会社内部に移し用いる語彙を変えれば、内容そのものは至極常識的である。事実「作法教授要項」の内容は、明治四十四年の制定以来、大正・昭和を通じて基本的に踏襲されていった。

しかしながら、平安時代の庶民が王朝文学に登場するような貴族的生活や言語習慣を持っていなかったのと同様に、戦前の一般国民の日常会話が、このような作法・礼法教育にもかかわらず、敬語を使った標準語にならなかったのは、これまた至極当然のことであった。

戦時中、話題の中に天皇が登場するたびに、姿勢を正し礼をしながら言及した中高年の姿が、映画などでしばしば揶揄的に紹介されるが、そもそも国民の話題の中心は天皇や皇室のことではなく、日常生活や仕事に関することが大半で、人間関係も家族・友人と地域住民、職場・学校関係に限られるのが通常である。となれば、国策としていかに皇室尊崇を勧め、皇室に関する敬語を重点として掲げたところで、教室での作文や晴れの場での発話を除けば、一般国民の日常会話は依然としてくだけた表現や方言が中心で、さほど敬語的（標準語的）になったとは言えなかったであろう。

日常会話でも標準語を話し、会話の述語部分にまで敬語を使っていたのは、高級軍人や華族・財閥などの一部の山手上流階級の家族であり、これらは日本国民全体からみれば少数の例外である。

ようするに、一般国民は、日常会話はくだけた言葉や方言で行っていたが、あらたまった場面では標準語で敬語を使うという二重言語生活を送っていたのである（注2—18）。この状態を山田孝雄は「その（口語の）敬語の法則は上述の如くに并然たるものありて実に堂々たる組織を有せるもの」と総括している（注2—19）。

一-2 「これからの敬語」の資料と論点

昭和二十年八月十五日、日本は太平洋戦争に敗れ、アメリカ主導の戦後経営を迫られることとなった。それまで日本のイデオロギーの支柱であった「大日本帝国憲法」は廃止され、「神聖ニシテ侵スヘカラ」ざる存在であった神・天皇は「人間宣言」をし、日本は主権在民、平和主義の「日本国憲法」に基づく民主国家へと変わった。これにより、階級性を端的に象徴していた華族制度は廃止され、民法改正により「家」制度もなくなった。

戦争は重要な国策であり、勝利を期して始めるわけであるから、敗戦は国策の重大な失敗である。失敗は原因を究明せねばならず、政府としては天皇の戦争責任を問えない以上、敗戦の原因を日本文化そのものに求めたとしてもあながち不自然ではなかった。「日本語そのものを廃して国語をフランス語に」と主張した志賀直哉を筆頭に、さまざまな識者・民間人が漢字の廃止や制限を叫び、日本語のローマ字化・仮名文字化を訴え、敬語不要論を説いた。

このような中で、昭和二十七年四月、「これからの敬語」が国語審議会（第一期、土岐善麿会長）より文部大臣・天野貞祐に建議されたのである（注2—20）。

ちなみに、第一期国語審議会には、⑴国語問題の要領（国語白書作成）、⑵漢字の問題、⑶人名用漢字の問題、⑷話しことばの問題、⑸敬語の問題、⑹公用文・法律用語の問題、⑺ローマ字教育の問題、⑻ローマ字つづり方の問題、(9)ローマ字分ち書きの問題という九部会があった。漢字・話し言葉・敬語については当然とも言えるが、ローマ字に関する部会が三つも存在するということ自体、ローマ字に対する当時の関心の高さと国字・国語問題の深刻さを端的に物語っている。なお、第一期国語審議会委員には、カナモジカイ理事長の松坂忠則も名を連ねている。

さて、第一期国語審議会敬語部会の構成員は、部会長は金田一京助（国学院大学教授・文学博士）、部会員は安藤正次（東洋大学教授）・牛山栄治（新宿区立西戸山中学校長）・折口信夫（慶応義塾大学教授・国学院大学教授・文学博士）、佐野利器（東京大学名誉教授・東京市政調査会副会長・工学博士）・沢登哲一（都立第五高等学校長・社会教育審議会委員）・坪田譲治（作家）・照井猪一郎（明星学園中学校長兼小学校長）・務台理作（東京教育大学教授・文学博士）である。

部会は昭和二十五年六月七日に第一回を開催してから、二十七年二月二十九日までに計十八回開かれている。そこで提出された資料は以下の通りである（注2―21）が、ここには敬語問題における論点と当時の論説、政治の思惑がうかがえる。

一、敬語は有用か無用か（金田一委員）
二、敬語法上の問題のありどころ（国語課）
三、敬語法上の術語について（国語課）
四、代名詞の現状について（国語課）
五、小・中学校（男女）の自称代名詞を自由作文のなかからひろってみた一つの統計資料（国語課）

六、女性の自称について（国語課）
七、各種低学年教科書における「お」の用例（国語課）
八、「お・ご」の用法（国語課）
九、敬称について（国語課）
十、新聞紙上の敬称の用例（国語課）
十一、皇室用語（案）（昭和二十二年八月当時の宮内庁当局と報道関係者との協議になるもの）〔うつし〕（国語課）
十二、皇室用語の問題（国語課）
十三、動詞の敬語法（金田一委員）
十四、教室用語（国語課）
十五、対象の性別による「くん」と「さん」との新しい用法について（国語課）
十六、あいさつ語（国語課）
十七、商業主義と敬語（国語課）
十八、公務員の用語について（国語課）
十九、これまでのとりまとめ（国語課）
二十、「これからの敬語」第一稿・第二稿（金田一委員・国語課）

これらの提出資料を俯瞰すると、二つの論点が浮上してくる（注2―22）。

第一に、敬語を維持するかどうかを改めて問題としなければならなかった点である。これは敗戦の原因を、天皇を頂点とするそれまでの階級制に求める立場から要請されたものであろう。第一の論点については、第一回の部会で検討を行っており、このとき次の三つの説が紹介された。

一、敬語法は日本語の美しい特徴であるから、これからもぜひ保存していかなければならない。
二、日本語の敬語法は封建時代の遺習であるから、これからの民主主義の世の中では、当然、清算すべきものである。
三、敬語法は尊敬感情の現れである。民主主義の基本は個人が互に他の個人を尊敬することにかかっているから、これからの世の中にも、ある程度の敬語は有用である。

（傍線引用者）

第一の説は国学的・文化史的な立場から支持されたであろうし、第二の説は特に理科系識者に支持されたものと思われるが、議論の末、第三説に基づいて審議を進めていくことに決定した。これはそれまでの敬語を簡略化して存続しようとするもので、この結果、「必要以上に煩雑な」「（敬語法の）行きすぎをいましめ、誤用を正し、できるだけ平明・簡素」な形に整理するという「これからの敬語」の基本方針が、ここで確認されることになった。

それにしても、敬語廃止論の第二説にも存続論の第三説にも「民主主義」の語が登場し、それぞれがこれを論拠としていることは、敬語研究の到達度の低さを物語っているようで興味深い。

第一部で詳述したように、そもそも上代から現代まで連綿と使われ続けている日本の伝統的な敬語は民主主義とは無関係で、上位者と下位者が互いの階級を遵守するためのもの（階級遵守語）であり、一般国民の中に浸透している敬語といえばこの階級遵守語である。一方、平安貴族たちが相互に使い、その後も上級武士や上流階級内部で互いのエチケットのために使っていた礼儀語も民主主義には無関係で、さらに言えば礼儀語は一般国民にはほとんど無縁のものであった。

なぜなら、日本人の人間関係はウチ・ソト・ヨソの三層であり、ウチの人間どうしは親しいから敬語を使わず、関係のあるソトの人間に対しては依頼・要求したり拒否したりするときの階級遵守語だけ、ヨソは物体同然でコミュニケーションせずに無視するという社会では、よく知らない対等の人間どうしの間で使う礼儀語は発達する余地がなかったからである。現代でも日本人が知らない人には挨拶をせず、公共の場でのマナーが悪くて、欧米からの帰国者を唖然とさせている原因は、この礼儀語不足にある。

第二説がイメージする敬語は上下間のものであろうし、第三説がイメージする敬語は欧米語で発達している対等間のものであろうが、これらを同じ「敬語」という名のもとに、その本質的な内容の検討を行わないまま同列に扱っているのは問題である。

おそらくこの第一の論点について、議論はえんえんと平行線をたどったであろうことが推測され、最後は時間切れとなって、部会長の「英断」かはたまた多数決かによって、強引に決着したのではなかろうか。第三説の中の「ある程度の敬語」という言葉は、双方を引き下がらせるための玉虫色の表現だとさえ言えよう。敬語の用法を論じたり教育したりするときには、論者がその原理・意義をわきまえていることが大前提であることを忘れてはなるまい。

第二の論点は、当時の文部省国語課の用意した資料の多くが、戦前の「作法教授要項」に拠っていることが推測される点である。その結果、内容は一般国民向けというよりは、むしろ学校教育（特に初等・中等教育）において、どのように敬語を教育していくべきかに重点が移ってしまっているように思われる。

考えてみれば、当時敬語の指針の叩き台となる資料は、前掲の「作法教授要項」「礼法要項」しかなかったのである。「礼法要項」は中等学校の生徒だけでなく一般国民にも向けて書かれていたが、建議された「これからの敬語」には「礼法要項」の中の大人向けの部分が抜け落ちており、内容としては「師範学校中学校作法教授要項」を換骨奪胎して踏襲している。そして、文部省はこの叩き台をできるだけ改変せずに、審議会を通過させたいという意図を持っていたように思われる。

たとえば、代名詞（自称詞・対称詞）を一元的に制限しようとし、その「裏付け資料」を装って小・中学校の「自由」作文から自称代名詞を拾っている（資料五）。この作文は、「作法教授要項」で指導された生徒が教師の監督のもとに書いた作文であり、そこに登場する自称詞の大半が「わたし」「わたくし」であろうことは、調べてみるまでもなく明らかなことである。つまり、この「自由」作文は、生徒が日常会話の中で「わたし」「わたくし」と発話していることを保証するものではまったくないのであるが、あたかもそう受け取れるように準備されたのである。

いったい社会に出る前の子供が持つ人間関係とは、家庭とその周辺、そして学校のみである。（旧制）高校・大学はいざ知らず、子供が電車や汽車に乗って学校に通うという事態は想定していなかったはずで、学校そのものも地域社会の中にあった。地域社会では当然のことながら方言を使っており、方言には自称詞・対称詞ともに、標準語に数倍する語彙が存在する地域も珍しくなく、階層に準拠した敬意表現も複雑に発達していたであろう。

そこで、標準形の自称詞一つ（わたし）、対称詞一つ（あなた）に限定すれば、これらが文頭に立つことが多いことを考えると、以下の述語部分もこの主語・対象語に照応する文体（標準語）になることが期待できる。つまり、自称詞・対称詞を決めるということは、子供に標準語教育をするという意味があったわけで、これは「作法教授要項」の趣旨であったはずである。

資料十六の「あいさつ語」は、これこそ方言には山ほどバリエーションが存在する項目であるが、「これからの敬語」では「おはようございます」「こんばんは」など、慣用的な挨拶の単純な標準形を示し、学校で使わせることによって標準語教育を図ろうとするものであった。

資料十四の「教室用語」については、資料七、八の「お・ご」の用法ともども、特に幼稚園や低学年を担当する女性教師が「お」を使いすぎるという反省の材料として使われた。幼稚園などでは「お絵かき」「お並び」「お昼寝」など、教師がさまざまな言葉に「お」をつけ親愛を表そうとする。この用法も階級遵守語的に考えれば、幼稚園児よりもさらに幼い幼児を想定して教師がそれに同調し、その幼児からお兄ちゃんやお姉ちゃんにあたる園児に呼びかけたものと考えることができる（↓201頁）。そのため、使えば使うほど幼児語的に聞こえ、大人の耳にはからかわれているような、赤ん坊扱いされているような不快感を与えることになるわけである。

このように、「教室用語」や「お・ご」に関する事項も、初等・中等教育現場への目配りであって、一般国民向けとは言いがたいものである。

一―3　「これからの敬語」の基本理念

かくて「これからの敬語」は建議された。これには「まえがき」と「基本の方針」がついており、基本理念が示されている。

まえがき

この小冊子は、日常の言語生活における最も身近な問題を取り上げて、これからはこうあるほうが望ましいと思われる形をまとめたものである。

これからの敬語についての問題は、もちろんこれに尽きるものではない。元来、敬語の問題は単なることばの上だけの問題でなく、実生活における作法と一体をなすものであるから、これからの敬語は、これからの新しい時代の生活に即した新しい作法の成長とともに、平明・簡素な新しい敬語法として健全な発達をとげることを望むしだいである。

基本の方針

一

これまでの敬語は、旧時代に発達したままで、必要以上に煩雑な点があった。これからの敬語は、その行きすぎをいましめ、誤用を正し、できるだけ平明・簡素にありたいものである。

二

これまでの敬語は、主として上下関係に立って発達してきたが、これからの敬語は、各人の基本的人格を尊重する相互尊敬の上に立たなければならない。

三

女性のことばでは、必要以上に敬語または美称が多く使われている（たとえば「お」のつけすぎなど）。

この点、女性の反省・自覚によって、しだいに純化されることが望ましい。

四

奉仕の精神を取り違えて、不当に高い尊敬語や、不当に低い謙そん語を使うことが特に商業方面などに多かった。そういうことによって、しらずしらず自分の人格的尊厳を見うしなうことがあるのははなはだいましむべきことである。この点において国民一般の自覚が望ましい。

（傍線引用者）

「まえがき」には「作法」の語が見えるが、これは叩き台の名残であろう。そして敬語とともに新しい作法も「健全な発達」を遂げることが期待されている。

また、「これからの敬語」のキーワードの一つとされる「平明・簡素」が、「まえがき」にも「基本の方針」にも登場する。ここで「必要以上に煩雑」「行きすぎ」「不当に高い尊敬語や、不当に低い謙そん語」と評されているものは、旧時代に発達し女性や商業方面で使われている敬語であり、複雑な敬語を使うことが「しらずしらず自分の人格的尊厳を見うしなう」とまで述べられ、とにかく旧時代の敬語（と思われるもの）を一掃して、一般国民が新しい時代の夜明けと感じられる新味を、この「平明・簡素」さに求めていたように思われる。

もう一つのキーワードである「相互尊敬」は「基本の方針」の第二項にある。この文では、これまでの敬語を「上下関係」に立って発達したもので、「これからの敬語」では戦前とは正反対の方針を取るのだと宣言している。しかし、敬語の意義を「相互尊敬」と考える説は「これからの敬語」により始まったわけではなく、戦前の松下大三郎や山田孝雄が用語こそ違えすでに主張していることであって、いっこう新味があるとは言えないものであったのだが、戦前のものはすべて古くて悪い制度、戦後のものはすべて新しくてよい制度と、対比的に語る文脈においてはありがちな論法であった。

文部省は「これからの敬語」に謳われた「平明・簡素」「相互尊敬」を自画自賛している。この後、約五十年ぶりに出された敬語の指針、平成十二年（二〇〇〇）十二月の国語審議会（第二十二期）答申「現代社会における敬意表現」の中の「Ⅲ言葉遣いの中の敬意表現」第二「敬意表現の概念」の(2)「敬語と敬意表現」において、

> 昭和二十七年の国語審議会建議「これからの敬語」は従来の複雑な敬語を廃し、民主主義社会にふさわしい平明・簡素な敬語の在り方を示した。これは当時の社会においては画期的な提案であり、これまでの国語審議会が敬語について示した唯一の見解である。
>
> ここに示された内容のうち、「相互尊敬」を旨とすることや、過剰使用を避けることなどは現代においても継承されるべきものとして、本答申はこの考えを受け継いでいる。（傍線引用者）

のように、この二つのキーワードを「民主主義」と結び付けて絶賛している。

さらに、平成十九年二月「敬語の指針」が文化審議会から文部科学大臣・伊吹文明に答申された。索引までついたA４判七十七ページの大部の指針の第三章「敬語の具体的な使い方」の第一「敬語を使うときの基本的な考え方」には、最初に「相互尊重」の語が見える（他に「社会的な立場を尊重」「自己表現として」「過剰でなく適度に」「自分の気持ちにふさわしいものを」と列記されている）。

このように、「これからの敬語」に示された「相互尊敬」は、あたかもこのとき新たに作られた極上の概念のごとく語られ、「上下関係」に立ち「不当に複雑」で「封建的」な戦前の敬語と対置されて、文部省（のちの文

部科学省）内部で継承されていった。

一－4　「これからの敬語」の問題点

さて、「まえがき」「基本の方針」に続く「これからの敬語」の本文は、紙幅の都合で項目のみを掲げる。

一　人をさすことば　⑴自分をさすことば　⑵相手をさすことば
二　敬称
三　「たち」と「ら」
四　「お」「ご」の整理　⑴つけてよい場合　⑵省けば省ける場合　⑶省くほうがよい場合
五　対話の基調
六　動作のことば
七　形容詞と「です」
八　あいさつ語
九　学校用語
十　新聞・ラジオの用語
十一　皇室用語
十二　むすび

「これからの敬語」の各条項は、全体として基本理念の「平明・簡素」「相互尊敬」を具体化した内容になっているが、特に「平明・簡素」は強調されていて、「まえがき」と「基本の方針」の両方に登場したように、本文にも三回出てくる。

第一の問題点は、この「平明・簡素」の行き過ぎである。叩き台であった「作法教授要項」では長上に敬語を用いると同時に、自己の家族・親戚には用いないという「謙譲」の配慮が明確になされていたのに対し、「これからの敬語」ではそれがすっぽりと抜け落ちて、国民（なかんずく若い人）に「敬語＝尊敬語＝丁寧な言葉」という印象を与えてしまったことである。

本文に挙がっている例はほとんどすべて尊敬語または丁寧語で、謙譲語も二例（「いただきます」「いってまいります」）あるにはあるのだが、これらをどう区別するのかは書かれていない。最も典型的なのは、「六　動作のことば」で「書く」「受ける」の敬語形が「書かれる」「受けられる」「お書きになる」「お受けになる」「（お書きあそばす）」「（お受けあそばす）」の三段階の表になっており、第一の「れる・られる」が推奨され、第三は「おおいにすたれる形」というが、これらは尊敬語の添加形式のみの段階表示であって、「行く→いらっしゃる」のような敬語動詞を用いた交替形式がない。そして謙譲語は一つもない。つまり、「平明・簡素」が行き過ぎた結果、そもそもの敬語の意義は等閑視され、単に丁寧なよい言葉というレッテルが貼られたのである。

それまで口語の敬語は山田孝雄に「堂々たる組織」と評されたものだったが、教科書で尊敬語・謙譲語・丁寧語と三分類していたにもかかわらず、これ以後、謙譲語と尊敬語を取り違え、相手に対して単に何らかの敬語を用いれば事足れりとする誤りが多発するようになる。言うならば、謙譲語の衰退を招き、敬語体系の混乱を招来した大きなきっかけは、「これからの敬語」の第一の理念「平明・簡素」の行き過ぎにあったと言えるのではなかろうか。

自称詞・対称詞を標準形の「わたし」「あなた」の各一つに限定したのも行き過ぎで、これは「作法教授要項」の趣旨（生徒への標準語普及）を理解せず、条文だけを踏襲した結果である。しかし、標準形を決めるということは、教育現場では強制に等しい。

序説に紹介したように、筆者は文部省直轄の国立大学附属小学校に通っていた。国語審議会建議に忠実であるべきモデル校である。そこでは、入学したときから「わたし」「あなた」を使うよう指導された。女子児童どうしなら何とか「わたし」「あなた」を使えたものの、男子児童は教室内では慎重に主語を省略して、これらの使用を避けていた。もとより休み時間になれば「おれ」「おまえ」の天下である。授業中は、男子児童は「（姓）くん」、女子児童は「（姓）さん」で呼ばれたが、休み時間には女子を「おまえ」「（姓の呼び捨て）」で呼ぶ男子は少なくなかった。そして、わずか六歳の児童であろうと、いかに教育されたにせよ、教師に向かって「あなた」と言う子は一人も存在しなかった。

筆者は学齢前、近所の遊び友だちとは「（名前）ちゃん」「あたし」「あんた」と呼びあっていたが、小学校の教室内での「（姓）さん」「わたし」「あなた」には、急に大人の世界に踏み込んだような傾いた感覚を持ったものである。むろん、一歩学校を離れればこの標準形は影をひそめ、元の「（名前）ちゃん」「あたし」「あんた」に戻ってしまった。

筆者はこの教育により（同級生の男子児童もそうであろうが）、晴れと褻（け）の別による言葉の使い分けを身につけることはできたが、いかなる相手・場面においても自称詞・対称詞を「わたし」「あなた」の各一つだけにするなどということは、人間関係がきわめて限定された小学生にとってもとうてい無理難題であった。

「これからの敬語」の第二の問題点は、「相互尊敬」という言葉の理解の浅さである。いったい人が相互に尊敬しあうということと、対等であるということとは別である。山田孝雄も敬語が「上下貴賤の区別をあらはすに適す」と認めている（注2―23）。しかし、「これからの敬語」が戦前の「上下関係」の敬語と対置されたことは、「これからの敬語」における人間関係は対等であるべきであると考えられたのと同義になった。事実、「十二　むすび」にはっきりそう謳われている。

欧米の個人主義社会はまさにこれで、家庭内で親子が、職場で上司と部下が、学校で教師と生徒が名前で呼びあい、互いに人称代名詞（I ⇔ you）で言及する言語上対等な社会であり、これには自立した個の存在が大前提である。そこには発達した挨拶や婉曲表現を含む礼儀語があり、互いの「相互尊敬」の原則の上に、自らの要求を主張し合うことによって妥協を図り、社会を平和裡に成り立たせている。

「対等」の「対」は「対立」の「対」であり、対立は妥協の母、争いは平和の父という緊張関係のうちに成立する「対等」なのである（しかし、周知のように、欧米では社会の階層化が顕著で、上下の人々どうしの交流は少ない。これは礼儀語がその場の個人対個人の人間関係の調整には役立つが、階級間の調整には機能しないからである）。

ところが、敗戦によって政治的には民主主義の世の中になったとはいえ、日本人の個としての自立は達成されておらず、家庭・職場・学校での人間関係は現在に至るまで依然として上下なのである。これは旧弊というよりもむしろ日本人向きなのであり、日本人は下であったほうが落ち着く民族的心性を持っているのである。政治制度が民主主義になれば、即国民の心理まで平等で対等になると考えたのは、歴史的蓄積による国の文化の本質を顧みない浅慮であった。

日本人は相手と対立することを好まず、反論をできるだけ言わずに争いを避け、懇願の形で要求を通そうとする。この階級遵守語を基盤とした「負けるが勝ち」「拝み倒す」「泣き落とし」という、外国語には翻訳不能な言葉からもわかるように、日本人の間では、上下の区別を作り、なおかつ自分が下になって敬語を使っていたほうが要求を通しやすく、争いも起こらない。上になった方は、快く下の願いを聞き入れることで社会的な尊敬が得られる。こういう伝統を、有史以来連綿と行ってきたのが日本人なのであった。

階級制が崩壊したということは、世襲によって絶対的に決まっていた上下関係が、その場その場で決める相対的上下関係に変わったに過ぎなかった。そのため、「これからの敬語」以来「相互尊敬」が国策として推奨され続けたにもかかわらず、実際の日本人社会は依然として「対等」にはならなかったのである。

たとえば、学校や家庭で敬語教育が軽視された結果、現代の若者は狭義の「敬語」（文法）を使えなくなったにもかかわらず、依頼・要求場面における階級遵守語意識だけはまったく健在で、

「飲み物はだいじょうぶですか」

「ここに名前を書いてもらってもいいですか」

のような、尊敬語・謙譲語を使ったのと同等ないしそれ以上の婉曲表現を次々に発明しており、「敬語が混乱している」という印象をいつの時代にも識者に与え続けているのである（注2—24）。

このように、「これからの敬語」が示した指針は、日本社会に合致しない部分は無視され、合致する部分は漸次定着するという形で現在に至っているが、ここで考えられた「一般国民」には官公庁の役人は含まれていないようである。民主的な政府が示した指針ならば、一般国民に強制する前に、「国民の代表」たる国会議員や「公僕」たる役人に実践徹底されてしかるべきであるが、現在でもなお横柄な警察職員は存在するし、警察の取調室や刑

務所内など外部から閉鎖された社会では、「相互尊敬」など微塵も存在しないだろうことは容易に想像がつく。娑婆でさえ、税務署から法人に送られてくる通知は「ドノ」付けになっている。官公庁は「お上」だから国民より偉いと考える役人が今なお存在することは、「これからの敬語」の理念が「お上」より下々の国民に「下賜」された理想だったことを暗示しているように思う。

第二節　「現代社会における敬意表現」成立の背景と問題点

二－1　「これからの敬語」以後「現代社会における敬意表現」成立までの経緯

平成十二年（二〇〇〇）十二月八日、国語審議会（第二十二期）から文部大臣・町村信孝に対して「現代社会における敬意表現」が答申された。「これからの敬語」から実に四十八年ぶりの敬語についての政府指針である。これは「これからの敬語」と社会の実態との乖離の反省に立って建議されたものであるが、なぜこのように長い時間がかかったのかは考える必要があるだろう。

第一期国語審議会には敬語部会という名の、九名の学識経験者による部会があり、「これからの敬語」もここで検討・作成されたものだった（↓273頁）。この九名はすべて男性で大学教授や学校長など社会的地位が高く、当時の社会状況から言って、この委員たちは家庭内では家長であり、その言語生活は周囲から敬語を使われるのみであっただろうことは容易に想像がつく。このことが、「これからの敬語」に見られる極端な「平明・簡素」の理念として現れたと考えられるのである。

階級遵守語では、上位者が下位者に答える場合、どの程度の敬語を用いるかは自由である。無敬語のくだけた表現でもかまわないし、適当な敬語をつけてもよい。しかし、下位者から上位者に訴えるような大仰な敬語は用いない。ふだん下位者から敬語を使われているだけの委員たちが、「平明・簡素」な「です・ます」敬語を互いに使えば、「民主主義社会」にふさわしい対等な人間関係になると考えたのは、ある意味無理からぬことであった。彼らは平素におけるその立場のゆえに、下位者から上位者に訴え・願う場合には、無敬語のくだけた表現や簡単な「です・ます」敬語ではとうていすまないということに、思いを致すことができなかったのである。

それは文化庁が行った世論調査にくっきりと露呈される結果となった（注2―25）。

注1　世論調査（平成九年一月　文化庁）では、「食べます」の「ます」を「敬語だと思わない」と答えた人は八十五・三％に上り、尊敬語や謙譲語だけを敬語と思う傾向が強いということが言える。

注2　世論調査（平成九年一月　文化庁）では、目上の人に対して敬語を使うと答えた人の割合が八十六・〇％に上り、年上の人、尊敬する人に対してもそれぞれ七十九・二％、六十九・七％の人が敬語を使うと答えている。どんなときも「敬語は使わない」と答えた人は一・八％である。

今日、「敬語廃止論者」を名のる人の多くが、社会的地位の高い男性であることからも、この傾向がわかる。「過剰敬語」と目の仇にするのは、使う側ではなく使われる側だからである。しかし、圧倒的多数の下位者としては、上位者に敬語をたくさん使って要求を通したい、そのほうが安定した人間関係を作りやすいと考えるのは、日本人の伝統的な敬語観からすればこれまた至極当然のことであった。

（注）世論調査（文化庁　平成九年十二月）によれば、「これからの敬語はどうあるべきだと思いますか」という問いに対して、「敬語は美しい日本語として豊かな表現が大切にされるべきだ」という考え方に近いと答えた人は四十六・九％であった。これは、言わば多様性容認に近いと言えよう。一方には「敬語は簡単で分かりやすいものであるべきだ」という考え方に近いと答えた人も四十一・四％あった。

時は高度経済成長を達成し、その後の金融バブルが崩壊したころで、社会の中に閉塞感がみなぎっていた。それまでの国語政策では常用漢字表作成等の語彙的な問題に追われ、言葉遣い全体に対する施策が行われてこなかったのであるが、平成九年の第十九期国語審議会において、ようやく「現代の国語をめぐる諸問題」「3　言葉遣い、話し言葉、敬語、方言等に関すること」として、委員から意見が提出された（注2―26）。

それは以下の十一の項目に分かれている。

⑴言葉の乱れやゆれの問題について取り上げて検討すべきである。

○正しく美しい日本語という目で見ると、今使われている日本語は、非常に崩れてきていると言わざるを得ない。

○現在、中学生同士が話しているのを聞いていると、その言葉が全然理解できない場合も多い。そういう子供たちが大きくなっていくということを考えると心配になる。

⑵発音、アクセント、イントネーションの問題についても取り上げて検討すべきである。

（説明略）

(3)正しい言葉、美しく豊かな言葉、魅力のある言葉の使用について広く社会に訴えることが必要ではないか。
(説明略)
(4)現代の話し言葉、書き言葉における敬語の問題について取り上げて検討すべきである。
○敬語の問題は、日本語の中で非常に大切な分野を占めている。ある方向づけができれば、教育の面でも非常に役に立つと思う。
○言語形式としての敬語の問題を扱うのは易しいとしても、実際の運用の上ではいろいろ難しい問題もあるだろう。
○昭和二十七年の建議「これからの敬語」も今の時代に合わなくなっている面があるので、見直しが必要だと思う。
(5)方言の問題について取り上げて検討すべきである。
(説明略)
(6)文字や単語の問題にとどまらず、「表現」として国語を考えることが必要ではないか。
(説明略)
(7)官庁で使う言葉はなるべく平易にすべきである。
(説明略)
(8)専門用語(業界用語)を一般の人々に対して濫用すべきではない。
(説明略)
(9)言葉の遠慮現象というものに少し注目する必要があるのではないか。

○世界的に見られる現象ではあるが、言葉の遠慮現象の限度について勉強したい。
○最近、こういう言葉を使ってはいけないと言われることが大変多いと感じる。
⑽男女の言葉遣いの問題について取り上げてはどうか。
○小学校の先生（女性）が男の言葉を使われるので、娘に対する言葉のしつけの上で困った経験がある。
○男女の言葉遣いの区別があるのは、日本語の優れた点、美しい点だと思うが、男女の言葉遣いがだんだん接近してくるのは自然の成り行きで仕方のないこととして見過ごしていくのか、やはり区別はあった方がよいのか考えてみたい。
⑾豊富な用例を収録した国語大辞典の編集事業を国として積極的に進めるべきである。
（説明略）　　（傍線引用者）

「現代の国語をめぐる諸問題」は平成十一年まで継続審議され、その一応の帰結として、平成十二年に「現代社会における敬意表現」が答申されたわけであるが、この間に至る審議の最大の要点は、それまで「敬語」という文法上の語彙的な側面に限って進めてきたものが、「言葉遣い」という観点から表現全体にまで視野を広げたことである。

その背景には、当時の委員たちが一日本人として、「今の言葉は非常に崩れていると感じる」「中学生の言っていることがわからない」「小学校の女性教諭が男言葉を使うので娘の教育上不都合である」「使ってはいけないと言われる言葉が多すぎる」など、自身の経験や感覚に基づく率直な意見を述べたということがある。これらは机上の空論や理想論ではなく、生活実感に基づくものである。

第十九期国語審議会委員は、委員長は坂本朝一（日本放送協会名誉顧問・国家公安委員会委員）であるが、委員の中に、菊池幸子（文教大学教授）・幸田弘子（女優）・杉本苑子（作家）・俵万智（歌人）・寺島アキ子（脚本家）・西尾珪子（国際日本語普及協会専務理事）という六人の女性委員と山川静夫（日本放送協会特別主幹・元アナウンサー）の名が見える。書斎の中にこもりきりではいられない女性委員や、政治・文化・生活ニュースを長年扱ってきた元アナウンサーの日常感覚的な意見が反映された結果と見てよいだろう。

そしてその結果、審議の内容は「これからの敬語」の理念優先主義に比べ、格段に現実の社会に近い内容へシフトしていった。第二十一期国語審議会の「新しい時代に応じた国語施策について」の「第一　現代における敬意表現の在り方」（審議経過報告）では次のように述べている（注2—27）。

今、「敬語を中心とする言葉遣い」という問題を検討するのは、それが現代のコミュニケーションを円滑にする上で非常に重要な事柄であるからである。

従来主として扱われてきた敬語（狭い意味の敬語。以下「敬語」という。）は、いわゆる尊敬語、謙譲語、丁寧語などであるが、これらを正しく使えばコミュニケーションが円滑に進むというものではない。そもそも敬語を正しく使うためには、語形の適否の問題とともに、いつ、どんな場面でだれに対して使うのかという運用面での適切さが重要である。しかも、現実のコミュニケーションにおいては、敬語のほかにも相手や場面に応じた様々な配慮の表現が使われており、これらが敬語を含みつつ、全体で敬意の表現（以下「敬意表現」という。）になっていると考えられる。すなわち、コミュニケーションを円滑にするという目的のためには、狭い意味の敬語だけでなく、敬意表現という大きなとらえ方をする必要がある。その際、言葉遣い

が話し手の人間性そのものを表すということにも心を致すべきであろう。（後略）

（文化庁ホームページ「第21期国語審議会」経過報告より、傍線引用者）

また、「Ⅱ　敬意表現の在り方」「一　敬意表現と敬語」の項では、「これからの敬語」の反省点にも触れている。ここでは、敬語の乱れの一因として、「これからの敬語」が一般国民に「敬語＝尊敬語＝丁寧な言葉」という単純化を強い、謙譲語をないがしろにしたために、国民の多くが尊敬語と謙譲語を一緒くたに「敬語」と考え、とにかく相手に対しては何か丁寧な言葉を使っておけばよいという風潮になっていったことへの反省が明確に伺われる。

（前略）ここ（「これからの敬語」）に示された内容のうち、相互尊敬を旨とすることや、過剰使用を避ける等のことは現代においても継承されてしかるべきであるが、一方には社会における敬語使用の実態に即していない面があることも否定できない。すなわちこの建議の掲げる敬語使用は画一的で、様々な人間関係や場面等の視点がないため、広い意味での敬意表現にかかわる配慮に触れていないという問題や、また、謙譲語及び「いらっしゃる」「伺う」等の敬語専用の形を取り上げていないという問題がある。

近年、尊敬語や謙譲語、とりわけ謙譲語衰退の傾向が指摘されているが、一方で丁寧語の使用は非常に普及し、話し言葉では「です・ます体」が一般的な文体として意識されていると言えよう（注1）。

多くの人々はよい人間関係を求め、円滑なコミュニケーションを望んでいる。それを行うためには、相手や場面にふさわしい様々な配慮の表現が必要であると感じていると思われる。敬語についても、その必要性を認めている人は少なくない（注2）。丁寧語や敬語以外の敬意表現で配慮を表していこうという考え方もあろうが、尊敬語や謙譲語の適切な使用が日本の文化、国語の体系上重要であることは言うまでもない。

国語審議会としては、敬意表現が個々人の自己表現として用いられ、コミュニケーションを円滑にするという認識の下に、謙譲語や敬語専用の形も含めた多様な敬語の使い方を敬意表現全体の中で論ずる必要があると考える。（後略）

（前掲「第21期国語審議会」経過報告より、注1・2は288頁。傍線引用者）

この第二十一期国語審議会記録には、付録として「多様な敬意表現の例」がついており、(1)「貸してください」の様々な言い方が丁寧度の高い順に一覧表化されて載っている。「何かを借りるときに出現し得る多様な表現の形を、前置きなどを省略した形で、丁寧さや改まりの程度とともに掲げ」たものである。

このように、実際に相手に依頼・要求する場面では、尊敬語や謙譲語・丁寧語をさまざまに組み合わせ、文法も可能形を使ったり、疑問文にしたり、述語部分を省略したり、命令形を使ったりと、表現が実に多岐にわたっていて、とうてい「平明・簡素」な表現に統一することなど不可能であることを図らずも実証した形になっている。

ただしこの一覧では、最もぞんざいな表現が、なぜか「貸せ」ではなく「貸してくれ」となっている。無敬語のぞんざいな表現は「相互尊重」に反するから、国民にできるだけ使わせたくないとお上は考えたのであろうか。しかし、このような無敬語の直接的な命令形は、親しい（ウチの）相手に対等な立場で命令するものであるから、相手も対等な立場で「嫌だよ」と拒否することができるのである。なまじ敬意を示す（下手に出る）と相手は、断れるものも断れなくなるという真理に、文部科学省や委員は気づいていないようである。

ところで、筆者はこの審議会経過報告に先立つ平成八年に『敬語マニュアル』という本を刊行し、四十項目のあいさつ表現と、百五十項目の行動表現について、丁重度の順に一覧表化して示した（注2―28）。特に行動表現については、平叙文の場合（自分「内」側・相手「外」側）、相手「外」への命令・依頼表現、禁止・忠告表現を紙幅の許す限り掲載し、男性語・女性語の区別や「若者言葉」「古風な表現」などの文体差をもマークによって表示した。

そして、この表化という作業によって、現代では目上に直接命令したり禁止したりはできず、判断を相手に委ねて言い切らないほうが丁重度が上がるという、現代敬語の特質が浮かび上がってきたわけである（内容については各論第一部に譲る）。

国語審議会記録の表は、拙著『敬語マニュアル』の簡略版と言うことができるが、あるいは拙著がきっかけとなって敬語の把握が「平明・簡素」から「多様な表現」へとシフトした可能性も考えられよう。

二―2　「現代社会における敬意表現」の資料と論点

第二十二期国語審議会は、数年にわたる審議の結果、平成十二年十二月「現代社会における敬意表現」を答申した。このときの国語審議会の敬語小委員会は四名の委員からなり、井出祥子（主査）・上野田鶴子・坂本惠・杉戸清樹の各氏である。このうち杉戸氏は専門調査員として協力者の立場をとっていたので、本委員は女性ばかり三名という布陣で、「これからの敬語」の建議委員が老年男性ばかりであったのと好対照を成している。

そのためであろうか、「Ⅱ　現代社会の言葉遣いをめぐる課題」には、都市化、国際化、情報化、少子高齢化などの社会変化は、人々の言語生活や言葉遣いにも少なからぬ影響を与えている。それは、端的に言えば、社会変化に伴う価値観やくらしぶりの多様化と並行した、言葉遣いの多様化である。

とあって、「言葉遣い」を言語学・国語学などの学問の問題ではなく、社会や暮らしといった観点でとらえる視点が明確に現れている。

さて、「現代社会における敬意表現」の項目を次に挙げる。

・はじめに
Ⅰ　言葉遣いに関する基本的な認識
Ⅱ　現代社会の言葉遣いをめぐる課題
・(前書き)
・一　都市化の進展と言葉遣い
・二　世代差と言葉遣い
・三　性差と言葉遣い
・四　情報機器の発達と言葉遣い
・五　商業場面における言葉遣い
・六　マスコミュニケーションにおける言葉遣い

・七　外国人との意思疎通における言葉遣い

Ⅲ　言葉遣いの中の敬意表現

一　円滑なコミュニケーションと敬意表現

二　敬意表現の概念

・(1)　敬意表現とは

・(2)　敬語と敬意表現

・(3)　敬意表現の実際

Ⅳ　敬意表現についての留意点

▽基本的な留意点

▽具体的な留意点

・一　あいさつや前置きの中の敬意表現

・二　人格や人間関係を表す言葉遣い

・三　相手や場面にふさわしくない過剰な敬意表現

・四　地域の言葉に根ざした敬意表現

・五　仲間内の言葉と敬意表現の関係

・六　新しい情報通信手段における言葉遣いと敬意表現

・七　外国人との意思疎通と敬意表現

・八　敬意表現の習得の場

この答申の論点は、前述のように、語彙としての敬語の扱いではなく、社会的行動としての言葉遣い全体から見た「敬意表現」という広い視野で捉えたことに尽きる。このポイントは「現代社会における言葉遣いの核を成すものは、コミュニケーションを円滑にする言葉遣いとしての『敬意表現』であるとの認識に立ち、言葉遣いの在り方についてまとめた」点である。

理念としての敬語ではなく、現実のコミュニケーションを円滑にする手段として敬語を捉えると、行き着く先はおのずと現状追認ということになることになる。都市化の進展で方言が衰退したために、かえって地域社会で方言を守らざるを得なくなったことや、「世代差」「性差」による言葉遣いの違いを認めるのはまさしく現状追認である。現実社会では話し手がさまざまな表現を駆使して、その場面に最も適切と思われる表現を選択しているからである。

この答申では、言葉遣いを社会活動の一環として捉えた結果、「これからの敬語」以前では否定されてきた方言や、外国人との意思疎通にも触れられている。また、「自己表現」と称して多様な表現を認め、それを「自己の人格・立場・態度を言葉遣いで表す」としている。これらは「これからの敬語」の標準語推進、敬語の「平明・簡素」化からの百八十度の方針転換と言ってよい。

「多様な表現」を認める一方、正しく言語教育されなかった若者などが、それまであまり耳にすることのなかった不思議な表現を発明し使うようになって、「言葉が乱れている」と識者に言わしめ、今回の審議の原動力となったのは皮肉である。委員たちは自分の言語観に照らして「言葉が乱れている（正しくない）」と判断したのであろうが、なぜ話し手がそのような「正しくない」言葉を使うのかという原因をまず究明すべきであった。

すなわち、話し手の意識は戦後何十年たっても「これからの敬語」で希望したような「対等な相互尊重」にはならず、あいかわらず上下認識であったのに、その上下認識を維持し上下交流を円滑にするための手段であった敬語を極端な「平明・簡素」にしてしまったため、正しい敬語の知識を教えられなかった若者は自分でそれまでにない表現をあらたに発明せざるを得なかったのである。

そういう意味で、言葉遣いの乱れを正すには、まず正しい敬語の表現を教える（形を教える）こと、そして次に場面の認識をきちんとさせることである。この至極当たり前のことを、本答申では次のように提起しているが、ここでもやはり抽象的な理念を示すにとどまり、具体的にどのように表現したらよいかは「自己表現」の名のもとに、家庭・社員教育を含む教育現場に丸投げした形になっている。

　現代社会における言葉遣いの課題は以上のようにとらえられる。これらに共通しているのは、コミュニケーションを取り巻く社会や人間関係の在り方が多様なものであって、それぞれにまつわる言葉遣いにも多様性が存在するということである。そうした中で意思疎通を円滑に行うためには、話し手が相手の人格や立場を尊重し、その都度の相手や場面への配慮に基づいて多様な言葉遣いから適切なものを選択することが必要である。（傍線引用者）

第三節　「敬語の指針」成立の背景と問題点

三－1　「現代社会における敬意表現」以後「敬語の指針」成立までの経緯

平成十九年（二〇〇七）二月二日、文化審議会から文部科学大臣・中山成彬に対して「敬語の指針」が答申された。「現代社会における敬意表現」が具体的な内容のない、いわば「これからの敬語」からの理念の転換宣言であったのに対して、その理念の「具体的指針の作成」について、平成十七年文部科学大臣が文化審議会に諮問したものへの答申である。

本来、「敬語の指針」は平成十二年の「現代社会における敬意表現」の具体的な指針として発表すべきものであったが、内容をどの程度具体的な表現とするか、また実際の場面において賛否の分かれる微妙な表現をどのように扱うべきか、などさまざまな問題があって、実際の答申までに七年を要してしまったというのが実際のところだろう。

このときの文化審議会敬語小委員会は、阿刀田高（小説家）・井田由美（日本テレビ報道局解説委員）・市川團十郎（歌舞伎俳優・社団法人日本俳優協会財務理事）・内田伸子（お茶の水女子大学理事・副学長）・大原穣子（ドラマの方言指導）・蒲谷宏（副主査、早稲田大学教授）・菊地康人（東京大学教授）・小池保（元ＮＨＫアナウンサー・解説委員、尚美学園大学教授）・坂本惠（東京外国語大学教授）・佐藤元伸（伊奈かっぺい、青森放送株式会社ラジオ局副参事）・陣内正敬（関西学院大学教授）・杉戸清樹（主査、独立行政法人国立国語研究所長）・西原鈴子（東京女子大学教授）・山内純子（全日本空輸上席執行役員客室本部長）の十四名から成る。この中で、蒲谷宏・菊地康人・小池保・坂本恵・陣内正敬・杉戸清樹の六名が、敬語ワーキンググループ委員として、実際の指針の作成にかかわった。

蒲谷宏氏は坂本恵氏とともに待遇コミュニケーション学会を主催しており（筆者も会員である）、この「敬語の指針（報告案）」がパブリック・コメントを求められている平成十八年十二月に研究会を開催し、参加者を五、六人ごとのグループに分けて指針（案）の内容について、詳細な議論を行ったのである。そこで出されたさまざまな意見により、具体的な指針の書き方が、これまでのように単に例を挙げて事足れりとするのではなく、質問に対する解説という形でいろいろなケースに対応できるようなものに変更された。

また、現代社会で特に敬語の「誤用」という指摘の多い「とんでもございません」がほんとうに「誤用」であるのか、「させていただく」の原理を解明しないまま「誤用」と決めつけている実情、またそもそも答申で使用する用語が適切であるかどうか（たとえば「立てる」という言葉の、この答申案での使い方が国語辞典に載っていないこと）などについて、筆者がこの研究会で指摘した内容が数多く解説の中に取り入れられており、近年のお役所の抽象的な答申に比べ格段に現実的で、教育上も有用なものになっていることは確かである。

三－2 「敬語の指針」の資料と論点

「敬語の指針」はＡ４判七十七ページの大部な指針で、「現代社会における敬意表現」の理念を具現化する形で解説し、現代社会で疑問視されている想定問いまで含めている。

まず目次を掲げる。

五　美化語（「お酒・お料理」型）
六　尊敬語・謙譲語Ⅰの働きに関する留意点
第二　敬語の形
一　尊敬語
二　謙譲語Ⅰ
三　謙譲語Ⅱ（丁重語）
四　丁寧語
五　美化語
六　二つ以上の種類の敬語にわたる問題
付　敬語との関連で注意すべき助詞の問題
第三章　敬語の具体的な使い方
第一　敬語を使うときの基本的な考え方
一　現代の敬語は、相互尊重を基本として使う
二　敬語は社会的な立場を尊重して使う
三　敬語は「自己表現」として使う
四　敬語は過剰でなく適度に使う
五　敬語は自分の気持ちにふさわしいものを選んで使う
第二　敬語の適切な選び方

一　尊敬語にするための形の問題
二　尊敬語と謙譲語Ⅰの混同の問題
三　謙譲語Ⅱ（丁重語）に関する問題
四　自分側に「お・御」を付ける問題
五　「いただく」と「くださる」の使い方の問題
六　「させていただく」の使い方の問題

第三　具体的な場面での敬語の使い方
一　自分や相手の呼び方の問題
二　「ウチ・ソト」の関係における問題
三　「ねぎらい」と「褒め」の問題
四　能力などを直接尋ねることの問題
五　依頼の仕方の問題
六　いわゆる「マニュアル敬語」の問題
七　敬語使用における地域差の問題

おわりに
（参考資料）以下略

（文化庁ホームページ「敬語の指針」より）

まず第一章で「敬語についての考え方」を解説してある。この「敬語」とは語彙的なものではなく、表現全体としての敬意表現を表すことは言うまでもない。ここでは「現代社会における敬意表現」で確認した敬語の重要性があらためて確認され、「相互尊重」「自己表現」が二本柱となっている。

第一の論点としては、特に「自己表現」について、これまでにない踏み込んだ解説がなされているのが注目される。

一つは、敬語の使用は、飽くまでも「自己表現」であるべきだという点である。「自己表現」とは、具体的な言語表現に際して、相手や周囲の人との人間関係やその場の状況に対する自らの気持ちの在り方を踏まえて、その都度、主体的な選択や判断をして表現するということである。この「自己表現」という考え方は「現代社会における敬意表現」にも示されている。

例えば、敬語使用に関連して、「心からは尊敬できない人にも敬語を使わなくてはならないか」とか、相手によっては敬語を使うとよそよそしくなる気持ちがする。それでも敬語はいつも使わなくてはならないか」といった疑問を聞くことがある。それぞれ、敬語の固定的な使い方にかかわる疑問である。本指針では、そのような固定的な考え方は選ばないこと、そして、その都度の人間関係や場の状況についての自らの気持ちに即したより適切な言葉遣いを主体的に選んだ「自己表現」とすることを目指したい。この場合も、前述の「相互尊重」の姿勢を基盤とすべきであることはもちろんである。

二つ目は、そのような「自己表現」として敬語を使用する際にも、敬語の明らかな誤用や過不足は避けることを心掛けるということである。言うまでもないことながら、それを十全に行うために、敬語や敬語の使い方についての知識や考え方を身に付けることが必要となる。例えば、「今の自分のこの気持ちを表現するためには、どんな敬語が適切か」「こういう敬語を使うと、人間関係や場面について、どんな気持ちが表現できるか」、さらに前に述べたように「この敬語を使うと（あるいは、この敬語を使わないと）どのような気持ちが表現されることになるか」と、自らに問い掛ける姿勢が必要となろう。（傍線引用者）

「その都度の人間関係や場の状況について」という用語はきわめて重要である。つまり、どんな言葉を選ぶかよりも先に、相手との人間関係やその場の状況を的確に把握することが重要であると言っているからである。これはそれまでの敬語教育（国語教育）の中にはまったく欠落していた視点で、言葉が発せられるためには必ずその前提となる状況が存在するという筆者の考え（↓233頁）がようやく公文書の文言となったことになる。

また、傍線部がなければ、「オレは敬語なんてめんどくさいものを使わないのが『自己表現』だ」という怠慢を肯定する立場になってしまうが、そういう乱暴でぞんざいな言葉や態度を表現することによって、相手からどのように見られてしまうかという結果にまで議論を進めた画期的な指摘だと言えるだろう。

第二の論点としては、第二章「敬語の仕組み」で、いわゆる文法的な敬語をこれまでの尊敬語・謙譲語・丁寧語という三分類から、尊敬語・謙譲語Ⅰ・謙譲語Ⅱ（丁重語）・丁寧語・美化語という五分類に変更した点である。本指針では、従来の三分類と本指針の五分類がどのように対応するのかを表化して示しているが、新設された謙譲語Ⅱ（丁重語）や美化語には、指針案当初もそして現在でも異論が多い。

謙譲語を二つに分けるという考え方自体には問題がない。古典の敬語においても、謙譲語に対象尊敬（「奉る」「うけたまはる」など）と自己卑下（「たまふる」〈下二段活用の「給ふ」〉）の二つがあることが早くから指摘され、日本語教育の現場からも、外国人留学生が自己紹介で「私は○○と申し上げます」という誤用が報告されているからである。

対象尊敬は動作主を下げることによって動作対象を上げる。つまり動作対象の存在する他動詞について用いる謙譲語である。一方、自己卑下は動作主を下げるだけで対象が存在しない。つまり自動詞について用いる謙譲語なのである。「私は○○と申し上げます」は「〜と言う」という自動詞に動作対象がないのに対象尊敬を用いてしまった誤用である。「三番線に電車が参ります」は電車を自分側と考え、「来る」という自動詞を使って自己卑下を用いた例である。

ところが本指針においては、謙譲語Ⅱを「自分の行為を、語や文章の相手に対して改まった述べ方で述べることになり、これが、丁重さをもたらすことになる（傍線引用者）」として、「丁重語」という別称を与えているのである。「語や文章の相手に対して」というところは、聞き手尊敬の丁寧語ときわめて似ている。言い換えれば、この「参る」は丁寧語化しているということもできるわけである。実際、現在では典型的な丁寧語である「ます」も、上代では立派な尊敬語だったわけであり、言葉が時代とともに敬意が下落してくることは言語学的事実である。本指針では、丁重語と丁寧語との明確な区別をしていない。これでは教育現場での混乱は必至であろう。

もう一つの「美化語」であるが、これは「『お酒』『お料理』など物事を美化して述べる」もので、これまでは丁寧語に分類されていたものである。それが「です・ます」のみが丁寧語で、「お・御」は美化語ということになると、まったく性質も規模も違うものを対等に扱うことになってしまう結果になるのではないか。「美化して述べる」という説明にも異論があり、萩野貞樹氏など本指針が発表されてまもなく、「『美化語』新設に疑義あり」というタイトルで、自分は「お米」「ご飯」は尊敬語として「お米」「ご飯」と言うという趣旨の文章を新聞に投稿したくらいである（注2―29）。

いったい用語を命名するからには、命名されたものとそうでないものが明確に識別できる「定義」を決定しなければならない。しかし「お酒」「お料理」「お肉」「お野菜」「お米」「お金」「おビール」「おうち」「お電話」「お時間」「お原稿」「お宅」「お部屋」など無数にある「お」のつく名詞のうち、どれが美化語でどれがそうでないか、その区別はまさに個人によって違い、性差もあり世代差もあるのが当然だろう。「酒」「料理」「肉」「米」「金」とは金輪際言わないという人にとって、「お酒」「お料理」「お肉」「お米」「お金」は美化しているわけでもなんでもない「普通」の言葉に過ぎない。ある名詞に「お」や「ご」をつけるかどうか、つけたときどんな気持ちを表しているかはまさに「自己表現」であり、つけた物を一律に「美化語」と名づけるのは、そもそも本指針の原則に反する自家撞着である。

ようするに、「美化語」などという分類を改めて設ける必要などまったくなく、「お・ご」は名詞につける丁寧語で、文全体の丁重度をコーディネートするためにつけると考えれば、自分側の物事に「お」をつけてもいいのかなどという初歩的な疑問の起こる余地はなくなるはずである。

本指針では、「お手紙」の説明に、「立てるべき人からの手紙の場合は『尊敬語』、立てるべき人への手紙の場合は『謙譲語Ⅰ』」としているが、両方に関係のある物事の場合もあるし、逆に両方とも無関係の場合もある。そんな使い分けを学習させられる身にもなってほしいものである。

丁寧語は聞き手尊敬であるから、聞き手への配慮がない場合には使わない。

「おととい、手紙出したんだけどまだ着いてない？」

という文には敬語はゼロであるが、それは話し手と聞き手が親しくて、無敬語ですむ間柄だからである。

相手がソトの人間で敬語を使って待遇しなければならない場合には、まったく同じ内容の文が

「一昨日、お手紙を差し上げましたが、まだ着いておりませんでしょうか」となるだろう。「おととい→一昨日」「手紙→お手紙」「出した→差し上げました」「ない？→おりませんでしょうか」のように、それぞれの語の働きに応じて、丁寧語を使ったり謙譲語Ⅰを使ったり謙譲語Ⅱを使ったりして、文全体の敬意をそろえるのが正しい敬語表現である。この考え方のほうがよほど明解で、誤解が少ない。本指針の「美化語」という用語とそれに伴う考え方は再考を要すると考える。

第四節　皇室に対する敬語使用

四－1　皇室に対する敬語使用の実態

日本における敬語使用は上代より始まるが、最古の文献である記紀においてはほとんど神とその子孫である天皇に対してのみ用いられ、神・天皇に対する言葉遣いとしてスタートしたことは疑いない。そののち、天皇・皇族以外の上位者一般に対して用いられるようになったが、その扱いは、下位者が相手を一時的にでも神扱いすることによって自らの要求を通すためのものであった（階級遵守語）。

この発想と使用実態は前近代まで連綿と続いたが、実は近代に入っても山田孝雄が「堂々たる組織」と評したように、言語生活というより行動規範（修身や作法・礼法）の一環として行われてきたのである。むろん、一般の国民の話題にそうそう天皇や皇族が登場するわけはなく、天皇や皇室が話題になるのはほとんどが公的場面における挨拶や文章中に限られた。これらは日常会話と異なり使用する人間は限られており、しかもあらかじめ原稿を準備することができる。つまり、特定の人間が一定のマニュアルを用意して原稿を書けばよかったのである。

昭和二十年（一九四五）太平洋戦争に負けた日本は、戦争責任を軍部や政府高官が負うということで昭和天皇（一九〇一～一九八九）の戦争責任は追及されなかった。そして、日本の戦後経営に天皇は欠かせないと考えたアメリカ軍の方針によって、戦前と同様戦後も在位し続けることになった。

そこで、戦前には「神」であった天皇は戦後「人間」として生まれ変わる必要が生じ、「人間宣言」（昭和二十一年一月一日の年頭詔書）が必要となったのである。これは同一人物が神から人間に降格するというに等しく、天から地上に墜落した「神」をどのように待遇すべきか、当時の日本人は政府関係者ならずとも、さぞ困惑したことであろう。

戦前のように絶対敬語を使って「神」扱いすることはもはやできない。しかしだからといって、一挙に一般国民と同じ扱いにすることはとうていできなかった。そこで、政府は報道において皇室をどう待遇して言及するかをいちはやく決め、昭和二十二年八月には、当時の宮内庁当局・文部省当局・報道関係者の協議により、「皇室用語（案）」というものが作られた。戦前の「作法教授要項」が皇室に関する敬語を含めて扱っていたのに対して、実質的に一般国民対象の敬語とは区別したのである。

昭和二十七年建議の「これからの敬語」では、叩き台である「作法教授要項」で冒頭に掲げられて最重要視されていた皇室に関する敬語が最後に回され、相対的な比重が軽くなっている。これは神格天皇から人間天皇へという天皇の地位の大きな変化に伴って、当然起こるべき変化であった。この項で、当時の政府（つまり日本人全体と言い換えてもよい）が、皇室に対する敬語の取り扱いに困惑を来していることがはっきりとうかがわれるのである。「これからの敬語」では皇室に対する敬語使用として、次のようにこれまで、皇室に関する敬語として、特別にむずかしい漢語が多く使われてきたが、これからは、普通のことばの範囲内で最上級の敬語を使う（中略）。その後、国会開会式における「勅語」は「おことば」となり、ご自称の「朕」は「わたくし」となったが、これを今日の報道上の用例について見ても、すでに第六項で述べた「れる・られる」の型または「お―になる」「ご―になる」の型をとって、平明・簡素なこれからの敬語の目標を示している。

（「これからの敬語」より　傍線引用者）

とまとめられた。だが、「最上級の敬語を使う」という前文に反して、敬意の低い「れる・られる」の型または「お～になる」「ご～になる」の型（いずれも添加形式であり、交替形式より敬意が低い）をとって、一般国民対象の「平明・簡素なこれからの敬語の目標」とされているのは、明らかに矛盾である。政府の苦慮の跡は、「ご自称の『朕』は『わたくし』となった」とあるように、条文にさえ敬語をつけざるを得なかったところにもうかがえる。

ともあれ、皇室に関する敬語は、特別の言葉を用いる戦前の「絶対敬語」から、一般人にも使える言葉を用いる「相対敬語」になった。しかし、「平明・簡素」にしようという国の意図とは裏腹に、国民の立場に立ってみれば、戦前の「専用敬語」がなくなったために、かえって公の場で天皇や皇族にどの程度の敬語をどのように使うべきかで悩まなければならなくなった。

新聞は当初、次のような「最上級の敬語」を使っていた。

天皇陛下は二十八日、お喜びも胸深く独立第一日をお迎えになったが、いつもと変りなく午前中は国事室にお出ましになった。

（「朝日新聞」一九五二年四月二十九日朝刊）

昭和天皇死去の際、各新聞はこぞって号外を出したが、その見出しは「天皇陛下崩御」という簡潔明瞭でかつ十分に敬意を表した書き方であった。このときアメリカの新聞が、「日本の新聞各社は天皇にしか使わない特別の言葉を使って死を報じた」という内容で、日本人はいまだに天皇を神様扱いしているという論調が報じられたこともあった。

しかしその後急速に、皇室報道は「れる・られる」が主流となり、今上に代が代わった最近では、述語部分に敬語を使わない次のような例も見られる。このとき主語も敬称を省くのであれば、それはそれで客観的な文と言うことができるのであるが、主語だけは「陛下」を残したため、日本語として不自然な、主述の待遇の照応しない文になっていることが多々ある。

天皇陛下は二十三日、七十三歳の誕生日を迎え、これに先立ち、皇居宮殿で記者会見した。

（「朝日新聞」二〇〇六年十二月二十三日朝刊）

また、外国の王族（グレース前モナコ公妃「読売新聞」二〇〇七年四月十六日夕刊）は無敬語の客観報道であるのに、天皇・皇族には「れる・られる」がついているという、ウチ・ソトのわきまえに反する使用例も見られる。

（皇太子）ご夫妻は2階席から、（愛子さまの合唱を）にこやかに見守られた。
（「読売新聞」二〇〇七年四月十六日朝刊）

海洋生物学者だった昭和天皇は、一九四九年に生物学御研究所から『相模湾後鰓類図譜』を発行されている。
（「読売新聞」二〇〇七年四月二十二日朝刊）

一方、宮内庁が発表する報道や文書では、次のように、主語に敬称をつけるのはもとより述語にも相当の敬語を使っていて、新聞報道とは丁重度に顕著な違いが見られる。

天皇陛下におかせられましては、本日、午前六時三十三分、吹上御所において崩御あらせられました。
（昭和六十四年一月七日の宮内庁長官の発表）

蔵造りの町並み、時の鐘をご視察され、川越まつりの山車、囃子の様子をご覧になる国賓スウェーデン国王陛下及び王妃陛下と天皇皇后両陛下（川越市）
（宮内庁ホームページ　注2—30）

宮内庁の文書では、天皇・皇后が会う場合には「ご引見」、皇太子が会う場合には「ご接見」とするなど、絶対敬語的な細かな使い分けも見られる。

これらの混乱は、もともとの指針そのものが持つ矛盾が露呈したものと言えるだろう。

「これからの敬語」を最後として、以後の国による国語関連の指針において、皇室に関する条項はいっさい登場しなくなる。平成十二年（二〇〇〇）の「現代社会における敬意表現」にも、平成十九年の「敬語の指針」にも、皇室に関する条項は皆無である。つまり、国は皇室についての言語上の取り扱いを国民に対して示すことを放棄してしまい、国民がそれぞれの基準で適当に待遇する羽目になって、現在のような「乱れ」が生じてしまったのだとも言えるだろう。

終戦後漢字を制限する際、文部省は「日本国憲法」に記載されているからという理由で、天皇自身が専用する「朕・璽」を昭和二十五年の「当用漢字表」に採用した。そしてこの二字は、日常文の「目安」であるはずの昭和五十六年の「常用漢字表」でも、平成二十二年の「新常用漢字表」でも削除されずに残っている。

実は、「新常用漢字表」の公聴会（平成二十年度国語施策懇談会）で、筆者は質問カードに「現在の日本国内で一人も使用しない『朕』や『璽』が、日常使用する頻度の高い漢字である『新常用漢字表』に入っているのはおかしい」と意見を書いたのだが、林史典（聖徳大学教授）・阿辻哲次（京都大学教授）・前田富祺（大阪大学教授）などの学者の委員ではなく、司会の文化庁の役人が「日本国憲法に載っている漢字はすべて含める。日本国憲法とは本文のみならず、最後の署名まで含む」という回答をして、筆者の意見はいとも簡単に却下されてしまった。

「憲法」の文言が署名までをも含むというのは初めて聞く説だが、縦割り行政の弊害か、漢字部会の役人は、昭和二十七年の「これからの敬語」によって、「朕」を使う人間は日本国はもとより地球上に一人も存在しなくなったことを知らなかったのであろう。

ここから見ると、文部省（のちの文部科学省）の役人たちにとって天皇は依然として「神」であり、役人は「触らぬ神に祟りなし」を決め込んでいるように見える。そして、一国民の意見など抹殺しても前例をそのまま踏襲するという「継続」の思想は、有史以来一度も革命を起こしたことのない連綿たる歴史をもつ日本の伝統が、役所の中にこそ皮肉なまでに保持されているということを証明した結果となった。しかしそのために、日本国民が一生に一度も使う機会のない漢字を、限られた義務教育時間の中で詰め込まなければならない現場の負担と困惑を、この役人たちはどのように思っているのであろうか。

四－2　天皇・皇族が使う言葉

前近代の天皇は、世話・連絡係の侍従や女房、その他庶民に対して話すときは無敬語であった。これは宮中を舞台にした小説や随筆などで知ることができる。近代に入ってからはなかなか知るすべがないのであるが、おそらく戦前までは天皇が宮内庁の役人や政府の高官に話すときも無敬語であったと思われる。

ところが戦後、人間宣言した昭和天皇が園遊会などで一般国民に接するとき、どのような言葉を使うべきかはかなり重大な問題をはらんでいたはずである。天皇に接する国民の代表の多くは非常に緊張し、最大級の敬意を表そうとする。それに対して、もし天皇が戦前同様の言葉遣いであったとしたら、言語的に明らかな上下関係が誰の耳にも明らかとなり、「人間天皇」として「開かれた皇室」を演出したい政府の意思に反することになってしまう。かといって、良識ある対等な社会人の間で用いられている相互に軽い敬語を付け合う礼儀語を、天皇と一般国民の間で用いさせるのは明らかにまずい。

その結果、昭和天皇が園遊会などで招待された国民の代表と交わす会話は、まるで女性のようなやわらかな物言いとなった。

昭和天皇「柔道は骨が折れるの？」

山下泰裕「はっ、二年前に骨折しました！」
昭和天皇「あっ、そう」

このような会話を見ると、宮内庁は昭和天皇に、漢語よりは和語を、「折れるのか」「あっ、そうか」というキツイ無敬語の男性語ではなく、同じ無敬語でもやわらかく響く「折れるの？」「あっ、そう」という女性語を使わせようと考えたらしい。この後も昭和天皇は応答詞として「あっ、そう」を多用したため、パロディ小説で揶揄されることにもなった（注2—31）。

簡潔な無敬語で何の疑問もなく部下に命令してきた昭和天皇が、ある一時期を境に、周囲から軟弱な女性語の使用を強いられるのは、人間としてまことに気の毒である。政治権力者にとって天皇がいかに飾り物であるかを図らずも露呈したのが、昭和天皇の戦前と戦後の物言いの激変であるように思う。

一方、今上は平成二年即位の折「みなさんと共に社会を担っていく」という「お言葉」を述べ、新聞ダネとなった（注2—32）。というのは、昭和天皇は天皇誕生日などでの一般参賀への「お言葉」として

「誕生日を祝ってくれてありがとう。みなが幸福であることを希望します」

という類の挨拶を続けていて、「みなさん」という言葉は決して使わず、敬語はほとんど文末の「ます」のみであったからである。

今上は昭和天皇に比べ、国民に直接「お言葉」を述べる機会が格段に増え、しかも宮内庁の役人の作文をその

まま読むだけでなく、自身の意思によってさまざまに表現を変えているようである。
平成二十一年十一月十二日、政府主催の御在位二十周年記念式典に続いて、民間主催の御即位二十年をお祝いする国民祭典が行われたとき、小雪の散らつく寒風吹きすさぶ夜半の二重橋の上に皇后と共に着座した今上は、向かいのステージで歌い踊るエグザイルの演奏を二十分以上もみじろぎもせずに鑑賞した後、用意された「お言葉」を述べたが、その最後に

「みなさんは寒くはなかったでしょうか」

とねぎらいの言葉を付け加えた。これを聞いた筆者はほんとうに涙が出た。この七十六歳の老人は自らの意思に関係なく、寒風吹きすさぶ橋の上に帽子もかぶらずにじっと座らされ、さぞ寒い思いをしたのであろう。これが原因で万一風邪でも引かせたら、このライブ鑑賞を企画した関係者は首をくってもすむまいと思ったものである。

この言動に限らず、今上は前立腺ガンの手術後も最低限の入院期間だけで公務に復帰し、平成二十四年東日本大震災一周年の追悼式には、心臓バイパス手術直後の痛みを押して出席した。この出席は今上自身の強い意向によるものと報道されている。この他にも、今上は東日本大震災の被災者および国民に向けてビデオ・メッセージで直接語りかけたり（これは終戦時の昭和天皇の玉音放送以来のことである）、節電のため率先して暖房を切り厚着をして不便をしのぐなど、国民と苦難を共にするという考えを実践している。このような言動を鑑みるに、今上は品位ある言葉遣いや相手への思いやりを含め、民主国家・日本国を統合する象徴として理想的な天皇であると思う。

今上を見習ったのか、皇后・皇太子を始めとする皇族一般の言葉遣いは品位のあるものになっている。ただ、

海外に留学して日本政府の目の届きにくくなっている青年皇族は、話題や趣味、言動を含め、必ずしも理想的とは言えないようである。

四－３　皇族の呼び方について

昭和天皇の皇后（一九〇三～二〇〇〇）は、天皇の生前は専ら「皇后陛下」と呼ばれ、その本名「良子（ながこ）」を知る人はそう多くはなかった。ところが、今上が皇太子時代に民間人である正田美智子嬢と結婚すると、マスコミはこの皇太子妃を「美智子さま」「美智子妃」と呼んだり書いたりし、「皇太子妃殿下」という正式呼称はほとんど使われなかったのである。この傾向は今上即位後も続き、「天皇陛下と美智子さま」のような見出しは週刊誌の至るところに見いだされた（なぜ漢字の「様」ではなく、平仮名の「さま」なのかは、推測の余地がある。日常的に頻用される漢字の「様」ではなく、より柔らかく〔幼児語的に〕感じられるように平仮名の「さま」を選んだとすれば、後述するように結果としてははなはだ侮辱的になる）。

その理由を推測するに、皇后は皇族ではなく民間の出身なので、親しみを感じたいとの思いであろう。結婚直後には「ミッチー・ブーム」も起こり、その年に生まれた女の子に「美智子」と名づけた親も多いと言う。

明治・大正・昭和の三代の天皇の皇后は宮家の出身で、いわば親戚どうしの結婚であったが、前近代では皇族でない女性が入内して皇后になることは、藤原不比等（六六九～七二〇）の娘である光明皇后（七〇一～七六〇）や藤原道隆（九五三～九九五）の娘である定子皇后（九七六～一〇〇〇）を始め、決して前例のないことではない。だから、一般国民も「民間出身」とそう騒ぎたてる必要もなかったのであるが、マスコミに「テニス・コートの恋」などとはやしたてられると、いかにも欧米風の人間的な皇太子像が身近に感じられたのであろう。

だが、一般国民が親しみを感じていることと、女性皇族の呼称を「名前＋さま」にするというのとは、まったく次元が異なる話である。もともと女性の名前はきわめて私的な家庭内のものであり、他人が軽々に言及すべきものではない。筆者の例で恐縮だが、「浅田さん」「浅田先生」と呼ばれることにはまったく抵抗がないが、「秀子さん」「秀子先生」と呼ばれると虫酸が走る。そのくらい名前は個人の魂と結びついているもので、だからこそ前近代では名前に諱（いみな）と呼び名の二つが（功績のあった人物には死後の諡（おくりな）も）あったのである。

まして、天皇の夫人には「皇后」という正式名称があるわけであるから、天皇に敬称をつけて「天皇陛下」と呼ぶのであれば、夫人も「皇后陛下」と正式に呼ぶべきである。天皇だけ正式呼称で呼び、夫人を「名前＋さま」と呼べば、まるで第二夫人・第三夫人のようにさえ聞こえてしまうだろう。皇太子妃もしかりである。「皇太子殿下」と呼ぶのであれば、夫人も「雅子さま」ではなく「（皇太子）妃殿下」と呼ぶべきである。皇室内では皇太子は「東宮」と通称されているから、宮内庁の役人は「東宮殿下」と呼んでいる。ならば夫人も「東宮妃」「東宮妃殿下」であろう。

その他の皇族も、男性は「親王」「王」、女性は「内親王」「女王（にょおう）」という位階と呼称があるわけで、敬称は「殿下」である。姓にあたる宮家の名称もある。皇族を報道などで言及する場合には、「○○宮○○親王」と正式名称で客観報道にするか、これに「殿下」という敬称をつけた待遇報道にするか、いずれかにすべきであると考える。秋篠宮眞子内親王がまだ幼なかったころ、女性週刊誌が幼稚園に通園する内親王を取材して、「眞子ちゃま」と幼児語を使った見出しを立てたことがあったが、これほど内親王本人と読者を愚弄する表現はないと思う。

次に天皇の諡号について述べる。

天皇は存命中は日本国にたった一人しかいないので、天皇または今上（当今（とうぎん））と言えばわかる。しかし没後は先祖の多くの天皇と区別をしなければならないので、諡号を贈ることになっている。これは淡海三船（七二二～七八五）が撰進したのが始まりとされ、天皇が亡くなるたびにその生前の事蹟をたたえ、先祖の天皇の諡号から文字をもらったりして漢風または和風の諡号を贈ってきたのである。ところが、明治元年（一八六八）の詔勅で「一世一元の制」が定められ、それに伴って元号を諡号とすることになってしまった。その結果、明治以後の天皇は生前から諡号があるという珍妙な事態になり、ニュースの中でアナウンサーが今上をうっかり「平成天皇」と口走るなどの事件も起こっている。

前に述べたように、今上は民主主義国家の象徴として最も理想的な資質をそなえている英明な天皇であると思われるのに、その諡号が「平成」という最悪の発音・文字であることが何とも残念でならない。「一世一元の制」は、明治元年の詔勅のままでは後代の天皇が改変することは不可能であるが、幸い昭和五十四年（一九七九）に「元号法」が成立し、一般の法律となって、改正が可能になった。

天皇の諡号は生前の功績にふさわしい、発音も美しく品格のある文字のものを、識者の慎重な議論のうえで天皇の没後に改めて決定するよう法改正することを心から要望したい。

第五章　日本社会と敬語の未来

第一節　現代社会の諸問題

一－1　抑圧の時代

筆者は第一部において、日本では古代から幕末に至るまで、身分・階級の上位・下位の区別が厳然と存在しながら、上位者と下位者はたえずコミュニケーションを行って相互に理解し、一体となって社会を担う連帯意識を持つことができたと述べてきた。そのため有史以来、日本の下位者は革命やクーデターを起こす必要もなかった。そういう日本の歴史の二千年以上に及ぶ上下交流の伝統をものの見事に断絶させ、下位者を抑圧してきたのが、明治維新（一八六八）から終戦（一九四五）に至る時代である。

明治政府は薩長土肥の勢力が天皇を担ぎ徳川幕府を倒して成立したが、政府が行った一連の近代化政策、特に秩禄処分・徴兵制・廃刀令などは、それまで上位者であった武士の社会的地位を、誰の目にも見える形で引きずり下ろした。明治政府の高官の多くは、それまでの下級武士や郷士・百姓の出で元・下位者であったが、身分が世襲で動かないままでは自分たちが権力を握ることはできない。そこでまず四民平等ということで士農工商の区別を廃止し、それからあらためて華族令（一八八四）で公侯伯子男の爵位を定めてこれを世襲とした。自らは当然最上位の公爵として子孫まで上位者になろうとしたのである。

明治十三年の北海道開拓使官有物払い下げ事件に代表されるように、彼らは権力を手にしたとたん私欲に走り、その政治的地位を利用して富をも独占しようとした。江戸時代の幕府の老中が十万石以下の小大名で、徳川幕府が初めから将軍家以外の人間が権力と富の両方を手中にすることがないよう設計されていたのと好対照である。政・官・財の癒着は明治新政府内においては当然のように行われた。

一方、士族の中でもうまく時流に乗れなかった者は、反抗気分が高まっていった。西郷隆盛（一八二七～七七）が征韓論に敗れて下野すると、政府は大久保利通（一八三〇～七八）の独裁のような形になった。各地で不平士族の反乱が起こると、政府は西郷をとりこもうとしたが、そのときすでに遅く、鹿児島は反政府勢力の一大拠点となっていたのである。

西南戦争（一八七七）に圧倒的な武力の違いをみせつけて勝利した明治政府は、この後ますます専制的な政治をとる方向に進み、反政府運動は自由民権運動に移っていった。自由民権運動は明治七年、民撰議院設立建白書提出を契機に起こった。明治十三年の国会開設請願運動では全国から二十五万人が賛同の意を表明し、国会開設・地租軽減・条約改正・地方自治権の確立を求めて運動を展開した。ところが、さまざまの政党・結社が発生しては消え、離合集散しているうちに、農民は地租改正（一八七三）を始めとする重税によって土地を奪われ、寄生大地主と小作の格差が拡大し、没落農民が一揆を起こしては弾圧されるという様相になっていった。

ふつう、前代の混乱を収拾して新しい政権が誕生した当初は、国民は新政権を支持するはずである。そうでなければ新政権自体誕生することはない。ところが、幕末から続いていた農民一揆は明治になって減るどころか、何倍にも激増しているのである。これは、明治維新が国民自らが起こしたクーデターなどでは決してなかったことを意味する。そしてまた、新政府の政策がいかに国民にとって受け入れがたいものであり、新政府への期待を裏切られた国民の憤懣がいかに大きかったかを如実に物語るものである。

その後、政府は西欧列強に追いつけ追い越せのスローガンで富国強兵政策に出たが、それは国内では専制政治を敷くことを意味していた。ただ、国民は「富国強兵」という大義名分の前に反抗の口を閉ざされていたのである。

日清戦争（一八九四）・日露戦争（一九〇四）に勝利して強国になったと錯覚した政府が、調子に乗って大陸進出を進め、他方では太平洋地域独占の野望を抱き、あわせて不況を打開するため、軍事産業を一手に引き受けていた財閥に強力に後押しされて、今般の戦争へと突入していった。乏しい国内資源を外国で調達しなければ列強との競争に乗り遅れるという危機感が、政府をも右翼的な国民をも後押ししたのである。戦争中は、ほんの少しでも日本に不利なことは口にできなかったし、どんなに言いたいことがあっても特高（特別高等警察）が目を光らせている中で言論の自由はまったくなかった。

江戸時代以前の人々は、上位者とあれほど活発にコミュニケーションして上位者を操っていたのに、なぜ明治以後の人々は何も言えずに、あるいは言っても取り上げてもらえずに、弾圧されるばかりになっていったのであろうか。

天皇・将軍を始めとするそれまで代々上位者であった者は、上位者としての振る舞い方をきちんと知っていた。それは下位者が丁重な態度と言葉で何か言ってきたときには、聞いてやることであり、できることなら聞き届けてやることであった。代々上位者として訓練されてきた徳川十五代将軍・慶喜（一八三七〜一九一三）は、明治天皇（一八五二〜一九一二）に対して、「政治を謹んでお返し申し上げる（大政奉還）」というかたちで下位者の礼をとり、あくまで反抗せずに天皇側に上位者としての役割（寛容）を期待した。だからこそ、明治天皇は徳川家を許したばかりか、華族として存続させたのである。外国ならば死刑は免れないところである。

問題は天皇の周りについていた政府高官であった。政府高官はなぜ国民の言い分を聞く耳を持っていなかったのだろうか。端的に言えば、彼らが真の上位者ではなかったからである。明治政府を牛耳っていたのは薩長の下層の武士・足軽あがりの役人で、もともと上流の者はほとんどいなかった。そのため、彼らは日本歴史上で上流階級が行ってきた下位者とのコミュニケーションの取り方を知らなかったのである。彼らは本当の上流ではない成り上がりに過ぎないのに、上流ぶろうとした。いちばん簡単なのは専制政治を行って、下位者に自分の力を思い知らせることである。下位者を抑圧すればするほど、自分が上位者になったような錯覚を持ったのである（これはヨーロッパや中国の皇帝・王と同じ発想・行動である）。

軍部が政治を独占するようになってからは、軍部は天皇の権威を利用し、何でも天皇の命令ということで有無を言わさず言うことを聞かせようとした。日本歴史の伝統からすれば、たとえ天皇の命令であろうと神の命令であろうと、「お恐れながら」と言えば反論したり止めたりできたはずであるが、「天皇ハ神聖ニシテ侵スベカラズ」という文言を彼らは強引に拡大解釈して、絶対服従し反論してはならないというふうに、己の専制支配を正当化したのである。「神聖ニシテ侵スベカラズ」は、反論するときには絶対敬語を使って丁重にすべしという意味に解釈すべきであった。軍部の指導者もまた、生まれついての上流階級ではなかったのである。権力（警察力と言い換えてもよい）で抑圧された国民の多くは己の無力を悟り、我が身大事で、上位者に物申すだけの勇気を持たなかった。

明治維新～終戦の時代は、社会形態としての上位者と下位者は相変わらず存在したにもかかわらず、その実態はそれまでと異なり、成り上がりの「上位者」と没落した「下位者」でしかなくなった。近衛文麿（一八九一～

一九四五）のような例外もないではなかったが、この時代の「上位者」は、本来の上流階級の人々がわきまえていたはずの下位者とのコミュニケーションの意義をまったくわきまえていなかった。そのため「下位者」である民衆の意思はなかなか中央政府に反映されず、結果として専制政治となり、日本人は有史以来初めて抑圧社会の中で生きることになったのである。

一―2　田中正造の孤独な挫折

明治以後の日本がいかにそれまでの日本と異なるかを知る恰好の例がある。足尾銅山鉱毒事件における田中正造（一八四一～一九一三）である（注2―33）。田中正造は、足尾銅山から流れ出る鉱毒による被害を、渡良瀬川沿岸住民の人権問題として取り上げ、その解決に生涯を費やした。これは公害問題第一号とも言えるし、公害が社会問題として議会の場に載った初めてのケースとも言えるものである。

ならば、正造は貧民の代表かと思いきや、そうではなくて名主の家柄、つまり地域の百姓階級の上位者であった。正造は生まれながらに、地域農民の積年の苦しみを取り除く責任と義務を負っていたのである。

足尾銅山が発見されたのは江戸時代初期であるが、当時幕府の直轄として生産された足尾の銅は、国内の需要を満たしただけでなく、大坂・長崎の商人を通じて輸出され、鎖国時代の日本の数少ない輸出品目の代表にもなっていた。しかし、元禄を過ぎるころから生産が激減し、明治維新当時は廃坑同然になっていた。それを明治十年、古河市兵衛（一八三二～一九〇三）が買収し、大規模な機械化を行って採銅を再開すると生産は飛躍的に増大した。

渡良瀬川下流の地域に鉱毒の被害が実態化したのは、それからわずか三年後のことで、この年栃木県令より「渡良瀬川の魚族は衛生に害あるにより一切捕獲することを禁ず」という布告が出されている。銅の精錬に用いるため木材が近隣の山からどんどん切り出され、しかも精練所の煤煙は残った木をも枯らしたため、周辺の山はみなはげ山となって保水能力を失い、渡良瀬川はひんぱんに洪水を起こすようになっていた。その洪水にあった地域の田畑の作物が枯死するという変事も起きた。そして実際に住民にも健康被害が広がり、死者も出るようになった。農民の中には離村する者も増えていった。

折しも、自由民権運動の高まりとともに、明治二十二年「大日本帝国憲法」が発布され、翌年第一回衆議院議員選挙が行われた。栃木県三区から立候補し当選した正造は、いよいよ十年来の公害問題を帝国議会という「お上」の場で取り上げてもらい、何とか解決してもらおうと考えた。それが、地域の上位者である自分の責務だったからである。そのためにまず県議会へ訴えたり、学者の調査報告を援用したり、被害住民の訴訟を支援したりする。

そして、自身は国会の場で、このような被害を放置しておくばかりか、被害住民が請願（押し出し）にやってくるのを警察力で鎮圧する政府のやり方を徹底的に追及し、一方で住民の押し出しをなだめ、自分に一任するよう説得して犠牲を最小限に食い止めようとしたのである。

ところが相手が悪かった。時の総理大臣・山県有朋（一八三八～一九二二）は長州藩の下級武士の出で、吉田松蔭（一八三〇～五九）の松下村塾の門下生である。山県は正造の訴えをまったく聞く耳を持たなかった。それどころか、「あなたの質問は少しも要領を得ない。よって答弁しない。右のように答弁する」と答弁したのである。山県が足尾銅山を閉鎖できない理由ははっきりしていた。それはむろん、銅の生産という国策もあったが、何より当局者である農商務大臣・陸奥宗光（一八四四～九七）の次男・潤吉が、足尾銅山社主の古河市兵衛の養子となっており、市兵衛の死後、潤吉が古河鉱業の社長となったとき、副社長として潤吉を補佐したのが陸奥宗光の元秘書の原敬（一八五六～一九二一）という、現代を彷彿させるような政・官・財の癒着が、明治維新後わずか三十年ですでに確固としてできあがっていたからであった。

明治三十四年、国会での追及という正規の手段での目的達成が不可能と判断した正造は、国会議員を辞職し、最後の手段に訴えることにした。それは江戸時代の百姓が最後の手段として用いた直訴である。しかも、今回は藩主や将軍にする直訴ではない。当時の日本国の正真正銘の最上位者・明治天皇に直訴を敢行したのである。正造の目論見では、最上位者である天皇がこの直訴を取り上げてくれさえすれば、自分は死罪になったとしても、必ず足尾銅山を閉鎖し、地域農民の苦しみを救ってくれるはずであった。そうすれば、正造は名主として自分の責任を果たすことができ、「義民」として子々孫々まで敬われることにもなるはずである。正造の発想は、まさに典型的な前近代の下位者のそれであった。

そこで、正造は社会主義者・幸徳秋水（一八七一～一九一一）に上表文を起草してもらい、それを明治天皇の馬車に向けて差し出した。だが、きわどいところで憲兵に取り押さえられ、天皇は上表文を取り上げることなく直訴は失敗に終わった。そのうえ正造にとって屈辱的だったことは、前代の百姓ならば直訴は例外なく死罪と決まっていたのに、「単に狂人が馬車の前によろめいただけ」として政府は不問に付し、釈放されてしまったことである。

正造の悲劇は、訴えが通らなかったことだけではない。百姓階級の上位者であった正造は、地域農民からは必ずや訴えをお上に通してくれるはずという期待を背負わされていた。ところが、訴えは国会で門前払いされるわ、直訴に失敗してもおめおめ生きて帰ってくるわ、ということで、農民は次第に正造の無力を悟り、見限るようになっていったのである。国会議員を辞職し上位者としての名誉も実力も失った正造を、農民たちは「田中さんも落ちぶれたもんだ」と揶揄した。この公害問題が、住民運動の盛り上がりによる社会的な運動ではなく、前近代の上位者の責任としての訴えにほかならなかったことを、当事者のはずの地域農民が代表の正造から離反したことによって、図らずも露呈してしまった恰好であった。

その後政府は、下流の谷中村を水没させて遊水池とすることによって鉱毒を滞留させようとし、依然として抵抗していた住民を、立ち退き料によって切り崩していった。最後まで正造とともに抵抗したのは、わずか十六戸に過ぎない。その十六戸も強制収用され、田中正造は足尾銅山の鉱毒問題を解決できないまま、大正二年(一九一三)ついに胃ガンで倒れたのであった。

田中正造がもし西欧の民衆運動の指導者であったなら、むしろ旗を立てた押し出しの農民をなだめて帰したりせず、自分がその押し出しの先頭に立って政府に押しかけたであろう。そして農民たちもまた、やることなすこと失敗に終わった失意の正造を見限ったりはしなかっただろう。

田中正造の孤独な挫折が残した教訓は、明治以降の「上位者」は下位者の言うことを聞く耳は持っていないということ、そして問題を解決したければ、上位者を動かして何とかしてもらおうとする姿勢は無益であり、下位者自身が自分で動かなければならないということだと言えるだろう。

この原稿を書いている今しも、山本太郎参院議員が平成二十五年秋の園遊会において、今上に上表文を差し出したというニュースが報じられた。映像で見るかぎり、山本議員は封筒にも入れない上表文を今上に差し出して、しきりに何か嘆願していた。上表文はいったん今上の手に渡ったが、すぐさま侍従長がひったくるように奪い取って上着の内ポケットに入れた(そのあまりの乱暴さに筆者は非常に驚いたが)。つまり今上は上表文を見る機会を失ったわけである。

現代は民主主義の時代であり、国会が国権の最高機関で、天皇は政治に関しては何の権限も持たない。にもかかわらず、国会議員が自ら主権者の代表として必要な努力をせず、上位者に訴えて何か問題を解決してもらおうというきわめて日本的な発想と行動様式を、まだ三十代という若い山本議員でさえも持っているということは、この国に民主主義が果たして向いているのだろうかという疑問を禁じえない。

そして、平成二十五年十二月六日、自民党の選挙公約にもその後の安倍晋三総理の所信表明演説にも記載のない「特定秘密保護法」は、十分な審議も尽くさぬまま、国会で過半数を握る与党の強行採決によって可決されてしまった。死に票の多い小選挙区制によって選出された国会議員は、民意を反映しているとはとうてい言えないのだが、国会で可決すれば誰も文句は言えず、仮にも反対運動など起こせばそれこそ警察力で鎮圧する対象になる。これが現代日本の「民主主義」の実態であることを、国民ひとしく肝に銘ずるべきであろう。

一－3　現代の「上位者」と「下位者」の特徴

第一部ですでに述べたが、前近代の上位者は寛容・鷹揚・寡欲という三徳をそなえていることを要求された（↓98頁）。このうち最も大切な徳は寛容で、下位者が丁重な態度と言葉で何か訴え、詫び、願ってきたときには、寛容にその罪を許し、願いを聞き届けてやるのが、伝統的な上位者の態度であった。そしてまた、そういう上位者に訴える下位者も、自分個人の利益よりも地域住民全体の利益を考え、先祖に顔向けができるよう、子々孫々にたたえられるように行動を律し、勇気をもち腹をくくって上位者と対峙していた（中世の百姓たちが団結して荘園領主に訴状を提出し、逃散して闘ったように。↓155頁）。

田中正造よりわずか四十年早く生まれた肥後国矢部郷の総庄屋・布田保之助（一八〇一〜一八七三）は地域の百姓の最上位者として矢部郷開発にあたり、私財を投じ身命をなげうって白糸台地に水を送る水道橋・通潤橋を完成させた。地域農民は保之助の功績を讃え、布田神社に神と祭って、子々孫々にその事蹟を伝えた。田中正造ももう五十年早く生まれていたら、足尾銅山鉱毒事件は解決され、地域農民から神と祭られる身になれたかもしれない。

序説で、最近の子供は悪いことをしても「ごめんなさい」と言わない、と述べた（→23頁）。ところが、これと裏腹に、最近は大会社のトップがマスコミのカメラの前に居並んで、いとも簡単に「まことに申し訳ございません」と低頭するお詫び会見がよく報じられる。これが布田保之助なら、もし通潤橋工事に失敗したら、一言の謝罪も釈明もせず、そのまま腹を切っただろう。実際、通潤橋の竣工式に際して、保之助は白装束に身を包み、脇差しを帯刀して橋の中央に端座し、足場の破壊を待ったと言う。

会社のトップたるもの、失敗が表沙汰になってから頭を下げるのではなく、そもそもそういう事態にならないように、ふだんから指揮・監督を徹底すべきである。保之助は通潤橋工事の期間中、怠慢者を出さないため、あらかじめ四寸柱と縄を用意して見せ、「怠慢者はこれに縛る」と宣言した。また、毎朝七時の仕事始めに遅刻してきた者には、「朝寝開き」という特別の開墾を罰として与えたと言う。そして自らは、夜明け前から夜遅くまで現場に出て指揮・監督し、特に重要な導水管の石を選定するにあたっては、切り出した一個一個の石の六面を自ら叩いて強度を確認したものしか使わなかったと言う。

トップが最終的に責任を負うということは、「申し訳ありません」と卑屈に低頭することではなく、いさぎよく身を引く（もちろん退職金など返納して当然）ことだろう。それなのに、最近のトップには、組織ぐるみでさんざん犯罪隠蔽工作を指示しておきながら、「表沙汰になったら謝ればいいのだ」という居直りが明らかに見える。「謝る」とは、下位者が上位者に対してする行為である。だから、子供が親に、生徒が教師に、部下が上司に謝るのは当然で、このとき親や教師や上司は、上位者の徳を発揮して寛容に許してやるものなのである。一方、上位者たる親・教師・上司は十分に自覚し、責任感を持って、自分が謝らなければならない事態を回避しなければならない。そのために、常日頃から現場に立って指揮・監督を徹底し、下位者の意見によく耳を傾けるのが真の上位者なのである。

だが、明治以後の「上位者」は前近代の上位者とは異なり、三徳はそなえていなかった。それどころか、下位者の言うことに聞く耳を持たない「狭量」、権力を握るや富をも独占しようとする「強欲」、さらに組織ぐるみで犯罪を犯し指示をしておきながら、発覚を恐れて隠蔽する「怯懦」、そして隠蔽工作がばれて悪事が明るみに出ると責任をとって自裁するのではなく、マスコミの前に出てきてお詫び会見をして事をすまそうとする「卑屈」の、四悪をそなえるようになってしまっているのである。

現代の「下位者」もまた、前近代の下位者とは本質的なところで違ってきてしまっている。社会生産性本部が、毎年新入社員に対して行っている「若者意識アンケート」調査の中に、「(e)上司から、会社のためにはならが良心に反する手段で仕事をすすめるように指示されました。このときあなたは」という問いがある。平成十六年（二〇〇四）四月に行われた調査では「できる限る避ける」が四十・八％だったのに対して、「あまりやりたくはないが、指示の通り行動する」が四十三・四％で、過去最高の数字となった。新聞やマスコミは、最近の若者が「無気力で長い物には巻かれろ」と考える傾向が加速されたと報じた（注2―34）。

実はこの質問は、平成十八年から回答の選択肢が「指示の通り行動する」「指示に従わない」「わからない」の三つに変更された。平成十九〜二十五年の回答では、「指示の通り行動する」が三十七〜四十%、「指示に従わない」が十一〜十三%、「わからない」が四十七〜五十%で推移し、ほとんど変化していない。自分の良心に反しても「指示の通り行動する」者が四割に迫り、良心を信じて「指示に従わない」者は一割強しかいないのである。そして、回答の選択肢が以前より極端な形になったため、そのどちらをも選びたくない者が「わからない」を選択した結果こうなったものと思われる。

しかし、実際そういう場面に遭遇したら、「わからない」と言って思考停止していることは許されないだろう。やるかやらないかの二者択一を迫られるわけである。ここで「指示に従わない」と答えた者も、敢然と「嫌です」と拒否するつもりではあるまい。上司にわからないようにサボるとか、病気をよそおって欠勤する、または退職するという「逃げ」を打つのではあるまいか。

また、同じ調査には、「(f)職場で法令に抵触する可能性があることが行われていることがわかりました。あなたとしては是正した方がよいと思い、上司に相談しましたが、具体的な指示や行動をとってくれそうにありません。このときあなたは」という問いもある。この回答の選択肢は、「もう一つ上位の上司に相談する」「総務部など管理部門に相談する」「役所など公的機関やマスコミ等に相談する」「わからない」である。平成二十五年の調査結果では、「もう一つ上位の上司に相談する」が五十八・二%で、「総務部など管理部門に相談する」の三十・六%の二倍近い割合となった。

この調査の結果については、さもありなんと思う程度で特に驚きはしないが、筆者が憂えるのはむしろ、回答の選択肢がこれしかないということである。この調査は昭和四十四年（一九六九）から継続して行われているそうだから、質問を作った側もすでに相当の無力感と閉塞感に冒されていると見える。

上位者の言うことは御無理ごもっともで、何がなんでも従わなくてはならない、反対すると不利益を被るという風潮になったのは、実は明治維新以後の話である。最近はこれに加えて、直属上司の言うことを聞けないときには、役員に直訴しマスコミや裁判所に密告することが奨励されるようにもなってきた。(f)の調査で役員への直訴が六割になんなんとしているのは、直属上司を飛び越えて直訴することにどんな弊害があるかを、最近の若者がまったく知らない証拠でもある。今上に直訴した山本太郎参院議員も、それがどれほど重大な行為であるかの認識がまったく欠如していた。

明治維新を境に、日本人のものの考え方は大きく変わった。(e)(f)の回答の選択肢には、「丁重な言葉で婉曲に拒否する」も「涙ながらに（命がけで）諫言する」も「直属上司が動いてくれるまで、繰り返し何度も丁重に説得する」もない。だが、明治以前の日本の下位者が上位者の理不尽な命令や怠慢に対して行ってきたことは、この三つであった。

現代の「下位者」は明治以前の下位者のような自覚も勇気も覚悟もない。無気力で我が身大事の臆病者であり、何か目立つ行動を起こして不利益になることを恐れて何もしない怠慢がはびこっている。現代の日本の若者は、外国の若者に比べて物理的な戸外運動もしないが、思想や信条を表明するための活動もほとんどせず、他人や社会に対して関心を持たずにゲームなどの個人的遊戯にふけってばかりいるように見える。

しかしながら、このような若者が増えれば増えるほど、権力を握ったものの思うツボなのである。社会を変革するのはいつの時代も若者のエネルギーである。若者が子供のようにゲーム機で遊んでいるうちは、この社会の閉塞感など永遠に終わらないと、若者自身そろそろ自覚しなければいけないのではなかろうか。

一－４　殺伐たる現代社会

少し前の記事であるが、「朝日新聞」（二〇〇七年七月九日朝刊）の「声」らんに、殺伐たる現代社会を象徴するような三つの投書があった。それぞれ、特に異常な出来事というよりは、現代社会のあちこちで見聞するような出来事ばかりであるが、これらの背後に日本人が抱える人間関係のとらえ方の変化がある。

携帯メールで殴り合い寸前　写真店経営　60歳　男性

帰宅途中、午後10時半ごろの私鉄電車で、優先座席に若者４人が座っていた。20歳前後の女性は携帯電話のメールに夢中だった。

「ここは携帯を切らなきゃいけない所ですよ」。前に立っていた60代男性が注意した。女性は無視。数回目の注意で、逆ギレした。けるようなしぐさをしながら「うるさい」。

女性の隣の若者が「使ってもいいじゃないか」と60代男性と言い争いになると、20代のサラリーマン風の男が「お前、うるさいんだよ」と激怒。少し離れた席から20～30代の酔っぱらい２人が「メールやってもいいじゃないか」などと参戦。60代男性に殴りかかりそうに詰め寄る。険悪な雰囲気になり、別の30代の男性が携帯のマナーを説明し、その場は納まった。

バトルは10分余続いたが、女性はずっとメールを続けていた。60代男性に「殴られてしまいますよ」と話しかけると、「２度あります」と答え、この人は大学教員だった。この２週間でこんな騒ぎに２回出くわした。なんとかしないと大変なことになりはしないだろうか。

「女性専用」と障害の夫拒む　46歳　主婦

今月初め、夫と帰宅中のことでした。夫は右半身まひと高次脳機能障害があり、つえをついています。午後9時ころ、ちょうど電車が来て2人で乗りました。そしたら異様な視線を感じ、間もなく「女性専用車両ですよ！」と怒ったように若い女性。ハッと気づき、「次で降りますから」と答えましたが、「そっちから移動できます」と隣の車両を指さされました。

電車は揺れ、夫は緊張と焦りでうまく体が動かせなくなっています。私は、揺れる連結部分の両方のドアを押さえ、夫を支えて必死で隣の車両に移ったら駅に着きました。ため息をつきながら降りました。

夫婦連れの夫が痴漢をするとは思えません。まして、つえをついた障害者ができるはずもないのに……。

後から、女性専用車の対象には、障害を持つ男性も入っていることを知りました。でも、乗客が知らないもう少し余裕の気持ちで見守ってもらいたかったと思うのは、勝手な言い分なのでしょうか。

のでは意味がないですよね。気を付けて乗るしかないのでしょうか。

子どもの歓声　騒音ではない　無職　71歳　男性

「ちかくにすんでいるひとのめいわくになります。おおごえはださずにあそびましょう」

先日、こんな看板が近くにある児童公園の入り口2カ所に掲示された。

私は児童の安全見守り活動をしている。その公園で活動中、市の公園管理の方から「子どもの声はうるさいですか」と尋ねられた。

「大勢の子どもの声で元気をもらっている」と答えた。聞くと、自宅で仕事をしている人から苦情があったという。子どもが公園で遊ぶ声がうるさいそうだ。

約40年前に分譲された団地の中に児童公園はある。約１１００戸があり、今は高齢化と少子化が進んでいる。公園にはブランコや砂場があり、危険防止の注意看板なら望むところだ。しかし、これでは家の中でテレビゲームに夢中になっている子どもに公園で遊びなさいとお母さんが言えなくなってしまう。

市の担当者も心苦しいでしょうが、もっと対応の仕方がなかったでしょうか。何とか心の通い合う街にしたい、と思う。

最初の二通の投書は、現代の日本人の礼儀語不足を典型的に表しているように思う。

最初の投書の、知らない人と無敬語でしか話せない若者や酔っぱらいの人間関係は、ウチとヨソしかないのである。初め六十代の大学教員は礼儀語で、メールに夢中の若い女性に注意した。ところが女性はこの注意をヨソとして黙殺する。数回に及んで今度は突如ウチの相手に言うように「うるさい」と逆ギレする。つまり仲間とするようなケンカに持ち込むわけである。この女性の持っている人間関係においては、「うるさい」と逆ギレしたら、相手は黙って引っ込んでくれるのだろう。隣の若者は女性とはウチ関係と思われるから味方に付いた。

ところが、六十代男性の注意を正論だと思った二十代サラリーマンは、「お前、うるさいんだよ」とこのケンカを買ってしまう。「売り言葉に買い言葉」になっているのだ。離れた席の酔っぱらいは面白いケンカを高見の見物とでも言うように、無責任なウチの言い方で言う。ようやく、三十代男性が携帯の使い方を説明してその場は納まった。この男性はおそらくある程度丁寧な言い方で一同に説明したのだろう。

ここに登場する人物で、礼儀語を使えるのは最初に注意した大学教員の六十代男性と、最後に一同に携帯の使い方を説明した三十代男性のみであると言える。しかも、この大学教員の男性は同じような注意をして、すでに二度も殴られた経験があると言う。それにもかかわらず注意をやめないのは、若者に正しい社会のマナーを教えるべき大人としての責任を自覚しているからである。こういう大人としての行動がとれる人が増えてくれば、若者もウチ・ヨソしかない人間関係でない、ソトの人間関係をもつことの大切さを理解するようになる。社会教育の必要性を痛感するような投書である。

二通めは、日本人の融通のきかなさをを端的に表している投書である。「女性専用車両」なのだから、男と名のつくものは障害者も男児もダメと考えるのだろう。近頃は何かルールを決めると、それを何が何でも守らなければならないと頑なに考える人が増えたように思う。前近代の上位者はこういうとき、まあ細かいことはどうでもいいという鷹揚さをもっていたのだが、現代人の特に中年以上の男女は正義感が強すぎ、狭量である。若者が一途な正義感を持つのは当然と思うが、ある程度年を取ったら、その場その場で融通無碍に人間関係を切り回していく柔軟性（鷹揚さ）が必要であろう。

三通めも現代日本人の自己中心的な狭量さの見本である。筆者の家の近くにも都立公園があり、そこの野球場は有料で貸し出され、土日や夏休みなど中学生・高校生が元気に汗を流している。ところが、そのグランドと道路一本隔てて民家が建ち並んでおり、その中の誰かが公園の管理事務所にクレームをつけたらしい。曰く「野球をやる声がうるさい」。そこで、管理者はグランドの金網に「近隣の迷惑になりますから、大声を出さないようにしましょう」という掲示を出したのである。

いったい、自宅や学校で出せない大声を野球のグランドでも出せないとしたら、子供はどこで大声を出せると言うのだろうか。大声で自分や仲間を鼓舞して精一杯頑張ってこそ、戸外で野球をする意味がある。たまの土日や夏休みの数日間の我慢がなぜできないのだろうか。騒音を気にせず集中して仕事がしたいなら、耳栓をすればよい。どうしても我慢ができなければ、引っ越しをするという選択肢だってあるだろう。野球のグランドの近くに住んでいて、子供の野球の声を静かにせよというのはあまりに身勝手だとは思わないのだろうか。近頃の大人に「大目に見る」という慣用句は死語になっているらしい。

市当局者や公園の管理人も、クレームが来たから機械的に掲示を出すというのでは、まるでロボットである。どうして「子供はここでしか大声を出せないのだから、大目に見てやってください」ととりなして言えないのであろうか（「下位者の罪を許すよう上位者に進言する」意の「とりなす」も、現代ではもはや死語のようである）。住民という「上位者」の言うことは御無理ごもっともで、看板さえ出しておけばそれで自分の義務は果たしたことになるわけだから、あとは知らないという態度は、無気力な現代の「下位者」そのものである。

一－5　ウチ・ソト・ヨソ認識の狂いといじめの関係

伝統的なウチ・ソト・ヨソ関係においては、この境界は弾力的で、場合によって、ある人を近づけたり遠ざけたりして間合いを計り、人間関係を円滑に保っている（↓243頁）。

現代社会は、このウチ・ソト・ヨソ認識に狂いが生じていると見られる現象が起きている。こんだ電車の中で大声で携帯電話で話す人、それを言葉で注意できず相手を殴る人、足を踏んでも知らんぷりをする人、逆に暴行を加える人、化粧を始め着替えさえする人、授業中に日常会話とほとんど変わらない音量で私語をする学生、パチンコ店で見知らぬ人が差し出したコーヒーを平気で飲む人、見知らぬ相手に突然なれなれしい言い方で話しかける人等々、これらの人に若者が多いのは事実であるが、最近は中高年の男女にも見られる。

これらのケースからわかることは、現代人のウチ・ソト・ヨソ認識に狂いが生じた結果、ウチが拡大してソトを圧迫し、ヨソと接近してしまったことである。見知らぬ人になれなれしい口をきいたり、差し出されたコーヒーを何の疑いもなく飲んだりするのは、本来親しくないはずのヨソの人間をウチ扱いするからである。

また、電車の中で化粧したり、授業中の教室で傍若無人に振る舞ったりするのは、関係を持つべきソトの人間に対しても、ヨソとして物体同様に無視するからである。そして、いったんこの関係ができてしまうと、これが固定されて容易に変化しない（図12）。

若者の交遊関係を見ていると、一見多くの友人と一緒に楽しく行動しているように見えるが、新聞のアンケート調査などでは、意外に気を使っていて疲れると答えていたように思う。それらの友人とは何でも気兼ねなく話せるわけではなく、笑われはしないかと常に気にしており、逆に相手が何気なく言った一言で簡単に傷ついてしまう。

むしろ彼らは、自分が不安なあまり、本来ソトの人間をウチに取り込んだりヨソに押しやったりしたために、相手との距離感の調整ができなくなってしまったのではなかろうか。

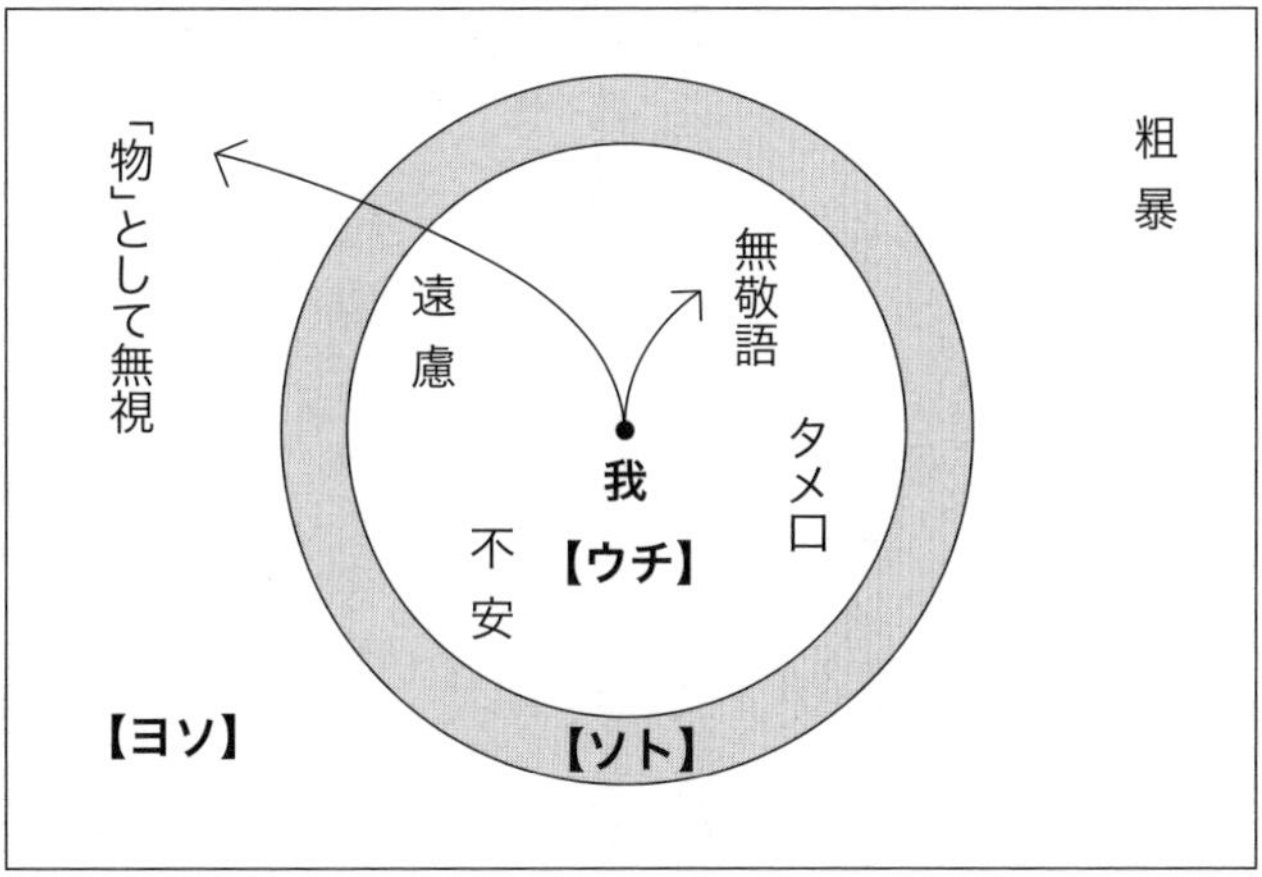

【図12】現代の狂ったウチ・ソト・ヨソ認識
（浅田秀子（2005）『「敬語」論——ウタから敬語へ』勉誠出版より）

そして、あまり好ましくない相手だと気づいても、いったんウチで固定した関係を遠ざけることができず、不本意ながらずるずると付き合い続けるはめになる。一方、社会は物体どうしのぶつかりあいのようになって、殺伐としてしまったのである。新聞の投書の一通めが典型的な例である（→334頁）。

戦後の民主主義は至るところに広がり、私的な空間であるはずの家庭内にも「民主化」の波が押し寄せた。その結果、戦前には普通であった家庭内での敬語使用は姿を消し、今や日常的に親に敬語を使っている子どもは皆無であると言ってよい。

学校や会社はまだ上下関係が残っている場所であるが、それでも現代の子供が学校の先生に対して「です・ます」以外の敬語を使うことは稀である。こうした傾向の背後には、封建時代に存在した上下関係はすべて悪とする考え方があり、敬語を使うことがその上下関係を維持・助長すると見られたために、家庭や学校で敬語が消失したのである。

問題はその結果、家庭や学校でみんなが平等で平和になれたかということである。親子は確かに仲良くなり、友だちのような口をきくようになった。しかし、子供は誕生日のプレゼントを交換したり、ありきたりの日常の話は親と仲良く頻繁にできるのに、自分の生存にかかわるいじめなど深刻な問題については、親に打ち明けることができないのである。また、親が子育てに疲れて子供を放棄したり、単なるわがままや鬱憤晴らしで虐待し殺してしまう事件も後を絶たない。

これらのケースを見てわかることは、子供が親を保護者として見ておらず、親は子供を被保護者と見ていないことである。学校も同様である。教師が名前を呼んでも目を合わせない生徒がいたり、逆に、注意しても聞かないからと生徒を足蹴にして大怪我をさせる教師もいる。叱られたことを逆恨みして、ナイフで報復する生徒もいる。

親や教師の制止が効かないから、子供がほんとうに危険な行為を行おうとしているときにも、止める手だてがない。青少年の犯罪が急増している背景には、親や教師を始めとする大人の、子供に対する権威の凋落が大きな影を落としていると言えるだろう。

平成二十四年十月、大津市の男子中学生が級友らのいじめを苦に自殺した。それまでにもいじめは報告されていたのだが、校長がお詫び会見を繰り返すだけで、いっこうに実態把握も事態改善も見られないように思う。事件後に行われた無記名のアンケート調査によって始めて、校内にいじめが存在しているらしいと気づいた学校もある。

子供は柔軟である。大人がしっかりすれば、子供はちゃんと子どもらしくなる。いじめをやめさせたい、自分の子供がいじめられたくないと思ったら、親が厳然と保護者になることである。何があっても絶対に自分の子供を守るという覚悟をし、そういう態度を見せれば、子供は親を保護者と認め、絶対の信頼を置くようになる。

近頃の子供は親を信頼していない。かといって、自分で事態を解決できるほど自立しているわけでもない。いじめはいつもは仲良し（ウチ）らしい仲間うちで起こる。いつも一緒に遊んだりふざけたりしている仲間である。ソト関係である教師に対しては、適当にうまくとりつくろうので、あまり咎められたりしない。いじめられている当の本人も、教師や親に密告して仲間外れ（ヨソ者＝物体扱い）にされるのを恐れている。だから、嫌な相手とは付き合わないという選択肢がないのだ。それで、当のいじめた相手にさえ傷ついていることを見せる勇気が出せず、笑ってごまかす。

だが、子供の動物的な勘は、そういう嫌々付き合っている、内心は気に食わないという微妙な感情を敏感に読み取ってしまう。それでターゲットにされるのである。NHKでいじめをテーマにした討論番組で、いじめた側の若者が「いじめられる奴はオーラが出ている」と言っていたが、そういうことだと思う。だから、理由など何でもよく、次は誰がターゲットになるか、いじめている仲間たちさえわからないから、被害者になりたくないという理由で加害者に回ることになるのである。その挙句、小学生が小学生を殺したり、自殺したりという事件に発展する。

子供に勇気があれば、いじめられそうになったとき、敢然と「なぜこんなことをするんだ」と言葉ではっきり抗議することができる。するといじめる側も自分が悪いことをしているのを知っているから、それ以上相手を攻撃することができなくなる。はっきり「嫌だ」と抗議できる勇気のない子供が、被害者として固定されてしまうのである。

いじらめれた子が親や教師に何も言わないのは、「心配（迷惑）をかけたくない」からではあるまい。自分の心の傷をさらす勇気がないのだ。これは、ころんで膝小僧をすりむいたとき、痛いから嫌だと言って傷の消毒もさせないようなものである。治療しなければ、傷は治るどころかますます悪くなって、ついには命を奪ってしまうようなところまで進んでしまう。歯を食いしばって痛みに耐えながらも傷の治療をしなければならないように、心が傷ついたときにも、親や教師に治療を委ねる勇気がなければ、治るものも治らないのである。

その勇気は相手への信頼からしか生まれない。友だちのように気安く口をきける親でも、自分を絶対的に守ってくれるという信頼がないかぎり、心の傷は打ち明けられない。そして、親を信頼している子供は、ふだんあまり親しい会話をしていなくても、勇気を奮い起こして悩みを打ち明けることができる。子供に信頼された親が本気で立ち上がれば、いじめは解決するものであることを、多くの事例が証明している。

一―6　体罰と人間関係の相関

学校だけではない。およそ日本人の作る組織で、いじめが存在しない組織というのはきわめて稀である。ここで、いじめを「組織内の弱者をターゲットとして一斉に攻撃すること」と定義してみる。つまり、日本人の作る組織は、互いに対等な立場で自由に発言し行動するという関係にはなりにくいのである。必ず、年齢、体力、あるいは親の地位などによって上下に序列化され、その最下位に置かれた者がいじめられる対象になる。

体罰（注2―35）の構図も実は会社でのいじめとよく似ている。柔道の全日本女子監督がオリンピック候補選手に対して暴力行為を行っていた事件が報道され、世間に大きな衝撃を与えた。それも選手側が団結して告発したことによって初めて発覚したのである。その後も日本オリンピック委員会がトップ選手の十一・五％が暴力を含むパワー・ハラスメント、セクシュアル・ハラスメントを受けたことがあると報じた（注2―36）。文部科学省も二〇一二年度に全国の国公私立小中高校の一割を越える四千百五十二校で六千七百件余の体罰が確認され、被害は一万四千人に上るという調査報告を公表した（注2―37）。

体罰は圧倒的に力関係に差のある上下間で起こる。柔道の女子選手は暴行されても男子選手が暴行されないのは、現役の男子選手は監督より体力的に勝るので、監督は報復を恐れて暴行しないのである（何という上位者にあるまじき卑怯であろう）。小学校での体罰は授業中――つまりクラス全員のいる前で行われる。ところが、中学・高校になると授業中ではなく、部活動の指導者と部員の間で行われるようになる。小学校では教師と生徒の体力差が大きいから、上下関係はどこでも簡単に成立する。

しかし、中学・高校になると、教師を上回る体力の生徒も出てくるので、上下関係の確立していない場では起こりにくい。日本の体育会系のクラブは上下関係を特に厳しくしこむから、ここでの上下関係は絶対になる。そこで、中学・高校では授業中ではなく部活動中に起こるのである。学校以外でも、体育会系組織である自衛隊や海上保安庁では、体罰や「訓練の行き過ぎ」で問題が発生しているのではなかろうか。

最初に柔道の女子選手に暴行を加えていた監督は、「厳しく指導しているつもりだった」と言い、現在でもなお「互いに信頼関係があれば殴ってもかまわないと思う」と言う意見が聞かれる。だが、感情に任せて複数回殴る（つまり何回殴ったか覚えていないのだ）のは指導でもしつけ（教育）でも何でもない、ただの暴行である。

ここに見られる上下関係は、擬似的な親子である。教師や監督が親で、生徒や選手は子供である。親はしつけのためなら子供を殴ってもかまわない。それに対して子供は反抗するなど考えも及ばない。殴られるのは自分が悪いせいだと思い込む。これが児童虐待の心理であるが、体罰も似ている。

特に部活動の監督から殴られるのはたいていチームの主将で、「チームの成績が悪い」「部員の態度が悪い」ということの責任を取らされて殴られる。主将も責任を痛感しているから報復など思いもよらない。「お前ができないのなら、主将を交代させる」という脅し文句もよく使われる。こうして監督にたびたび殴られ、親に言えば「やめろ」と言われるに決まっているから、誰にも助けを求めることができず、若い命を自ら絶つという事態に発展するのである。

おそらく言葉遣いを調べればはっきりするだろうが、指導者や教師は生徒に対して無敬語で指導し、それに対して生徒は指導者や教師に敬語を使っているのだろう。こうしてこの階級遵守語が上下関係を強化するのに一役買ってしまっているのだと思われる。

だが、彼らは伝統的な上位者・下位者ではないから、理不尽な命令や要求を監督や指導者からされたとき、敬語を駆使して婉曲に拒否することなどできない。嫌々でもその通り従うか、無言で反抗的な態度をとる。すると上位者たる監督や教師は怒り心頭に発し、殴る・蹴るの暴行を加えるということになるのだろう。単なる暴行に過ぎないことを、「罪」に対する体「罰」という言葉で通称すること自体、この両者の関係認識を暗示していると思う。

つまり監督や教師の怒りを招いたのは、上位者たる自分に反抗する下位者の態度（つまり階級転覆）ということになる。江戸時代で言う「無礼討ち」である。これは日本文化における伝統的かつ根源的な感情であるから、上下関係を維持したままこの感情だけなくせというのは不可能に近い。

この擬似親子関係とも言うべき、指導者と生徒の上下関係を何とか崩すことはできないものか。実はヒントがある。フィギュア・スケートのトップ選手の中には、外国人コーチに付いている人がいる。その人のインタビューなどをよく聞いていると、コーチのことをファースト・ネームで呼んでいるのである。コミュニケーションする言葉も外国語であろうから、敬語は存在しない。ところが、その同じ選手が日本人コーチに付くと、とたんに「〇〇先生」と呼ぶようになる。つまり上下関係になるのだ。おそらくは、外国人コーチに習うときと日本人コーチに習うときとで、命令への拒否の難易度が変わっているのではあるまいか。

近年、柔道の本家の日本を圧倒する金メダルを国際試合で獲得しているフランスの監督が言っていたが、もしフランスで監督が選手を殴ったら選手は必ず殴り返し、大乱闘になって収拾がつかなくなるから、絶対に暴力など振るわないそうだ。これが本来の対等な関係なのである。

人間関係を上下でなく対等にもちこむには、互いに同程度の敬語を使い合うのが最も効果的である。つまり礼儀語を使い合う一人前の社会人どうしになるのである。もともと生徒はある程度の敬語を使っているのだから、これはそのままでよい。肝心なのは指導者や教師の側である。

生徒を呼ぶときは「○○君」「○○さん」と敬称をつける。行動を要求するときは「腕立て伏せを三十回やれ」という命令形ではなく、「腕立て伏せを三十回やってください」という依頼形にする。ほめるときも「よくやった」ではなく「頑張りましたね」と丁寧形にする。サボったり悪さをしたりしたときには、生徒の自尊心に訴えるような訓戒を、敬語を崩さずにする。そうして、全員に公平に目配りして互いに競争させることによって、実力を上げるようにする。肝心なことは、いかなる場合においても乱暴な無敬語の言葉遣いはせず、丁寧な「です・ます体」を貫くことである。

日本の体育会系組織の人たちは、荒唐無稽で実現不可能な対策だと思うかもしれないが、日本語教育現場では、教師は留学生に対して「です・ます体」を貫き、授業中教科書を読ませる場合でも「○○さん、読んでください」という依頼形を使っていて、これで何の問題も起こっていない。

このやり方の長所は、生徒（つまり子供）の側の自覚が高まり、自主的に目標を定めて練習や学習に取り組むようになることと、指導者や教師（つまり親）が感情に任せて行動するのを抑止できることである。敬語を使うには冷静でなければならず、「です・ます体」を使えば必ず相手を尊重する心理が（後から）湧いてくるからである。これは言霊の効用である。

短所としては、もともと競争意識の低い日本人がこのような自主的な取り組みを要求されると、自意識の低い（欲のない）生徒は十分な努力をせず、そこそこの成績が残せれば（参加できれば・代表に選ばれれば）よいと自己満足してしまうことが多い点である。

ソチ・オリンピックにおいて、頂点に立てる実力を十分に持っているのに、肝心なところでミスして期待された結果を残せなかった日本人選手が少なからずいた。しかも、そういう結果に本人もマスコミも国民も満足しようとしている。日本人の心性は弱い者の見方（判官びいき）である。外国の選手はチーム・メイトにさえ明らかな競争心を見せつけて、実力以上の力を大舞台で発揮しているというのに。

発端となった全日本柔道女子監督の暴行事件は、日本のお家芸である柔道の監督が、何とか国際舞台で金メダルを取りたいがために、親が出来の悪い子供を叱咤激励するようなつもりで手を上げたというのが、本音であろう。しかし、監督やコーチの言うがままに従ってトレーニングしても、本人に自覚がないのだったら、国際試合で好成績を残すことはむずかしいだろう。だから、最近の日本の柔道選手は国際大会で結果を残せないのだ。大舞台で好成績を残せる選手は、本番直前にコーチや監督を代える決断をするなど、例外なく自立した意識を持っている。

日本の教師や指導者が生徒を対等な一人の人間として待遇できるかどうかは、その生徒を信頼しているか否かにかかっている。教師や指導者には、「信頼関係があるなら殴ってもいい」のではなく、「生徒を信頼して敬語で待遇せよ」と声を大にして言いたい。

第二節　敬語の役割

二－1　階級遵守語の復権

さて、これらの現代社会の諸問題を解決するのに、言葉遣いが大きな役割を持っていることを前節で少し触れた。日本人の組織は、互いに対等で競争し合う関係よりも、上下を作り時と場合によって立場を交換しながらコミュニケーションを行っていくほうが、歴史的・文化的に見て自然である。だから、何もしなければ組織内は上下関係になる。

年功序列制の会社や軍隊（自衛隊や体育会系の組織も同様だろう）のように上下関係が固定されたとき、前近代のように上位者に三徳があり、下位者に敬語を駆使して訴えるだけの覚悟と勇気が備わっているなら何の問題もない。しかし、現在そういう人は多くはないし、儒教の浸透していない日本では年上だからといって尊重する習慣もないから、上位者の行動を下位者が抑止したり禁止したり、また上位者に反論したり進言したりする時どうすればよいかは、答えが簡単に見つかる問いではない。

上位者の行動を抑止・禁止したり上位者の理不尽な要求や命令を婉曲に拒否する際の階級遵守語は、日本独特であり、かつ世界的に見ても画期的なものであるから、未来永劫消えてほしくない敬語である。時間はかかるが、結局大人が自覚して相手によって言葉遣いを変え、目上に依頼・要求・抑止、禁止する場面でどんな言葉遣いをするかという見本を、子供にできるだけ多く見聞させる以外に、階級遵守語の適切な使い方を身につけるすべはなさそうである。筆者が、最初に就職した出版社の先輩社員の言葉遣いによって、階級遵守語の意義をまざまざと悟ったように、階級遵守語は使ったときの効果を実感して始めてその威力を理解するものだからである。

筆者を含む昔の人は、こういう敬語の使い方を学校や本で習ったわけではなく、周りの大人が使うのを見聞きしているうちに自然に覚え、社会に出て実際に使うようになってから試行錯誤しながら身につけたものである。だから、現在の若者ができないからといって悲観する必要もない。大人が意識を変えて大人らしく振る舞えば、子供は自然にできるようになる。

学校教育現場で若者に身につけさせたいなら、高校・大学など社会的な人間関係を理解するようになってからである。ここでは、敬語の文法的な知識はすでに小・中学校で習っているという前提のもとに、実際に具体的な人間関係を想定したうえで、その場における最も適切な態度と言葉を考えさせ、ロールプレイなど実践の形で演じさせるのがよいと思う。

筆者も大学の日本語学演習の授業で取り上げたことがあるが、学生たちは中小企業の社長や大会社の秘書など、非日常の設定の役柄を楽しんでいきいきとこなし、目的を達成するためにどのようにして態度と言葉をコーディネートするかを学んでいった。教師はそういう表現をするときどんな心理になっているか、当事者の学生の内省を促し、表現としてより適切なものがあればアドヴァイスをする。

観客としてこのロールプレイを見ている他の学生は、客観的な立場から表現に対する指摘や心理の説明などを出席カードの裏にコメントする。この演習は学生の人気が高く、「他の授業はサボってもこの授業だけは外せない」と皆勤した学生が多数いた。

このことから、現代の日本の若者は、適切な指導法さえ見つければとても素直に必要事項を吸収してくれるものだと思ったものである。この学生たちが社会に出て、実際に階級遵守語を使わなければ解決できない場面に遭遇したとき、ああこれはいつか大学の演習でやった場面だな、と思い出し、応用してくれたら万々歳である。

組織内で階級遵守語が復権するとどうなるか。まず組織内にもともとあった上下の区別はさらに強化されるが、案に相違して上下は以前よりも仲良くなる。上下のコミュニケーションの密度が格段に高まるからである。組織において、ふつう上は指導・監督をし、実際に現場で働くのは下である。このとき、上は指揮・命令し、下はその通り従順かつ勤勉に仕事をする。下が同じようなミスを犯したり、怠慢だったりしたとき、上は容赦してはならない。正しいやり方や心がまえなどを厳しく指導すべきである。

ただし、自分は怠けているのに下だけ勤勉にさせようと思ってもそうはいかない。現場が勤勉に働く組織は、上が最も勤勉でなければならない。下を指導するとき上の者に絶対必要なのは冷静さ・公平さであり、感情に流されたり欲に目がくらんだりしてはならない。

万一、下が上の言った通りにやれないときや何かいいアイディアを思いついたときには、丁重な敬語（階級遵守語）を使って遠慮なく上に言う。このときの態度が最も大切で、上の気づかない正論を下が横柄な態度で吐いたりすると、上は面目を潰され怒り狂って横っ面をひっぱたく（つまり体罰）ということになる。下の者は上の者の面目を何よりも尊重しなければならない。階級遵守語を使えば上のメンツを潰すことなく、組織を正しい方向に導かせることができる。

上司が常に正しいとは限らないし、人間、魔が差すということもあるので、犯罪のにおいをかぎつけたりした場合には、下は遠慮なく進言してやらねばならない。下が上に対して正論を述べて行いを正させることを「諫言」と言うが、諫言が適切に行われている組織は犯罪や腐敗と無縁でいられ、上下が信頼し合って業績も好調に伸ばせるだろう。こういうときに知らんぷりを決めこんだり、おかしいと思いながらも何も言わずに従ったりしてはいけない。

下が階級遵守語を使って何か進言したり行動の再考を求めたりしたときには、上は十分に耳を傾け、できることなら聞き届けてやるべきである。下は現場をいちばんよく知っているのだから、現場の判断については上より正しいことが往々にしてある。

組織全体に大きな利益が上がったとき、上層部だけで独占してはならない。組織の利益は下が現場で奮闘努力したたまものであるから、まず現場にボーナスなどで手厚く待遇し、上には利益配分しなくてもよい。江戸幕府の老中は老中手当てなどはもらっておらず、ボランティアだったのだから。

このようにして、上は平素は下を厳しく指揮・監督するが、基本的な寛容・鷹揚・寡欲の三徳を身につけ、下とのコミュニケーションを密に行う。下は平素は勤勉に従順に働くが、いざとなったときには勇気を出して丁重に上に要求・願いなどを述べて、組織が危機に陥らないよう力を尽くす。

日本の健全な組織は階級遵守語で作るのである。どうだろう、できないことではないのではなかろうか。

二－2　礼儀語の浸透

会社や組織を出て、電車に乗ったり市中を歩いたりするとき、あるいは公園や商業施設内で行き交う人々は、同じ立場の対等な社会人であるべきである。だから、年齢・性別・社会的地位などにとらわれず、コミュニケーションを行うときは、互いに相手を尊重し合う軽い敬語（礼儀語）が必要である。

礼儀語はコミュニケーションする双方が使い合うことが大原則で、一方だけが使い他方が使わなければ、コミュニケーションが成り立たない。前に新聞の投書で携帯マナーの注意をした六十代の大学教員は礼儀語を使って注意をしたのに、注意された方は最初はヨソとして無視し、数回に及んで今度はいきなりウチの無敬語で「うるさい」と怒った。結局、最後までこの二人の間でコミュニケーションは成立しなかったのである（↓334頁）。

筆者自身の経験だが、スーパーの駐輪場へ自転車を入れようとして、向こうから出てくる中年女性と鉢合わせした。道を譲ってくれたので、筆者は「すみません」と礼儀語で挨拶した。すると相手は真顔で「はいっ」と答えたのである。これは階級遵守語の返事である。子供が「お母さん、ごめんなさい」と謝ったときには「はいっ」でもいいかもしれないが、筆者はこの人の子供でも何でもない。「すみません」という礼儀語の挨拶にはにこやかに「いいえ」と言って、相手の気遣いは無用であるという意味の否定の返事をするのが常識だと思う。

ホテル・オークラの接客マニュアルに、お客からサービスに対してお礼を言われたら、「とんでもございません」ではなく「とんでもないことでございます」と言えというのがあって、背筋が寒くなった。「とんでもございません」がれっきとした正しい日本語であることは、平成十九年の「敬語の指針」にはっきり書いてあるので、ホテル・オークラの担当者はぜひ一読してもらいたい。「どうもありがとう」や「いつもお世話になっております」などの礼儀語に対して答える「とんでもございません」は、謝意という気遣いは無用であるという意味の礼儀語である。

前近代の日本の百姓（庶民）のあいだでは、親しいウチには無敬語で物を言い、知らない相手はヨソだから物体同然に無視し、敬語といえばソトの上位者に階級遵守語を使うだけであったから、よく知らない対等な相手に使う礼儀語が発達する余地はなかった。それで、現代は圧倒的に礼儀語が不足していて、社会は物体のぶつかり合いのような殺伐とした社会になってしまった。礼儀語はこういうギスギスした人間関係を調整する潤滑油の役割を果たすものである。

礼儀語が浸透するためには、人々が自分は自立した社会人であるという自覚を持つことが前提で、最近の若者のように自分だけが楽しければよいというような子供の意識では困るのである。これは学校教育で、教室内の用語を丁寧語に代えるだけでもずいぶん効果があるはずである。それこそ文部科学省のお題目「相互尊重」を、教育現場でぜひとも取り入れるべきであろう。欧米では早くから自立した人間になることを目指し、他人と異なる自己を適切に主張したり、他人を好意的に受け入れたりする訓練が徹底して行われている。

社会へ出てからは、今のところ残念ながら礼儀語を学ぶ機会がない。そこで、あまり他人と付き合わない主婦などは礼儀語が使えず、先の駐輪場で出会った主婦は子供に対する階級遵守語で筆者に返事をしてしまったと思われる。世の中に出回っているマニュアル本の多くは「接客マニュアル」で、どちらかと言うと階級遵守語的に使う場面が多い。あるいは、上品な自己を演出する「自己品位語マニュアル」で、こんな言葉遣いを本気で身につけようと思うのは気取った金持ちの奥様族くらいのものであろう。

日本人は体面やメンツを気にすると、態度も言葉も改まるという性癖がある。だから、家を一歩出て社会に踏み込んだら、服をよそゆきに着替え化粧をするのと同じ感覚で、言葉もふだんより一段階丁寧にしてほしい。本音と建前で言うなら、他人の前では建前論をぶつつもりで、言葉も態度もコーディネートしてほしいと思う。

高齢者に親しみと好意を見せるつもりで、「おばあちゃん、何がほしいの？」などと無敬語で子供扱いするのはやめてほしい。気骨のある老人なら「あたしゃ、あんたみたいな孫はいないね」と切り返すだろう。年齢・性別・社会的地位に関係なく、相互に尊重し合うのが礼儀語の精神である。

電車の車内や町中を行き交う人々が、和やかに挨拶したり笑顔を交わしたりするような潤いのある社会は、礼儀語で作るのである。どうだろう、できないことではないのではなかろうか。

第三節　日本社会と敬語の未来

日本という国に住む生き物は、生物学的に言っても文化人類学・社会学的に言っても、まさしくガラパゴスである。ヒトはもとより日本原産の動植物は闘争本能も繁殖力も低くて、野の花も魚やカメなども外来種にいとも簡単に駆逐されてしまった。現代の日本人の繁殖力が低いのは、経済的な理由というよりは生物学的な理由だと思う。繁殖力が高ければ金のありなしに関係なく子供をたくさん生む（「貧乏人の子だくさん」）。戦前の日本は衛生環境が悪く、抗生物質もまだ発見されていなかったから、結核・赤痢などの感染症による死亡率が高かった。そこで、必然的に繁殖力が上がり、どこの家でも五人六人子供がいるのは当たり前であった。

もともと生物活性の高い熱帯地方では、感染症の蔓延で（つまりバクテリアも一年中高い繁殖力を保っていられる）個体の寿命が短ければ、遺伝子は次の乗り物（注2―38）を早急に用意しなければならないから、どんどん繁殖して子供をたくさん生む。十人生んで八人病死しても二人強い子が生き残れば人口は減らない。この二人は病気に負けないさらに強い子を生むから、熱帯地方では人口は必然的に増える。つまり熱帯においてヒトは生存競争に勝っている。

これは言いにくいことだが、熱帯地方で病気や栄養不良で衰弱した子供を助けるユニセフの取り組みは、長い目で見ると人類のためにならない。弱い子を助けて繁殖させれば次の世代はもっと弱くなる。それで喜ぶのは製薬会社だけであろう。どんどん進化し続ける病原性微生物の脅威に打ち勝つには、人間もどんどん淘汰され進化し続けるしかないのである。そのために熱帯ではもともとあらゆる生物が多産多死であるのに、西欧近代文明はこの中のヒトだけを少産少死に転換させようとしているが、自分で自分の首を締める自殺行為であることに誰も気づいていないらしい。筆者は以前は毎年ユニセフにいくばくかの寄付をしていたのだが、ある日このことに気づき、寄付をやめてしまった。

日本のように、唯一の天敵である病原性微生物が、夏は熱帯なみ冬は亜寒帯なみの気温になる厳しい自然環境に勝てずに生き残れない風土では、現代の人間はたとえ感染症にかかっても抗生物質投与を始めとする治療で治癒する率が高く、なかなか死なない（つまり寿命が長い）。その結果、遺伝子は新しい乗り物を用意する必要がなく、もともと熱帯なみに高くはなかった繁殖力がますます低下して、現在の少子化を招いてしまったのである。日本のように子供自体を生まない国では、これまでにない（抗生物質の効かない）新しい感染症が蔓延したとき、人口が数分の一に激減する恐れがある。

日本は現在は子供が相対的に少ないが、必ず将来人口が急増に転じる時が来る。なぜなら、繁殖力の弱い人の子孫は次の世代には受け継がれず、現在でも依然として五人六人と子供を生む、繁殖力の強い多産系の子孫だけが、将来生き残って繁殖に寄与するからである。生物学者はそのときのために、食糧が確保できるような態勢を整えておくべきだと異口同音に言っている。

日本という国は、自然を神と崇めて畏怖する原始的な宗教感覚を現代でも保持しているきわめて稀な国である。今や世界のほとんどの地域が四大宗教のいずれかに屈伏してしまったが（注2―39）、極東のこの列島には、二十一世紀のいまだに多神教的な先祖崇拝が生き残り、自然＝神＝天皇＝上位者⇕下位者という上下の関係認識が無意識のうちに働いている。

前近代のように、鎖国して外国と交流せず、人間が生まれ育った土地を原則として動かないのであれば、人間関係はウチ・ソト（結果として上になる）のみであるから（ヨソは物体扱いでコミュニケーションしない）、階級遵守語さえ使えればよかった。しかし明治維新直前に開国し、人間の移動も自由になって、都会は種々雑多な人々が行き交うようになった。このような、よく知らない相手と失礼でなく和やかに付き合っていくためには、前近代には必要なかった礼儀語がどうしても必要になってくる。

現代の若者が携帯メールやゲームのような個人的遊戯にふけって異性にあまり関心を持たず、繁殖に寄与しないのであれば、ある時期まで日本の若年人口は減り続けるであろう。早い話が、新聞の投書にも登場した子供のように身勝手で、まともなコミュニケーションのできないけしからん若者はどんどん減っていくわけである。

その間に、増え続けていく中高年がまず自分の態度を反省し、大人（上位者）らしい寛容・鷹揚・寡欲を身につけ、小型犬の一匹でも子供代わりに飼って、毎日散歩に出るとき近所の人や犬仲間と礼儀語を交わし合う下地を作っておく。それと同時に、学校教育の現場でも授業中に礼儀語を使い合う訓練をする。

高校ではこれから親になる若者に正しい性教育をし、子供が日本の未来そのものであることを自覚させ、育てる意思のない出産に至らないよう避妊の知識を授ける。大学では現在介護実習はあるが保育実習はないので、乳児院や保育園・幼稚園などの協力を得て、親になるためのきちんとした教育を必修させる。そして、社会に出てから遭遇するであろう階級遵守語場面をロールプレイで模擬体験しておく。

大人になるための教育とは、親（上位者）になるための教育と、自立した社会人になるための教育の二本柱が必要である。親になるための教育では、子供の衣食住だけでなく、子供の前でどんな態度と言葉で話すか、どんな言葉の使い分けを見聞きさせるかということである。親の言動はそのまま子供の一生の言語生活を左右する。親が場面に応じて正しく階級遵守語や礼儀語を使い、組織内でかけがえのない人材となり、潤いのある家庭・社会環境に暮らしていれば、それは必ず子供の未来をよい方向に向けることになろう。

そのようなもろもろの活動が軌道に乗ったころ、子供がたくさん生まれる時期に入ってくれれば、潤いのある社会で、組織の力が十分に発揮されて利益も生み出され、一方組織犯罪は自然に抑止されて、家庭も幸福に国も豊かになり、世界に貢献できる人材を輩出する日が来るだろう。

百年や二百年の近い未来の話ではないかもしれないが、確実にそのような日が来らんことを、今年還暦の老婆は祈念するのみである。

各論　第一部

現代の待遇表現の特徴

総論では、日本における待遇表現の起源と意義について考察し、それが日本人の社会とどのように結びついているか、さらに待遇表現のあるべき姿と日本の未来社会についても論じてきた。各論では、実際に現代の日本人が相手を何らかのしかたで待遇するとき、どのような言語形式を用いるか、それは結果としてどのような意味を生むかを、個別に論じる。

前近代の古典資料における敬語については、すでに先行研究が多数あるので、ここでは現代社会において日本人がどのような待遇表現形式を用いるかに絞るが、その中にも古代からずっと変わらぬ待遇意識で用いられているものが少なくない。

第一章　基本原則

第一節　相手のものはほめる

一－1　相手側のものの呼び方

敬語の基本原則のまず第一は、相手の物事は何でもすばらしい、とほめることである。江戸時代以前の身分が固定されていた時代は、上位者は存在自体が貴かったから、下位者が上位者の存在や物事をほめたたえるのは当たり前であり、ほめたからといって何か見返りを期待していたわけではなかった。「祝詞」には神をほめたたえる言葉が並んでいるが、神はほめただけでは何もしてくれない。何かしてもらうためには、具体的なお願いをしなければならないのである。そういう伝統があるから、相手を神と扱う敬語の立場からすれば、相手から何らかの見返りを期待するしないにかかわらず、相手の物事は何でもすばらしいとほめなければならないわけである。

現代では、人間関係が基本的に平等だから、あまり見え透いたお世辞を言うと、皮肉やゴマすり、おべっかなどと受け取られ、何か見返りを期待していると思われてしまう。それに心にもないことを言うと、顔や態度が言葉を裏切ってしまい、真意を見破られてかえって逆効果になることもある。

そこで現代では、この「相手の物事は何でもほめる」という第一原則は、相手の顔が見えない手紙や、顔が見えてもあまり個人的な感情を出す必要がない公的場面などで遵守されるのである。しかも、手紙は後に残るし、公式の発言もしばしば記録が残ったりするので、うっかりこの原則を忘れると、あとあとまで非難される原因になる。

(1)「尊・貴・高・芳・佳・美・御」などの、よい意味の漢字を接頭語としてつける。

（例）　御尊宅・貴社・御高著・御芳名・佳肴・美酒など

このうち、「御」を除く漢字は直接相手の物をほめているので尊敬の接頭語と言え、自分側には決して用いない。貴い、貴重だという意味の「尊」「貴」、美しい、すばらしいという意味の「美」「芳」「佳」、程度が高くてすばらしいという意味の「高」も使われる。また「お～さま」という形も、～に相手の物事を入れれば、ほめるときに使える表現である。

しかし「御」は尊敬語の名詞にさらに重複して敬意を加えたり（「御芳名」の類）、自分側の物事にもつけたりするので、尊敬語とは言いがたく、むしろ聞き手尊敬の丁寧語扱いすべきであろう。平成十九年答申の「敬語の指針」によれば、相手に関する物事についた「御」は尊敬語、自分に関する物事についた「御」は謙譲語Ⅰとしているが、同じ語が文脈によって尊敬にも謙譲にもなるというこの説明は、敬語教育を混乱させるだけである。

結婚披露宴への招待状が来て、出欠の返事を出す場合、返信用葉書の差出人のところにはふつう「御芳名」「御住所」と印刷してある。これは招待する側から見て招待客は相手だから、ほめてこのようにしてあるのである。しかし、返信の葉書を出すときには、自分の名前と住所を書くわけだから、ほめる接頭語は消さなければ非礼になる。つまり「御芳名」「御住所」は「名」「住所」と直して、自分の名前と住所を書かなければ、常識がないとバカにされる羽目になるのである。

次に、相手側の主な物事の呼び方を一覧表にしておく。読みを示すため「御」の漢字はひらがな書きしてある。上に書いてあるほうが敬意が高く、下へ行くほどくだけた表現になる。敬意が高いに越したことはないが、それより先に相手に理解されなければ何もならない。だから、会話の中では、下のほうの「お手紙」「けっこうなお品」「お説」「ごちそう」などを使うほうが感じがよいだろう。へたに知ったかぶって「貴信」「佳品」「ご高説」「佳肴」などと口走ると、相手には何のことやらわからなくなってしまう。「キシン」「カヒン」「カコウ」など何種類も同音異義語があるからである。だから、これらの改まった言葉は誤解の可能性の少ない文章中で使うのが原則である。

同じ発音でも、敬意を表せる漢字と表せない漢字がある点にも注意が必要である。たとえば、自分の本を目上の相手に送って批評してもらいたいという場合、「ご講評たまわりたい」「ご高評たまわりたい」のどちらも使える。「御講評」と「御高評」はどちらも発音が「ゴコウヒョウ」で、意味も似たりよったりである。

しかし、「御講評」では敬語の部分が「御」だけであるのに対して、「御高評」では敬語の部分が「御」と「高」の二字あることには注意しておいたほうがよい。だから、もし自分が批評するという場合、「御講評いたします」ならよいが「御高評いたします」は×になる。後者は自分の批評を「高」の字で尊敬してしまっているからである。

【表6　相手側の物事の呼び方】

物事	表現
名前	ご芳名・ご尊名・お名前・お名
住居	ご尊宅・ご高居・貴邸・尊宅・ご自宅・お住まい・お宅・おうち
住所	ご住所・おん地・貴地・そちら
会社	貴社・おん社・お宅さま・お宅
学校	貴校・おん校
手紙	朶雲（だうん）・ご芳書・ご書面・貴信・お手紙
品物	佳品・珍品・けっこうなお品
意見	ご高説・ご意見・お説
気持ち	ご厚志・ご芳志・ご厚情・ご高配・ご配慮・お心遣い・お気持ち
飲食物	美果・美酒・佳肴・ごちそう・珍味

ようするに、相手の物事をほめる場合には、「御」の字以外にどんな漢字が相手への敬意を表す役割を担っているのかを知っておくべきだ、ということである。そしてこれらの字が自分の物事について書かれていたら、それは相手が自分に敬意を表して使っているのだなあ、と気づく感受性が必要である。こういう想像力と感受性が、実は良好な人間関係には最も大切なのである。

このほか、数は少ないが、名詞を特別な形の別の名詞に取り替える交替形式も用いられる。たとえば相手の手紙を「お手紙」「貴信」とすればそれは添加形式の接頭語を加えただけであるが、「朶雲（だうん）」とすれば、丁重度の高い非常に格式張った意味になる。

筆者はかつて所属している音楽団体の、遠方に居住している会員（九十代の男性）と文通をしていたが、この人は必ず大振りの筆で「朶雲拝誦」に始まる返信をくれたものだった。専門書の用語なら調べなければ意味がわからないこともあるが、手書きの手紙に書かれた言葉で、意味を辞書で調べなければならなかったのは、これが最初で最後であった。

(2)「御」には「お・ご・おん・ぎょ・み」と五通りの読み方があり、このうち「お・ご」をどのように使い分けるかについては、明確なルールがない。

（例）　お顔・ご冥福・おん自ら・ぎょ物・み胸など

「お・おん・み」は「御」の訓読みで和語である。「ご・ぎょ」は音読みであるから、中国語起源である。和語の名詞には和語の接頭語を、漢語の名詞には漢語の接頭語をつけるのが大原則である。「ぎょ・み」にはこの原則が百％適用できる。というのは、「ぎょ・み」は使う相手が常に天皇や神仏など、絶対的な敬意を表す必要がある場合に限られ、多くの人が使うことによって起こる間違いや変化などが考えられないからである。「ぎょ物」

「ぎょ座」「ぎょ意」などすべて漢語であって、それぞれ「天皇や神仏の持ち物」「天皇や神仏の座る所」「絶対的な目上の意思や意見」という意味である。「み」のつく言葉は「み子」「み頭」「み手」などすべて和語である。「み子」や「み頭」などは聖書でよく見かける表現である。

和語の「おん」は公式の改まった文章で使われ、「おん礼」「おん自ら」など使う語が限られる。

さて、「お」と「ご」について、ひとまず原則どおりに、「顔」「花」「話」「美しい」「静か」などの和語には和語の「お」をつけて「お顔」「お花」「お話」「お美しい」「お静か」とし、「用」「文章」「健康」「成功」「立派」などの漢語には漢語の「ご」をつけて「ご用」「ご文章」「ご健康」「ご成功」「ご立派」とすることができる。

江戸時代の岡っ引きが泥棒に「御用」と書いた提灯をつきつけて、「御用だ！　御用だ！」と連呼したのは、泥棒に「お上」の「御用」があるという意味で、自分もその「お上」の一員であるから、一種の自敬語であると言える。

和語には「お」、漢語には「ご」をつけるという原則があるにもかかわらず、「お」と「ご」の使い分けに関しては例外があまりにも多く、結局は個別に覚えるしかないというのが現状である。漢語に「お」をつけた例としては、「お礼」「お世話」「お料理」「お菓子」など、日常生活に密着して漢語という意識が薄れると「お」がつくようになるという傾向がある。

一方、「ゆっくり」「もっとも」などの副詞は和語でありながら、「ごゆっくり」「ごもっとも」と「ご」がつく。漢語意識や日常生活に密着しているかどうかという意識は個人差があるから、「時間」「原稿」「通知」「返事」などは、人によって「お」をつけたり「ご」をつけたりする。女性は「お」を好むことが多い。

「入学」は、以前はすべて「ご入学」であったが、近年女性週刊誌が「裕福な家や芸能人の親が子どもを有名国立・私立小学校へ入学させること」を「お入学」と呼ぶようになったため、普通の「入学」の丁寧語の「ご入学」と前述の意味の「お入学」とに、意味が分化するようにさえなった。

つけないほうはというと、原則として「マスコミ」「パソコン」「ソフト」など外来語には何もつけないのだが、「おビール」「おコーヒー」「おズボン」「おリボン」など、接客業や幼稚園用語などでは「お」をつけられるものがいくつかある。

長い言葉にもつけにくいが、短くすれば「じゃがいも→おじゃが」のように「お」をつけられる。「お」で始まる言葉にはつきにくいとも言うが、「お驚きになった」「お起こしした」など動詞の添加形式としては使える。「雨」「雲」などの自然現象や「駅」「会社」などの公共物にもつかないと言うが、「お空」「お日（月・星）様」など幼児語的にはつけられるし、『お役所の掟』という本もある（注3―1）。

結局「お」や「ご」をつけて何を表そうとしているのかが問題である。相手や目上に対する敬意はもちろんであるが、単に物言いを柔らかくしたり、幼児語的にしたりする要因を否定することはできない。女性を中心にして何にでも「お」をつけたがる傾向は、昭和二十七年の「これからの敬語」でも「好ましくない」と批判されたが、これは自分の物言いを柔らかく上品にしたいという意識の表れであり、自己品位語と呼ぶことができる。しかし、この自己品位語の中にあたかも幼稚園児が口をきいているような幼い甘えがあるのだとしたら、世の中が相対的に幼児化してきている表れだと言ってよいのではあるまいか。

ちなみに、平成十九年の「敬語の指針」では、「お」や「ご」は「美化語」ということになっているが、どれが美化語でどれが美化語でないかの識別は客観的にできないから、「指針」でこのような定義をすべきではないということは、308頁ですでに述べた。

【表7 「お・ご・おん・ぎょ・み」の使い分け】

接頭語	相手	例
お	一般	お顔、お花、お話、お美しい、お静か、お急ぎ（の方）（和語） お礼、お世話、お野菜、お肉、お茶、お盆、お料理、お菓子（漢語） おトイレ、おコーヒー、おビール、おズボン、おリボン（外来語）
ご	一般	ご用、ご文章、ご健康、ご意見、ご立派、ご随意（漢語） ごゆっくり、ごゆるりと、ごもっとも（和語）
お・ご	一般	お・ご時間、お・ご返事、お・ご原稿、お・ご通知、お・ご勉強、お・ご入学
おん	公式	おん身、おん自ら（和語） おん礼・おん大将（漢語）
ぎょ	神仏・天皇	ぎょ物、ぎょ座、ぎょ寝、ぎょ意、ぎょ慶（漢語）
み	神仏・天皇	み子、み胸、み頭、み手、み霊、みやしろ、み輿（和語）

「御」の字を重複してさらに高い敬意を表すこともできる。「おみ足」「おおみ宝」のようなものである。そういう相手は神仏や天皇であるから、一般人相手に使えば、それは相手を神仏・天皇扱いしているのと同義になる。筆者は出版社の新人時代にたった一回だけ「おみ足」を使ったことがある。原稿を大学の研究室へ取りに行ったら、著者である謹厳な面持ちの大学教授が羽織・袴姿で現れたからである。足にはギブスがつけられていて、ようするに普通のズボンがはけないから袴になり、下が袴だから上は羽織になったというわけである。

「先生、おみ足が……」

「うん、スキーで骨折しちゃってね。不便でしょうがないよ」
と気さくな返事が返ってきた。「おみ足」などという大仰な言葉はこれから先も使う予定はないが、では目上の相手の足に言及しなければならなくなったとき、いったい何と言ったらよいのか、とっさには浮かばない。「お足」では金銭のようだし、「足」そのものズバリではやはり失礼だろう。「お下」ではまるで大小便のようだ。結局「おみ足」しかないかなと思う。

もともと「おみ」は「おおん」（古代音ではオホム）の短縮形の別読み、短縮しない別読みが「おおみ」である。「おおみ」は「おみ」以上に敬意の高い表現として、天皇や神仏に関する語に対してだけつける。まず、神自体に「おおみ」をつけてアマテラスオオミカミと言って敬った。古代、神と天皇は同一視されていたから、天皇が歌ったり神のために歌ったりする歌を「おおみ歌」と言った。神や天皇の心は「おおみ心」、神や天皇の宝は「おおみ宝」である。ちなみに、「おおみ宝」とは天皇が治める国の人民を言う。天皇にとって生産の元である人民は宝なのであった。

次に「おみ・おおみ」を使う重複敬語の例を挙げておく。

【表8　「おみ・おおみ」をつけた重複敬語】

接頭語	使う相手	例
おみ	相手・神仏	おみ明かし、おみ足、おみ帯、おみき（酒）、おみ籤、おみ輿、おみ渡り
おおみ	天皇・神仏	おおみあえ（饗）、おおみ明かし、おおみいつ（稜威）、おおみ歌、おおみかど（門）、おおみき（酒）、おおみ位、おおみけ（食）、おおみ心、おおみこと（言）、おおみ宝、おおみはふり（葬）、おおみ代

一―2　相手側の人の呼び方

さて、相手の物事をほめるのは原則の第一だが、相手自身や相手の家族など人間を呼ぶときには細心の注意を払うべきである。実にいろいろな表現があって、丁重度にもさまざまな段階がある。うまく使わないと機嫌をそこねかねない。逆に相手を怒らせたかったら、わざとぞんざいな言葉を使うか、バカ丁寧な言葉を使えばよいことになる。相手のことを何と呼ぶかは、話し手が相手との人間関係をどのように考えているかを端的に象徴する。表9に、相手側の人の主な呼び名を丁寧な順に大まかに並べたが、……以下は罵りの言葉である。

漢字を音読みで読むような言葉は、耳で聞くだけでは意味がよくわからないので、文章中で使われることが多く、改まっている。相手自身のことを呼ぶ「貴殿・貴兄・貴台・貴下・貴女」などは、文章ならではの言葉である。「社長」「部長」「教授」などの役職名や、「八百屋さん」「パーマ屋さん」などの職業名は、そのままの形で呼び名に使うことができる。また役職名ではないが、「先生」という言葉は非常に便利で、幼稚園・小・中・高校の教師や大学の教員はもとより、学者・医者・作家・代議士・指揮者・コーチなど、社会的な地位が高い人に幅広く使える。

【表9　相手側の人の呼び方】

本人	両親・父・母	子ども・息子・娘	夫	妻
貴殿	ご両親様	お子様	ご主人様	おん奥様
貴兄	ご尊父様	ご子息様	だんな様	ご令室様
貴台	ご母堂様	ご息女様	ご夫君	ご内室様

貴下
そちら様
(役職名)様
(姓)先生
(姓)様
(役職名)
あなた様
(職業名)さん
(姓)さん
貴方・貴女
そちら
あなた
おたく
(親族名)さん
(姓)君
(名前)さん
あんたさん
そっち
おまえさん
あんた

ご親父様
ご慈母様
ご賢父様
ご賢母様
お父上様
お母上様
お父君
お母君
ご両親
お父様
お母様
お父上
お母上
父上
母上
父君
母君
お父さん
お母さん
おやじさん

お坊っちゃま
お嬢様
ご令息
ご賢息
ご令嬢
お坊ちゃん
お嬢さん
坊ちゃん
お子さん
子供さん
息子さん
娘さん
君の息子
君の娘
あんたの子供
あんたの息子
あんたの娘
あんたのせがれ
おまえの息子
おまえの娘

ご主人
夫君
だんなさん
ご亭主
婿さん
(お)父さん
(お)父ちゃん
亭主
あんたの亭主
そっちの宿六

令夫人
ご家内
奥様
奥方
奥さん
君のワイフ
君の細君
かみさん
嫁さん
女房
あんたの女房
(お)母ちゃん
おまえんところの山の神
かかあ

(名前)ちゃん	お袋さん	おまえのガキ		
(姓)	父親			
(名前)	母親			
君	おやじ			
おまえ	お袋			
貴様	親			
てめえ				

対称詞である「おまえ」「貴様」「てめえ(手前)」という言い方は、もとは丁寧なよい言い方であった。ところが、時代とともにだんだん敬意が落ちてきて、今や目上には絶対に使えなくなってしまった。「貴様」「てめえ」と相手を呼べるのは、ケンカのときだけである。「おまえ」は親愛の情を表すとすれば親しい相手や目下に対してだけである。

この表の右端が最も丁重な表現で、左に行くにつれてぞんざいになるが、丁重な表現というのは見てわかるとおり、相手自身をそのまま指すのではなく、「貴殿」「貴台」などと建物や場所を指し、「あなた」「そちら」は方向を指す、というふうに、相手の周辺の物を指して相手を指す代わりとしたわけで、それだけでもずいぶん婉曲なのである。

「おじさん」や「おねえさん」などの親族名称が親族以外の他人に対して、対称詞として使えるのも日本語の特徴である。たとえば、商店の店員が道行く男性をつかまえて自分の父でもないのに「お父さん」と呼びかけたり、若い女性に対して自分の姉でもないのに「おねえさん」などと呼んだりする。「おねえさん」と呼ばれるぶんには機嫌がいいのに、「おばさん」と呼ばれるとたんに腹を立てるのは、「おねえさん」と「おばさん」が指す女性の年齢に一定の幅があり、「中年女性」というレッテルを貼られるからである。

対称詞として使える親族名称は、「おじいさん」「おばあさん」「お父さん」「おかあさん」「おにいさん」「おねえさん」「おじさん」「おばさん」など、自分よりも年上の親族名称に限られる。年下の親族名称である「孫」「子供」「息子」「弟」「妹」「おい」「めい」を使っては呼びかけられない。このことは鈴木孝夫氏によって四十年以上前にすでに指摘されていることである（注3―2）。

これは親族名称が肩書と同様、敬意を含んだ言葉であるためで、年上の親族に向かって「にいさん」と呼びかけることはできるが、年下の親族に向かって「おい、弟」と呼びかけることができないのと同様である。

ただし、「娘さん」「お嬢さん」「お坊ちゃん」は例外である。「娘」とは子供の中の女を言うわけであるが、「若い」というニュアンスを含み持つために、「若さ」が敬意の表現として考えられるからだろう。「お嬢さん」「お坊ちゃん」が対称詞として使えるのは、この二語が良家の子女を暗示するために、相手を良家の子女扱いするニュアンスが出るからであろう。その証拠に、意味的には「お坊ちゃん」と変わらない「息子さん」は対称詞として使えない。

一―3　要注意の対称詞「あなた」

序説で紹介したが、筆者は小学校のとき、教師から相手を問わず対称詞として「あなた」を使えと強制された（→6頁）。これは「これからの敬語」で推奨された対称詞である。ところが、当時も現在も、この対称詞は自分やすい。

と対等以下のやや親しい相手にしか使えず、公式発言で相手をこう呼んだりすると、挑戦的なニュアンスを帯びやすい。

筆者は国会中継をよく聞くのだが、質問する議員と答弁する大臣や役人とが、お互いに相手のことを何と呼ぶかでたいへん苦労しているように聞こえる。多くの議員は政府側を「総理」「大臣」「次官」などと役職名で呼ぶ。問題は政府側が議員を呼ぶときで、「議員」と言ったり「先生」と言ったりしている。役人がどうして代議士を「先生」と呼ぶのかよくわからないが、相手を直接呼ばないための苦肉の策であろう。

ところで、代議士のうち共産党の議員だけは、総理に対しても大臣に対しても「あなた」と呼んで質問することが多いのに気づいただろうか。質問内容は、たいがい政府の政策のまずさを追及するためもあるが、共産党議員の質問にはいつもただならぬ戦闘の気配が感じられる。それは「あなた」という言葉が、直接相手の痛いところをズバリと突く役目を担っているからで、ことに男性が男性相手に使うとそういうニュアンスが強く出る。

日本語では相手の心身に直接触れるのはタブーである。「触らぬ神に祟りなし」というぐらいで、相手は神様であるから触ると祟りがある。触らない（直接言わない）ためには直接的な言葉は使えないことになる。

「あなた」という言葉は、カール・ブッセの「山のあなたの空遠く、幸い住むと人の言う」でもわかるように、もともとは「向こうの方」という意味であった。だから、直接相手を指していたわけではなく、もとは十分婉曲で敬意のある表現だったのだが、だんだん使い慣れるに従って敬意が落ちてきて、相手に直接言及する表現として受け取られるようになってしまった。それで、「あなた」ははっきり目上とわかっている相手に対する対称詞としては使えないのである。日本語の敬語がいつも上下関係の中でしか用いられてこなかったことの見本のような言葉である。

小学校時代、筆者はもとより級友も全員、授業中教師に対して「あなた」と言ったことは一度もないし、外国人留学生に自称詞として「わたし」、対称詞として「あなた」を教えてきた日本語教師が、学生に
「あなたはいつも一生懸命勉強しなさいとおっしゃる」

と言われてショックを受ける例はよく報告されている。なぜショックなのかというと、日本人の意識の中に「あなた」と呼べる相手は対等以下（つまり自分より下）という根強い深層心理があり、そこにズバリとこの言葉が突き刺さるからであろう。

「部長、あなたのおっしゃる通りです」

などと言ったらとても失礼で、部長は怒りだすに違いない。そして意見としては賛成しているにもかかわらず、感情的な怒りはいつまでたっても解けないだろう。敬語はこのように深層心理と感情に直結しているのである。

相手を直接指す「あなた」が失礼だというのだから、やり方としては二つしかない。第一は「言わない」というやり方である。前の文から「あなた」を取って
「部長、おっしゃる通りです」

と言えばよい。これなら部長はご機嫌だろう。

もう一つのやり方は「別の言い方をする」こと。「あなた」ではなく役職名の「部長」でもって代用するのだ。

「部長、部長のおっしゃる通りです」

そもそも現代語の「あなた」は尊敬表現ではなく、親しみの表現なのである。目上に対して親しみを見せること自体が非礼であるから、尊敬すべき目上の人には使えない。ただし、昔は尊敬語として目上の人に使っていた過去があるので、自分の子どもに対して使ったりすると、妙によそよそしく聞こえることがある。これは日本語

の敬語が、神にお願いする「敬して遠ざける」を基本としているからである。共産党議員の使う「あなた」が戦闘的に聞こえるのは、目下に対して用いるべき語を互いに目上として上げて言うべき場面で使い、しかも内容は政策の追及で、目下の非を咎めるニュアンスが強く出るためである。

「あなた」というのは不思議な言葉で、本来の対等以下に対して使うと、やわらかくて丁寧で、親しみが表せる。日常会話としては男性よりも女性のほうが「あなた」を多く使う傾向があるが、女性が親しさ・やさしさ・やわらかさ・丁寧さを最も表したいと思う相手は、自分の夫であろう。一昔前の多くの女性が夫を「あなた」と呼んできた心理は、意外とこういうところにあるのかもしれない。

テレビの長寿番組の「新婚さん、いらっしゃい」を見ると、最近の若い夫婦は相手を対称詞で呼ばず、「名前（ちゃん）」で呼び合うのがほとんどである。これはいよいよ夫婦が心理的にも対等になった証のように思えるが、対等になったのなら、互いに自立して責任もきちんと負えるようであってほしいものである。

さて、「あなた」が目上には失礼だというなら「あなた様」ならいいかというと、事はそう簡単ではない。「様」がついたからといって、相手に直接触れていることに変わりはないからである。この場合の「様」は知らない相手に対する丁重さと考えればよかろう。男性より女性が好むのも、尊敬と親しみと丁重さを併せ持つからである。

筆者は二度「あなた様」と言われたことがある。一度目は母が死去した折り母の親友から長文のお悔やみ状が届き、その中で呼ばれた。二度目は大学の同窓の大先輩から、拙著を送った礼状の中でである。

次頁に「あなた」と「あなた様」の使い方の目安を表化しておく。

【表10「あなた」と「あなた様」の使い方】

使う相手＼使う人・言葉	あなた 男性	あなた 女性	あなた様 男性	あなた様 女性
目上の人（男性）	×	×	×	×
目上の人（女性）	×	×	△	△
年上の知らない人	×	×	×	△
年下の知らない人	○	○	△	△
知らない人（男性）	×	×	×	○
知らない人（女性）	△	△	△	△
配偶者	△	○	×	×
同輩（男性）	△	○	×	×
同輩（女性）	○	○	×	×
目下の人（男性）	△	○	×	○
目下の人（女性）	○	○	△	○
自分の子供	△	○	×	×

第二節　自分のものはけなす

二―1　自分側のものの呼び方

相手のものをほめるのが基本原則の一なら、基本原則の二は自ずと明らかである。自分のものは徹底的にけなす、くさす。日本人はみんな得意である。油絵の個展などで作者を前にして

「すばらしい作品ですねえ」

とほめると、必ずといっていいほど日本人は自分の作品をけなす。

「いやあ、こんなのはまだまだです」とか

「ここのところがちょっと気に入らないんですが」

などと、思ってもいない欠点をあげつらったする。気に入らないのなら直せばいいのに、直そうという気配はまったくない。極端な例としては

「お恥ずかしいかぎりです」

と言って、まるで面目まるつぶれの失態を演じたかのような挨拶をする人もいる。

しかし、そういう挨拶は全部「謙遜」であることがわかっているから、誰も本気にしない。かえってそういう謙遜をせずに

「ありがとう（ございます）」

と素直に感謝でもしようものなら、傲慢だ、大した腕でもないのに生意気だと言われるのだから、日本人とはま

ったく厄介な国民ではある。

ただし、外国人からほめられた場合には、素直に「ありがとう」と感謝しておいたほうがよい。ここでへたに謙遜したりすると、作者はまったく不本意な作品を出品したというふうに受け取られる可能性がある。それで評価が決まってしまうこともあるので、謙遜するにも相手をよく見る必要がある。

相手の物事をほめる場合には、「御・尊・貴・高・美・佳」などイメージのよい漢字をつけてほめた。自分の物事をけなす場合には、何もつけずに裸の言葉をそのまま使うか、「拙・弊・粗・卑・愚・小・寸」などイメージの悪い漢字を接頭語としてつける。「拙」はまずい、つたない、「弊」は破れてぼろぼろ、「粗」は質が悪い、「卑」はいやしくて身分が低い、「愚」はバカな、おろかな、「小・寸」は小さくて取るに足りないという意味である。

たとえば、自分の家のことを「拙宅」というのは「まずい家、ひどい家」、「弊屋」にいたっては「破れてぼろぼろの家」という意味である。これらは相手側の物事の場合と同様、主に手紙などの文章中で使うことが多いのだが、だいたい手紙の中で自分の家に言及する状況とは、「引っ越しました」とか「家を新築しました」などという報告の場合だろう。家を新築したという報告の手紙の中で、

「お近くへおいでの節は、なにとぞ弊屋へお立ち寄りいただきたく……」

などと書くわけである。破れてぼろぼろの家を新築するわけはないから、しらじらしいにも程があるが、自分の物事はけなすのが原則なのだからしかたがない。

敬語は原則に従っているかぎり、あまり人の気にならない。だから、新築の家でも「拙宅」だの「弊屋」だのと謙遜しているほうが相手は気にならず、かえって
「贅を尽くした豪華でほれぼれするような家ですから、ぜひお立ち寄りください」

などと正直に書いたりすると、非常識を笑われるだけでなく、妬みや僻みをあおってしまう結果にもなるのである。

【表11　自分側の物事の呼び方】

物事	表現
名前	氏名・姓名・名前・名
住居	拙宅・弊屋・小宅・自宅・家・宅・わが家・うちの家
住所	弊地・当地・当方・こちら・こっち
会社	弊社・小社・わが社・うちの会社
学校	本学・本校・当校・わが校・うちの学校
手紙	愚状・拙書・卑管・寸楮・お手紙・手紙
品物	粗品・寸志・松の葉・心ばかりの物・つまらない物
意見	私見・愚見・管見・愚考・意見・考え
気持ち	寸志・微志・薄志・気持ち・心
飲食物	粗菓・粗酒・粗餐・ごはん・お酒・飯・酒・ありあわせ

自分側をけなす言葉で見慣れないものがある。たとえば「管見」というのは、竹の筒の中からのぞいたような狭い視野の見方という意味で、自分の意見を謙遜・卑下して言う交替形式である。また、自分の手紙のことを「卑簡」「寸楮」とも言うが、この「簡」は「書簡」の「簡」であって、手紙という意味、「楮」は和紙の原料のコウ

ゾのことで、同じく手紙の意味である。謙遜は「卑」「寸」の字が担っている。

「お」や「ご」は基本的には自分側にはつけないのだが、自分側の物事と言っても文章中で他の敬語とコーディネートする場合にはつけられる。

「先日、お手紙を差し上げましたが、まだ届いておりませんでしょうか」

などと目上の相手に言う場合には、自分の手紙であってもいっこうに差し支えなく、それどころかここを「手紙」とするとかえって乱暴に聞こえる。聞き手に対する配慮が必要な文では、文全体の待遇の程度をそろえる必要があるからである。若いＯＬが「毎日九時にお仕事に行って……」などと言うと、口うるさい人は「自分の仕事を『お仕事』だなんて」と眉をひそめるが、丁寧語（『敬語の指針』に従えば美化語）だと思えばよいわけである。ただし、連発すると幼稚園児のようになる。この理由は278頁ですでに述べた。

相手側の物事のときには、「あなたの〇〇」という言い方は失礼であるが、自分側のときには「わが〇〇」「うちの〇〇」は使える。「私の〇〇」はあまりに子どもっぽいのでさすがに使う大人はあまりいない。これも連発すると、自己主張の強い奴だと思われる危険性がある。

二－2　自分側の人の呼び方

自分側の人間を呼ぶときには、物事を呼ぶときと同様、謙遜して下げて言うほど丁寧である。自分の父に向かって対称詞として呼びかけるときには「お父様」と言うのが最も丁寧であるが、他人に向かって自分の父に言及するときにはこれではいけない。「お父様」と呼べば自分側の人間を上げたことになり、「身内ぼめ」になってしまう。だから、他人に向かって自分の父のことを他称詞として言及する場合には、「父」と言うのが最も丁寧な表現なのである。下げて言うほど丁寧だというのはそういう意味である。

自分自身を言う自称詞はたくさんあるが、「わたくしども」というのが最も丁寧である。「ども」は複数を表す接尾語だが、この場合は実際に複数でなくてもよい。「ども」は同じような取るに足りない物がたくさんあるというようなニュアンスの語で、価値のある、貴い物が複数ある場合には使わない。古典時代には、価値のある物には「たち」、ない物には「ども」をつけるという使い分けがあった。「手前ども」も同じ発想である。小・中学校で、生徒が大勢の前で代表して読むようなスピーチの多くに「わたしたち」という表現が見受けられるが、いかにも若者らしい（大人らしくない）生硬さが感じられる。

「小生」は男性が自称詞としてへりくだって言う場合に使うが、ＴＰＯをわきまえないと尊大に聞こえる可能性がある。というのは、この言葉はなぜか中年以上の高学歴の人が好んで使うため、若者や低学歴の人が聞くと「何だ、偉そうに」と思ってしまうからである。

自分の子供を「豚児」「愚息」というのは謙遜した表現であるが、「豚児」とはなんとなくユーモラスな言葉である。文字通りには、豚のような無能な子供ということである。その子がほんとうに太っていたりすると、「うん、なるほど豚児だ」と妙に納得してしまう。「豚児」の反対語は「麒麟児」であるが、相手の子供の尊敬語としては、現代では死語になってしまったようである。「バカ息子」の意の「愚息」もよく使うが、偏差値三十の子だからではなく、偏差値八十の秀才でも自分の息子は「愚息」と言うのである。

【表12　自分側の人の呼び方】

本人	両親・父・母	子ども・息子・娘	夫	妻
わたくしども	両親	豚児	主人	家内
わたくし	父	愚息	夫	内
手前ども	母	せがれ	（姓）	愚妻・荊妻
小生	老父	子供	宅	妻
わたし	老母	息子	つれあい	つれあい
宅	父親	娘	うちの人	細君
こっち	母親	うちの子	うちのだんな	うちのやつ
自分	お父さん	うちのガキ	彼	かみさん
あたし	お母さん	クソガキ	ハズ	彼女
手前	パパ		（お）父さん	ワイフ
ぼく	ママ		（お）父ちゃん	嫁さん
ボク	（お）父ちゃん		亭主	女房
おいら	（お）母ちゃん		宿六	（お）母ちゃん
俺	おやじ			あれ
	お袋			山の神
	親			かかあ

夫のことを「亭主」と言うのは、「亭」の主であるからそれなりに尊重した表現ではあるのだが、現代ではあ

まり品のいい言葉ではなくなってしまった。「宿六」というのは罵りで、これは「宿のろくでなし」を縮めたものである。きっとモデルは「飲む打つ買う」に明け暮れてろくな稼ぎもない「ぐうたら亭主」だったに相違ない。ずいぶん亭主もバカにされたものである。バカにされたくなかったら、家ではごろごろせずに家事の手伝いとか門前の雪かきなど、力仕事を率先してやったほうがよい。

筆者が不思議に思う夫の呼び名が、「鈴木は今出かけております」「中田の兄から相談がございました」などのように、姓をそのまま使う言い方である。妻だって原則同じ姓があるはずなのに、どうして姓だけで夫を表すことができるのか、しかもそれが謙遜の意味を持ちうるのかよくわからない。

夫が妻について言うときには「家内」というのが最も一般的である。これは「男は表、妻は家の中」という封建的な家族秩序をそのまま表した言葉である。「内」は手紙で夫に代わって妻が代筆した場合に、「鈴木内」などと書く。このとき「内」の文字を「鈴木」よりもやや小さめに書くのが礼儀である。夫の知人には鈴木氏の妻の名前はどうでもよくて、鈴木夫人であることがわかりさえすればよいからである。しかもこういう書き方をすれば、鈴木氏も承知のうえで夫人が代筆していることがわかる。へたに妻が自分の名前を書いたりすると、鈴木氏に内緒で夫人が個人的に書いてきた手紙のように受け取られかねない。

妻のことをなぜ「山の神」と言うか。おおらかな父が「海の神」だから母は「山の神」などという説はこじつけである。実はもっと優雅なのである（注3―3）。ヒントはいろは歌。

いろはにほへど　ちりぬるを　わがよたれぞ　つねならむ
うゐのおくやま　けふこえて　あさきゆめみじ　ゑひもせず

の中で、「やま（山）のかみ（上）」は何だろうか。「うゐのおくやま」であるから「山の上」は「おく（奥）」である。妻は家の奥にいて私的な生活の部分を管轄しているから、「奥（さん・様）」と言う。「山の神」はもともと「奥」を婉曲にクイズ的に言った言い方だったのである。辞書で「山の神」を引くと、「恐妻家」の夫が妻を呼ぶ呼び方などと書いてある（注3—4）が、「神」という文字面からなんとなく怖いもの、亭主にとっては頭が上がらない妻というようなイメージになっていったものと思われる。

第三節　バランスを整える

敬語の基本原則の第三は、文全体の丁重度を整えることである。

筆者は大学卒業と同時に東京の出版社の編集部に入社したが、新入社員のころ、電話の応対で相手を待たせるとき、「少々お待ちくださいませ」と言えと教育された。これは「ちょっと待ってください」をさらに丁重にした表現である。「ちょっと」はくだけた表現、「少々」は硬い文章語で、公式の発言に用いる言葉である。

ところが、数年して入ってきた後輩が「少しお待ちください」と言うのである。彼女は在学中に大学の図書館でアルバイトをしていて、この言い方を教わったらしい。次長から「短時間待てと言っているわけじゃないんだから、『少し』じゃなくて『少々』よ」と言われていた。彼女はこの言い方が癖になっていて、しょっちゅう注意されるのだが、そのたびに納得しかねる顔をしていた。

「ちょっと」と「少々」は「少し」に似ているが、もともと程度が軽いとか気軽だというニュアンスであって、厳密に計った分量が少ないというニュアンスはない。だからこそ道行く人に「ちょっとお尋ねします」と聞くのである。これは少量聞きたいと言っているのではなく、気軽に聞いてほしいと頼んでいるのである。道行く人に「少しお尋ねします」と言うのはおかしいことを指摘すれば、後輩も納得したかもしれない。「少しお尋ねします」では、まるで警察官が参考人に「少しなんですからすぐ解放しますよ」と言って尋問しているかのようになってしまう。

しかし「少しお待ちください」はその後急速に広まり、企業の電話サービスでもよく聞くようになった。もう今さら意味が違うと言っても焼け石に水だろうと諦めかけていたら、最近急に聞かなくなった。ダイヤルインと携帯の普及で、電話を取り次ぐこと自体が減ったことが原因であろうが、やはり「少しお待ちください」はどこかおかしいと気づいてくれたのならよいと思う。

さて、それならそもそもなぜ「少々お待ちください」や「少しお待ちください」などと言うのか。むろん「ちょっと」を避けるためである。「ちょっと」ではあまりにくだけているので、多少なりとも公式の改まった言葉にバランスを整えなければ、ということで登場したのである。このバランスという考え方は、敬語の基本原則の第三とも言うべき重要なポイントである。

たとえば「あした、うかがいます」という言い方。間違いではないのだが、あまり気持ちがよくない。それではと、動詞をもっと丁重にして「あした、おうかがいいたします」にすると、なおのこと気持ちが悪くなる。ようするに「あした」という普通の言葉と、「うかがいます」「おうかがいいたします」という敬語の相性がよくないのである。文末に敬語を使うのであれば、それ以外のところにも使って、文全体の待遇をそろえるという考え方が必要である。

「あした」というのは、子供がゲタを放り投げて「あ〜した、天気にな〜れ」と願うことからもわかるように、日常会話で使う、どちらかといえばくだけた表現である。「おうかがいいたします」のような高い敬意の言葉とはうまくマッチしない。こういうとき「あした」ではなく「みょうにち」を使うのである。「みょうにち、おうかがいいたします」と言って始めて、文全体の丁重度が整い、美しい日本語文になる。

「あした→あす→みょうにち」「きのう→さくじつ」「ことし→本年」など、漢語の方が和語よりも敬意が上がる。これは、敬語というものが教養の類義語として考えられたことと関係する。教養がなければ敬語は使えない。教養を必要とするもの、むずかしいものほど敬意が高いということである。昔は漢語は、一定の中国学（漢籍）の基礎がないと身につけられなかった。それに対して、和語は日常語であるから、特に勉強しなくても誰でも知っている。教養を必要としない言葉より、教養を必要とする言葉を使ったほうが丁寧だ、と昔の人は考えたのである。その伝統と習慣があるため、今でも漢語系列の言葉のほうが和語系列の言葉よりも敬意が高いのである。

戦前、天皇に対して使っていた敬語はほとんど漢語のみであった。昭和二十七年の「これからの敬語」でこれを強引に和語に変えようとし、「朕」を「わたくし」、「詔勅」を「おことば」などと変えたのであるが、その後の皇室に対する敬語使用の混乱はすでに総論第二部で述べたので、ここでは再論しない（→311頁）。

【表13　公式の発言で使う言葉】

普通の言葉	公式の発言で使う言葉	普通の言葉	公式の発言で使う言葉
おととい	いっさくじつ	こんど	このたび
きのう	さくじつ	このあいだ・こないだ	せんじつ・さきごろ・今般

きょう	ほんじつ	これ・こっち	こちら
あした	あす・みょうにち	あれ・あっち	あちら
あさって	みょうごにち	それ・そっち	そちら
ゆうべ	さくや	どれ・どっち	どちら
あしたの朝	みょうちょう	だれ	どなた・どなた様
おととし	いっさくねん	どう	いかが
去年	さくねん	いくら（値段）	おいくら・いかほど
ことし	ほんねん	なんの用	どのようなご用件
いま	ただいま	ちょっと	しょうしょう
さっき	さきほど	ほんとうに	まことに
あとで	のちほど	すごく・すごい	たいへん・ひじょうに

目上の人に向かって「いま、行きます」と言いたい場合、どう言えば失礼にならないだろうか。「行きます」は、相手のために行くことを強調したければ、謙譲語Ⅰ（平成十九年「敬語の指針」↓306頁）を使って「うかがいます」にするか、特に相手に対してそれほど配慮がなければ、謙譲語Ⅱ（同前）を使って「参ります」にすればよい。「いま」が問題である。これは「ただいま」という言い方になる。むろん「ただいま」と「いま」はまったく同じ意味ではない。「いま」は少し幅があるような感じだが、「ただいま」はジャスト・ナウで時間が切迫しているニュアンスになる。それがなぜ丁重度と結びつくのかと言うと、「いま」は多少の幅があるから、すぐ行かなくても少し時間がたってからでもかまわない。しかし「ただいま」だとほんとうにすぐ行かなくてはならない。

つまり、「ただいま」を使うことによって、目上の相手を待たせず、ほんとうにすぐ飛んでいきますという姿勢を見せることができるのである。よって丁重であり、敬意が上がるのである。これは意味を限定することによって誠意を見せ、敬意を上げるという方法である。

さて、丁寧に丁寧に、というのは古代から現代まで変わらぬ心理ではあるが、これにもおのずから限度があって、何にでも敬語をつければいいというものではない。敬語は基本的に衣服と相同で、全体のバランスと品が大切である。基本原則の第三は衣服にたとえれば、上から下まできちんとコーディネートすることである。イタリア・ブランドの高価なネクタイを持っていたからといって、セーターの上には締められない。そのセーターがオール・カシミヤ・ウールであってもである。洋服のコーディネートはできるが、言葉のコーディネートはできないというのでは、社会人として半人前である。

洋服にはアクセサリーがつきものであるが、これとて何でもたくさんつければいいというものではない。敬語も同じで、バランスを整えるつもりで、主語にも修飾語にもと敬語をつけていったら、いつのまにか全部の言葉に敬語がついてバカ丁寧になってしまった、ということになりかねない。

前近代のように身分が固定されていた時代なら、会話の中で天皇でない貴族に対して「せたまふ」や「おほせらる」などの二重敬語を使ったからといってバカ丁寧とは受け取られなかった。現代は基本的に対等な社会で、その場その場で相対的な上下関係を決めるから、あまりオーバーな敬語は、相手を神様扱いして何でも言うことを聞かせようという下心が透けて見えることになり、過剰な敬語が嫌われるのである。

敬語のつけすぎを防ぎ、丁重で上品な表現をするには、次の二点を守るとよいだろう。

(1) 慣用句は一か所だけを敬語にする。

慣用句というのは、いつも同じ語句をセットにして一定の意味を表すもので、文章中に織り込んで使う。たとえば「心がこもる」「腹を立てる」「首をかしげる」など、体の一部を使った表現が多い。慣用句は語句とは違うので、「心がこもる」といっても、ほんとうに文字どおり心というものが何かの中に隠れているわけではない。「心がこもる」というセットの形で、「誠意が感じられる、温かい思いやりにあふれている」という抽象的な一段グレードアップした意味を表すのである。「腹を立てる」も同様で、この慣用句全体で「怒る」という別の抽象化された意味を表すわけである。

こういう慣用句を敬語にする場合、何でも丁寧なのがいいと考えると、往々にして全部の語句に敬語をつけてしまうことが起こる。

「先生からお心のおこもりになったお手紙をいただき、たいへん感激いたしております」

「おこもりになった」は添加形式の「お～になる」を使った尊敬語である。しかし「お心のおこもりになった」はいくらなんでも敬語の使いすぎである。そもそも「こもる」の主体は「心」という物であるから、動詞を敬語にはできない。だからこの場合は名詞だけを敬語にする。つまり「お心のこもった」で十分なのである。

「先生からお心のこもったお手紙をいただき、たいへん感激いたしております」

これで十分丁重で、しかもすっきりした上品な文になっただろう。

「部長はたいそうおなかをおたてになられたそうですよ」

この会話は、自分でも信じられないのだが、実際に聞いたことがある。最初は何を言っているのかさっぱりわからなかった。この文には欠点が二つある。一つは「腹を立てる」という慣用句の形を「おなかを立てる」に変えてしまったこと。慣用句は一定の形で一定の意味を表すものだから、形を変えると元の意味を表せなくなってしまうのである。もう一つは、一つの慣用句の中に敬語を二つもつけてあってうるさいこと。「おなか」は「腹」の丁寧語だし、「お立てになられた」は「立てた」の尊敬語である。

これを直すのは少々厄介である。というのは、「お心がこもる」のように名詞だけを丁寧語にして、「お腹を立てる」とは言えないからである。江戸時代の侍言葉なら言ったかもしれないが、少なくとも現代語では「お腹を立てる」とは言わない。そこでしかたがないから、動詞のほうを敬語にする。ただし、「お立てになられた」では敬語が多すぎ、前の裸の「腹」とのバランスがよくないので、敬語は敬意の低い「れる」一つにする。

「部長はたいそう腹を立てられたそうですよ」

あるいは「腹を立てる」という慣用句自体をやめてしまい、「お怒り」「ご立腹」のような別の名詞を使うという手もある。

「部長はたいそうお怒り（ご立腹）になったそうですよ」

これがいちばんすっきりしている。

(2) 歴史上の人物や有名人には敬語をつけない。

いくら偉いからといって、歴史上の人物に日常的な敬語をつけるのはおかしい。まるで自分がその人と日常的な人間関係（ソト）を持っているかのようだからである。敬語は関係をもっている人に対してのみつけるものである。

「豊臣秀吉様のお建てになった大坂城」

日常的な敬語は、日常的な人間関係のある相手につけるのが原則である。歴史上の人物に対しては、それ専用の敬意表現がある。たとえば「公」。「豊臣秀吉様」だとおかしいが「豊臣秀吉公」ならおかしくない。観光バスガイドはたいていこれを使っている。「お建てになった」のほうは敬語を外して裸にする。歴史上の人物や事柄は、原則として現実の人間関係ではないのだから、現実の人間関係で使う言葉を持ち込まないというのが基本理念である。

同様に、作家や芸能人などの有名人にも敬語はつけない。

「銀座でキムタクさんにお会いしたわ」

などと言ったのでは、「へえ、だれ？　それ」と言われるのがオチである。

「銀座でキムタクに会っちゃった」

のほうがよほどわかりやすい。そしてこれは少しも失礼ではないのである。有名人は自分の日常生活と関係ないほうが普通だからである。もちろん、本人が相手と個人的に親しければ話は別である。個人的に知っているということは、日常的な人間関係を持っているということだから、この場合には日常使う敬語をそのまま適用していっこうにかまわない。ただし、第三者に言うときには、相手も同じ人間関係を持っている場合に限らないと、鼻持ちならない自慢話に聞こえる可能性がある。

「ヨンさま」のように、芸能人の通称に初めから敬語がついている場合は、これ全体を普通の名詞扱いすればよい。

「成田で偶然、あなたがご執心のヨンさまを見ちゃったわ」

「ご執心」という敬語は聞き手に対する尊敬語であり、話題中の「ヨンさま」については何も敬語を使っていないが、決して不自然でも失礼でも何でもない。

第四節　忌み言葉

総論第二部で述べたように（→261頁）、多くの欧米社会で、公的発言においては性に関する話題をタブーとする習慣があるのと同様、日本文化においては、特定の場面で言及すべきでない言葉が厳然とある。それが「忌み言葉」である。これは、実際に雑誌に紹介された例（注3―5）。

レストランの開店記念パーティーでのこと。来賓の一人がこんな挨拶を述べた。

「こんな素晴らしいインテリア、美味しい料理。このレストランが流行るのは火を見るよりも明らかです」

招待客の中にジャーナリストがいて、この挨拶を聞き、

「まったく不吉なことを言ってくれるわよ」（傍線引用者）

何が不吉なのか若い人はわからないかもしれない。しかし、レストランの開店記念パーティーというＴＰＯに注意が必要である。この挨拶はこのＴＰＯでなければ、ただの慣用句の間違いで終わってしまうからである。「火を見るよりも明らか」という慣用句は悪いことが確実に実現すると予想するときに使う慣用句だから、商売繁盛のようなよいことに使うのはおかしい。

しかし、ジャーナリストが「不吉」と憤慨したのは、開店記念というＴＰＯに「火」という縁起でもない言葉を使ったことが原因だったのである。開店記念というＴＰＯで「火」は忌み言葉なのである。

日本語の中には「言霊」というものが宿っていて、ある言葉を口から発するとその通りに実現するという思想（文化の伝統）がある。だから、雨が降ってほしいときに「神様、雨を降らせてください」と口に出してお願い（言挙げ）すれば、その願い事はかなえられ、めでたく雨が降る。口に出さずに心の中でお祈りしていたのでは、全然役に立たないのである。こういうふうに、言霊の力が天地をも動かすものだという考え方は、総論第一部で述べたように『古今集』「仮名序」の中にはっきり明記されている（↓72頁）。

言葉にすると何でもそれが実現してしまうのだったら、ほんの少しでも悪い結果を予想するようなことは口にできないことになる。開店記念パーティーで「火」だの「燃える」だのと口にして、万一火事になったらどうするのだ、というわけである。結婚披露宴の招待状への返信に「この度は誠にお目出度く存じます」と格式張って書いたつもりが、「お目出度く」の「出」の字を咎められたという例も聞いた。受験生のいる家庭でも「落ちる」「すべる」は口にしないという。

そこで、口に出す言葉はおのずとめでたく縁起のよい言葉ばかりになり、世の中おしなべて楽天的に、太平楽に過ごせるという結果になる。正月に日本中で「おめでとう」と言うのは、そのように言えばその年によいことが起こることを祈念しているからで、何も正月自体がめでたいわけではない。

これは日本人の、物事をあまり深刻に考えないという基本的な性格に大いに影響していると思う。民族全体が絶望に陥らないという点で、言霊思想はまことに結構な信仰である。

ところが、物事には必ず表と裏がある。この言霊信仰があるばかりに、日本人は自分にとって好ましくない真実と正面から向き合うことができないのである。たとえば、先の戦争。誰がどう考えてもあの戦争に勝ち目はなかった。しかし、当時国民は「勝ち目がない」「負けるかもしれない」などとは口が裂けても言えなかった。特高（特別高等警察）が目が光らせていたということも、もちろんある。

だがそれ以上に、国民自身がそういう発言をすることを自主規制したのである。なぜなら、もし「負ける」などと口にしてほんとうに負けたらどうするのだと思ったからである。戦争中は「負ける」という言葉は忌み言葉であった。

忌み言葉は迷信である。だから全然気にする必要はない。と、理屈では誰しもそう思う。日常生活の中で忌み言葉に気をつけている人など、まずいないだろう。しかし、レストランの開店記念パーティーで「火」と言うのは不吉だというジャーナリストもいるし、宴会を終わるときでも必ずと言っていいほど「お開きにする」と言って「終わる」とは言わない。結婚披露宴で新郎・新婦がウェディング・ケーキを切るときも、必ず「入刀いたします」と言って「切ります」とは言わない。

また、たいていの病院には四号室も九号室もない。「四」は「死」と、「九」は「苦」と同音だから、死や苦を免れたい所ではこれに言及しないようにするためである。しかし中国語では「四」と「死」、「九」と「苦」は発音が違うから、何の連想も起こらない。つまりこれは日本の言霊思想によるものなのである。

その他、果物の梨を「無し」との連想を避けて「ありの実」と言ったり、葦を「悪し」との連想を避けて「ヨシ」と言ったりするのも忌み言葉である。動詞では「する」に「なくなる」の意があるので、これを避けて「スルメ」を「アタリメ」、「すりごま・すりばち」を「あたりごま・あたりばち」、「髭をする（剃る）」を「髭をあたる」と言うのも同様である。

次に主な「忌み言葉」を一覧表にしておく。

【表14　忌み言葉一覧】

場面	悪い予想	忌み言葉
葬式・見舞い	重なること	追う・追って・再び・また・重ねて・重ね言葉（しばしば・かえすがえす・ますます・いよいよ・たびたび等）
結婚	離婚・再婚	去る・別れる・帰る・切る・切れる・戻る・破れる・終わる・出る・冷える・薄い・重ね言葉
出産	流産・死産	流れる・滅びる・破れる・落ちる・消える・苦しむ・死ぬ・九・四
賀寿	衰え	衰える・枯れる・朽ちる・倒れる・まいる・病む・滅びる・死ぬ・四
新築・開店	火事・倒産	火・灰・煙・焼ける・燃える・壊れる・倒れる・崩れる・つぶれる・傾く・失う・閉じる・閉める・やめる・たたむ・終わる
祝宴	終わり	終わる・しまう・たたむ
受験	不合格	落ちる・すべる・散る

冠婚葬祭の際に金を入れる袋も、水引の結び方に結び切りとリボン結びがある。これも言霊思想で、絶対に解けず二度とないことを願う結婚式と葬式に用いる袋の水引は結び切りとし、繰り返してよい「誕生祝い」「新築祝い」などの祝儀袋の水引はリボン結びにする。これを間違うと非常識を笑われるだけでなく、不吉なことをされたと相手に恨まれかねない。

実は、この袋の畳み方も慶事と弔事で逆になっていて、これは「陰陽五行説」に従っている。「陰陽五行説」とは森羅万象を陰と陽に分け、さらにこれに木・火・土・金・水の五行の分類を重ねて占うもので、特に陰陽の区別が重視される。

慶事（普通の事）では陽が優先で陰は後になる。したがって、袋も天を先に折り、地を後から折るので、下側が外に出るようになるのである。弔事は逆に陰が優先されるので、地を先に折り、天を後から折るので、上側が外に出る。

着物の着方もこれによっていて、生きているときは前身頃を陽→陰の順に右・左と重ねるため右前になるが、死者に着せるときは逆に陰→陽の順に重ねるため左前になる。外国人が日本の着物をときどき左前に着ているのを見かけるが、死人に着せる着方だということを誰も教えてやらないのだろうかと不思議に思う。

花や菓子などを人にお祝いとして贈るとき、たいてい奇数個贈るのも、奇数が陽数だからである。一方、葬式まんじゅうなどは偶数個配るが、これは偶数が陰数だからである。

【表15　陰陽】

陰	地	月	夜	暗	女	左	偶数
陽	天	日	昼	明	男	右	奇数

この他、現代日本では「先勝・先負・友引・大安・赤口・仏滅」の六輝の区別もまた、適当に理屈をつけて解釈されている。「先勝」は「午前中は吉で午後は凶」、「先負」はその反対、「友引」は友を引かれるから葬式ができない（実際、火葬場の定休日になっている）、「大安」は葬式以外の何をやっても吉、「仏滅」は葬式以外の何をやっても凶、というわけである。そこで、大安の日は結婚式ラッシュ、仏滅の日の式場はがらがらという事態になり、式場側は何とかお客を分散させるべく、仏滅の日の料金を格安にしたりする。「仏滅」に葬式は吉である。

理屈では、仏がいないときに仏事ができるはずはないと思うのだが、そこは日本が本当の仏教国ではない証拠で、単なる「大安」「仏滅」という文字面に言霊を応用させたものである。

このように、日本では言霊思想が外来のさまざまな思想・宗教をも取り込む形で、現在でもなお脈々と生き続けている。言霊の力によって神に助力を願おうとする日本人特有の心理は、スペースシャトルが飛ぶ時代になってもいまだに健在なのである。

第二章　現代の待遇表現に特徴的な現象

第一節　目上に対してできないこと

総論第二部で述べたことだが（↓331頁）、明治維新でもともと上位者でない下級武士や百姓あがりの者が、明治の元勲として権力を握り「上位者」となった。この「上位者」は前近代の上位者の持っていた寛容・鷹揚・寡欲の三徳を持っておらず、狭量・強欲・怯懦・卑怯の四悪さえ持つようになってしまった。そこで、明治〜終戦の時代、抑圧された「下位者」は「上位者」とどのようにコミュニケーションをとり、どのようにして自分の要求を上に通したらよいかわからなくなってしまったのである。

現代は戦後の民主主義が根づいてはいるが、日本人の人間関係認識は依然として上下が主流であり、相手が自分より上か下かによって、どんな言葉遣いをするかを決めている。現代は人間関係が相対化し、ある人物が時と場合によって上にも下にもなる。そして、敬語の表現が無定見に使われた結果、敬語自体から敬意が落ちてしまって、はっきり目上とわかっている相手には言えないこと、できないことが生じてしまっているのである。これは現代の待遇表現の特徴と言える。

前近代の下位者は十分に敬意を払いさえすれば、どんな内容でも上位者に言えたのであるが、現代ではしばしば話し手が不用意に言った言葉で相手が不快な思いをする、ということが起こっている。

一―1　目上には命令できない

現代では、はっきり目上とわかっている相手、目上扱いしなければならない相手に、直接命令形を使って命令することができない。

これは当時六十代だった知人（男性）に聞いた話である。同窓会で昔の同級生の女性と数十年ぶりに再会し、その後手紙をもらったのだが、そこに

「お体を大切になさい。……健康に注意しなさい」

と書いてあったので、「『大切になさい』ったって、こっちにだって都合があるんだ」と反発を覚えたと言う。知人が憤慨するのも無理はないと思った。「大切に（し）なさい」とか「注意（し）なさい」という命令形は、現在では主に子どもに言う表現で、教師が生徒に「静かにしなさい」とか「ちゃんときれいに書きなさい」などと言うときに使うものである。

親しい相手になら大人にでも「風邪に気をつけなさい」などと言うことはあるが、そのときは口調に十分注意して、できるだけやわらかく言うようにする。しかも言う相手は女性だろう。まして手紙というのは口調が伝わらないだけに、会話よりも一段高い敬意をもって書くのが普通である。「～なさい」という命令は、敬意を高く待遇しようとする相手に対しては、絶対にできないのである。

しかし、考えてみればおかしい。「なさい」の終止形は「なさる」であり、これは「する」の尊敬語である。「先生は健康に注意なさっている」なら、第三者である先生に対して十分に敬意を表した表現だと言える。だが、命令形の「なさい」にするとたんに使えなくなるのは、実はその背後に歴史的な社会構造の変化と言語の変遷が

あるからなのである。

前近代の天皇や貴族などはみな世襲による上位者であって、その地位は子々孫々に至るまで変わることはなかった。上位者の悩みはいつの時代も、自分の地位が脅かされることである。下位者が上位者を言葉と態度でバカにしたとき、上位者は自分の地位が脅かされたと感じる。だから下位者が上位者に何か言いたいとき敬語を使いさえすれば、その身分の区別を遵守することを意味するから、会話の内容は何を言ってもよく、上位者はできることならそれを許しかなえてやろうという、寛容・鷹揚の徳を発揮することができた。前近代の上位者とは、そういう徳を持っているものだったのである。

ところが、明治以後はこの原則が通用しない。天皇は別にすれば、生まれついての上位者というのは存在しない。みなたまたまその場面で上位者の役割を演じているに過ぎないのである。だからいつ自分の地位を追い落とされるかわからない。一度でも上位者になって富や権力を手にすると、これを手放したくなくなるのは人情だろう。そこで、明治以後の「上位者」は前近代の上位者に比べて、下位者に対する寛容や鷹揚さに欠け、強欲で、やたら威張り散らすという一般的傾向がある。そうしないと自分の地位を自覚できないからである。

さらに問題は、時間とともに敬語から敬意が落ちてくるという法則である。前にも述べたが、「あなた」は昔は婉曲でよい言葉だったのに、現代では目上に使えない普通の言葉になった。「貴様」や「てめえ」に至っては、罵りにしか使えないほど敬意が下落してしまった。

目上の相手に何かを要求するとき、前近代ならば敬語をたくさんつければ直接の命令形を使って、いくらでも命令することができた。たとえば、天皇に対して手紙を書くように要求・命令する場合、

「御文、書かせたまへ」

と言えばよかった。「書かせたまへ」の「せ」は尊敬の助動詞、「たまふ」は尊敬の補助動詞で、「せたまふ」は二重に敬語をつけた非常に丁重な表現である。これは天皇や上皇など、主に身分の最上位者に対して使う表現であって、もちろんこのまま「書かせたまへ」と命令形にしても敬意は落ちない。

この「〜せたまふ」を現代語訳すると「お〜なさる」である。「書かせたまふ」は「お書きなさる」である。「御文、書かせたまふ」という平叙文なら、「お手紙をお書きなさいます」と現代語訳できる。この表現なら現代でも天皇・上皇に対して使えるだろう。それでは命令形はどうか。「お手紙をお書きなさい（ませ）」と天皇や上皇に言えるだろうか。天皇・上皇どころではない、会社の部長にだって言えないのである。平叙文なら言えるのに、なぜ命令文はだめなのだろうか。

これが、すなわち敬語自体から敬意が落ちてしまっているために、命令のような上から下へ向かって言うような内容が言えなくなったということなのである。つまり、敬語をつければ何でも言えた時代から、たとえ敬語をつけても「命令は言えない」という時代になってしまったのである。

さて、それでは現代では目上に向かって命令や要求をしたいときには、どう言うのか。右の例で言えば、「お手紙をお書きください」や「お手紙をお書きいただきたいんですが」などと言うだろう。「お書きください」は「お〜ください」という添加形式の尊敬語をつけているが、内容としては命令ではなく依頼である。「くださる」は目上の相手が自分に何かを与えるという意味で、与える相手に視点があり、恩恵を与えるというニュアンスである。「相手が書く」という恩恵を自分に与えてほしいと頼んでいるのである。

「お書きいただきたいんですが」のほうは、「お〜いただく」という添加形式の謙譲語Iをつけているが、内容は「たい」という自分の希望を表し、しかも「ですが」と文を途中で止めて言い切らない形にしてある。手がこんでいることには、この省略しない元の文の形は「お書きいただきたいんですが、（よろしいでしょうか）」のように相手の意向を尋ねる疑問文で、話し手が一方的に命令・要求するのではなく、相手の意向を尋ねる形をとっている点である。

目上に向かって直接命令や要求をするのは失礼であり、現代ではとてもできない。そこで、命令や要求を依頼や希望・疑問などの形にし、文法的な意味を変えて婉曲にしているのである。文法的な意味を変えればよいのだから、いろいろな変え方があるだろう。そしてどう変えたかによってニュアンスが微妙に変わり、婉曲さの度合いも変わってくる。

手紙ではどんな相手でも目上として扱うのが礼儀である。その証拠にどんなに親しくても「〇〇様」と尊敬語をつけた宛て名にする。冒頭の同窓生の女性も「お体を大切になさい」などと命令しないで、「お体を大切にしてください」（依頼）や「お体を大切にしていただきとう存じます」（希望）などと表現に工夫すれば、もう少し印象がよくなったのではなかろうか。

一－２　目上には断れない

古典の時代にはできたことで、現代ではできなくなったことのその二は、目上に対して断ることである。現代のように地位の上下が流動的な社会では、誰でも時と場合によって目上になったり目下になったりするわけである。相手に頼みがある場合、無理なお願いをする場合など、自分はさっさと目下になって相手を目上に祭り上げてしまうと、依頼やお願いをすんなり聞いてもらえるという特典がある。ふだん乱暴な口をきいているツーカーの仲でも、何か無理な依頼・要求があって、

「折り入って頼みがあるんですけど、聞いてもらえますか」

などと改まって言うことがある。これを言われたときの気持ちを想像してみるばわかるだろう。このように、相手が目下の役割で丁重にお願いしてきたときには、どうにも断りにくいものである。まして、はっきり目上とわかっている恩師や上司などが、一時的に目下の役割で依頼やお願いをしてきたときに断るのは至難の業である。

しかし、どうしても拒否したい場合だってあるだろう。そのときには、直接的でない婉曲な表現をして、拒否であることを相手に伝える。実際に拒否という発言することより、拒否したいという気持ちが伝わればよしとする。相手が拒否しているのになお強行するのは、日本の伝統的な上位者にはありえない態度であるからである。

だから拒否の第一段階は、まず直接的な内容（本文）を言う前に前置き（マクラ）をつけることである。

「まことに恐縮の極み（至り）でございますが……」

「まことにおあいにくさまでございますが……」

「まことに申し上げにくうございますが……」

「まことに（何とも）申し訳ございませんが……」

「あいにくで申し訳ございませんが……」

「せっかくのお話で恐縮でございますが……」

「あいにくで悪いんですけど……」

などいくらでもあるが、ようするに相手の希望に沿えないことをあらかじめ予告するわけである。「あいにく」は相手の希望がそのまま実現しないことを残念に思う気持ちを表す副詞、「せっかく」は相手の依頼・要求に価値があることを認める気持ちを表す副詞である。こういうふうに、相手の気持ちを逆撫でしないように持ち上げながら、次に来る拒否の内容を予想させるのがマクラの役割である。

次にいよいよ本題ということになるが、最も丁重にしたいときはこのマクラの後、何も言わないで平伏する。何も言わないで平伏するとは、相手を徹底的に目上として扱うことを意味する。それで相手は徹底的に寛容でなければならなくなるわけである。

我々の日常生活でも誘いを断るとき、

「ちょっと一杯やりに行かないか」「悪いけど、今日はちょっと……」

と語尾を濁して後は拝む動作だけをすることも少なくないだろう。これははっきり拒否するよりはるかに丁寧であり、相手を傷つけたくないという話し手の配慮を感じることのできる表現である。

黙って平伏してもダメなときは、断りの言葉を言わなければならないが、そのときにはたとえば次のように言う。

「どうかそればかりはお許しを……」

「そればかりは御勘弁ください（ませ）」

「御要望に沿えないこととなりました」

「結構でございます」

「お引き受けできかねます」

「考えさせてください」

初めの二つの表現は相手の許しを求める表現で、直接拒否するのではなく、拒否した結果相手が怒るだろうことを予想し、どうか怒らないでほしいと言っているのだから、考えようによってはずいぶんずうずうしい表現ではある。三つめの「御要望に沿えないこととなりました」は、不採用通知などに多用される。この場合は手紙で一方通行だから、語尾を濁さずに「～ました」と言い切ってもかまわない。それにしても、「自分（わが社）はあなたを採用しません」とは言わず、「採用されたいというあなたの御要望に沿えない事情になった」と言うのだから、はなはだまわりくどい表現である。

「結構でございます」は非常に曖昧な言葉であって、ＯＫというまったく正反対の意味にもなってしまう。よほど誤解されない工夫をしないと、相手をぬか喜びさせてしまうことになる。「お引き受けできかねます」は「お引き受けできません」よりは丁寧だが、それでも切り口上に聞こえるので、よほど注意して言わねばならない。

「考えさせてください」は関西地方での用法。「考えときまひょ」と言うこともある。関東では、文字どおり時間をかけて考えさせてほしい、考えてみるという意味になる。これも出版社時代に先輩から何度も聞かされた話だが、関西出身のある作家が東京の出版社からの執筆依頼に対して、

「考えときまひょ」

と返事をした。二週間ほどたってその出版社から電話がかかってきて

「あのう、お考えいただけましたでしょうか」

作家は苦笑して、今度ははっきり断った。後日、出版社ではその作家の名簿の頭に要注意のマークをつけたそうである。

関西では古い言葉の伝統が根強く残っているから、こういう言葉の裏にある心理を思いやって、相手の真意を探る必要がある。このように、目上に断るというのはむずかしいものである。

なお、接客業などでお客の無茶苦茶なわがままを店側が敢然と拒否する場合、

「まことに申し訳ございません」

と言い切って低頭し続ける方法がよく取られる。文章を言い切ってしまうために、相手には妥協の余地がないことを示し、低頭し続けることで下位者の地位を譲るつもりがないことを示す。昔の日本人は我慢強かったのでそのまま三日間、門前に座り続けるなどしたようだが、現代の日本人は忙しいので、相手はこの低頭が微動だにせず変更の余地がないと判断すれば、数分であっさり要求を引っ込めてくれるはずである。これは典型的な「負けるが勝ち」の戦法である。

一-3　目上には怒れない

「怒る」という言葉は、日本語ではしばしば「叱る」の意味として使われる。これは日本語ならではの意味共用であって、身分の上下があったからこそ可能な発想である。目上の人間が怒りを表すことは、とりもなおさず目下の人間を叱ったことになるのである。それで数人で会話をしているときに一人が怒ると、その会話の相手は自分が叱られているような感じがして、しゅんとなってしまう。しかし、欧米の人間関係だと、一人が怒ったとしても相手はしゅんとなどしない。怒りは個人的な感情で自分には関係ないから、その怒りの原因を聞いて自分も一緒に怒るとか、逆に慰めるとかする。

そもそも日本の伝統的上位者は、君主たる者は民よりも「先に憂い後れて楽しむ」という「先憂後楽」の考え方が王道とされ、下々の幸福を優先して考えるように教育されてきているので、あまり下々が怒るような事態は起こらなかった。

しかし、たまには上位者の政策が下位者の生活を脅かす場合もある。そのとき、下位者が上位者の行為に怒りを感じたとしても、それを上位者に向かって直接表すことはまずなかった。自分たちどうしでその怒りをぶちまけ発散させた後、敬語を使って丁重にしかし堂々と上位者に抗議をしたのである。この抗議は怒りとは無縁の、もっと冷静なものであった。冷静でなければ敬語は操れない。だから、下位者が上位者に向かって怒りを表すというのは、日常的にはありえないことであったのである。

現代では、地位の上下が日常生活の中にまで入り込んでいる。そこで、本来表す必要のなかった喜怒哀楽という私的な感情まで、目上に対して感じることがしばしば起こるようになった。目上の者の行為に怒りを感じ、それを直接表現したくなる場面が存在するようになったということである。だが、現代においても、はっきり目上とわかっている相手に対しては、敬語を使って反論することは可能であっても、怒りを表すことは不可能に近い。たとえばだが、こんな言い方しかないのではなかろうか。

「なんたることでございましょうか」

「なんたることですか」

「あんまりでございます」

怒りの感情をそのまま目上の相手にぶつけるなどもっての外であるから、自分の怒りをまず他の形にしなければならない。怒りに最も近い感情は慨嘆である。その慨嘆の原因が相手の行為にあることを示すわけである。あなたの行為のために自分はこんなに慨嘆しているのだというニュアンスである。それが前二つの表現の意味である。

三つ目は自分が被害者になる方法である。相手の行為によって自分が被害者になったと言うことによって、怒りを間接的に示すわけである。しかし、これは相手がはっきり目上とわかっている場合にだけ使うことができ、それ以外の一時的な上下関係では勧められない。

我々の周辺にときどきこういう人間がいる。ケンカをするとすぐ自分が被害者になるのである。被害者だと主張することは相手を加害者だと断罪しているに等しい。つまり相手を非難しているわけである。絶対的な身分の上下があるならともかく、対等な個人どうしのケンカのときに一方的に被害者になって相手を非難するのはあまりキレイなやり方ではない。それより丁々発止とやりあったほうが、よほど気持ちがよい。

目上に向かって怒るのはむずかしいが、目下に向かって怒るのはいとも簡単である。対等以下の相手に向かって怒りを表す表現は、実にたくさんある。


「いいかげんにしなさい」

「失礼ですよ」

「なんたることだ」

「頭きちゃう」

「失礼だよ。失礼だわ」

「何やってんだよ」

「何だって」

「何て奴だ」

「けしからん」

「なんだ。なによ」

「もう！」

「ったく！」

終わりの方の表現は若い人がよく使う。恋人がデートに遅れてきたりしたときに「もう……」と言う女の子は多いだろう。注意すべき表現は「失礼ですよ」「失礼だ」の「失礼」である。「失礼」というのは目上である自分をないがしろにされたという意味であり、相手は下、自分は上という上下を非常に強く意識した表現である。だから、やたらに使うとお高くとまっていると相手に反感を持たれる。これに比べて「頭きちゃう」「ったく！」は自分の感情をそのまま述べているだけだし、「何やってんだよ」「なんだ」などは相手の行為を不適切だとなじっているだけだから、そんなに悪い感じは持たれない。

日本語で「先生に怒られた」というのは「先生に叱られた」と同義である。目下である生徒に対して怒りを露にするのは、実は簡単なことだ。目上の怒りに接した目下は、ひたすら恐縮するしかない。恐縮する自我を持っていない子供は、しかたがないから先生の怒りのエネルギーをさらに増幅して反射させてくる。その結果、逆ギレして怒鳴ったり暴力を振るったりということが起こる。

だが、「叱る」というのは、目上が目下を言葉で非難して教育することであり、感情でする行為ではないのである。あくまで教育的配慮が前提にないと、先生の非難はただの感情的な怒りになってしまう。総論第二部で体罰と人間関係について述べたが（↓343頁）、荒れた学校現場では苦労が絶えないこととは思うが、どうか先生は生徒を「怒らず」に「叱って」ほしいものだと思う。

一-4　目上はほめられない

知人に画家が三人いる。ときどき個展やグループ展に誘われる。筆者も嫌いではないので、暇があるときは出かけていく。そしてとてもいい作品だなと思ったとき、何と言えばよいのか困ることが少なくない。相手は全部筆者より年上で目上である。その目上の人に向かってほめる言葉が見つからないのである。そこで筆者はいつも、

「たいへんすばらしいですね」

と言うしかなくなる。老人なのに多数の大作を出展した場合などには

「ほんとうによくなさいましたね」

と言うこともあるが、作品が一点しかないのにこう言ってほめると、なんだか小学生の絵をほめているような感じになって、あまりよく思われない。

もともと「ほめる」という言葉は祝う、祝福するという意味である。「祝詞」の中では「神ぼめ」が中心であるが、「神ぼめ」とは神の偉大さを祝福することであった。神の偉大さを祝福するとはすなわち感嘆することでもあるから、相手のすばらしさに感嘆するという意味になった。

それがいつから評価するという批判的な目が加わるようになったのだろう。評価するためには、何がよくて何が悪いのかという基準を話し手が持っていなければならない。それには当然相手よりも実力や立場が上でなければならない。だから、目下をほめるのはとても簡単である。逆上がりのできない生徒が一生懸命練習してとうとうできるようになったとき、それを見守っていた先生は、

「ほんとうによくやった」

と言ってほめる。相手が物事を達成したという事実を述べるだけで、その価値を知っている上位者は相手をほめたことになるのである。若い人がよく言う

「やったね」

「君（あなた）もなかなかやるね」

「けっこうやるじゃん」

なども相手が物事を達成したという事実を認める表現である。

だが、目上に対してはこの手が使えない。初めに言ったように「ほんとうによくなさいましたね」などは丁寧ではあるが、やはり自分が何もかも知っているかのような立場の人の発言だろう。まして技術の巧拙に触れた「おじょうずです」「うまいですね」などは、話し手が完璧な技量の持ち主であるという前提に立って言う表現だから、目上に対しては失礼になる。

ところで、この画家のうちの一人はアマチュアであるが、この人がいちばん口が悪い。仲間の絵をクソミソにけなすのである。それが非常に的確で明快なので、言われた相手も怒ろうという気勢をそがれてしまうらしい。とんちんかんな批判をされれば腹も立つのだろうが、自分もそこがまずいなと思っているところをズバリと指摘されれば、「うーん、お主できるな」と相手の実力を認めざるを得なくなるのだろう。

残念ながら、筆者は展覧会に行ってもそれほどズバズバ物は言えない。一つには絵のことをよく知らないから批評する目がないため、もう一つは社会的地位がいまひとつなので、この年上の画家たちと対等の立場に立てないためである。

日本人はときどき目上をほめることを阿諛追従と誤解する。だから展覧会に招待された場合など、何か必ずほめなければいけないのだと思い込んで、心にもないお世辞を言ったりする。相手もそれが何となくわかるから、こいつは信用できない奴だなと思ってしまう。現実には、ほめるときに使う言葉とお世辞で使う言葉は同じだから、言葉だけ比べていたのでは、両者の区別はつかない。しかし、「ほめる」というのはほんとうに感動して祝福したくなったときするものであって、相手をいい気持ちにさせればよいというものではないのである。「ほめる相手には気をつけろ」ということわざさえあるくらいだ。

最近、目上どころか目下の相手にさえ正当な批評ができず、何でもほめて相手の機嫌をとるのをよしとするような傾向が見られる。子供は確かにあら探しして文句を言うより、ほめて育てたほうが結果がよいと思うが、大の大人に対しても正当な批評をしないのは問題だと思う。

筆者は声楽を四十五年勉強していて、リサイタルも十五回開催しているが、この三十年ほどついている先生は非常に的確な批評をしてくれる。動物好きでやさしい性格だが、こと歌に関するかぎり非常に厳しい。それだけ自分の耳に自信があり、どこが悪くてちゃんとした声が出ないのかがわかっているからだと思う。ましてこちらは生徒なのだから、ズバズバ欠点を指摘されるのは当たり前であり、その指摘によってうまくなれるわけだから、感謝こそすれ気分を害したことなど一度もない。

ところが町中でよく聞く話では、近年お稽古事の先生が生徒に対してお世辞を使い、ひどい演奏をしたのに「よかったわよ」などとほめるのだそうである。ほめてくれない先生だと弟子がすぐにやめてしまうのだそうだ。思うに音楽を勉強している学生というのは裕福な家の子女が多く、一方教師はそれだけでは食えない貧乏生活なため、いつのまにか貧富の差が上下の差に結びついてしまい、弟子のほうが心理的に優位に立ってしまうためだろう。

最近、「自分で自分をほめてやりたい」という感想がしばしば聞かれる。バルセロナ・オリンピックの女子マラソンで有森裕子選手が銀メダルを取ったとき言った感想が最初だと思うが、それから流行語にもなった。自分で自分をほめるには、第一に行為する自分が全力を出し切ったという事実があること、第二にそれを評価する完璧な存在としての別の自分があること、という二点がそろっていなければならない。

有森選手はともかく、全力も発揮できず、その実力さえまだ完璧の域に達していない半人前の人間が、下位に低迷した結果に対して、「自分で自分をほめてやりたい」などと口々に言うのは、悪い結果に妥協し、他人の批判をかわしたい一心の甘えとしか受け取れない。

「ほめる」のと「おだてる」「甘やかす」のとは違うのである。

一-5　目上はねぎらえない

古い話になるが、昭和六十一年（一九八六）、昭和天皇在位六十周年記念式典の席上で、時の中曾根康弘総理大臣が、

「陛下、長い間まことにご苦労さまでした」

と式辞を述べて物議をかもしたことがあった。この「ご苦労さまでした」が適切かどうか（さすがに「不敬だ」という表現はしていなかったが）、だいぶ話題になった（注3―6）。表現自体に問題があるというわけではない。使う相手が適切かどうかで問題視されたのである。

まずこの言葉を使う背景を考えてみよう。「ご苦労」というからには、何か苦労するような大事業を相手がなし遂げた、そして「ご苦労」と言った本人は、それをせずに見守っていた、という構図が見えてくる。働く人と見守る人、工事現場を見るまでもなく、働く方が下位者で見守る方が上位者に決まっている。現場監督が働いて、労働者が指図している現場などどこにもない。

現場監督が自分の管轄下の労働者の仕事に対して「ご苦労さま」というのは、当然の話である。これは、労働

者が苦労してよい仕事をしたと認め、その苦労を慰め感謝し、さらにはほめるという意味である。会社の社長や部長が部下に対して「ご苦労さま」と言うのも、まったく同じ理屈による。このように「ご苦労さま」の基本は、目上が目下をねぎらうものである。

それで、総理大臣が天皇に対して「ご苦労さま」と言うのは変だ、という議論が出てくるのである。総理大臣は国民の代表であり、天皇は国権の象徴である。代表と象徴とでどちらが上かだが、代表は「代」表というくらいで代わりがいるが、象徴に代わりはいない。と考えたら、象徴のほうを上にするのが妥当だろう。天皇のほうが総理（国民）より上位だということになれば、上位者に向かって「ご苦労さま」と言うのはおかしい。これではまるで下位者をねぎらっているようではないか、ということになるわけである。

さて、それでは目上をねぎらいたいとき何と言ったらよいか。これがなかなか難題なのである。というのは、前に述べたように、ねぎらいという気持ちはもともと上位者が下位者の苦労を理解し、慰め感謝するというニュアンスがあるから、せいぜい次のような言い方しかないのである。

「（ほんとうに）お疲れさまでございました」

これなら天皇に言ってもそう問題は起こらないだろう。

そもそも上位者というものは、現場でそんなにしこしこ働いたりしないものである。日本の会社はほとんどが中小企業なので、社長だからといって社長室のソファに踏ん反り返って監督だけしているわけにはいかず、自分も現場に立って社員と共に汗を流すことが珍しくない。しかし、実はこういう上位者は上位者らしくないのであって、社長というからには実務など部下に任せてどっかりと構え、いざというときだけ的確な指示を出し、責任は潔く取るものであるべきだ。

だから、本来の意味から言えば、目下が目上をねぎらう状況――目下が目上に実務上の苦労をさせる状況などありえないはずである。もし、そういう状況が生じているとすれば、むしろそれは目下が自分のすべき仕事を怠けて目上にさせているわけで、目下こそ非難されなければならない。

現代の日本の会社はアメリカの会社に比べて、社内の上下関係が非常に甘い。社長が独断で決定し、社員がそれに従ってその通りに働くということはまずない。たいてい稟議書を前もって回し、それから重役会議・部課長会議など社員も参加した会議にかけ、長い時間をかけて決定し、社長は決定したものに対してゴーサインを出すだけである。

アメリカの会社では社員と社長がファスト・ネームで呼び合うなど、いかにも対等のような印象があるが、命令は軍隊なみに上意下達で上司の権限が大きく、それに伴って責任もまた重い。もっとも給料も日本の重役よりはるかに高い。

近年の日本の会社や組織の上司がなぜ潔く責任を取れないのかといえば、組織内での上下の区別が甘くて、上は下の仕事に首を突っ込み過ぎ、下は上の決定事項にかかわり過ぎるためではないかと思うのだが、どうだろうか。現場の部下のやったミスを上司がミスと認めるのは簡単である。なぜなら上司には監督責任しかないからである。だから潔くなれる。しかしもし、その仕事をしたのが上司自身だったとしたらどうか。自分のミスはそう簡単に認めたくないのが人情だろう。しかも今度は監督責任と実行責任の両方を取らなければならなくなる。

決定事項についても、上司が独断で決裁したことなら責任は上司自身が取るのは当然である。しかし、稟議書など回し社内会議の多数決で決まったことについて、その場で反対意見でも述べていたのならなおさら、責任を取りたくないと思う上司は少なくないだろう。

会社や組織の「上位者」に責任を潔く取らせるようにするためには、社内での上下の区別を厳格にして、上位者の権限を大きくし、上下に断絶を設けることが必要だと思うが、現場ではどう考えるだろうか。

それはさておき、はっきり目上とわかっている人に対してはねぎらえない、と言ったが、よく知らない他人の仕事をねぎらうことはできる。

「お疲れさまでございました」

「ご苦労さまでございました」

「（さぞ）お疲れでございましょう」

などと言うことが可能である。三つ目の例は、相手の実際の疲労を気づかっている場合である。また、現在活動中の人にむかってねぎらうこともできる。筆者が子どものころには、母が道路沿いの草取りなどをしていると、道行く人が、

「ご精が出ますね」

と声をかけていったものだ。また、引っ越しの後片付けをしていると、必ず

「たいへんですね」

と声をかけてくれる人がいた。これらはすべて礼儀語であるが、こういう気持ちのよい挨拶は最近とんと聞かない。寂しいかぎりである。

ちなみに、狂言には家来である太郎冠者が主人である大名に向かって

「ご苦労なことでござる」

などとねぎらうセリフが出てくる（注3—7）。つまり中世には、下位者が上位者をねぎらうことができたのである。

これは大名のすべき仕事と家来のすべき仕事がまったく異質で、交換がきかないのと、下位者は上位者に向かっては、適当な敬語さえつけておけば何でも言えた、という前近代の敬語使用の特徴によるものである。

一-6　目上は励ませない

動物学者の畑正憲はムツゴロウというあだ名を持ち、かつて自分の居住地を動物の保護区のようにして住んでいた。その著書に興味深い話が載っている（注3―8）。

ムツゴロウは自分の動物王国での体験を各地で講演するよう依頼される。そして講演が終わると、若者たちがやってきて、二、三質問をしたあと、必ず次のように言うのだ。その言葉にムツゴロウは愕然となったという。曰く

「これからも頑張ってください」

初めのうちはムキになって

「冗談じゃないよ、君たちは誰に向かってものを言ってるつもりなんだ。おれは君たちよりずっと年上なんだぞ。頑張るのは君たちのほうじゃないか」

と言い返していたのだが、一人ならぬ若者の口から異口同音にこう言われて、ムツゴロウは首をかしげざるを得なかったと言う。こんな臆面もない会話がどうして交わされるのか、と。

思うに、ムツゴロウの頭は古くない。阪神大震災の被災者が、援助してくれるのはありがたいし、自分でも努力しているのだが、見物に来た人に「頑張ってください」と言われると、なぜか知らず腹が立つと胸のうちを明かしていた。

筆者もときどき、自分の子供のような大学生から「頑張ってください」と言われることがあるが、自分が一生懸けている仕事などについてそう言われると、なぜか知らず小腹が立つ。しかし、趣味でやっている声楽のリサイタルの本番前に言われる分には、全然腹が立たないどころかうれしくなる。一方、オリンピック選手に対して日本人はみな「頑張ってください」と言い、選手は「頑張ります」と笑顔で答える。

なぜ「頑張ってください」と言われて、腹が立つときとうれしくなるときがあるのだろうか。そもそも相手に「頑張れ」と言うのは、どういう意味なのだろうか。

まず、第一に考えられるのは、相手の力が足りない場合である。だから、「もっと頑張れ」と激励するわけだ。これは教師が生徒に対してよく使う。生徒の努力が足りないとき、「もっと頑張れ、頑張ればきっとできる」などと言うのである。自分は精一杯やっているつもりだが、客観的に見ると力が足りないというような場合、この励ましは非常に力になる。

筆者がリサイタルの前に「頑張ってください」と言われてうれしかったのは、たぶん自分の力が足りないと自覚していたからで、こうやって応援してくれる人がいると思うととても心強かった。自分の力の足りなさを自覚しているとき、それは自分が意識の中で下位者になっているときである。そういう自分に励ましを送ってくれる相手は上位者である。弱気な下位者の気持ちになっているところへ、上位者の立場で励ましをくれれば、これは下位者にとって勇気百倍ということである。

ところが、自分が得意な分野で百%力を出し切っているとき、あるいはこれ以上努力できないぎりぎりのところにいるとき、「頑張ってください」ははなはだ失礼な表現となる。なぜなら、日本の伝統においては、現場で実務をするのは下位者であり、それを見守って叱咤激励するのが上位者であるからである。現場監督が労働者に

「頑張れ」と言うのはいいが、労働者が現場監督に「頑張れ」と言うはずはない。「頑張れ」と言ったとたんに、自分は現場の実務とは関係ない上位者・傍観者になってしまうのである。

ムツゴロウが憤慨したのは、現場で全力を出し切っている自分に対して、まだ人生の目的も定められない若者が上位者の立場で「頑張れ」とは何事か。「頑張る」のは君たち自身のほうではないかと言いたかったからである。阪神大震災の被災者が悲しくなったのは、毎日必死の思いで生きている自分たちに対して、よそからぽっとやってきて短期間見物しただけの無責任な傍観者が「頑張れ」とは何事か。私らこれ以上頑張れないところまで頑張っているんだ、文句があるか、と言いたかったからである。

必死になって全力で努力している人に向かって「頑張ってください」は言ってはいけない。言えるのは、弱気な下位者の気持ちになっている人に対してだけである。だからもちろん、はっきり目上とわかっている人に向かっても、言ってはいけない。

励ますことと自分が傍観者になって旗振りすることとは違う。スポーツのように、選手（実務する人）と観客（傍観者）が初めからはっきり分かれている場合には、観客が選手に「頑張れ」と言うことはできる。この場合、選手が弱気であろうが強気であろうが、実力があろうがなかろうが、現場で実務をする（戦う）のが彼らの役目である。観客はその実務を選手に代わってするわけにはいかず、ただひたすら側で見ていて応援するしかない。そういう役割分担がはっきりしている場合には、「頑張れ」「頑張ってください」は大いなる励ましになるのである。しかし、当然自分が現場で働かなくてはいけない組織の下位者が、上位者に向かって「頑張ってください」などと言えるわけがないのである。

目上の偉い人をどうしても励ましたい場合は、（相手に頑張ってもらって）自分への援助・指導をこれからもますますよろしく頼む、という形にする。自分に対して前以上の助力を頼むには、当然相手はもっと頑張らなければならないからである。ただし、表現は次のようにオーバーにならざるを得ないから、実際の使用はほとんど手紙に限られる。

「今後ともなお一層のお力添えをたまわりますようお願い申し上げます」

相手が何か事業をしている人なら、次のような言い方もＯＫである。

「ますますご発展になられますようお祈りいたします」

同等程度の人に対して丁重に言いたければ、次のような言い方でもよい。

「ますますご活躍なさいますようお祈りいたします」

しかし、「活躍」も上から見て評価するニュアンスがあるので、はっきり目上とわかっている人には使わない方が無難である。

一－7　目上の心は直接慰められない

不幸は誰にでも襲いかかるものである。そういうとき慰めてくれる人が近くにいるといないとでは、人生に対する絶望の度合いに大きく違いが出てくるだろう。不幸を慰めてくれる人を持つことができれば、人生の半ば以上成功したと言っても過言ではないのではあるまいか。

ただし慰めるほうの身になってみると、これがなかなかにむずかしいのである。上手に慰めるのは至難の業である。慰めたつもりがかえって慰められたということもある。

「慰める」とは、言葉によって相手の悲しみ・嘆き・苦しみなどを和らげ、鎮めるという行為である。そのためには、まず相手の悲しみ・嘆き・苦しみの実態を冷静に把握していなければならない。だから事情を知らない人間には、ほんとうの意味で相手を慰めることはできない。慰めてほしければ事情を打ち明ける必要がある。事情を打ち明ける勇気もなしに、誰も慰めてくれないと不平を言って孤独に陥るのは、自業自得というものである。事情を打ち明けるとは、相手の前に全身全霊を投げ出すことである。これは一種の宗教的な行為である。神の前に全身全霊を投げ出して祈る。そうすれば神は慰めを与えてくれる。そういう発想である。キリスト教の告解などまさにこれにあたるのだろう。

全身全霊を投げ出された相手は、当然神の立場にならざるを得ない。日本では上位者の立場になるということである。上位者の立場で冷静に事態を分析し、どうすれば相手の悲しみ・嘆き・苦しみが和らぎ鎮まるかを考え、適切な言葉を適切な調子で言う。これが理想の慰めである。ポイントは慰める側が心理的に絶対上位者の位置にあることである。

さてそうなると、目上の人を慰めるのがむずかしいのはおのずと明らかになってくる。目下の者が絶対上位者になるわけにはいかないからである。だいたい、目下の者が目上の者の事情をすべて把握すること自体簡単ではない。普通は「触らぬ神に祟りなし」であるから、目上の不幸は見て見ぬ振りをし、あえて触れないようにする。そうして目上の悲しみ・嘆きなどが自然に治まるのを待つ。

だが、人間であるからには、不幸を自分一人で背負いきれなくなったとき、目下でも誰でもいいから助けを求めたくなることもあるだろう。では、あなたがそういう部下で、上司から子どもの家庭内暴力の凄惨な実態を嘆かれたとしたら、どう言って慰めたらよいだろうか。

「ご心中、お察しいたします」

実は、こんな内容も何もない言葉が、目上に対する最も丁重な慰めなのである。これは、相手の気持ちは十分にわかる。何もかもわかるから、あなたの悩み・苦しみはあなた一人のものではない。私も共に担えるのだ、という意思表示である。重い荷物を持ってふうふう言っている人に対して、「たいへんですね」と声をかけるのではなく、「一緒に持ってあげますよ」と言っているのに等しい。だからこんなに心強い慰めはないのである。しかも相手の具体的な心の痛みや苦しみにはいっさい触れていない。ここが肝心なのであって、痛みや苦しみに直接触れるような言葉、たとえば

「それはお苦しみですね」

などと言ったりすれば、相手の苦しみに塩を塗ることにもなりかねないのである。だから

「さぞお悩みでございましょう」

と言うときも要注意で、相手が自分の感情をある程度コントロールできるようになったのを見定めてから使うべきである。

ところで、日常次のような表現をよく耳にする。

「（それは）たいへんでしたね。たいへんですね」

「お気の毒でした」

「おいたわしいことで」

「おあいにくさまでした」

「おかわいそうに」

最初の文は相手の心理への同情の表現である。ただし、自分も一緒に苦しんであげるという共感がない。だか

ら言い方によっては誠意がこもらず、何だか冷たい印象を与えることがある。我々はつい安易に「たいへんですね」と言いがちであるが、慎みたいものである。

「お気の毒」「おいたわしい」「おあいにく」「おかわいそう」は、相手の心理ではなく、自分の心理である。ようするに話し手が相手に対して抱いた感想を述べているに過ぎない。それで場合によっては、同情でなく憐憫と受け取られる。同情と憐憫は似て非なるものである。同情はどんな人間関係でも生じうる感情であるが、憐憫は上下関係の場合しか起こらない。不幸の渦中にある相手を下に、局外の自分を上にして、上から下を憐れむ感情が憐憫である。なぜ不幸の渦中にあるからといって、それだけで相手の下にならなければならないのだろうか。プライドの高い人はこういう憐憫には絶対に我慢がならない。だから、こういう表現を目上の人に対しては使わないほうがよい。

先年、白血病で急死した大相撲の元関脇でタレントの蔵間が、自分の病気を知ったとき死ぬほど嫌だったのは、他人から「かわいそうに」と同情されることであったそうだ。筆者はこれを憐憫と聞いた。蔵間は憐憫を受けることに我慢がならなかったのである。それで真相を最後まで隠し、治療を続けながらテレビに出演し続けた。自分のプライドにこれほどこだわった人も近年珍しいが、病気にはなっても人生の敗北者にはなりたくないという、本人の強い意思の感じられるエピソードである（二〇一三年ガンで亡くなった俳優の夏八木勲も病気を周囲に隠し、最後まで役者であり続けたが、これも同様のプライドからであろうと推測する）。

憐憫を嫌う人でも、慰めは必要としていたのではないだろうか。そのとき、相手の気持ちがわかる、自分も同じ気持ちだと表明することは、相手を孤独から救い苦難に立ち向かう勇気を与えることになる。自分は関係ない局外者として同情したり憐れんだりするのではなく、同じ立場に立って物事を考えようとすること、そこに現代敬語の原点を見るような気さえする。

一―8　目上の希望は直接聞けない

「ぶしつけ」という言葉がある。漢字で書けば「不躾」。しつけができていない、礼儀にかなっていないという意味であるが、お行儀が悪いときには使わない。どういうときに使うかと言うと、間接的でない物の言い方をするときである。

「ぶしつけなお願いで恐縮ですが……」
「ぶしつけな質問をさせていただきます」

のように、直接的な要求をお願いをするときのマクラとしてよく使われる。その後に来る内容というのは、たとえば

（演奏会場で）「ぶしつけなお願いで恐縮ですが、演奏中はお体をあまり動かさないでいただけませんでしょうか」

（芸能リポーターが）「ぶしつけな質問をさせていただきますが、歌手の○○さんとはどういうお付き合いですか」

というものである。最初の例は、筆者が実際に演奏会場で前の席に座った初老の紳士に注意したときの言葉である。この紳士は演奏にたいへん感動していたらしく、演奏の途中で体を大きく前に傾けたり、「うーん」と感嘆の声を上げたりして、たいへん派手な動きをするのである。すぐ前の席でこれをやられたのでは気になって、全然演奏に集中できない。そこで、演奏の合間を見てそっと右のように注意したところ、その紳士は自分の体の動きをまったく自覚していなかった様子で、それ以後改めてくれた。

二つ目の例は芸能リポーターがタレントにインタビューしている場面。最近の芸能リポーターはそれこそぶしつけで、マクラも何もなく、いきなり

「○○さんとはどういう関係ですか」

と切り込んでくるのだが、このリポーターが珍しく

「ぶしつけな質問をさせていただきますが」

とマクラをつけていたので、メモッておいた。

このマクラをよく読んでわかることは、本来「ぶしつけ」なことをお願いしたり聞いたりしてはいけないのである。特に、目上の人に向かってぶしつけな質問はいけない。どういう質問がぶしつけかといえば、相手の感情に直接触れる内容にかかわるものである。たとえば喜怒哀楽。目上の人に向かって

「先生はうれしいですか」

などと聞くのは幼稚園児ぐらいのものである。喜怒哀楽の感情は表に現れたとき、ああそういう気持ちなんだなと察すればよいのであって、いちいち言葉に出して聞くというのはそれこそぶしつけであり、まったく気がきかない証拠である。いつだったか、同じく芸能リポーターが誘拐犯人にわが子を殺された母親にインタビューして、

「悲しいですか」

と聞いていたが、筆者はそれこそテレビ越しにこのリポーターに一発かましてやりたくなった。こういうリポーターにはもう一度幼稚園をやり直して来てもらいたい。

喜怒哀楽を直接聞くのは極端な例だが、目上の人の希望を平気で聞く若者がいるのにも困ったものである。相手の希望を聞くのは、欧米流のもてなしだと反論する人がいるかもしれない。日本では料亭に入ると、突き出し

が出て、後は板前が適当にみつくろってくれるが、欧米のレストランでは肉の焼き方、サラダのドレッシングと、いちいち客の希望を確かめてその通りに出す。客の希望をいちいち聞いてその通りかなえるのが、欧米流の最上のもてなしだからである。

しかし、それにしてもレストランのウェイターやウェイトレスの言葉をよく聞いてほしいものである。

「お肉の焼き方はどうなさいますか」

「ドレッシングはフレンチとサウザンド・アイランドとございますが、どちらがよろしいですか」

などと聞いている。決して

「お肉の焼き方はどうしてほしいですか」

「ドレッシングはフレンチとサウザンド・アイランドとございますが、どちらにしたいですか」

とは聞かないのである。それなのに宴会などで

「僕ら冷酒にしますけど、部長も冷酒が飲みたいですか」

と平気で聞く若者がいる。目上の希望を直接聞くのははなはだぶしつけである。それがぶしつけであることがわからない人はレストランで修業してほしい。そうすれば日ならずして

「部長も冷酒をお飲みになりますか」

と聞けるようになるだろう。

相手の感情や希望など心の中のことには、直接触れてはならない。最も丁重な態度は、相手が自然にそれを表すのを待って察することである。それまで待てない場合には、相手の行動から推測する。行動がない場合には、どういう行動をするかを尋ねる。というわけで、「飲みたい」という希望ではなく「お飲みになる」という行動

を聞くのである。
部長が何となく落ちつかずに残り少ないお銚子を持って振っていたら、すかさず
「お銚子、もう一本」
と注文する。そこまで気のきかない人は、せめて
「もう一本、いかがですか」
と部長に勧める。間違っても
「もう一本、飲みたいですか」
と聞かないように。誰しも酒飲みの本性は見破られたくないからである。

一-9　目上に恩恵は与えられない

恩恵というのは上から下に与えるものである。前近代ではたとえば下位者が何か貢ぎ物を持って行ったとしても、上位者は決してお礼など言わない。「苦しゅうない」と鷹揚に受け取って、その貢ぎ物に数倍する褒美を下賜（与える）したものである。

日本は古くから中国へ交易の使者を送ってきたが、その大半は朝貢貿易で、つまり臣下からの貢ぎ物に対して帝王が褒美を与えるという形式であった。粗末な貢ぎ物を差し出して臣下の礼を取れば、本領を安堵され貢ぎ物に数倍する褒美がもらえるわけだから、この貿易は断然利益になった。そこで、日本人は「大唐」「大明」と中国をたたえた。つまり昔の日本人は名を捨てて実を取ったのである。

最近、尖閣諸島の領有権をめぐって中国と対立しているが、中国は今まであまりここの地域に関心を持ってこ

なかった。それが海底に大量のエネルギー資源が眠っていることを発見してから、突如「あれは中国の領土だ」と主張するようになった。それに対して、日本政府は「中国との間に未解決の領土問題はない」と、かつてロシアから北方領土について言われた通りの言葉を使って反論したものだから、中国人民の反感を招き、過激なデモや島への強行上陸などの騒動に至ったのである。中国政府としても、人民から弱腰と見られるのを恐れ、巡視船で周辺海域を航行するという示威行為をせざるを得なくなっている。

国際紛争、特に領土問題は国家のメンツがからんでいるので、公の場に持ち出せば必ず自国の正当性を主張するに決まっている。案の定、国連で中国は「あそこは明朝の時代から中国のものだった」云々の演説をした。かつて満州国を認めるか否かを国際連盟という公の場で否決された日本は、国際連盟から「堂々と」脱退し、世界中から孤立して戦争へと突き進んだ過去を持つ。したがって、今回の問題で日本がとるべき道は、国家のメンツがからんだ領土問題を国連や国際司法裁判所などの公の場には決して持ち出さず、二国間の外交交渉で理性的に解決することである。

そのときポイントとなるのは、この「恩恵は目下に与えるものである」という点であろう。中国は日本の二十六倍の国土、十倍の人口を持ち、地下資源もエネルギー源も潤沢な豊かな大国家である。それにひきかえ、日本は狭い国土に多くの人口がひしめき、資源に至っては、余っているのは水ぐらいのものという体たらくで、食糧とエネルギーの大半を輸入に頼っている貧しい国なのである。つまり豊かな大国と貧しい小国がたまたま引っ越しのできない隣に位置している関係なのである。

ここは歴史に学ぶべきだ。すなわち、尖閣諸島は貧しい日本にとってやっと見つけたエネルギー源である。中国はここがなくても他に資源はたくさんある。尖閣を日本から奪うということは、貧家の門前に落ちているパンくずを隣の金持ちが奪うに等しい。ここは一つ、大国の鷹揚さを見せて、貧しい隣人に譲ったらどうか。乏しいパンくずなど豊かな大国なら取るに足りないであろうから。大国なら小国にいくらでも恩恵を与えることができるだろう。実際、中国人はお祝いをもらったら、お返しは倍返しが常識だそうである（日本では半返しが普通だと思う）。それほど自分が上になりたい（中華思想の）国なのである。

日本政府は、このようにして大国・中国に鷹揚さを求め、メンツを立てて、実を取るという外交はできないものだろうか。日本はかつて世界第二の経済大国だったと言っても、それはバブルであり、現在では当然ながら人口が世界一の中国のほうが経済大国なのである。中国は中華思想の本場であり、首脳会談をする場合でも、自分のほうから外国へ出向くということをめったにせず、たいてい外国を呼びつけている。中国が国連で

「明朝の時代から釣魚島は中国領だ」

と発言したのなら、もっけの幸いで

「中華人民共和国は、かつての大唐や大明とは別の国かと思っていたが、明朝の後裔であるというなら、大明朝と同様に、周辺小国に鷹揚に恩恵を与えてもらいたい」

と交渉すればよいと思う。

ところで、恩恵とは上から下に与える物であり、その逆はない。下から上に何か物を与えても、それは貢ぎ物に過ぎず、上はその答礼として褒美を与える（これが恩恵となる）。これは日本でも同様である。だから、上位者は下位者から物や行為を与えられるのを好まない。大学の恩師に同窓生などが

「先生、来月の二十日は先生のお誕生日ですね。お誕生祝いをして差し上げましょう」

と言ったら、先生は

「いいよ。別に年をとったってどうってことないんだから（大変だから。君たちも忙しいだろうから）」などと、適当な理由をつけてはぐらかし、この提案の受け取りを拒否するだろう。なぜかと言うと「差し上げる」という言葉とともに恩恵までくっついてきて、それが義理（負い目）となり、お返しをしなければならなくなるのが目に見えているからである。「差し上げましょう」は謙譲語Ⅰを使ってはいるものの、物の授受とともに恩恵が与えられてしまうため、実際の行為によって上下が逆転してしまうのである。

だから、恩師にこのプレゼントを気持ちよく受け取ってもらいたいと思ったら、恩着せがましい言い方はしないことである。「お誕生祝いをして差し上げましょう」ではなく、「お誕生祝いをさせていただけませんか」と控えめに提案する形にするのである。そうすれば、恩師は「君たちも忙しいのにすまないね」と応じることができるし、場合によっては「僕もいくらか援助するよ」と褒美を自主的に用意してくれるかもしれない。恩師が褒美のことを返答にするのは、そうやって少しでも負い目を感じないようにするためで、なおかつ自分が上位者であることを再確認するためである。

相手を目上と立てるならば、物事（恩恵）を与えてはいけない。ちなみに「恩着せがましい」は、きわめて日本的な言葉で、上位者でもないのに相手に恩恵を与えるがごとき言動をすることを非難して言う形容詞である。

第二節　その他、主観的に

ここまで、これまでの敬語理論を援用すれば解ける「現代の待遇表現に特徴的な現象」について述べてきたが、これから先は、筆者の主観的な敬語観・人間観をも踏まえた命題について述べる。

二―1　目下には謝るべきでない

総論で、日本の伝統的な上位者は、責任を取るときは謝罪の言葉など一言も言わずに腹を切ったものだと述べた。伝統的な行動様式が残っている大相撲の世界では、横綱は負けがこんできて横綱としての体面を保てなくなったら、引退するしかない。大関までは人間なので二場所負け越して陥落しても、下位の地位で好成績を上げれば再び大関に復活することができるが、横綱は神なので負けるはずがなく、負けたとすればそれはもう神ではなくなった証拠だから、後は消えてもらうしかない。

力士は「士」がついているように侍であるから、消えるということは自分で「腹を切る」ということである。横綱の土俵入で後ろに従っている太刀持ちは、いざとなったら自裁する脇差しを常に帯刀しているということなのである。人間が神（上位者）を務めるということは、それほど重大な責任を負っていたものだったのである。

一昔前の大会社の社長や会長が、会社の不祥事の責任を取る場合、何も言わずに辞任しそのまま蟄居することが多かったように思う。ロッキード事件（一九七六）で田中角栄元首相が逮捕・起訴されたとき、元首相はマスコミに対してはだんまりを決め込んで、まったく何もコメントがなかった。

田中元首相はそれまでのエリート官僚出身の藩閥総理とはまったく異なる手法で自民党の派閥の領袖となり、都市の過密と地方の過疎を一気に解決する「日本列島改造論」など画期的な政策を次々と実行に移して、剛腕と言われた。そして大卒でもなかったのに、地位を利用したいちはやい情報収集により、権力はもとより巨万の富を得て、「今太閤」と一般庶民の人気を博していた総理だった。

その人気者が陰で巨額の裏金を受け取っていたという背信を行っていたわけで、世間は一気にバッシングに傾き、一時はマスコミで吊るし上げ状態になっていた。しかし、元首相はいっさいの釈明・謝罪などはせず、そのまま送検され有罪判決を受けた（何億だったか巨額の保釈金で釈放され、実際に服役はしなかったが）。

これに対して、リクルート事件（一九八六）で、未公開株不正入手の容疑がかかった当時の竹下登首相は、国会で野党議員が

「責任を取って、即刻辞任すべきだ」

と追及したのに対して、

「事実だとすればこれは『万死に値する』出来事でありますが、政治の責任を全うするのがわたくしの務めだと思います」

という類の発言を笑みさえ浮かべながら答弁したのである。これは明らかな「居直り」である。筆者はわが耳を疑い、その場でまぬけな野党議員に代わって、

「『万死に値する』とは一万回死んでも取り返しがつかないということでしょう。それほど責任を痛感しているなら、一回でいいから死んだらどうですか」

と、テレビ画面相手におだを上げたものである（この後結局、竹下内閣は総辞職に追い込まれた）。

さらに、薬害エイズ事件（一九九六年和解）おいて、血友病患者に非加熱製剤を投与してＨＩＶに感染させたことに対して、被告の元・大学副学長は頑として非を認めようとしなかったが、時の菅直人厚生大臣が原告の患者に、国の関与と責任を認め、公の場で謝罪した。これは、初めて大臣が国民に対して謝罪したということでテレビ中継もされ、たいへんなニュースになったものである（注3―9）。

この事件と前後するように、不祥事を起こした大会社のトップがマスコミのカメラの砲列の前にずらりと並ん

で

「世間の皆様に多大なご迷惑をおかけいたしまして、まことに申し訳ございません。深くお詫び申し上げます」と低頭するようになった。現在では当たり前のように、「上位者」のお詫び会見は毎日のように行われ、今や不祥事幕引きの恒例行事のようになってしまった。

しかし、我々はほんとうにこれを望んでいたのだろうか。確かに最初は、偉そうな大会社のトップが低頭する図で快感を覚えた人もいたかもしれない。マスコミは明らかにそうで、ふだん威張っているトップをカメラの前に引きずり出して低頭させ、自分が上位者になったような錯覚を覚えた記者も少なくなかったであろう。

だがこう度重なると、それをテレビで見る我々一般国民は「またか」とうんざりするだけで、もはや腹も立たなくなる。むろん爽快になど金輪際ならない。そして、どこの会社も組織もみんなキタナイ事をやっているのに、部下は「悪い」と知りつつ諫言せず、問題が起これば発覚を恐れて隠蔽し、露顕すれば居直って「お詫び会見」をしてすます。この世には正義もなければ道義もない、組織の人間はみな卑怯者、我が身大事の臆病者に成り下がってしまった、と閉塞感・無力感を募らせるばかりになるのである。

ここで、日本の敬語の伝統を思い出すべきである。謝るとはもともと下位者が上位者に罪を許してもらうために行う行為である。このとき丁重な言葉と態度でひたすら恐縮し、恭順していると、神と祭り上げられた上位者は寛容に許すしかなくなって、下位者は罪を許され、あまねく上位者の寛容をたたえるというハッピーエンドが待っている。

しかし、そもそも下位者というのは、ごくごく狭い範囲の仕事をこなしているだけだから、謝るといってもそれは国中に影響を及ぼすような大事ではなく、日常の些細な失敗がほとんどである。だから、許すほうもそれほど抵抗がなかったのである。神（上位者）にしてみれば、子供のいたずら程度の感覚だったのだから。

翻って、大会社のトップが謝らなければならないような事態とは、現場の一作業員の犯したミスとは影響の規模が格段に異なる。つまり世間に多大な被害を及ぼし、全社的に責任を問われるような結果になったということである。前近代では、そういう事態にならないように、村や藩の上位者（名主・庄屋や家老）は日頃から下位者（百姓・役人）を厳しく監督して、ミスがあればすぐさま是正し、影響が全体に広がらないよう万端意を注いでいた。上位者＝管理者であるというのはそういう意味である。そしてまた、現場の下位者が上位者の判断ミスを発見したときには、丁重なお願いをしたり諫言したりして、上位者に敢然と翻意を促した。

現代のトップがお詫び会見をするということは、自ら下位者になるということである。このとき上位者に祭り上げられているのは、実は国民なのだ。そしてあのように丁重な言葉と態度で謝られたら、上位者としては許しかなくなるのである。このようにして、国民の非難をかわし、事態の収束を図るのが目的だとすれば、「お詫び会見」はまことに都合のよいツールということになってしまう。世間的「上位者」に「負けるが勝ち」を率先してやられては、国民はたまったものではない。

世の中には「謝ってすむ話」と「謝ってもすまない話」とがある。東京電力は福島第一原発の事故後、早々とお詫び会見をしたが、何十万人もの国民に甚大な被害を与え、しかも未来にわたって不安を残す事態を引き起こしておきながら、謝ってすまそうとする発想が、そもそも事の重大さをわかっていない証拠である。だからこそ事故から二年以上経過した今もなお、放射能漏れを止められず、いまだに汚染水は増え続け、その処理のめどさえ立たないのである。安倍内閣は先ごろ「収束宣言」をしたが、これも世間の騒ぎを静めて、人々の記憶からできるだけ早く「福島第一原発の事故」を消し去りたいという欲求の現れだろう。

福島第一原子力発電所は、昭和四十四～四十八年（一九六九～七三）原発第一号として当時の最先端の科学技術の粋をこらして建設された（宣伝映画さえ作られた）。しかし「最先端の科学技術の粋」と言っても、所詮人間世界のその時代の最先端に過ぎない。

もともとあそこの立地は海抜三十～三十五メートルの海岸段丘で、東（海側）は断崖絶壁である。言い換えれば、親潮の激流が三十メートル以下の海岸・土地・構造物を削り尽くし、三十メートル以上の高さにあれば大丈夫と、大自然が何万年もかかって誰の目にも明らかに証拠を見せてくれている場所である。それなのに、わざわざその絶壁を削って海抜十メートルの所に平地を作り、そこに建設したのが福島第一原発だったのである（注3—10）。

その当時、原発建設の最先端技術はアメリカが持っていた。だからアメリカの技術をそっくりそのままもらって、ハリケーン対策として非常用電源の重油タンクを低い場所（海側）に固定した。アメリカの技術の中に津波対策は入っていなかったのだから、今回の事故は文字通り「想定外」である。十五メートルの大津波が来れば、海抜十メートルの敷地内はすべて浸水し、重油タンクは流され、結果として全電源を喪失して炉心を冷却する術がなくなり、炉心溶融に至って大量の水素が発生し、水素爆発で肝心の建屋が破壊されれば放射能が一気に外部に拡散して、原子炉そのものの爆発と同様の結果になる。それをまったく想定していなかったというのだから、「最先端の科学技術」も高が知れている。科学者でありながら「安全」という言霊思想に飲み込まれているあたり、いかにも日本人らしい。

福島第一よりもずっと震源に近い女川原発は、地下室は浸水したが、主な施設が地上（海抜十八メートル）にあったため、電源を失うことなく安全に停止することができた。福島第一も初めから海抜三十メートルの絶壁上に建設していれば、今回の事故は起こっていなかったと断言できる。いまだに汚染水が増え続けているのも、削った二十メートルの崖から湧出する阿武隈山系の地下水が原発構内に流れ込むからそうなるのであって、これも原発の立地そのものが原因なのである。地球が回り続けている限り、季節は巡り雨は降るから、この汚染水を止める術はない。汚染水を詰め込んだドラム缶が立錐の余地なく敷地内に並んでいる映像を見るにつけ、この国の「科学者」は今後降る雨をすべてドラム缶に詰め込めるとでも思っているのだろうかと、呆れるのを通り越して自虐的で滑稽ですらある。

福島第一原発の事故は、大自然という神を甘く見た科学者の傲慢・不遜の結果と言うべきだろう。しかも福島第一原発事故は日本で初めての原子力災害ではない。報道された主な事故だけを拾っても、平成七年（一九九五）の高速増殖炉もんじゅのナトリウム漏れ事故と二十二年（二〇一〇）の炉内中継装置の落下事故では、事故を隠蔽しようとした。平成十一年（一九九九）の東海村原発の臨界事故では、ずさんな作業工程管理により至近距離で中性子線を浴びた作業員三人のうち二人死亡、救急隊員や周辺住民を含む六百六十七人の被爆者を出したのに、日本の原子力科学技術者は何も学んでいないのである。

いまだに一部の科学者から「日本の科学技術をもってすれば原子力を安全に取り扱うことができる」という趣旨の発言が聞かれるが、何と懲りない人たちだろうと思う。しかし、原子力もまた大自然の力である。それに人間が自然を恐れず凌駕しようとする発想は、日本人のものではない。

あまり大々的に発表されていることではないが、もう日本列島はすでに相当放射能汚染が進んでしまっているようだ。外来のオペラ公演で、スター歌手が次々と不可解な理由でキャンセルすることから見てもわかる通り、外国人は日本人よりよほど放射能の恐ろしさを実感している。ロシアのスター・ソプラノのアンナ・ネトレプコは子供のころにチェルノブイリ原発事故を経験したので、どうしても恐ろしくて日本には来られないと正直に告白した。

現在、日本人の死因第一位はガンであるが、ガンは免疫システムの異常により発症する。現代の日本人の半数は、花粉症や食物アレルギーなど、免疫システムの異常を起こしているそうだが、これらが広島・長崎への原爆被害や瀕発する原発事故による放射能の影響ではないという断言はできない。日本人のガン患者はしばらくは増加し続け、平均寿命もしばらくは低下し続けるであろう。しかしヒトという生物もまた大自然の一部である。日本の科学技術が進歩して放射能を安全に取り扱えるようになるより、放射能汚染にさらされた日本人の遺伝子が変移して、放射能を浴びてもガンにならないように進化するほうが早いと、筆者は真剣に思っているくらいである。

日本社会において、上位者は下位者に謝ってはいけない。社会の閉塞感を増幅させるだけだから。それでも人間としてどうしても謝りたいと思うなら、事故の犠牲者（神）に対して身を投げ出して祈るか、神社に参詣して日本の大自然を甘く見た罪の許しを請うべきだろう。そして神は決して許しはしないだろう。

二－2　目下にはお礼を言うべきでない

父が米寿間近の八十七歳で亡くなって、はや七年になる。母が二十三年前に六十七歳で肝臓ガンで他界してから、筆者は父と二人きりで生活してきた。父は八十三まで現役で経理の仕事をし、毎日自転車に乗って銀行を回ったりしていたが、十一年前の暮に頭蓋内出血で倒れて入院し、一ヵ月半ほど入院している間に完全に痴呆になってしまった（現在は認知症というらしいが、この病名は症状とはまったく逆で、認知障害と呼ぶべきだと思うので、筆者は使わない）。

その症状たるや、突然十六歳になったり五十になったり、また八十三に戻ったりするので、話し相手としてはほんとうに困惑し、人間の脳というのは不思議なものだと感心したりした。

なぜ父がそのとき十六歳や五十歳だとはたで見ていてわかったのかと言うと、言動が現在の状況と合わなかったからである。おそらく、父は自分が住み慣れた家にいるのではないということを自覚する。そしてぼんやりと見える（眼鏡を取り上げられている）景色の輪郭から、どうやらここが病院らしいと認知する（この認知はまったく正常である）。そこで、なぜ自分が病院にいるのかと頭の中の記憶を総動員すると、直近の救急車で運ばれた記憶は飛んでしまっているから、十六の時心臓病の疑いで入院した記憶が蘇り、そこで十六歳になってしまうというわけである。

「昨夜も夜中に廊下を徘徊していた」

と当時、看護師によく聞かされたが、夜中に階下で機械の音が聞こえてくれば、そういう記憶とは父の中では、五十歳代に印刷会社に勤務していたとき、工場の二階で事務を執るその下から聞こえてくる印刷機の音以外にないから、父は「誰がこんな時間に機械を回して何をやっているんだ」とベッドを抜け出し、工場の様子を見に行った、と筆者に実に論理的に「なぜ夜中に廊下にいたか」を説明した。夜中に不自由な足で廊下を徘徊していたところを看護師に発見されたのには、こういう真相があったのである。

雪が降った日に、二・二六事件の再現をされたこともある。窓の外の遠くのマンションの立ち並んだ煙突様の物を指して「あそこに兵隊が並んでいる」と言う。言われてみれば、それは人間の形のように見えなくもない。

「何で兵隊なの？」

と聞くと、

「戒厳令が敷かれてるからだ」

「戒厳令?……おじいちゃん、今日は何年何月何日なの?」

「昭和十一年二月二十六日だ。ハガキが来たからボーナスをもらいに行かなくちゃ」

何でもその前年にボーナスがもらえるという通知を葉書でもらったのだが、それをうっかり落としてしまい、拾って届けてくれた人からその葉書が届いてボーナスをもらいに赤坂へ行く途中で、陸軍省の前で二・二六事件で厳戒態勢をとる兵隊に遭遇してしまったらしい。これには筆者もびっくり仰天し、日本史の教科書の中の出来事を目の前で実演している父が、前世紀の亡霊のように見えたものである。

その当時、父は筆者が誰だかわからなかった。親しい人間だとは感じていたらしいが、看護師に
「この人は誰?」

と聞かれても
「家内（妹）」

などと答えるばかりで、ついぞ「娘」という返事は返ってこなかった。

痴呆というのは不安の現れだと思う。自分の現状に不安を覚えると、その答えを頭の中で必死に探す。そして見つけた答えを強引に現実のものと認知して、安心するのだと思う。人のことは言えない。筆者自身、もし鏡も時計もカレンダーもない薄暗い部屋に閉じ込められたら、目覚めたとき自分の年や日付がわかるだろうか。鏡を見て自分の年を知り、時計を見て時刻を知り、新聞を見て日付を知るに過ぎないのではないか。

鏡だって自分の都合のよいようにしか見ていない。きれいな景色だなと思って写真を撮ったら、電線が写真の

真ん中を横切っていたなどという例は枚挙にいとまない。脳は自分に都合のよいようにしか物事を見ず、認知しないのだ。だから、自分が十六だと思えば十六の言動ができ、五十だと思えば五十の言動になるのである。

父の痴呆症状が劇的に改善したきっかけは、脳内出血の治療がほぼ終わっていつでも退院していいというころ、筆者が退院後の受け入れ準備を父に報告するようになってからである。カレンダーを見せて、いまケアマネさんと相談している、この日に介護ベッドが来る、この日に〇〇をする、だから退院するのはこの日がいいと思うと、将来の予定を教えたのである。すると、筆者のいないとき、父は看護師に向かって、

「いま、娘がいろいろと介護保険の手続きをやっていまして」

と説明し、夜中に徘徊することなど一切なくなった。未来の希望が不安を解消したのだと言える。

こうして、頭もまあまあ正常になり、麻痺も残らず何とか退院にこぎつけたのであるが、その後も、テレビで爆発現場や大規模な火災の映像を見るたびに、東京大空襲だの関東大震災だのの猛烈でなまなましい記憶がフラッシュバックしてパニックになった。

逆に、平成十三年九月十一日のアメリカ同時多発テロのときは、ニューヨークの世界貿易センタービルに飛行機がまともに激突する映像を見て、

「あれは〇〇（筆者の聞いたことのない地名だった）だ」

と妙に納得していた。戦争体験の一コマを思い出したに違いなかった。

さて、父は大正七年の生まれで昔の人間であるから、それまでは当然家長であり、家族に敬語を使われる上位者であった。何か要求する場合、父から我々子供へは
「ちゃんと勉強しろ」

「残さないで食べろ」

「外へ行ったら行儀よくしろ」

のように、ほとんど無敬語の命令形であった。

一方、我々子供が父に要求する場合には、

「今夜、早く帰ってきてね」

「お土産買ってきて」

「ピアノ、習いたいんだけど」

「あした、おばあちゃんの所に泊まってもいい？」

という具合で、依頼や要求表現の述語部分を省略したり、許可を求める疑問文にしたりと、多様な婉曲表現を使って敬意を表していた。

我々子供は、両親や祖父母、その他まわりの大人から何かもらったり、してもらったりしたら必ず
「ありがとう」

と言わなければならなかった。しかし、筆者が父の肩を揉んだからといって、父はお礼など言わなかった。

「ああ、気持ちがよかった。はい、お小遣い」

と十円くれておしまいだった。父のほんとうに気持ちよさそうな顔を見、わずかなお小遣い（褒美）をもらっただけで、子供だった筆者は満足していたのである。

さすがに筆者が大人になってからは、父は「勉強しろ」だの「残さないで食べろ」だのという命令はしなくなったが、仕事で帰りが遅くなったからといってそう慌てなかった。自分も夜中に帰る生活をずいぶんしていたか

らである。

ところが、八十三で倒れ、いったん痴呆状態になってからというもの、にわかに父の権威は凋落してしまった。家族を養い、家長として尊敬されていた立場から、介護され世話される側に回ってしまったのである。上位者から下位者に転落したと言ってもいいかもしれない。

ちょっとでも筆者の帰りが遅くなろうものなら、会社に電話をかけてきて

「まだやってるのかい？　何時ごろ帰る？　早く帰っておいで」

と敬語をつけて言う。背中や腰に湿布を貼ったり、夜中に飲むお湯をベッドに持っていったりという、ただそれだけの行為に対して

「ありがとう」

と言う。筆者は、父が娘である筆者に敬語をつけて頼んだり、お礼を言ったりするたびに暗然とする。かつて上位者として下位者の好意を「苦しゅうない」と鷹揚に受け取っていた父が、些細なことに喜んで

「ありがとう」

と言うのを聞くのはやりきれず悲しい。

考えてみれば、筆者も父の世話をするようになってからというもの、父に対して

「早くお風呂に入りなさい」

「みかん食べなさい」

「薬飲んだ？　忘れてるでしょ。早く飲みなさい」

「お茶はたくさん飲んだほうがいいのよ。ほら、飲みなさい」

と、まるで親が子供に、教師が生徒に言うような命令形で言っている。そういう言い方をしなければ、父はその通りにできないからである。昔のように

「早くお風呂に入ってね」

「みかん食べたら？」

という程度では反応しないのである。

「なさる」という尊敬語をつけているとはいえ、現代では決して上位者に言えない命令文で父に言わなければならぬのも悲しい。

時代劇などで、殿様が家来に向かって

「よくぞ言ってくれた。礼を申すぞ」

などと言って、ちょっと手をついたりすることがあるが、たいてい家来のほうは

「めっそうもございませぬ。殿、なにとぞお手をお上げに」

と、このお礼の受け取りを拒否するのが普通である。下位者の好意に対して上位者がなすべきは言葉でのお礼ではなく、褒美という形になったものだったからである。

現代は基本的に平等な社会なので、他人の好意に対してはお礼を言うのが常識である。しかし、はっきり上下とわかっている場合、上位者にお礼を言われると下位者がどんな気持ちになるか、そのやるせなさを上位者は思いやってほしい。そして思いやることができたら、言葉で「ありがとう」と言ってすますのではなく、具体的な褒美を与えることを考えてやってほしい。

ところで、介護現場では介護者が上で要介護者が下にならぬよう、互いに対等な社会人として礼儀語を使い合

えるようになってほしいと思うが、現実にはどうなっているのだろうか。

二―3　敬語を使えば悪い仲間と手を切れる

総論で、自己品位語の一種として、下層の人々が使う「階級確認の罵り」があると述べた（↓225頁）。

軍隊というのは国によっては下層ではないが、どこの国でも軍人の仲間うちでの言葉は汚いそうである。これはかつて防衛大学校で各国の士官候補生を教えていたとき、その学生たちが異口同音に言っていたことである。先頃亡くなったエッセイエストの米原万里氏が、大韓航空機がソ連の領空を侵犯してソ連軍の戦闘機に撃墜され乗客乗員全員死亡した事件において、ソ連軍のパイロットの交信を傍受した自衛隊の交信記録を見ると、口汚い罵りの宝庫で、ほんとうに必要な情報の数倍もあったと述べている（注3―11）。この罵りは、余人の介入を許さぬ濃密な連帯感を演出する。

共に命をかけて戦うような仲間には、普通の平和な社会では必要のない強固な信頼関係と連帯感が必要である。そして、上品な人々が決して口にすることのない口汚い罵りが、この種の信頼と連帯を演出するのに一役買っているのである。

現代の日本は平等意識が非常に高いので、大会社の社長の好物が目刺しや納豆であっても、それは好意的に受け止められこそすれ、地位にふさわしくない下品な物を好むと非難されることなどない。そして、人々の使う言葉にもそれほど大きな違いは見られない。

しかし一方で、ヤクザや一部の女子中高生が、現代人の普通の感覚からすると異常に汚い言葉を使っているという事実がある。こういう言葉をあえて使うのには、それなりの理由があると考えなければならない。これは、

おそらく

「おれたちは上品ぶった奴らとは違うんだ」

という強烈な自意識である。一般人が決して使わないような汚い言葉を使うことによって、自分の存在を確認し、仲間との連帯感を強めるのである。ソ連軍のパイロットの口汚い交信と同類と見てよいだろう。つまり、階級確認の罵りであり、自己品位語の一種である。

階級確認の罵りは、その階級（組織）内部でだけ話されているぶんには、何の支障も起こらない。前近代では、これらの言葉は言わばウチの会話であり、ソトの相手にはちゃんとそれなりの敬語を使ったから、決してソトの相手に不快な思いはさせなかったのである。

しかし、現代日本でこの種の自己品位語を使う人は、誰に対してもどんな場面でも、同じ言葉を使うようだ。これは前に述べたように、ウチ・ソト・ヨソの区別がきちんとできていない証拠である（↓338頁）。そしてまた、現代日本は階級社会ではないにもかかわらず、勇気のない若者や子供がこの種の自己品位語によって囲い込まれたウチの連帯感（絆）から抜け出すことができず、一生ずるずると悪い仲間に引きずられるという事態にもなっている。

そういう仲間ときっぱり縁を切りたければ、まず言葉を変えることである。ためしに、礼儀語の「です・ます」を使ってみたらどうか。そうすれば気持ちは後からついてくる。違う種類の言葉は他のどんな行動よりも端的に、自分と相手との間に高い壁、深い溝を作る。そして、その壁や溝は容易には超えられない。言葉が心身を守る盾となってくれるのである。

ところで、「軍人の言葉はいちばん汚い言葉です」と言っていたタイの士官候補生の若者は、王様と話すときは専用の敬語（古語）を使い、お坊さんと話すときにもまた特別の敬語を使うそうだ。そしてこれらは小学校できっちり教えられると言う。両手を合わせてお辞儀をする角度や座り方も、相手によってきっちり決まっており、それが敬意の段階を厳密に示していると言う。

ここに、敬語使用の一つのモデルがあるように思う。仲間ウチで自分たちの連帯感を感じたいときは、汚い罵りを言い合うのもいいだろう。だが、仲間でないソトの相手と話すときには、きちんと礼儀語を使ってほしい。この仲間と手を切りたいと思ったら、勇気をもって毅然とした礼儀語を使って相対してほしい。教師や上司に質問や反論・謝罪・お願いを言うときには、きちんと階級遵守語を使ってほしい。そういう使い分けができることが、自己管理できるということであり、自立した社会人になったということである。

言葉というのは自分で操るものである。幼いうちは両親や教師から教わるが、いったん身についたら、自分でコントロールできなければおかしい。つまらない照れにとらわれて、たった一種類の言葉しか使えないのであれば、自分で自分を階級の狭い枠に押し込め、窮屈な苦しい人生しか歩めなくなる。

豊かな人間関係を持つ自立した社会人として幸福をつかみたいなら、何よりもまず自分の言葉を自在に操れるようになるべきである。

二‐4　外国人に対して敬語の代わりに英語を使うべきでない

日本もグローバル化の波に抗しきれず、学校教育でも英語が重要視されて、英語ですべての教科を行うべきだという議論も聞かれ、実践されている学校もぼつぼつ出てきた。むろん英語はできるに越したことはない。特に、アジア人どうしの交流では、片言でも英語ができると、良好なコミュニケーションが劇的に人間関係を深めるのに役立つ。

しかし、欧米人と交流するときに、相手かまわず英語を使おうとするのは、アジア人特有の欧米人コンプレックスと言ってもよいのではないか。フランス人のように英語そのものが嫌いで、たとえできても使いたくないと公言する人々もいる。素人の旅行者がカタコトの英語で買い物をしている程度ならあまり問題は起こらないが、海外特派員や専門家など英語がよくできると自負している人ほど、欧米人に対して相手かまわず英語を使おうとする癖がある。しかし、外国人と交流するときに重要なのは、実は言葉よりも意識なのである。

外国人に抗議したり議論したりするときには、日本人相手の場合と頭を切り換える必要がある。日本人は相手に抗議したり依頼したりするとき、ほとんど「本能的に」階級遵守語を使って下位者になろうとする。そして追従笑いを浮かべたり、ぺこぺこ頭を下げたりする。日本人どうしであれば、ひたすら頭を下げていれば相手は早晩言うことを聞いてくれる。

しかし階級遵守語を持たない外国人の目には、こういう態度は卑屈以外の何物にも見えないから、よくても憐れむべき存在と見なされ、悪くすると嵩にかかってますます態度が強硬になる。「水に落ちた犬は棒で打て」ということわざが現実なのである。

国際交流とは、互いに対等な立場を尊重し合いながら行うべきものである。どこの国にとっても自国の利益が最も大切であるから、外交の場はしばしば国益の主張合戦になる。しかも、相手の欠点をあげつらうのは紳士的ではなく卑怯であるとみなされるから、いかに相手を尊重しながら自国の利益を守るかが、外交手腕の見せ所と言っても過言ではない。

このとき絶対に必要なのは、経済力でも英語能力でもなく、日本人としての確固たるアイデンティティーである。日本人としての誇りを持っていない者に国際交流はできない。政治家にせよ芸術家にせよ、国際的に活躍している人は例外なく、自分の国の国民性や民族性を前面に出して他国との違いを特徴づけている。かつてアフリカ諸国の国連代表が民族衣装を着て会議に出席していたのがいい例である。日本の代表として外交の場に出る人は、日本人としての誇りを忘れず、日本というアイデンティティーを前面に出してアピールしてほしいと思う。

ところで、実際に交渉するときに使う言葉については、現代日本語は英語などに比べて婉曲表現が少なくて、表現が存外直截である。婉曲表現とは、そのものズバリで言うと相手に失礼なので遠回しに言うもので、互いの想像力が不可欠である。現代の日本人——特に若い人はこの想像力が決定的に不足していて、言葉の文字通りの意味にしか理解できないという悲しむべき傾向がある。

ある大学で四時限目の授業をしていたとき、授業の終わりに戸締りをするため、窓際に座っていた女子学生（日本人）に

「窓、閉まってる?」

と聞いたことがある。すると、その学生は不思議そうな顔で

「閉まってますけど」

と言う。近くに寄って見ると鍵が掛かっていなかったので

「鍵、開いてるじゃない」

と言うと、またもや不思議そうな顔をして

「鍵は開いてますけど」

と言う。筆者は愕然とした。この学生は、筆者が「窓が閉まっているか」と聞く理由がわからないのである。た

だ質問の言葉に答えているに過ぎない。これでは英会話の練習はできても、コミュニケーションなど成り立たないのである。

世の中で交わされている会話を小耳にはさんでも、ほとんどこの種の「英会話の練習もどき」の会話ばかりで、相手の発言の奥に隠された真意を推量して自分の意見を慎重に述べるという会話はほとんど聞かれない。最近の若者はちょっとした何気ない一言で簡単に傷ついてしまうし、大人は大人で「売り言葉に買い言葉」の言い合いになる。

一般に、今の日本人は議論をすると、すぐ相手の言葉尻に飛びつくようだ。質問と答えが短絡的に言葉でしか結びついておらず、質問の真意や理由を推量したり、自分の発言が相手に与える影響を考えたりするという習慣が、そもそもないように見える。

これは一つには学校教育で、国語の時間に文学作品の読解をおろそかにした結果であろう。また、子どもが自分で考えて答えを出すのを待っていられずに、すぐさま大人が模範解答を与え、それを丸暗記させたことも原因と考えられる。試験の多くがマークシート式になったことも一因である。マークシート式のテストでは解答結果が正しいか間違っているかだけが問題とされ、なぜそういう答えをしたのかという理由は完全に無視されてしまうからである。

これに対して、英語では会話などでも非常に婉曲な言い方をして、相手に発言の真意を推量させる余地を残す言い方をする。たとえば、

「君の奥さん、料理は上手かい？」

という質問に対して、

「彼女はイギリス人だよ」

という答えをする例が、英語学者・今井邦彦によって報告されている（注3―12）。

この答えには、イギリス人は一般に料理がへたである。したがって彼女の料理もあまり褒められたものではない。にもかかわらず、僕が彼女と結婚したということは、料理以外の魅力があったからだ、というような複雑な内容が含意されており、それがこの短い一文の中に凝縮されている。相手はそれを推量し読み取ることを要求されていて、それができて始めて次のコミュニケーションが成り立つことになるのである。

日本人にはこういう婉曲表現の理解はまず無理である。だから、いきおい「売り言葉に買い言葉」のようなそのものズバリの表現になってしまう。英語がヘタなら問題はない。相手が「この人は英語がよくできないから、こういう言い方しかできないのだ」と大目に見てくれるからだ。だが、なまじ英語が得意だと思っている人は、その流暢な発話によって相手をひどく傷つけ、自分も不作法を咎められていることに気づかない。

英語がよくできる人は、相手を尊重し相手に合わせるつもりで、日本語ではなく英語を使ってしまうのである。これは、日本語で敬語を使って話す発想である。敬語が使えない外国人だから、敬語の代わりに英語を使うのである。このきわめて日本的な発想は外国人には絶対に通用しない。外国人に対して、敬語の代わりに英語を使うのはやめてもらいたい。

だいたい日本に一定期間滞在するつもりなら、ある程度日本語を勉強してくるはずである。現実に日本学者の外国人は日本語会話がよくできるのはもとより、古典にも造詣が深く、日本人自身がよく知らないような語彙や概念もちゃんと理解している。家元制度の日本文学者がこれまで気づかなかった画期的な日本文化の発見が、古くはルース・ベネディクト（注3―13）、最近ではツベタナ・クリステワ（注3―14）という外国人によってなされていることもそれを物語る（「敬語」の発見もロドリゲス、アストン、チャンブレンという外国人であった。↓264頁）。日本語は世界で最も難解な言語の一つであるから、これに挑戦しようなどと考える外国人は非常に優秀で、すでに数カ国語をマスターしていることも少なくない。

もともと日本語は一億三千万人の使用人口を持つ大言語である。だから、日本国内で外国人と交流するときには、堂々と日本語を使って交流すればよい。そうすれば、自分の土俵で持論を存分に展開できる。そのとき、相手と対等な社会人として礼儀語を使うのは言うまでもない。外国に対して誇るべきアイデンティティーを堂々と母語で展開できる人、それがほんとうの国際人であると筆者は考える。

第三章　敬意の段階

第一節　ウチ・ソト・ヨソの人間関係と丁重度の相関

現代日本語の待遇表現には、さまざまな敬意の段階がある。古典の場合でも、敬語を二重につける例などがあったが、現代ではそれに加えて文法的な役割を変えたり、特定の改まった語彙に交換したり、などさまざまな方法で、敬意の段階を繊細に調節できる。

その中のどれを選択するかは、基本的に話し手に委ねられるが、判断の材料としては、第一に聞き手との関係、第二に場面の尊重、第三に自己表現ということになる。

現代の待遇表現は聞き手に対する配慮が最も重視され、聞き手が目上であったり配慮を必要とする人物だった場合には、適切な敬語を使うことが要求される。内容が依頼・要求・禁止であった場合には、敬語を使わなければまず聞き入れてもらえない。話し手の要求を聞き入れてもらうために発達した敬語が階級遵守語である（これは総論で何度も述べた）。

話題中の人物にどの程度の敬語を使うかは、現代ではあくまで聞き手との関係による。聞き手が目上で高い丁重度の敬語を使って待遇すべき相手の場合、話題中の第三者にもそれなりの敬語を使って文全体の丁重度をコーディネートする必要がある。逆に、聞き手が話し手と対等で基本的に敬語を使う必要のない関係だった場合には、話題中の第三者がどんなに地位が高くても無敬語で話すことができる。

①（浅田部長が社長に）先日、会長がお見えになった際、わたくしどもの部屋に眼鏡をお忘れになったようでございます。

②（浅田が家で夫に）こないだ、会長が私たちの部屋に来てさ、いろいろしつこく質問して、挙句に眼鏡忘れてったわ。

①は会社内で、部長が社長に向かって会長のことを話題として話すときの待遇表現である。聞き手である社長に対しても、改まった言葉である「先日」「わたくしども」という言葉を使い、文末は丁寧語の中で最も丁重度の高い「ございます」を使っている。

この同じ内容を、部長が自宅で自分の夫に向かって言うときには、くだけた表現の「こないだ」を使い、話題中の会長に対しても無敬語である。これは聞き手に対する配慮が不要なら、話題中の人物に対しても配慮しなくてよいという例である。ただし、話題中の人物が聞き手と関係が深い場合にはそれなりの配慮が必要になろう。

③（浅田が夫に）こないだ、お義父様がいらっしゃったとき、眼鏡をお忘れよ。

夫の父に言及するときには、その親しさ度合いによって、適当な敬語を要求されることがある。むろん話し手が義父と親しければ、無敬語も可能である。

次に問題となるのは場面である。聞き手に対する個人的配慮が必要なくても、公式の発言として言及する場合には、それなりの敬語を使わなくてはならない。同じ同僚との議論でも、飲み屋でするのと会社の会議室でするのとでは待遇に大きな違いが生じる。

④（飲み屋で）お前の言うのはわかるけど、世の中そんなにうまくいくはずないよ。

⑤（社内会議で）豊田課長のおっしゃることはまことにごもっともだと思いますが、社会状況の変化を見ますと、いささか楽観的に過ぎるのではありませんか。

くだけた場面では、対等な相手に対称詞の「お前」を使えても、社内会議という公的な場面では、対称詞の使用は好ましくないと言える。ここでは「姓＋肩書」を使っているが、これは社内のおいて最もフォーマルな呼び方である。同僚であるから対称詞として「あなた」も考えられるが、相手と厳しく対立することを望むのならともかく、会議を和やかに進めたいのであれば、使わないほうがよい。「お前」「君」「あなた」のような人称代名詞は、直接相手（の魂）に触れる言葉であるから、痛いところにグサリと刺さる（↓372頁）。

総論第二部で「敬語と人間関係の認識」について述べた（↓243頁）。すなわち、ウチの親しい関係には無敬語、何らかの配慮を必要とするソトの関係にはさまざまの段階の敬語、ヨソの関係は物体同様だからコミュニケーションをしない、というのが大原則である。

話題中の第三者についてどの敬語を使うかは、この人間が話し手にとってウチかソトかで変わってくる。①の例は、聞き手（社長）・第三者（会長）ともにソト扱いし、なおかつ話題中の会長のほうが聞き手より上位であるので、より配慮を多くしてある表現ということになる。②は聞き手がウチの関係であるので聞き手に対しては無敬語、第三者の会長も無敬語であるが、ここはウチ扱いしたというより、この場にいない会長をヨソ（物体）扱いしたと考えたほうが理屈に合うだろう。⑤は、会議という場面を尊重した結果、くだけた場面ではウチ扱いの相手をソト扱いして敬語を使っている。

問題は、話題中の第三者が話し手より上位で、なおかつ聞き手より下位だった場合である。たとえば、平社員（話し手）が部長（聞き手）に向かって「これから課長がそちらへ行く」ということを伝言する場合、言語学的には何も決められないことになる。人間関係認識のほうが言葉の選択に先行するというのはこういう場合に典型的に起こる。

たとえば、社員が何千人もいる大会社の場合、部長は個室を持ち、平社員の自分と口を聞くチャンスはめったにないかもしれない。課員も何十人もいて、課長と自分との間にはさらに係長や主任というポストもある。そもそもそういう会社では、平社員が課長の動向を部長に直接伝言するという状況は生じにくいであろうが、万が一そういう状況になったとき、どういう待遇表現をすべきかという仮定の話になる。この場合、部長・課長ともにソト扱いになる。そして平社員の自分がたまたまそういう伝言をする結果になったことをまず釈明すべきである。具体的な表現としては次のようになろう。

⑥営業二課の浅田と申します。柴田課長から伝言をお預かりしておりますのでお伝えいたしますが、これから課長がそちらへいらっしゃるということでございました。

「申す」は謙譲語Ⅱで話し手の「言う」という行為を下げる。「ます」は丁寧語で聞き手の部長を上げる。「お～する」は謙譲語Ⅰで話し手の「預かる」という行為を下げ、受け手の課長を上げる。「おる」は謙譲語Ⅱで話し手の「いる」という行為を下げる。「お～いたす」は謙譲語Ⅰで話し手の「伝える」という行為を下げ、受け手の部長を上げる。「いらっしゃる」は「行く」の尊敬語で課長の「行く」という行為を上げる。「ございます」は最も丁重な丁寧語で聞き手の部長を上げる。このような敬語では、課長を行為主体にする尊敬語よりも自分を行為主体に立てる謙譲語を多用したほうが、部長への敬意を失しないですむ。

一方、社員数が数十人の会社の場合、課長の動向を平社員が部長に伝言するという状況は日常的に行われている。課長も同じ部屋で机を並べていたりして、ツーカーで仕事をしているかもしれない。このような会社の状況においては、部長だけがソト扱いとなり、課長は自分と同じウチ扱いとなる。

⑦部長、営業二課の浅田です。これから課長がそちらへ参ると申しておりました。

「です」は丁寧語で聞き手の部長を上げる。「参る」「申す」は謙譲語Ⅱで課長の「行く」「言う」という行為を下げる。「おる」は謙譲語Ⅱで課長の「いる」という行為を下げる。「ます」は丁寧語で聞き手の部長を上げる。この表現の注意点は、できれば課長にこの会話は聞かせたくないということである。本人の聞いているところで、謙譲語を使って下げて言うのは平社員としてはなかなか言いだしにくいものだからである。つまりウチ・ソト認識の是非を問題にされる場合がありうるということである。ただし、聞き手が社外の人間なら、同じ会社員の課長と自分は完全にウチであるから、課長に謙譲語を使って下げてもまったく問題はない。

最後に、ごく小さな会社で社長も部長も課長も平社員もみな同じ部屋で共に汗を流しているような場合や、役職の肩書で呼ばず姓などで呼び合っているような家族的な雰囲気の会社の場合、全員をソトよりのウチ扱いしてかまわないことになる。ただし、社会人として礼儀語は使うべきなので、文末の「です」は外せない。

⑧田中さんですか。営業二課の浅田です。これから柴田さんがそっちへ行くそうです。

ここでは、敬語は文末の「です」のみで、これは丁寧語で聞き手の田中部長に対して使われているが、尊敬して上げているのではなく、礼儀語として尊重しているだけである。このとき、田中部長からの返事が「です・ます」を使った相互尊重の礼儀語になるか、無敬語の階級遵守語になるかは、田中部長が自由に決めることであり、それによって部長が社内での自分の立場をどのように考えているか（自己表現）が表されることになる。

ウチ・ソト認識と第三者敬語の関係を図示すると、次頁の図13のようになる。

【図13】ウチ・ソト認識と敬語（浅田秀子（二〇〇三）『もう迷わない　ビジネス敬語相談室』講談社より）

① 部長・課長ともにソトの場合⬇「これから課長がそちらへいらっしゃいます」

② 部長だけがソトの場合　⬇「これから課長がそちらへまいります」

③ 部長・課長ともウチの場合　⬇「これから課長がそっちへ行きます」

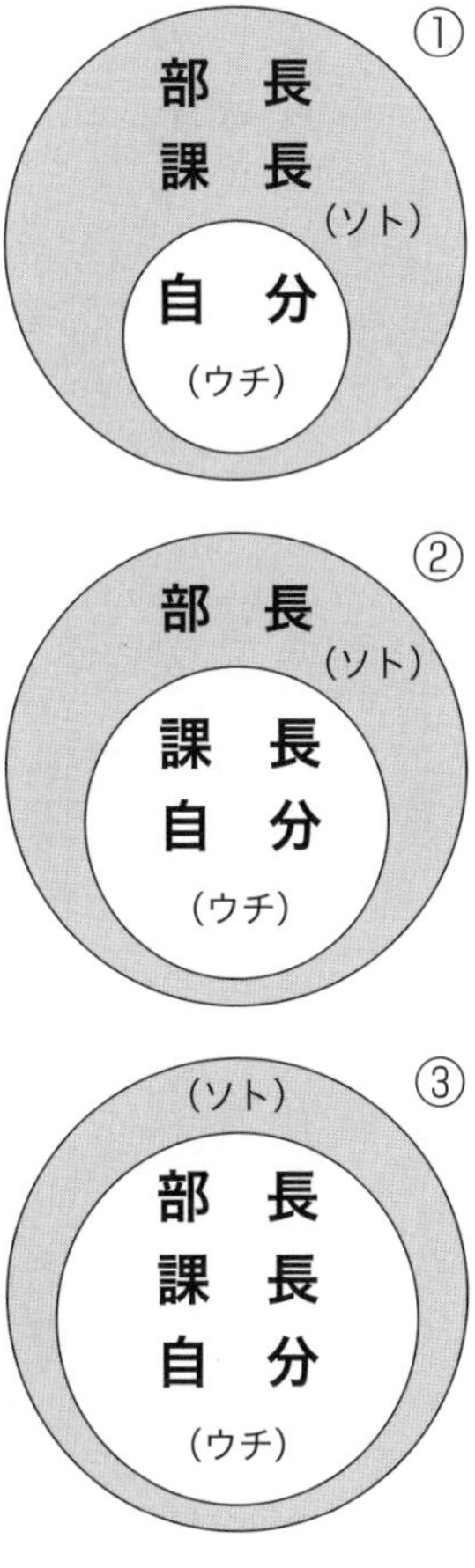

第二節　相手に命令・依頼する表現

398頁ですでに述べたように、現代では人間の上下関係が流動的・相対的になったため、古典の時代と同じような感覚では目上に行動をさせることができない。古典の時代には目上に「御文、書かせたまへ」と命令形を使って命令できたが、現代では「お手紙をお書きなさい」と命令形を使って目上に言うなど、もっての外である。そこで、現代では目上の相手に何か行動を要求する場合、依頼・希望など文法的な意味を変えた文で婉曲に頼むという形になり、一方、目下に対しては一般動詞の命令形を使うのはもとより、尊大語を使ったりして、非常に多くの敬意の段階が生ずるという結果になった。

　次に、相手に「見る」ことを命令・依頼するときの主な表現を一覧にしてみた。右が最も丁重で、左に行くほど敬意が下がる。

【表16　相手に「見る」ことを命令・依頼する表現】（空欄は主体・文体を特に限定しない）

表現	文法的意味	主体	主な相手	文体
ご高覧たまわれれば幸いに存じます	可能・仮定		目上	手紙
ご清覧いただければ幸いでございます	可能・仮定		目上	手紙
ご覧いただければ幸いでございます	可能・仮定		目上	手紙
ご覧いただきとうございます	希望		目上	
ご高覧願いたく存じます	願望		目上	手紙
ご覧いただきたいんですが	希望・下略		目上	
ご覧いただけませんか	可能・否定疑問		目上	
ご覧いただけますか	可能・疑問		目上	
ご覧くださいませんか	依頼・否定疑問		目上	
ご覧くださいますか	依頼・疑問		目上	
ご覧くださいませ	依頼		知らない人・目上	

ご覧ください	依頼		知らない人・目上	
見ていただけませんか	依頼・否定疑問		同輩・目上	
見てくださいませんか	依頼・否定疑問		目上	
見ていただけますか	可能・疑問		目上	
見てくださいますか	依頼・疑問		目上	
見てくださいませ	依頼		同輩・目上	
見てください	依頼		同輩・目上・目下	
見てもらえませんか	可能・否定疑問		同輩・目上・目下	
見てもらえますか	可能・疑問		同輩・目下	
ごらん	命令・下略		同輩・目下	会話
ごらんくださらない?	依頼・否定疑問	女性	同輩・目下	会話
ごらんなさい	命令		同輩・目下	
見るように	命令・下略		目下	文章
見て	欲求・下略		同輩・目下	
見てごらん	命令・下略		目下	会話
見てもらいたい	欲求・希望		同輩・目下	文章
見てほしい	欲求		同輩・目下	文章
見てちょうだい	欲求	女性	同輩・目下	会話
見てくれない?	命令・否定疑問		同輩・目下	会話
見てくれ	命令	男性	同輩・目下	会話

見な	命令・下略		親しい人・目下	会話
見なさい	命令		目下	
見ること	体言止め		目下	文章
見るの・見るんだ	断定		親しい人・目下	会話
見る！	言い切り		目下	会話
見ろ	命令	男性	ごく親しい人	会話
拝め	命令	男性	ごく親しい人	会話

敬意を上げるためには次のような方法がある。

(1)動詞の形を変える。(見る→ご覧になる)

(2)和語でなく漢語を使う。(見る→ご高覧・ご清覧)

(3)可能表現や仮定表現を付け加える。(〜いただければ)

(4)言い切らない。(〜いただきたいんですが)

(5)判断を相手にゆだねる。(〜いただけませんか。〜てくれない？)

基本の表現にこれらを付け加えると、無数といっていいバリエーションができる。実際にどういう相手にどの表現を使うかは、人間関係やその場の状況などいろいろな要素があるので、一概に決められない。この表では主なもののみを掲げてあるが、「ごらんください」に対して「ごらんくださいませんか」などとしたり、「ごらんいただきたい」に対して「ごらんいただきたいんですが」とすれば、より敬意が上がる。

表中で「ご高覧」「ご清覧」は、相手の見る行為を敬って言う表現で、こういう漢語を使うほうが「見る」という和語よりも敬意が高くなる。「見て」というのは、「見てください（見てくれ）」の下を略した表現、「見な」は「見なさい」の下を略した表現である。このように、文末まで言い切らずに言うほうが、直接の命令よりは丁寧になる。

依頼や要求の程度が高くなると命令になるわけだが、「書け」「書きな（さい）」などの直接の命令形を使わずに、次のようなやり方で間接的に命令することができる。これらの場合、話し手は聞き手より絶対優位に立っている前提があり、聞き手は拒否できないことが多い。

(6)自分の受け取る行為を宣言する。受け取る意志を表明する。

（例）（添乗員がツアー客に）明朝七時に玄関前にお集まりいただきます。

（大家が店子に）家賃が払えなければ出ていってもらいますよ。

（刺客が）死んでもらおう。

(7)相手の行為を既成事実として断定する。

（例）（先生が生徒に）ちゃんと先生の方を見るの！

（指揮官が部下に）つべこべ言わずに来るんだ！

（親が子どもに）よそ見しないで、さっさと食べる！

最初の例は主に女性、二番目の例は主に男性が使うが、どちらも準体助詞の「の（ん）」を使っている「のだ」文であることが特徴である。この「の（ん）」は前の内容を既成事実化する（世界標準化と言える）ことを表し、言われたほうは抗弁できない。三番目の例は動詞の終止形であるが、未来を表すわけではなく、行動そのものの指示である。

(8)相手の行為を概念化（名詞化）する。

(例)（テストで）条件をよく見ること。

（履歴書）青または黒のインクを使い、楷書で書くこと。

これは基本的に(7)と同様で、前の内容を既定の概念とすることで、相手に抗弁の余地をなくす。

一方、無敬語の直接の命令形である「見ろ」や尊大語の「拝め」は、男性がごく親しい相手に乱暴に言う表現であるが、親しい相手は当然ウチの関係であるから、相手は「嫌だよ」と簡単に拒否することができる。この点はウチ・ソト関係と敬語の使い方で説明できる。

第三節　相手に忠告・禁止する表現

禁止とは「ノーと命令すること」と言い換えられる。目上の相手に「ノー」と言うのはむずかしいし、命令するのもむずかしいから、その両者が重ねられた禁止を目上にするのがいかにむずかしいか推察される。古典の敬語でも、禁止の終助詞「な」をつけた直接の禁止「あやまちすな」と、間接的な禁止「なのたまひそ」の二通りがある。そのくらい禁止には配慮を要求されたということである。

筆者はかつて、百五十人の大学生を対象にして禁止表現のアンケート調査を行ったことがある（注3—15）。これは十種類の状況を示して、禁止文の後半を作文してもらうというもので、禁止する相手と話者の関係や、禁止内容が相手側と話者側のどちらに有利なものか、禁止の程度はどの程度か、などのいくつかの指標と、被調査者の性別の違いによって、表現にさまざまなバリエーションが出てきた。

その状況と作ってもらう禁止文の前半部分を紹介する。

①（娘がニューヨークのスラムへ一人で行こうとしているので、親として何とか止めたい）
「スラムなんて物騒なところへ…………」

②（親友があやしげな新興宗教の道場へ行こうとしているので、友人として止めたい）
「そんなところへ…………」

③（友人がつまらない博覧会に行こうとしているので、止めたい）
「あの博覧会はつまらないから、…………」

④（恋人が自分を置いて外国へ移住してしまいそうなので、何とか引き止めたい）
「私（ぼく）を置いて…………」

⑤（自分がガンであることを知らない恩師が、無理をして宴会に出ようとしているので、弟子として何とか引き止めたい）
「たいした会ではございませんし、おからだにさわりますから…………」

⑥（隣の小学生が大雨の日に川へ遊びに行こうとしているので、近所の大人として止めたい）
「雨の日は水が増えていてあぶないから、…………」

⑦（登山隊員の一人が吹雪をついて強引に下山しようとしているので、隊長として何とか止めたい）
「死ぬつもりなのか？　…………」

⑧（恋人が久しぶりにたずねてくれたが、すぐ帰るというので、何とか引き止めたい）

「もう帰っちゃうの（か）？　…………」

⑨（夫が好ましくない友人の集まりに出ようとしているので、妻として何とか思い止まらせたい）

「あの方の会には…………」

⑩（妻があまり好ましくない会社でパートをしているので、夫としてはやめさせたいが、妻はどうしても行くと言っている）

「あんなあやしげな会社になんか…………」

右の……の部分に、実際に言うだろう会話を作文して書いてもらった。筆者としては「行くな」「行かないように」「行かないで」「行く必要はない」「おいでにならないでください」などの表現が出てくることを期待していたのだが、結果ははるかに多様で、大学生は一つの条件に対して最多六十七通り、最少でも十八通り、平均三十七通りもの禁止文を作ったのである。同じ表現を考えたのは四人しかいない計算である。いちばんバリエーションが多かったのは、⑤のガンの恩師に丁重に行くことを禁止する状況であった。

具体的にどんな表現が出たかをみると、意味の種類からいって六種類に分類できた。

⑴依頼（「おいでにならないでください」「行かないでくれ」など）
⑵勧誘（「やめましょう」など）
⑶選択（「おいでにならないほうが」「行かないほうがいいよ」など）
⑷意志・判断（「行くべきでない」「行っちゃだめだ」など）
⑸条件（「行くのはやめたら」「行かなければいいのに」など）

(6)希望・願望（「行かないでほしい」など）

一方、文法の種類で分けると、次の六種類に分類できた。

(1)直接の命令形（「行くな」「やめろ」など）
(2)言い切り（「行くんじゃない」「行くべきでない」など）
(3)下を省略（「行かないで」「やめたら」「おいでにならないほうが」など）
(4)否定疑問（「やめてくれない？」「おいでにならないでくださいませんか」など）
(5)肯定疑問（「おやめくださいますか」「おいでにならないでいただけますか」など）
(6)推量（「行かないほうがいいと思うよ」など）

禁止とは「ノーと命令すること」であると述べたが、文法的な意味を変えるだけでなく、動詞そのものを変えることによって、この「ノー」の部分をなくそうとする人もいた。

「いらっしゃらないほうがよろしいと存じます」

という文は「～ほうがよい」という選択の形をとっているし、「～と存じます」という婉曲表現を加えているので、このままでも相当に丁重なのだが、これをさらに、

「お控えになったほうがよろしいと存じます」

というふうに、動詞そのものを変えてしまうのである。すると「いらっしゃらない→お控えになる」のように、打ち消し（ノー）の「ない」がなくても同じ内容を表すことができるようになり、さらに婉曲になる。「おやめください」の「やめる」も同じ考え方である。

また、直接禁止をするかわりに代案を示すというのもあった。主に親しい相手に対して言う表現だが、「行か

ないで」と言うかわりに、「もうちょっといたら?」などと言うのである。「行かない」と「いる」は結果的に同じ意味になるからこう言えるわけであるが、大学生たちは「行かないで」と自分を投げ出して懇願するより、「もうちょっといたら?」と軽く提案したほうが、万一断られたとき自分が傷つかないですむと考えているのかもしれない。

このほか予想外だったのは、夫婦のどちらもが相手に対して「よく行くよな」「行ってどうするの」のような皮肉や反語を使ったり、吹雪のなか下山を止めたりするような、絶対に強く禁止しなければいけない状況においても、「死にたいなら行け」のように、相手を突き放す表現をしていることだった。これは、あまり相手に過剰に干渉しない――自分も干渉されたくないという気持ちの裏返し――傾向の表れなのだろうか。

次に「行く」ことを禁止・忠告する表現の基本パターンを表化して示した。ここに挙げたものに前述の六種類の意味事項と六種類の文法事項を掛け合わせれば、いくらでも異なった表現を作ることができ、また実際に我々はそのようにして無数の禁止表現を生み出しているわけである。これはとりもなおさず、相手の行為を禁止することは、相手への配慮を最も必要とするという証明である。

【表17　相手に「行く」ことを禁止・忠告する表現】（空欄は主体・文体を特に限定しない）

表　現	文法的意味	主体	主な相手	文　体
ご足労になられませんほうが	選択・下略		目上	手紙
おいでになりませんほうが	選択・下略		目上	
お出かけになられませんように	婉曲・下略		目上	

おいでになられませんように	婉曲・下略		目上	
おいでくださいませんように	婉曲・下略		目上	
いらっしゃらないほうがよろしいかと存じます	選択・婉曲		目上	
いらっしゃいませんように	婉曲・下略		目上	
おいで（お出かけ）にならないように	婉曲・下略		目上	
おいで（お出かけ）にならないで	依頼・下略	女性	目上・男性	会話
いらっしゃらないで	依頼・下略	女性	目上・男性	会話
おいでいただきたくありません	希望		同輩・目上	
いらっしゃらないでください	依頼		知らない人・同輩	
行ってもらいたくありません	欲求		同輩・目下	
行ってほしくありません	欲求		同輩・目下	
行かないでください	依頼		同輩	
行く必要はない	不必要		同輩・目下	
行ってもらいたくない	欲求		目下	
行ってほしくない	欲求		目下	
行ってくれるな	依頼・禁止	男性	目下	
行かなくていい	判断		同輩・目下	
行かないように	婉曲・下略		目下	
行かないで	願望・下略		同輩・目下	
行かないでちょうだい	依頼	女性	同輩・目下	会話

行かないでくれ	命令	男性	同輩・目下	会話
行かないこと	体言止め		目下	文章
行っちゃいけない（だめだ）	判断・断定		親しい人・目下	会話
行かないの！	断定		目下	会話
行かない！	言い切り		目下	会話
行くな	禁止	男性	親しい人	会話

第四節　敬意を左右するファクター

命令・依頼する文や禁止・忠告する文の中で、敬意を左右するファクターについて述べておく。一部重複もあるがここでまとめておくことにする。

⑴和語よりも漢語のほうが敬意が高い。

一般に漢語は勉強しないと身につかないものであるが、和語は日常会話の中で普通に用いているものである。そこで、漢語を使えば知識・教養を動員していることが予想され、日常会話で普通に用いる和語よりも敬意が上がる。「見る」よりも「ごらん」「ご高覧」「ご清覧」、「行く」よりも「ご足労」のほうが敬意が高まるわけである。

⑵文章語と会話はそれぞれ専用の表現がある。

漢語は同音異義語が多数あるので、漢語を使った表現は文字で表す手紙や文章が中心になる。「～すること」という体言止めは、文章語で注釈として用いられると命令・禁止の意味になる。これは、相手がすべきことを既成事実として決定してあるという意味で、上から下へ言う表現である。「青または黒のインクで書くこと」「楷書で書くこと」などは履歴書の注意書きによく見られる。

一方、和語は会話で用いられるが、会話はイントネーションで話し手の意図を表すことができるから、文章で書いたのではわからなくても命令文や禁止文に用いられる表現がある。「よく見る！」は動詞の終止形で行為そのものの指示である。「見るの！・見るんだ！」「行かないの！」というのは断定で、準体助詞の「の（ん）」が相手の行為を既成事実化することによって、話し手の背後に世間（権威）を感じさせ、要求・禁止する文になる。待遇上は直接の命令・禁止よりも婉曲ではあるが、話し手と聞き手の上下関係が絶対であるので、より強圧的なニュアンスになる。

(3) 女性は男性よりも一段階高い敬語を使うことを要請されている。

父親が子供に勉強することを命令する場合、父親は「勉強しろ」が普通だとすれば、母親は「勉強しなさい」が普通である。母親が父親と同じ「勉強しろ」と言うと、それは乱暴に聞こえる。つまり、女性は男性よりも一段丁寧な表現を使うことが期待されており、男性とまったく同じ言葉を使うと、乱暴な印象になるのである。逆に、男性が女性のように「勉強しなさい」と言うと、やさしく言うニュアンスにはならず、むしろかえって冷たい印象になる。これは敬語が相手との距離を空ける効果があるため、本来ウチである家族をソトへ押し出すことになるからだと思われる。

女性が用いる「おいでくださらない？」など、丁寧語（です・ます）を伴わない単独の尊敬語・謙譲語は、相手に対する敬意ではなく、自己の品位を保つための自己品位語である（→221頁）。これらは目上に向かって使うことはできない。つまり聞き手に対する敬意は、尊敬語・謙譲語よりも文末の丁寧語が担っているということになる。

昭和天皇が戦後、一般国民との対話でよく用いた「あっ、そう」「柔道は骨が折れるの?」などの女性的な言葉遣いは、聞き手に対する敬意を表す「です・ます」を用いることなく、乱暴に聞こえる男性語の「あっ、そうか」「骨が折れるのか」を避けて、品位を保つ苦肉の策であったと思われる(→315頁)。

前の大学生百五十人に対する「禁止」文作成アンケートでは、平均して男子学生のほうが女子学生よりもさまざまな表現のバリエーションを作っていて、一般に男性のほうが女性よりも、相手や状況によって表現を変える傾向があることが示されている。バリエーションの多さは相手に対する配慮の細やかさに関係するから、極論すればもともと男性には、相手への配慮を細やかに行う資質が、女性に比べてより多く備わっていると言ってよいことになる。

また、このアンケート調査からは、女性が自分の夫に敬語を使うべきだと考える割合よりも、男性が自分の妻から敬語を使ってもらいたいと考える割合のほうが大きいということもわかった。ただし、別の調査では、夫と妻はまったく対等で意識上の違いは見られなかった。これは、妻が夫に対して丁寧な言葉を使ったからといって、夫のほうが妻より上位であることを意味しないということである。つまり、現代において待遇表現は待遇意識とは関係なく、「丁寧な物言い＝女性語」という役割を担っていることを意味する。

第五節　恩恵授受表現の意義と構造

日本語には物をやったり取ったりする言葉――いわゆる「やりもらい」の言葉がたくさんある。古典の時代でも、「たまふ」や「たてまつる」を本動詞としてのみならず、尊敬や謙譲の補助動詞としても使っていたが、現代語はさらに「て」を介して、本動詞に敬意だけでないニュアンスを付け加える。

なぜそれがたくさんあるかというと、客観的に物の移動を表す表現と、それを与える側から言う表現、受け取る側から言う表現の三通りがあり、「与える」と「受け取る」をそれぞれ与える側、受け取る側から言えるので、都合六通りの表現が考えられるからである。日本では物を与えることに伴って恩が与えられ、それを受け取ることに伴って義理が生じるという考え方があり、この恩と義理によって立場が変わるためである。義理は返済しなければならない負い目であるが、「その負い目を負っている」ということを表明（言挙げ）すれば、それは返済したのと同じ効果がある（これも言霊思想である）。

次頁にその対応を一覧表にしておく。右に行くほど敬意が高い表現である。世の中に出回っている敬語の本の多くは、「やる」「もらう」「くれる」の三つの動詞の対応関係を示そうとしているが、これらの動詞が客観的な物の移動を表すわけではなく、与える側・受け取る側のどちらに立った表現かを識別していないために、恩と義理の関係が説明できず、「もらう」と「くれる」、その敬語である「いただく」と「くださる」を混同する誤用を是正することができていない。

この表は、物の授受にかかわる本動詞の用法だが、「て」を介して「〜てさしあげる」「〜てくださる」などとすると、行為につけて用いる補助動詞になる。

【表18　授受に関する言葉】

与える側からの表現	客観的な物の移動を表す表現	受け取る側からの表現
さしあげる あげる さずける やる くれる	お与えになる 与える	たまわる くださる くれる よこす
(とらせる) とっておく(命令のみ)	お納めになる お受け取りになる 受け取る	たまわる ちょうだいする いただく さずかる もらう

(1) 与える行為を与える側に立って言う表現

表の右上の部分である。「やる」を基本とすると、これより敬意の高い「あげる」「さしあげる」、敬意の低い尊大語の「くれる」、上から下に与える意の「さずける」の五語がある。物や行為を与えることによって、相手に恩が与えられる。恩を受け取った側には義理が生じ、これは返済しなければならない負い目となる。

「さしあげる」は目上の相手に与えるという意味の謙譲語Ⅰ、「あげる」はもとは謙譲語Ⅰだったが、現在では普通の語といってよい。その証拠にはっきり目上とわかっている人に対して、

「先生、私の本をあげましょう」

とは言えず、少なからぬ女性が

「植木に水をあげる」

と言うからである。しかし、「植木に水をあげる」はおかしいと言う人もいるから、謙譲語Ⅰのニュアンスが完全に消えているとも言い切れない。「さずける」「やる」は上から下に与える意。「やる」はかつては普通の言葉だったが、現在ではどちらかと言うと乱暴な言葉になってしまった。そこで、男性より丁寧な言葉を要求される女性は

「植木に水をやる」

と言いにくく、「植木に水をあげる」「犬にごはんをあげる」と言うようになるのである。この傾向が過ぎると、（料理番組で）「オーブンをあらかじめ二百度に温めてあげてから、二十分焼いてください」

と、「あげる」を使う必要のない物に対しても使ってしまうという誤用が起こる。この場合は「温めてから」が正しいのだが、「〜てあげる」を使うことによって、作る料理を丁寧に扱おうという姿勢を表す効果を狙っているものと思われる。しかし、オーブンや料理は「温めてあげて」も何も感じないから、義理は返済されない。

現在「与える」という意味で「くれる」を使う人は、年配に限られるだろう。その昔、筆者の母が

「早く子供ら（二匹の犬）にエサくれろ」

と言っていたのを思い出す。上から下に与える意の尊大語ではあるが、「やれ」と言うより愛情を感じた。

(2) 与える行為を受け取る側に立って言う表現

表の右下の部分である。「くれる」を基本とすると、「たまわる」「くださる」は目上が自分に与えるという意味の尊敬語で、与えられる相手は多くの場合自分である。「くれる」は対等な相手が自分に与えるという意味。「よ

こす」はくだけた表現で、対等以下の相手が自分に与えるという意味である。

「先生が本をくださった」

と言えば、与えられたのは自分で、与えた行為主体の先生に尊敬語を使っている。ここで、本とともに先生から恩が自分に与えられたので、それに対して義理が生じ、負い目を負っていることが暗示される。

(3) 受け取る行為を受け取る側に立って言う表現

表の左下の部分である。「もらう」を基本とすると、「たまわる」「ちょうだいする」「いただく」は受け取る自分の行為を下げ行為対象である相手を上げて言う謙譲語Ⅰ。「さずかる」は下（自分）が上から受け取るという意味である。

「先生に本をいただいた」

と言えば、受け取ったのは自分で、受け取った行為主体の自分に謙譲語Ⅰを使い、行為対象の先生を上げている。恩が生じるのは「与える」行為のみであり、「受け取る」行為では何も発生しない。したがって、義理も生じず、行為主体が感じるのは受け取ったことによる感謝のみになる。

(4) 受け取る行為を与える側に立って言う表現

表の左上の部分である。ここのグループの語は、現代では衰退してしまっている。表に掲げたのは古めかしい表現で、「とらせる」は古語では「とらす」となり、『枕草子』九十一段（能因本）で中宮定子が女乞食・常陸の介の騒動を聞いたとき、次のように言っていた。

「その衣一つ取らせて、とくやりてよ（その着物一つを与えて、早く向こうへ行かせてしまえ）」

（松尾聰・永井和子校注・訳『日本古典文学全集　枕草子』、傍線引用者）

この訳では「与えて」となっているが、そんな客観的なニュアンスではなく、相手に受け取らせてやるというニュアンスの尊大な表現で、あえて訳すなら「くれてやって」ぐらいになる。これを言うには絶対的な身分差が必要である。

「とっておく」のほうは、現代でもときどきふざけて

「まあ、いいからとっておきなさい」

などと言うことがあるが、これも偉そうな表現である。「とっておく」は「とっておけ」「とっておきなさい」のように、命令文でしか用法が残っていないようである。というわけで、目上に対して用いる表現は存在しない。強引に「おもらいになる」とやってみても、「もらう」が含んでいる感謝が邪魔して、うまく尊敬語になってくれないのである。

恩というのは上位者が下位者に与えるものであって、目下が目上に物（恩）を与えるということは、これまでの日本の歴史の中には存在しなかったために、そういう状態を表す表現がないのだろう。賄賂は別名「袖の下」と言うくらいで、目上は受け取ったことを知らんぷりするのが慣例だったはずである。

ところで、物の授受というのは一つの動作を見方によって区別しているだけだから、内容的には同一で非常に紛らわしい文ができる。次の四つの文を見てほしい。

①この本は息子のお友だちがくださったんですよ。

②この本、友だちがくれたんだ。

③この本は息子のお友だちからいただいたんですよ。

④この本、友だちからもらったんだ。

①③は丁重な文、②④は普通の文であるが、それぞれ意味が非常によく似ている。それもそのはずで、客観的事実としては両方とも同じことを言っているのである。四つの文の話し手はいずれも受け取ったほうであるから、話し手の立場は受け取る側である。ところが、①②は「友だちが」となっているのに対して、③④は「友だちから」になっている。これはつまり行為主体が①②と③④で異なることを意味する。①②は「友だちが私に与えた」行為、③④は「私が友だちから受け取った」行為である。誰が行為主体になっているかによって、そこにこもっている恩と義理のニュアンスも変わってくる。

①②は行為主体が与えた相手なので、相手に対する恩を強く感じ義理を負っていることになる。③④は行為主体は受け取った自分なので、感謝のニュアンスはあるが、恩や義理のニュアンスはない。

「〜てあげる」「〜てくれる」「〜てもらう」などとすれば、行為を物と同じ発想でやりとりすることができる。その場合にも同じような恩と義理の感情が行ったり来たりするわけである。

何かの会合で主催者が来会者にお礼を述べる際、

⑤本日はお忙しいところをおいでくださり、まことにありがとうございました。

と言うのと

⑥本日はお忙しいところをおいでいただき、まことにありがとうございました。

と言うのとでは、相手に対する義理の表し方が異なる。⑤はより強く義理を表現しているが、⑥は感謝の念だけである。最近「お〜くださる」と言うべき場面で「お〜いただく」を多用する誤用が見られるが、相手に対して義理を感じたくないという深層心理の表れかもしれない。しかし、義理は実際に返済しなくても「くださった」や「(自分の気持ちが) すみません」と言挙げすれば、言霊の威力によって返済したのと同じ効果を持つのだから、使わない手はないと思う。

日本語ではこのように、客観的には一つの行為でも見る視点によって表現が変わり、それに伴って恩や感謝の気持ちをこめることができる。外国人には最も厄介な部分であるが、

「お返しをしなければ悪いと思っています」

と言わなくても、

「本をくださった」

と言うだけでそういう気持ちが伝わるわけで、なかなか含蓄のある言語習慣だと思う。

各論　第二部

現代の待遇表現の種類

各論第二部では、各論第一部で指摘した現象と心理的特性を踏まえて、具体的な表現の種類を詳細に論じる。

第一章　敬語に用いられる文法表現

第一節　動詞の敬語（添加形式と交替形式）

ある言葉を敬意のある文に使おうとしたとき、文法的な操作が必要になる。一つは、敬語に特有な接頭語や接尾語を付け加える添加形式である。もう一つは、敬語特有の語に取り替える交替形式である。名詞や形容詞・副詞を取り替える交替形式の語（和語を漢語にするなど）は少しあるが、これらは改まった言葉として認識されている（↓256・385頁）。添加形式の敬語は、各論第一部の基本原則で述べた通りである（↓360・376頁）。

ここでは、最もバリエーションの多い動詞の敬語について述べる。

(1) 動詞の尊敬語の作り方

尊敬語は行為主体を上げる敬語で、その行為主体は自分以外であることが原則である（自分の行為を上げると、それは自敬語になる）。

①動詞を敬語専用の語（敬語動詞）に取り替える（交替形式）。

（例）行く→いらっしゃる　言う→おっしゃる　する→なさる

②動詞の前後に接頭語や補助動詞・助動詞をつける（添加形式）。

（例）読む→お読みになる　話す→お話しくださる　書く→書かれる

③動詞を別の動詞に替えたうえで、添加形式をつける（①＋②）

（例）見る→ごらんになる　寝る→お休みになる　行く→お運びになる

③が最も敬意が高く、次いで①、②の順になる。尊敬の助動詞「れる・られる」は最も敬意が低い。敬語動詞は使い慣れてくると敬意が下落してくるので、結果的に敬語使用は時代とともにエスカレートして、「お休みになられる」「お召し上がりになられる」などと、二重三重に重ねて用いられるようになった。これらの重複敬語は、聞き手と場面の条件にあってさえいれば、決して間違いではない。

(2) 動詞の謙譲語の作り方

謙譲語は行為主体を下げる敬語で、その行為主体は自分（側）である。行為の対象がある他動詞では、対象を上げる結果になる。これを謙譲語Ⅰとする。行為対象がない自動詞は謙譲語Ⅱである（「敬語の指針」では、謙譲語Ⅱを「丁重語」と別称する）。

①動詞を敬語専用の語（敬語動詞）に取り替える（交替形式）。

（例）　行く→うかがう（謙譲語Ⅰ）・まいる（謙譲語Ⅱ）
　言う→申し上げる（謙譲語Ⅰ）・申す（謙譲語Ⅱ）
　する→いたす（謙譲語Ⅰ）　見せる→ごらんにいれる（謙譲語Ⅰ）　いる→おる（謙譲語Ⅱ）

②動詞の前後に接頭語や補助動詞をつける（添加形式）。すべて謙譲語Ⅰ

（例）　読む→お読みする　　話す→お話しいたす

③動詞を別の動詞に替えたうえで、添加形式をつける（①＋②）。すべて謙譲語Ⅰ

（例）　行く→おうかがいいたす　　見る→拝見いたす　　借りる→拝借いたす

③が最も敬意が高く（謙遜度が高く）、次いで①、②の順になる。「お〜する」が最も敬意が低い。ただし、「これからの敬語」以後、謙譲語自体が衰退する傾向にあり、③のように二重に用いられる例は限られる。敬意に何段階もあるのはもっぱら謙譲語Ⅰ（対象尊敬）で、自分の行為を下げるだけの謙譲語Ⅱは種類が少なく、しばしば物を主体にとって丁寧語のように用いられる（丁寧語化していると言うこともできる）。

(3)丁寧語の作り方

丁寧語は聞き手を上げる敬語で、行為主体は誰でもよく、行為が存在しない物（名詞）や状態（形容詞・副詞）でもよい。

①動詞の連用形に「ます」をつける（添加形式）。

（例）　行く→行きます　　言う→言います　　する→します　　見せる→見せます

②名詞・副詞・形容詞（終止形）・形容動詞（語幹）に「です」をつける（添加形式）。

（例）　顔→顔です　　ゆっくり→ゆっくりです　　美しい→美しいです　　静か→静かです

③助動詞「だ」の連用形「で」・形容詞（連用形音便）・形容動詞（連用形）に「ございます」をつける（添加形式）。

（例）　私だ↓わたくしでございます　　　ゆっくりだ↓（ご）ゆっくりでございます

　　美しい↓美しゅうございます　　　静かだ↓（お）静かでございます

最も丁重なのは「ございます」をつける添加形式だが、現代では謙譲語Ⅱの「おります」や「あります」のより丁重度の高い形式として、「ございます」が間違って使われる例が増えている。

×　わたくしどもも十分承知してございます。↓わたくしどもも十分承知しております。

×　お宅にはお車がございますか。↓お宅にはお車がおありになりますか。

また、現代敬語では、聞き手に対する配慮が最も重視されるため（↓451頁）、丁寧語の「です・ます」が使われているかどうかで、文全体の丁重度が左右される。したがって、行為主体や行為対象が聞き手である場合には、単独の尊敬語・謙譲語ではなく、必ず丁寧語と組み合わせなければならない。逆に、尊敬語や謙譲語がなくても、単独の丁寧語だけである程度の敬意を表すことができるが、この軽い敬語は対等な社会人が人間関係の潤滑油として交わす礼儀語には最適である（↓207頁）。

次に、聞き手が行為主体・対象である場合の敬語の作り方を一覧表にしておく。

【表19　聞き手が行為主体・対象である場合の敬語】

普通形	丁寧形	尊敬	謙譲（無印はⅠ）
ある	ございます あります	おありになります	ございます（Ⅱ）
いる	います	おいでになります いらっしゃいます	おります（Ⅱ）
行く	行きます	お運びになります おいでになります いらっしゃいます 行かれます	うかがいます まいります（Ⅱ）
来る	来ます	お運びになります お見えになります おいでになります いらっしゃいます 来られます	うかがいます まいります（Ⅱ）
する	します	なさいます されます	いたします
言う	言います	仰せになります おっしゃいます 言われます	申し上げます 申します（Ⅱ）

聞く	聞きます	お聞きになります 聞かれます	拝聴します うけたまわります うかがいます お聞きします
見る	見ます	ご高覧になります ごらんになります 見られます	拝見いたします 拝見します
会う	会います	お会いになります 会われます	お目にかかります お会いします
見せる	見せます	お見せになります 見せられます	ごらんに入れます お目にかけます お見せいたします お見せします
知っている	知っています	ご存じです	存じております（Ⅱ）
思う	思います	お思いになります 思われます	存じます（Ⅱ）
食べる	食べます	お召し上がりになります おあがりになります 召し上がります	いただきます
飲む	飲みます	お召し上がりになります	いただきます

		召し上がります お飲みになります 飲まれます	
寝る	休みます 寝ます	お休みになられます お休みになります 休まれます	休みます（Ⅱ）
くれる	くれます	くださいます	——
もらう	もらいます	——	たまわります ちょうだいします いただきます
やる	あげます	おやりになります	差し上げます
借りる	借ります	お借りになります 借りられます	拝借いたします 拝借します お借りします
死ぬ	亡くなります 死にます	お亡くなりになられます お亡くなりになります 亡くなられます	亡くなります（Ⅱ）
連れて行く（来る）	連れて行きます （来ます）	お連れになります 連れられます	お連れいたします お連れします
持って行く（来る）	持って行きます	お持ちになられます	お持ちいたします

	（来ます）	お持ちになります	お持ちします
書く	書きます	お書きになります 書かれます	お書きいたします お書きします
読む	読みます	お読みになります 読まれます	お読みいたします お読みします
呼ぶ	呼びます	お呼びになります 呼ばれます	お呼びいたします お呼びします
掃除する	掃除します	お掃除なさいます お掃除されます	（お）掃除いたします （お）掃除します
招待する	招待します	ご招待になります ご招待されます	ご招待いたします ご招待します
教授だ	教授です	教授でいらっしゃいます	教授でございます（Ⅱ）
早い	早いです	お早くいらっしゃいます	おはようございます（Ⅱ）
静かだ	静かです	お静かでいらっしゃいます	静かでございます（Ⅱ）

日常よく使う「行く」「来る」「いる」「見る」「見せる」などには専用の敬語動詞があるが、それ以外の動詞は添加形式を用いて敬語にする。「いらっしゃる」「いただく」などのように、複数の動詞に一つの敬語動詞が対応することもある。この場合には動詞による文意の区別はできないので、それ以外の部分で文意を決定しなければならない。たとえば、平社員が廊下ですれ違った部長から課長への伝言を預かり、それを課長に伝える次の文で

は、同じ「いらっしゃる」という動詞がまったく異なる意味で使われている。
例1　部長が三時にお部屋にいらっしゃるようにおっしゃってました。
例2　部長が三時に部屋にいらっしゃるようにおっしゃってました。
例1の文では「お部屋」とは「部長の部屋」である。したがって「いらっしゃる」は「(部長の部屋へ)行く」という意味で、課長は三時に部長の部屋へ行かなければならない。ところが、例2の文では「部屋」と丁寧語の「お」がないため、これは「課長の部屋」という意味になる。そこで「いらっしゃる」は「(課長の部屋に)いる」という意味になり、課長は三時に自分の部屋にいなければならない。たった一字の違いであるが、このように敬語を使ったことによってかえってコミュニケーションの間違いが生まれる可能性が高くなることもある。

第二節　「ある」の敬語

注意すべきは「ある」の敬語である。「ある」は状態を表すが、どのような状態かによって敬語の作り方が変わってくる。「ある」には次の二つの意味がある。
①一定の状態である。　②所有している。
このどちらの意味かによって、作られる敬語も変わってくる。次頁に、「ある」の敬語を一覧表にするが、相手側だけ特別の言葉で、自分側は物と同じと覚えればよかろう。

【表20 「ある」の敬語】

意味	物事	自分側	相手側
①	資料はここにございます。 資料はここにあります。 資料はここにある。	私が母親でございます。 私が母親です。 私が母親である。	教授でいらっしゃいます。 教授であられます。 教授です。 教授でいらっしゃる。 教授であられる。 教授である。
②		宅には車が三台ございます。 家には車が三台あります。 家には車が三台ある。	お宅にはお車が三台おありになります。 お宅にはお車が三台あります。 お宅には車が三台おありになる。 お宅には車が三台ある。

第二章　肯定・否定の応答、「問い直し」「納得」の表現

第一節　肯定の返事

日本語は言葉と人間の態度とが非常に密接に結びついている言語である。世界共通語の地位を占める英語など、流暢な英語が聞こえたからといって、その会話の主が英米人であるとは限らない。アジアにもアフリカにも英語を公用語としている国はあるし、公用語としていない国の人でも、英米人に劣らぬ話し手だったりする。しかし、日本語はほとんど完璧に日本人と結びついており、海外で非常に上手な日本語が聞こえてきたら、まずその話し手は日本人（日系人）と思って間違いないのである。

言葉と人間が結びついているとは、言葉がそれ自体で独立していないということである。つまり、その人の態度や性格、考え方などが言葉に反映すると考えられるわけだ。欧米の言語はだいたいにおいて非常に抽象化されていて、言葉の内容は人間の性格や態度には影響されない。欧米の学会においては、無名の若い学者の説が取り上げられたり、逆に大学者の論文がクソミソにけなされたりすることがよくある。これは相手が誰であろうとどういう態度であろうと、話の内容こそが大切で独立していると考えるからである。しかし、日本ではなかなかそういうことは起こりにくい。

日本語の場合には、話す内容と話者の性格・態度がいつもリンクしていると考えられているので、話者の社会

的地位が低かったり態度が真面目でなかったりする発言は、内容そのものが不真面目だと受け取られ、まともに聞いてもらえないのである。小学生や中学生の出すサインがなかなか大人に見破れないのは、子供たちの言い方や態度が大人の考える「真面目」なものではないからである。だから、逆に、ビシッとスーツを着た名士がもっともらしく話すと、話す内容としては全然つまらないのに、みんなが傾聴しほめたたえたりする。

応答の言葉もこれとまったく同様である。質問者に対して全身全霊を集中して緊張し、真面目な態度で口も明確に大きく開いてする返事が最も丁寧であり、逆にリラックスして口もろくに開けずにした返事はぞんざいだと受け取られるのである。これは体のリラックスが精神のリラックス（悪く言えばたるみ・油断・軽視）を象徴すると考えられるからである。だから、日本では何か重大な話をするとき（典型的な例は縁談や弔問）は必ず服装を整え、いずまいを正す。態度が悪いと話をまともに聞いてもらえないからである。

「はい」という言葉は、現在最も丁寧な肯定の返事だとされる。なぜか。「はい」のHを言うためには声帯の緊張が必要だし、肯定しようとして声を出したままうなずくと、口の開き方が自然に大↓小となって、発音される母音はア↓イになる。つまり、「はい」という発音が表すサインは、尊敬するあなたを前にして緊張して質問に答え、その内容に全面的に同意します、ということなのである。聞き手は「はい」という返事を聞くと、自動的にそういうサインを受け取る。それで最も丁重な返事になるのである。

ちなみに、昔は最初から最後まで緊張していることを表す「はっ」が、最も丁重な肯定の返事であった。これは殿様の前で家来が平伏したまま腹に力を入れて返事する様子が暗示されよう。

次に丁重なのは「はあ」であるが、これは最初のHの緊張は感じられるものの、相手の話に全面的に同意するサインであるうなずきがない。うなずきがないから発音される母音はアのままで変わらず、しかもなんとなく語尾は力が抜けたような感じがする。だから「はあ」は完全な同意とは言いがたく、敬意は表すがなんとなく頼りない印象の返事になってしまう。ちなみに「はあ」を最もよく耳にする場面はお見合いである。

「ええ」は若い人がよく使うくだけた表現だが、この特徴は唇が左右に引かれ、舌の位置が高いということ。どういうときこうなるかというと笑ったときである。それで「ええ」という返事は、しばしば話者が笑いながら返事をしている様子を暗示する。日本において、相手に対して笑うのは親しみの表現であって、敬意の表現ではない。昔から目上に向かって歯を見せるのは失礼だという常識があったほどで、目上の前で敬意を表すには恐縮してこわばっているほうがよかったのである。それで「ええ」は改まった返事にはなりえないのである。

「ああ」は口を比較的大きく開けて出した音を表す。アという音は唇・舌・口蓋などの器官のどこにも邪魔されずに出せる、最も自然な音である。日本語におけるアの音は口を大きく開けて出した音という意味だから、緊張していなくても無意識でも出せる。感動詞として「ああ」が最もよく使われるのは、ようするに感動して口を開け声を出せば、自然に「ああ」になるからである。だからこれが返事として使われる状況というのは、意識があまり働いていなくて、もしかすると相手の話もろくに聞いていないかもしれないわけである。それで目上に対して「ああ」と返事するなどもっての外なのである。これは主に男性が目下に対して言うことが多い。

こう説明してくると、どうして「うん」が最も敬意の低い返事なのかわかってくる。「うん」と仮名で書くと「うー」と発音するときのように口を丸く小さく開いているように錯覚してしまうが、実は日本語のウはアと対照的に、口を閉じて発音した音を表すのが原則なのである。つまり、「うん」は口を開けず鼻だけで言う返事である。返事をするのに口も開けないのはきわめて横着な態度である。そういう横着な態度で肉体も精神も弛緩した状態でする返事など、目上の相手にとってははなはだ失礼である。相手かまわずそういう失礼な返事をするのは、少な

くとも大人ではない。だから、昔の母親は
「お返事は『うん』じゃなくて『はい』でしょ」

と子供にしつけたのだ。

声さえ出さずにこっくりとうなずくだけの肯定の返事もある。これが許されるのは幼稚園以下の幼児ぐらいのものである。

次に肯定の返事を丁寧な順に表化しておく。……以下は目上には使えない表現である。

【表21　肯定の返事】

（はっ）	はい	はあ	ええ	そうです	そう	ああ	うん	（うなずき）

第二節　否定の返事

目上に向かってノーと言うことがむずかしいのはこれまでに述べた（↓462頁）。だいたい日本の歴史においては、上位者に向かってノーと返事することはなかった。ノーと言わずに「恐れながら……」と言ったのである。「恐れながら」という反論のマクラをつけ、その次にすぐ反論内容を言えばよいわけで、わざわざ改めて否定する必要などなかったのである。その伝統と習慣があるため、相手の質問に反論するときわざわざ否定の返事をするのは、実は失礼なのである。それで、498頁の表22のいちばん上は……なのである。これは否定の返事としては何も言わないという意味である。

何も言わないといっても、その後の本文を言わなければ、相手は賛成だと思ってしまう。黙っていれば賛成・同意というのは不変の真理である。だから、最も丁寧な反論とは、ノーにあたる返事をせず、マクラをつけてすぐ次に本題に入る。たとえば次のような言い方が最も丁寧になる。

①「○○社との会議は先方のOKは取れたのか」（質問）
↓「……。あいにく、それがまだ取れておりません」

②「企画表はまだできてないの？」（督促）
↓「……。申し訳ありません。これから急いで作ります」

③「今度の日曜日、うちでちょっとしたパーティーをやるんだけど、君も来ないか」（勧誘）
↓「……。せっかくのお心づかいでまことに恐縮でございますが、あいにくその日は予定がございまして……」

そもそも、日本語の否定の返事ははなはだ曖昧で、相手の質問を否定するのでないときにも使える。いちばん丁寧な否定の返事とされているのは「いいえ」であるが、これも意味が一つではない。間違い電話などで、

「○○さんのお宅ですか」「いいえ、違います」

と言うときは相手の質問の内容を否定する意味である。しかし、

「いつもお世話になっております」「いいえ、こちらこそ」と言うときは、単なる挨拶で相手の感謝を気軽に受け流す意味である。相手が恩を感じる必要はないというなだめのサインだと言うことができる。典型的な礼儀語の返事である。

「いいえ」という返事をするときは、唇を左右に引き、声を出しながら口を少し広く開く。これはどんな顔を表すかというと、紛れもなく笑顔である。相手の質問を否定するわけだから、相手は少なくとも機嫌がよいわけがない。その相手をなだめるために笑顔を作るのである。「いいえ」という言葉にはこういうなだめのサインがある。チンパンジーが怒っている相手をなだめるとき、口を横に大きく開いて歯茎を見せるというが、エよりもイのほうが歯茎が見えやすいので、日本人も大昔は歯茎を見せる目的で「いいえ」と言っていたのかもしれない。

「そうじゃありません」は相手の質問の内容を否定する表現である。これは反論の返事と言ってもよい。相手の発言の内容が自分の意見と違っているという、明快な意思表示である。しかし、こういう自己主張ができる相手というのは自ずと限られる。それで目上に対して使う丁寧な表現というわけにはいかない。

「ちがいます」はもっと強い否定である。これは相手の発言が違うと言っているのだから、話者によほどの確信がなければならない。しかもどう違うのかが問題である。自分の意見と違うという相対的な違いならまだいい。真理・理想と違うという絶対的な違いを指摘しているのだとすれば、相手とケンカするくらいの覚悟がないとても言えないだろう。

「ううん」は真ん中の「う」を高く発音する。「うん」のところで説明したが、これは口を開かないでする発音である。口を閉じたまま声を出し、ついでに首を左右に何回か振る。これで自然に「ううん」という音になる。相手に向かって返事するのに口も開かないのは失礼であるから、当然目上の相手には言えない。女性が親しい相手に言うか、子供が言うかのどちらかだろう。

「って言うか（てか）」は若い人が、相手の意見に反論するときなどに使う言葉である。ほとんど接続詞や感動詞のように使う。文字どおりには、相手の言うこともわかるが、それより自分の意見のほうがよい、と代案を提示する形である。表立った反対はせず、よりよい代案を示すことで反対の意を表すわけである。親しい相手とのくだけた会話でよく使っているようだが、筆者など親しい相手にくらいははっきり反論してもよいのではないかと思ってしまう。最近は反論に限らず、話題を転換したいときにも使っているようである。どんな話題に対しても、肯定でも否定でもなく「って言うか（てか）」で逃げていると、そのうちに自分の意見が何かわからなくなってしまいはしないか。

「いや」がいちばん下に書いてあるのは、単語の起源とからんでいる。否定の意の「いや（否）」は、「あんな奴は顔を見るのもいやだ」の「いや（嫌）」と同源の言葉なのである。だから、「いや」という返事には嫌いだというニュアンスがあり、自分は好まない、自分には不都合だという主観的な好悪を表す。この主観的というところが重要で、目下の話者が自分の個人的な好みを述べて目上の質問に反する返事をするというのは、どう考えても失礼である。それで最もぞんざいな返事になってしまうのである。現在では、主に男性が言うくだけた表現になっている。

次頁に否定の返事を丁寧な順に表化しておく。……以下は目上には使えない表現である。

【表22　否定の返事】

………	いいえ	いえ	そうじゃありません	ちがいます	ちがう（わ・よ）	ううん	って言うか	いや

第三節　「問い直し」の表現

ある有名企業の受付嬢が、ＶＩＰとおぼしき客の応対を「はい」「はい」とにこやかに返事しながら見事にこなしていたのだが、客の言葉を聞き返すときにボロが出てしまった。「えっ、何ですか」と聞いてしまったのである。肯定や否定の言葉に敬意の段階があるなら、問い直しにも丁寧な表現、ぞんざいな表現といういくつかの段階がある。ここでも原則は同じである。

すなわち、相手の質問に対して緊張して真面目に考えている態度を示す返事が最も丁寧である。反対に、リラックスしていることを暗示したり、内心の不服を示すような声を出したり、自分の主観を表立って表明したりすると、相手に対して失礼になり、結果としてぞんざいな返事になる。

相手の質問を問い直す場合、最も丁寧な言い方は「はっ？」である。声帯はHで緊張するが、その緊張が最後まで解けずに声門を閉鎖する。その閉鎖音が「っ」である。問い直しであるから、疑問であることが相手にわからなければいけないので、語尾を上がり調子にするのは当然である。この問い直しの言葉は、相手の会話を最初から最後まで緊張して聞いているという姿勢を強く示すものである。それで最も丁寧な問い直しになるのである。

「はあ?.」は「はっ?.」に似ているが、どこが違うかというと、語尾まで緊張があるかどうかである。「はあ?.」は語尾が「あ」であり、声門が閉鎖されていない。つまり語尾の時点では緊張が解けているわけである。緊張が解けたぶんだけ敬意が落ちたと言える。こいつは初めから聞いていないなと相手に受け取られると、話者が相手の話をろくに聞いていなかったから問い直したのだというニュアンスになってしまう。

「えっ?.」は前に述べたように、話者が笑いながら発した声である。笑いながらということは緊張していないということだ。それで緊張しながら問い直した場合よりも、敬意が落ちる。しかも、笑いは親しみの表現だから、ばかにくだけた印象を与えてしまうのである。

もう一つ「えっ?.」で注意しなければいけないのは、話者が意外だと思った話に対して驚いている場合もあるということである。このとき、話者が驚いた結果その話に疑問を持ったり、抗議の気持ちを持ったりすることが往々にしてある。そういう気持ちが下顎を緊張させ、それが舌を押し上げるので、その状態で声を出すとアでなくてエになってしまう。だから、話者が笑わずに「えっ?.」と言ったら、それは話の内容に対して疑問に思ったり抗議したかったりする場合である。それで、単なる問い直しで「えっ?.」と言った場合でも、相手には「何か文句でもあるのか」と不快に受け取られる可能性があるのである。

「ええ?.」は「えっ?.」よりもさらに敬意が落ちる。へたをすると、こいつはぶったるんでると思われてしまう。それは、「えっ?.」の場合にはまだ語尾が「っ」であり、声門が閉鎖されるという緊張が聞き取れるわけだが、「ええ?.」では最後まで緊張がなく、言い方によってはずいぶんリラックスした状態でも発音できるので、そういう体の楽さが精神の弛緩を暗示してしまうからである。

「なんですって?.」「なんだって?.」という問い直しは、相手の質問の内容を問い直すものである。内容を問い直すのは二つの場合がある。つまり、内容がよく聞き取れなかった場合と、聞き取れたが疑問がある場合の二つである。しかも往々にして後者の意味になることが多い。聞き取れなかっただけなら「はっ?」でも「えっ?」でもいいのに、わざわざ「何」という疑問の名詞を使って言うのだから、言われたほうは内容に対して何か言いたいことがあるというふうに受け取るのが普通だろう。しかもその言いたいことは、たいがいの場合驚きや疑問・抗議である。相手の質問に問い直しをするというのは、こういうふうにいつでも、相手に抗議していると受け取られる可能性があることに注意すべきである。

「なに?」「なにい?」はさらに要注意の言葉である。これは、相手の話の内容に対して抗議をするというだけでなく、その内容に腹を立てて怒りを感じているというニュアンスがあるからである。事実、怒りを表すときに「なに?」とか「なにい?」とか言うことが少なくない。この場合にはふつう「なに?」「なにい?」と尾高型のアクセントで発音し、疑問であるから上がり調子に言う。「なに?」と頭高型のアクセントで発音した場合には、少し印象が柔らかくなり、女性が親しい相手にくだけた会話でよく使う。ただし、やはり改まった会話や目上相手の会話には使わないほうが無難である。

次に問い直しの表現を丁寧な順に表化した。……より下の表現は目上には使えない。

【表23　問い直しの表現】

はっ?　はあ?
……………………
えっ?
ええ?
なんですって?
なんだって?
なに?
なにい?

第四節　「納得」の表現

テレビのある座談会でのこと、各界の有識者が何人か出席して、それぞれの立場で意見を言う討論会があった。そのときとても気になる発言があった。それは司会者が出演者の発言を引き継ぐとき、いちいち「なるほど、なるほど」と相槌を打っていたことである。社内会議などでも重役の発言に対して「なるほど」と言う課長がときどきいるが、これも筆者にはとても気になる。まして、部下が腕組みしながら「なるほど」と上司の発言に相槌を打ったら、上司としては心中穏やかでないに違いない。相手の言葉を納得して引き継ぐのだから同意と大差なく、何と言ってもいいようなものだとは思うのだが、やはり「なるほど」は好ましくないと思う。

それなら、目上の相手に対して、相手の発言が正しく自分も全面的に賛成だと言う場合、何と言ってそれを表明したらよいかというと、「はい、おっしゃる通りです」と言うのがよいと思う。「はい」で敬意と同意を示す返事をし、「おっしゃる通りです」でさらに自分の納得を確認するという丁重な表現である。この「おっしゃる通りです」の部分を「仰せの通りです」としてもよい。こちらのほうがより堅い、古風な表現になる。

「あなたの言う通りです」と言うのも考えられるが、「あなた」が使える相手は限られるし（↓371頁）、「言う通りです」には尊敬語がないので、少なくとも目上の人、知らない人に対しては使えない。この表現は男性が女性に向かって、少し改まった場面で使うことが多いようである。

「そのとおり」は教師が生徒の発言に対して言ったり、目上の人が目下の発言に対して言ったりする。「その」

というのは指示語であり、その指示内容は相手の会話の内容である。こういうふうに、相手の会話を利用してそれを指示するだけで自分では内容に触れないのは、実は失礼な態度なのであって、目上に対しては使えないのである。

問題の「なるほど」であるが、もともとは感心しそのうえで納得しているという意味の副詞である。これは、話者がそれまでの内容を再認識し、その価値や評価を納得するということである。評価するからには自分が上位に立っていなければならない。それで、相手の発言に対して「なるほど」と言うと、相手の発言内容をよく考え評価し、よくわかった、その通りだ、と納得する意味になる。ちなみにこの「なるほど」を最もよく使う現場はどこか。実はこれは警察が取り調べをするとき使うのである。

「十二月二十四日はクリスマス・イブだけど、あの晩どこにいたの？」

「仕事があったから、五時までは会社にいて……」

「なるほど、それから？」

「六時ころかな、ケーキ屋さんに行って……」

「なるほど、なるほど。それから？」

というふうに、取調官が相手の話を理解して納得した様子を示すことによって、相手に安心感を与え、話を続けさせようとするわけである。

「ちがいない」を言うのは男性に限られるだろう。この言葉は江戸時代の小説によく出てくる。江戸語では「ちげえねえ」となまったりする。そんな関係で少し古風な表現である。日常のくだけた会話で使うのが基本である。「言えてる」を初めて聞いたのは、筆者が出版社に勤めていた二十代のころ、つまり三十年以上前だが、少し驚いた。最近はあまり聞かれないようである。「はい」も「ええ」もなく、いきなり「言えてる」と言うのである。この「言えてる」は「言えている」の短縮形だから、「言うことができている」という意味である。何が「言うことができている」のかといえば、相手の話がである。つまり相手の話には一理あると言っているのである。この表現の問題はどこかというと、相手の話に一理はあるが、全面的に賛成しているわけではないというニュアンスだという点である。実際に一部反対だと思っているかどうかはわからないが、「言えてる」という表現には全面賛成のニュアンスがない。

「なるほど、そうも言える（けど、自分はそうは思わない）」

という意味にもなりうるわけだ。最近の若い人は全面賛成の場合であっても、

「ほんとうにそうね。私もそうだと思う」

のようには言わない。「言えてる」と言えば、もし相手が間違っていた場合でも、自分は全面賛成したわけではないという逃げ道を残しておくことができる。正しいかどうかわからない相手に全面的に応援するのは、確かに危険ではある。しかし、相手の状況にかかわらず全面的に応援するという意思表示をすることが、実は友情の証ではないのだろうか。筆者の学生時代には決してこんな言い方はしなかった。親しい友人の説に賛成するのなら、多少の誇張を含めても全面賛成すると言い切ったものである。そして友人が成功したときには共に喜び、失敗したときには共に泣いた。孤独など感じたことはついぞなかったのである。

若い人が親しい友人にさえ全面賛成と断言できないのは、万一の失敗に巻き込まれて傷つくことへの臆病さが原因だと思う。しかし、実はその臆病さが確固たる友情を築くことへの障害になり、その結果、一緒に楽しく遊ぶ友だちはいるのに孤立している寂しさを感じてしまうのではないか。この心理は「現代の狂ったウチ・ソト・

ヨソ関係」にも見てとれるものである（↓338頁）。
次に納得の言葉を丁寧な順に表化した。……より下は目上に向かって言うことはできない。

【表24　納得の表現】

はい、おっしゃる（仰せの）通りです
あなたの言う通りです　その通り　なるほど　違いない　（言えてる）

第三章　動作に用いられる個別敬意表現

第一節　添加形式の個別敬意表現

⑴ れる・られる

（例）（医者が患者に）どうされましたか。
こちらへは電車で来られたんですか。
（看護師が患者に）お薬、ちゃんと飲まれてますか。

尊敬の助動詞で添加形式の一つ。相手の行為について広く用いられる。五段動詞・サ変動詞の未然形には「れる」が、一段動詞・カ変動詞の未然形には「られる」がつく。丁重度は高くないが、ほとんどすべての動詞に幅広くつけることができ、他の敬語動詞にも重複してつけることが可能である。

（例）（旅館の女中が客に）お食事、召し上がられましたか。

話題中の第三者の行為についてはあまり用いられず、行為者が聞き手のときに最もよく用いられる傾向があるため、形としては「です・ます」を伴うことが多い。現代敬語では、聞き手に対する配慮が最も優先されるので、話題中の第三者に対しては、「れる・られる」程度の低い敬意ならかえって無敬語で待遇し、敬語を使うのであれば交替形式などの敬意の高い表現を選択すると考えられるからである。

「平明・簡素」な敬語の典型として昭和二十七年の「これからの敬語」で推奨されたが、対等な社会人が礼儀語として使うのに適していると言える。

(2)お(ご)〜になる

（例）　この温泉は町民の皆さんがご利用になります。

（秘書が部長に）社長は先ほどお帰りになりました。

尊敬の添加形式の一つで、相手の行為について一般的に用いられる。丁重度はかなり高く、改まった席でも、目知らない人や目上の人に対しても広く使われる。「〜になる」という自然成就が尊敬語になるということは、目上の行為を自然（神）現象と同様に扱う敬語の発生と関係がある証拠と言える。〜には動詞の連用形が入るが、交替形式の敬語動詞がある場合には用いられない。

×　現地へいつお行きになりますか。→現地へいついらっしゃいますか。

また、「お（ご）〜になられる」という形もあるが、これは「お（ご）〜になる」の未然形に尊敬の助動詞「れる」がついた形で、二重敬語である。「お（ご）〜になる」が一般的になって、誰に対しても気軽に使われるようになり、丁重度が足りないと話し手が感じたとき、特別に高い敬意を表していることを示したくて用いると考えられる。その証拠に、日常会話で相手と面と向かってはあまり使われず、改まった席での公式の発言や、目上の人を話題に出すときによく使われる。

（例）　先生は昨夜お亡くなりになられました。

(3)ご(お)〜なさる

（例）　毎日よくご精進なさいますね。

尊敬の添加形式の一つで、相手の行動について用いる。「なさる」は「する」の尊敬語である。丁重度はかなり高く、知らない人にも目上の人にも改まった席でも使える。～の部分には漢語が入ることが多く、和語は使えないものもある。少し古風なニュアンスがあり、若い人はあまり使わない。日常的には「お（ご）～になる」のほうがよく使われる。

(4) お(ご)～くださる

（例）先生が資料をお貸しくださいました。

尊敬の添加形式の一つで、相手の行動について用いる。「くださる」は「くれる」の尊敬語である。相手の行動が自分にとって都合がよい、自分のために相手が行動してくれるというニュアンスで、丁重度はかなり高く、改まった席でも、知らない人や目上の人に対してもよく用いられる。行為を与えられたという意味であるから、恩恵を与えられた義理の暗示がある。

（例）右手をごらんくださいませ。
お困りのときはお知らせくださいませ。

「お（ご）～くださいませ」という命令形になると、丁重度が少し下がるので、あまり親しくない目上の個人に対しては使わないほうが無難である。この表現は、観光バスガイドがお客に対して使うなど不特定多数の相手や、親しい目上の人に用いるとよい。女性が使う場合には、もう少し対象を広げてもかまわない。尊敬の添加形式「お～になる」を依頼文で使うとき「お～になってください」とするのがわずらわしいため、「お～ください」と簡略化することが多い。

（例）パスポートをお見せになってください。→パスポートをお見せください。

(5)お(ご)～だ

（例）　先ほどからお客様がお待ちです。

尊敬の添加形式の一つで、相手側の状態について用いる。行為ではなく状態であることに視点がある。～にはふつう和語の名詞（状態名詞・動詞連用形）が入る。

丁重度は上の下くらい。もっと丁重に言いたいときには「お～になっていらっしゃる」のように言う。

（例）　先ほどからお客様がお待ちになっていらっしゃいます。

相手側の状態を表すため、そのまま修飾語としても使うことができる。そのときは「お～の○○」という形にする。

（例）　お待ちの方、診察室へお入りください。

(6)お(ご)～たまわる

（例）　毎度ご愛顧たまわりまして、まことにありがとうございます。
　　　長年ご指導たまわりました会長は、このたびご勇退なさることとなりました。

尊敬の添加形式の一つであるが、相手がその行為を恩恵として自分に与える場合に限って用いる。「たまわる」は「くれる」の尊敬語である。丁重度はかなり高く、改まった席や公式の発言に使い、あまり親しくない目上の人に対してもよく用いられる。かなりオーバーな表現なので、紋切り型の挨拶がふさわしく、日常会話的には「お（ご）～くださる」か、自分が主語になる謙譲語Ⅰの「お～いただく」のほうが適当であろう。

(7)お(ご)～する

（例）　お荷物をお持ちしましょう。

どうも長らくご無沙汰しました。

謙譲の添加形式の一つで、自分の行為について用いる。自分の行為を下げ、行為対象の相手を上げる謙譲語Ⅰである。ほとんどの場合、聞き手が行為対象となるため「お（ご）～します」の形になる。敬意はそれほど高くないが、気軽に使えて丁寧なニュアンスを出せるため、日常会話を始めいろいろな場面で幅広く使われる。「お～になる」が相手を自然（神）扱いして尊敬するニュアンスがあるのに対して、「お～する」は自分の行為を物として人工的に扱うニュアンスになる。

近年、相手の行為について使ったり、物事について使ってしまう誤用がしばしば見られるが、これは「敬語＝尊敬語＝丁寧なよい言葉」という単純な敬語観を植えつけられたためである。

×　この資料をお持ちしてください。→この資料をお持ちになってください（お持ちください）。

×　送料が八百円おかかりしますが、よろしいでしょうか。

→送料が八百円かかりますが、よろしいでしょうか。

(8)お(ご)～いたす

（例）　私が部長にお話しいたしましょう。

次回の会議の日程は追ってご連絡いたします。

謙譲の添加形式の一つで、自分の行為について用いる。「いたす」は「する」の謙譲語Ⅰである。行為主体の自分を下げ、対象の相手を上げる。丁重度はかなり高いので、改まった席や知らない人、目上の人に対して使うことができる。行為対象に直接言う場合がほとんどであるので、丁寧語の「ます」と組み合わせて「お（ご）～いたします」の形になる。

交替形式の動詞がある場合には用いられないが、交替形式にしたうえで重ねて用いることはできる。

×　明日、お宅にお行きいたします。

↓明日、お宅にうかがいます。↓明日、お宅におうかがいいたします。

(9)お(ご)〜申し上げる

(例)　まずは書面にてご案内申し上げます。

まことにありがたく、厚く御礼申し上げます。

謙譲の添加形式の一つで、自分の行為について用いる。「申し上げる」は「言う」の謙譲語Ⅰである。行為主体の自分を下げ、対象の相手を上げる。非常に丁重な表現であるが文章語的で、改まった席や公式の発言、手紙の中などでよく使われる。また、若い人や女性よりも年配の男性が好んで使う傾向がある。行為対象に直接言うか手紙を渡すことがほとんどであるので、丁寧語の「ます」と組み合わせて「お（ご）〜申し上げます」の形になる。

(10)ご〜を仰ぐ

(例)　いちおう社長のご判断を仰いだほうがよろしいでしょう。

普通は添加形式扱いされないが、目上の人から何かしてもらうときに、その行為につけて用いる。〜には漢語名詞が来ることが多い。「仰ぐ」主体は自分なので、謙譲語Ⅰと同様の意味になる。「お（ご）〜てもらう・いただく」に比べてかなり形式ばった表現で、公式の発言でよく用いられる。

(11)お(ご)〜にあずかる

(例)　本日はお招きにあずかりまして、まことにありがとうございます。

毎度お引き立てにあずかり厚く御礼申し上げます。
先生のお宅で晩酌のお相伴にあずかった。

謙譲の添加形式の一つであるが、自分の行為でなく、相手の行為を自分が恩恵として受け取る場合に限って用いる。したがって、～に入るのは相手の行為である。かなり硬い表現で、あまり親しくない目上の相手から恩恵をこうむったときに使い、前二つの例のように紋切り型の挨拶によく用いられる。自分も恩恵を受けるその他大勢の中に加えてもらったという卑下した表現なので、自分一人に対する恩恵授受のときには用いない。

×　このたびのトラブルにつき、わざわざご通知にあずかりありがとうございました。
↓このたびのトラブルにつき、わざわざご通知くださりありがとうございました。

第二節　特に、命令・依頼、禁止・忠告に用いられる表現

第一節に触れた以外の、命令・依頼場面や禁止・忠告に用いられる待遇表現形式を挙げておく。

(1)お(ご)～願う

（例）（電車内のアナウンス）この先揺れますので、ご注意願います。

尊敬の添加形式の一つ。相手の行為を促す場面で用いる。堅い文章語で、あまり敬意は高くなく、マニュアル化された依頼・命令文によく用いられる。日常会話では用いない。さらに敬意を上げたい場合には、「お（ご）～願いたく存じます」など希望・婉曲表現を加えて、格式ばった手紙によく用いられる。

（例）　時節がらご健康にご留意願いたく存じます。

(2)～する必要はない

（例）　あんな奴にわざわざ教えてやる必要はない。

アンケートにお名前を書く必要はありません。

相手の行為について、話し手が不必要の判断を下す表現。話し手の判断を直接示すので、対等以下の相手に対して用いる。かなり強い口調で断定的に言うことも多い。対等な相手に礼儀語として多少の敬意を表したければ、「ません」をつけて「必要はありません」とする。ただし、相手の行為を抑止する程度はそれほど強くないので、さらに強く抑止したい場合には、「～なくていい」などを用いる。

(3)～してもらう

（例）（大家が店子に）家賃が払えなければ出ていってもらいます。

相手の行為を話し手が受け取ることを宣言する表現。受け取る行為を宣言するので、婉曲な命令になる。対等以下の相手に対して会話で用いる。普通は聞き手に直接用いるので、丁寧語の「ます」をつけて、「～してもらいます」とする。もう少し柔らかくしたいときは「～してもらえませんか」「～してもらえますか」のように疑問文にして、判断を相手に委ねる。

（例）　タバコは遠慮してもらえませんか。

ちょっとそれ、取ってもらえますか。

(4)お(ご)～いただく

（例）　ここでしばらくお待ちいただきます。

（添乗員がツアー客に）明朝九時に玄関前にお集まりいただきます。

会の冒頭で社長にご挨拶いただきます。

謙譲の添加形式の一つであるが、自分の行為でなく、相手にある行為をするよう依頼するとき用いる。したがって、ほとんどの場合丁寧語の「ます」をつけて「お（ご）～いただきます」となる。「いただく」は「もらう」の謙譲語Ⅰ。文法的には、相手の行為の結果を自分が受け取るということで、この「受け取る」部分が謙譲語Ⅰになっている。ときどき、尊敬の表現としている本があるが、厳密には間違いである。例のように、「お（ご）～いただきます」という言い切りの形で使うと、自分が相手の行動の結果を受け取ることを宣言する文になり、婉曲な命令文になる。

日常会話では、「お～いただきたい（のですが）」という自分の希望を表明する形、または「お～いただければ幸いです」という仮定の形、あるいは「お～いただけますか」という可能疑問の形にすることが多く、このほうが相手に対する押しつけがないので丁重な表現になる。

（例）次回のお打ち合わせまでに、御社内でご相談いただきたいんですが。

添付の書類をお送り返しいただければ幸いです。

恐れ入りますが、そこのドアをお閉めいただけますか。

(5)～してくれ・～してくれるな

（例）（社長が秘書に）この書類、コピーを残して、後はファイルしておいてくれ。

目下の相手に直接命令する表現。この上下の差はかなり絶対的で、交換がきかないことが多い。日常的にはもう少し婉曲にして、「～してくれない（か）」という否定疑問の形にする。

（例）できるだけ無理はしてくれるな。

「〜してくれ」に禁止の終助詞「な」をつけると、「〜してくれるな」になるが、これは目下の相手に直接禁止する表現。かなり複雑なニュアンスをもっている。相手の行為をありがたくは思うが、自分にとってはかえって迷惑となるので、できればしないでほしいというニュアンスである。年配の男性が目下の相手に使うことが多い。昔「止めてくれるな、おっかさん。背中の銀杏が泣いている」というコピーがあったが、この場合、東大生の若者が成熟した男性として母親をいたわっているというコンセプトが背後にある。

(6)〜しなさんな

(例)　そんな嫌な顔しなさんな。

あまり好ましくない内容を、対等以下の人に軽く禁止する場合に用いる。「なさる」という尊敬語を使ってはいるが、尊敬のニュアンスはなく、「〜するな」よりも禁止の程度が軽くなるだけである。話し手は一定年齢以上の男性が多い。

(7)〜することはない

(例)　何も好き好んで危ないところへ行くことはない。

自分の選択判断を述べる形で軽く禁止する場合に用いる。対等以下の相手や比較的親しい相手に使う。「〜することはないんだ」とすると、自分の判断を述べるにとどまり、禁止するニュアンスがなくなる。

(8)〜するのは(〜するなんて)バカ(アホ)だ

(例)　内戦状態の国へ取材に行くなんてバカだ。

行為を仮定したうえで、そういう行為をする人をけなした遠回しな禁止表現。ただし、話し手に禁止の意図がなく、単に評論家的に行為主体をけなしているだけの場合もある。対等以下のあまり親しくない人に対して用いる。

(9)〜するもんじゃない

（例）病人の見舞いに行って、墓の話なんかするもんじゃないよ。

相手の行為が不適切であるという判断する表現。ただし、すでに起こってしまった行為に対する判断を表す場合もあり、これから行われる行為に対する禁止の抑制度は高くない。年配の男性が目下の相手に対して用いる。

(10)〜してもらってもいいですか

（例）ここに名前を書いてもらってもいいですか。

ちょっとこっちへ来てもらってもいいですか。

相手の行為を受け取ることに許可を求める表現。近年、アルバイトなどの若い人が客に対して「お書きいただけますか」「おいでください」などと同程度の敬意で要求・依頼する場面で用いられる。尊敬語・謙譲語を使わず文末の丁寧語だけで、尊敬語・謙譲語を使ったのと同程度の敬意を持つ。これは、学校で敬語の教育を正しく受けなかった若い人が、何とか自分のできる範囲で階級遵守語意識を満足させようとした結果であり、平等と言われる現代社会においても、依然として階級遵守語意識が健在であることの証拠である。

(11)〜しなくていい

（例）高校生がタバコなんか吸わなくていい。

赤ん坊に手出ししなくていい。

文字通りには、ある行為をする必要はないという意味だが、日常会話では禁止の代わりに使われる。「〜するな」では直接的過ぎて乱暴だと思われた場合に、対等以下の相手に対して用いる。目上や親しくない人には使えない。

かなり強い口調で断定的に使うと、怒ったような印象になるので、高齢者が子供の行為を禁止（抑制）するときに用いると強圧的な印象になる。

⑿～した（しない）ほうがいい

（例）通夜は地味なら平服でもいいが、告別式は喪服を着ていったほうがいい。

（息子の非行）警察へは届けないほうがいいですよ。

話し手が行為の是非を判断して相手に忠告する表現。客観的な事実を述べるニュアンスのときは、文章中で用いられる。会話で用いられた場合には、対等以下の相手に先輩が是非の判断を忠告するニュアンスになる。もう少し丁寧に言うときには丁寧語の「です」をつけるが、それでも大局的な見地から見た忠告というニュアンスがあるので、目上には使えない。「～した（しない）ほうがよろしいです」とすれば、親しい目上にも使える。

⒀～する（しない）ように

（例）昼食はめいめい持参するように。

廊下では大きな声を立てないように。

「～する（しない）ようにしなさい」の述語部分を省略した形。かなり堅い表現で公式の指示などによく用いられる。上から下へ言う命令のニュアンスがあり、親密度が低くてよそよそしく聞こえるので、親しい相手にはたとえ目下であっても使えない。親しい相手に言う場合には、述語を部分を省略せずに言うか、柔らかくするために終助詞「ね」をつける。

？　あまり遅刻しないように。

↓あまり遅刻しないようにしなさい。（あまり遅刻しないようにね。）

⒁～なさい

（例）（親が子どもに）早く片づけなさい。

（先生が生徒に）丁寧な字できちんと書きなさい。

「～なさる」は尊敬の添加形式だが、命令形の「～なさい」になると尊敬のニュアンスがなくなり、絶対的な上下の間で上から下に対する命令として用いられる（↓398頁）。現代社会で絶対的な上下差が存在するのは、家庭内の親子、学校での教師と生徒の間である。会社内の場合には命令される側も大人なので、部下に対してあまり多用すると「いつも怒ってばかりいる上司」という印象をもたれやすい。

家族など親しい相手にどうしてもさせたいことがあるとき、目上に対して用いることもあるが、その場合は介護現場などで、言う側が言われる側に対して心理的に上位者になっていることが往々にしてある（↓441頁）。

（例）おじいちゃん、薬飲んだ？　また忘れてるでしょ。早く飲みなさい。

ごくくだけた表現で「さい」を省略して「～しな」と言うこともある。ぞんざいではあるが、このほうが強圧的なニュアンスは少なくなる。

（例）ほれ、握り飯だ。食べな。

⒂～して・～しないで

（例）たまには掃除くらいして。

「おれ、もう帰るわ」「まだ話が残ってるんだから、行かないで」

日常会話のさまざまな場面で用いられる、相手に要求する表現。「～て（ないで）ください」の述語部分を省略した形であるが、非常に柔らかい表現で、対等以下の相手はもちろん、甘えた口調にすれば目上に対しても使うことができる。特に女性が好んで用いる傾向にある。

⒃～したら

（例）（休日に夫に）ごろごろしてばかりいないで、少しは運動でもしたら？

体に悪いからタバコはやめたら？

日常会話のさまざまな場面で用いられる、相手に提案する表現。「～たらどう（なの・か）」の述語部分を省略した形であるが、判断を相手に委ねる疑問文であるため、イントネーションは上がり調子になる。「～して」が話し手の懇願を強く表すのに対して、「～したら」は話し手と対象との間に心理的な距離があり、あまり責任もなく気軽に提案しているニュアンスになる。述語部分を省略せずに言うと、相手の返答を求めるニュアンスになるので、要求が強くなり、しばしば話し手の怒りや慨嘆・おせっかいなどの暗示がある。

（例）（上司が部下に）会社に来るならもう少しきちんとした恰好をしたらどうかね。

（縁談）一度だけでも会ってみたらどう？

⒄よく～する

（例）お前、よく飲むな。ほんと感心するよ。

三十年もおんなじ男の顔よく見ていられるわね。

日常会話のさまざまな場面で用いられ、相手の好ましくない行為に対する話し手の不賛成の気持ちを表す。文法としては反語になり、話し手の気持ちは直接表明しないが、裏に「自分にはとてもできない」というニュアンスが暗示される。最近若い人が「～して（しないで）」や「～して（しないで）ください」などの直接的な要求・禁止表現を好まず、「よく～する」という反語でもって第三者的に論評する例が報告されている（→466頁）。相手と一対一で対決する濃密な関係を好まず、相手に正面切って反対しないで発言の責任を回避したり、相手の反応によって自分が傷つくことを恐れる心理があるためと思われる。

⒅〜する（しない）こと

（例）（履歴書）青または黒のインクで書くこと。

（掲示）芝生に入らないこと。

やたらにオナラをしないこと。

文法的には体言止めで特に意味はないが、文章語として用いられ、命令・禁止の意味になる。掲示や注意書き、テストの指示などで用いることが多い。これは行為内容を名詞化（概念化）することによって、既成事実として認めさせる形で命令・禁止するというニュアンスである。三番めの例のように、日常会話でわざと文章語的に言うことによって、命令や禁止の口調を和らげるために使われることもある。

⒆〜する（しない）の（んだ）

（例）早くするの！

（捕虜に）さっさと歩くんだ！

（親が子供に）あんたはお兄ちゃんなんだから、小さい子をいじめないの！

「の（んだ）」は断定表現だが、中高型のアクセントで柔らかに発音すると、自分の納得を表す。これに対して、「の（んだ）」に力を入れて強く発音すると、強い命令になる。絶対的な上下関係のある上から下への命令で用いられ、相手は拒否できないことが多い。これも「〜こと」と同様に、相手の行為を準体助詞「の」を使って既成事実化することによって、すでに決まったことであると宣言するニュアンスである。

⒇〜した〜した

（例）見せ物じゃないんだ、さあ、あっちへ行った行った。

動詞の完了形を重ねて言うことによって、柔らかい命令を表す。相手の行為を強制的に完了させるニュアンスである。やや古風な表現で現代ではあまり聞かれない。

㉑〜する（しない）！

（例）（親が子どもに）よそ見しないで、さっさと歩く！

一人でどんどん行かない！

文法的には言い切りであるが、日常会話で強い口調で言うと、そのまま命令・禁止の意味を表す。特に高圧的に言った場合には、「〜しろ・（するな）」という直接の命令形よりも強い命令・禁止になる。親しい目下の相手に対して使い、特に親が子どもに言う場面が多い。これも相手の行為の断定というニュアンスである。

㉒〜しろ（するな）

（例）おい、ちょっと金貸せよ。

そんなにがつがつ食うなよ。

最もくだけた表現でぞんざいな命令・禁止を表す。非常に親しい対等のウチの相手に遠慮なく命令したり禁止したりすることを表し、圧倒的に男性が多く用いる。女性が用いると乱暴な口調に聞こえる。内容的には直接の命令・禁止であるが、対等な親しいウチ関係の人に使う表現であるため、相手は気軽に拒否することができる。

㉓漢語動作名詞！

（例）（入学式）起立！　礼！　着席！

原則として大勢に命令する場合の号令として用いる。「立て」という直接の命令形はウチの相手に用いるもので公的場面では使えず、「立ってください」という依頼形では長すぎて号令に適さないため、明治以後、軍隊などで兵士たちに号令する掛け声から、その他の場面にも応用されて広まったものと思われる。命令を受ける側が大人数であるため、これを一人だけ拒否するのはたいへんむずかしい。「立て（立って）」という直接の命令形で反応しない痴呆老人が、「起立！」の号令で反射的に立ち上がる例もある。

(24)外来語！

（例）（向かうから走ってくる人に）ストップ！

（犬の訓練）シット！　ステーイ

日常生活の中でよく使われる外来語（主に英語）の動詞を、そのまま命令に用いる。命令・抑止力はかなり強いが、使われる相手は親しい対等なウチが多いので、拒否する自由もある。二番めの例は犬の訓練で用いられるもので、一定の動詞を合図に一定の行動をさせるもので、犬が命令・禁止という意味を理解して従っているかどうかはわからない。

第三節　「させていただきます」の四つの意味

現在、非常によく使われている表現であるが、その意味がきちんと把握されずに使われているのが「～（さ）せていただきます」という婉曲表現である。文法的には「（さ）せ」が使役の助動詞、「いただく」は「もらう」の謙譲語Ⅰで、相手の行為を受け取る意、「ます」は丁寧語の助動詞である。

五段動詞には「せていただきます」がつき、その他は「させていただきます」がつく。ときどき「読まさせていただきます」（いわゆる「さ入れ言葉」）という言い方を耳にするが、これは文法的な間違いである。

この複雑な婉曲表現を聞いてとても丁寧だと感じるときと、なんだかバカにされたように感じるときとがある。西武鉄道では少し前まで電車のドアを閉めるとき、

「ドアを閉めさせていただきます」

とアナウンスしていた。一方、ＪＲは

「ドアが閉まります」

とアナウンスし、京浜急行は

「ドアを閉めます」

とアナウンスしていた。同じ行為をするのに、「〜させていただきます」と敬語をつけたり、行為者の人間を出さないように自動詞を使ったり、丁寧語のみにしたり、といろいろである。

西武鉄道の「〜させていただきます」という言い方には、熟年の男性を中心に反発が少なくなかった。バカ丁寧だと言うのである。商店が休業するとき

「本日休業させていただきます」

という看板をよく見かけるが、これもこのままでいいと言う人と、バカ丁寧だと言う人に意見が分かれる。西武鉄道はその後、熟年男性の声に押されてか、

「ドアを閉めます」

に変えてしまった。その割に、電車が三分遅れたときには

「本日は〇〇のため電車が三分ほど遅れまして、まことに申し訳ございません。深くお詫びいたします」と過剰なほど卑屈に謝罪しているから、乗客を尊敬しなくなったわけではなく、バカ丁寧だとの声を無視できなくなったのであろう。

実は「させていただきます」という言い方は、現代では少なくとも次の四つの意味があるのである。

(1)相手の許可を得て何かをする。

西武線も初めは、ラッシュ時で客がドアに殺到してなかなかドアを閉められないとき、客を諦めさせ、もう一台電車を待たせるために、

「それでは、このあたりでドアを閉めさせていただきます。もう一台お待ちください」

と言っていた。この文なら、客の許可を得てドアを閉めるという元の意味が生きていた。また、本当に上司の許可を得て長期休暇などを取るとき、

「では、お言葉に甘えて休ませていただきます」

などと使う。「本日休業させていただきます」もお客の許可を得ているのだ、と解釈すれば少しもおかしくないことになる。

(2)相手のおかげで何かができる。

司馬遼太郎氏によれば、「させていただく」というのはもともと浄土真宗特有の言い方であったものが広まったもので（注4—1）、何事も「阿弥陀様のおかげ」と考えるためだと言う。その証拠に、圧倒的に関西・北陸地方の人がよく使い、関東・東北方面の人はさほど使わない。真宗の門徒は自分が生きていることさえ、

「（阿弥陀様のおかげで）生かさせていただいている」

という感謝の気持ちで表すのだそうである。一般的には、特に過去形にして

「今回はいい勉強をさせていただきました」

などと言うと、相手に感謝しているニュアンスがよく伝わる。

(3)自分の行為を丁重にへりくだって言う。

これが西武線で不評を買った用法である。相手の許可を得ているわけでもなく、おかげをこうむっているわけでもないのに、単に自分の行為をへりくだって言うときに用いる。

「一言お祝いを述べさせていただきます」

(国会で大臣が)「担当の者からご説明させていただきます」

二つめの例では、説明するという行為は自分から積極的にすべき行為であって、いちいち許可を得なければならないことではない。相手のおかげでできることでもない。丁寧に言いたいなら「ご説明いたします」で十分である。本来感謝する必要のない行為でも、そういう表現をとることによって、自分で謙虚さを演出するわけである。この例でもわかるように、公の発言であることが多い。公の発言において自分の謙虚さを必要以上に強調する点が、熟年男性の反発の原因だと思われる。

(4)相手の意思に関係なくする。

最後が一方的通告である。その昔、夫婦喧嘩をした妻は必ずこう言った。

「あたくしッ、実家(さと)へ帰らせていただきますッ」

形の上では相手の許可を得てする形にはなっているが、現実には相手が許可しようとしまいと自分は行動するぞという通告である。へりくだって言うだけなら「お～いたします」という謙譲語があるから、わざわざ「～さ

せていただきます」と言う必要はない。

しかし、その背後に「あなたのおかげ」「あなたの許可を得て」というニュアンスを持たせるのはなぜか。つまり、相手をまるで阿弥陀様のような上位者に祭り上げるためである。「生き」ていることさえ阿弥陀様のおかげと言えるのであるから、「帰る」という些細な行為など簡単に許してくれるはずである、という階級遵守語の発想が典型的にあり、相手に拒絶を言わせないためのへりくだりである。だから、「実家へ帰らせていただきます」と言われた亭主は呆然と女房を見送るほかはなくなる。

「あたしっ、実家へ帰るわ」という無敬語の通告であれば、亭主はいくらでも「待て」「帰るなんて認めない」などと言って反論し、妻の行為を引き止めることができる。しかし、妻に階級遵守語を使われてしまうと、神に祭り上げられてしまい、寛容に許可するしかなくなるのである。

最も丁重な表現が、最も強硬な宣言文になる所以である。

第四章　挨拶行動での待遇表現

挨拶行動における待遇表現を場面ごとに、丁重な順に挙げる。………より左は目上には使えない表現。一字下がっているのは標準的でない表現である（浅田『敬語マニュアル』より手を加えたものである）。

⑴朝会ったとき

おはようございます①
おはようさんです②
………
　おはようさん③
おはよう④
おそよう⑤

①は年齢・性別を問わず、あまり親しくない相手に広く用いられる。夜が明けてから昼前後まで使える。日中でも目上の相手に会ったときには、無敬語の「こんにちは」を避けて「おはようございます」と言うことも少なくない。筆者は大学で学生に「○○さん、こんにちは」と呼びかけ、「おはようございます」と応答されることが多々ある。芸能界や飲食業界では時刻を問わず、その日初めて会ったときに用いると言う。原則として、手紙には使えない。

②③は主に西日本で用いられる。

④は家族や対等以下の相手、親しい相手に広く用いられる。
⑤は朝寝坊した子供などに、ふざけた口調または皮肉な口調で使う。

(2)日中会ったとき

……………①
こんにちは②
こんちは③
（ん）ちはー④

①日中目上の人に使って言う挨拶は、定型のものがない。微笑しながら黙礼するか、「いいお天気ですね」「いい案配ですね」「お暑うございます」「お寒うございます」「いつぞやはたいへん失礼いたしました」「たいへんご無沙汰しております」など、天候や前回会ったときからの無沙汰を詫びる挨拶にする。

②は目上には使えない。対等以下の相手、または親しい他人に使う。原則として家族には使わない。これは古来、家族というものが、それぞれの寝床から起きて朝初めて顔を合わせ、日中は一度も会わずに別々に行動していたことを意味する。日が高くなってから夕方まで使える。また、日中他人の家を訪問したときの挨拶としても使える。手紙などでは書いた時間、読まれる時間に関係なく使える。

③は「こんにちは」のくだけた表現。

④は商人が得意先などを訪問する際などに使われる。少し高い調子で語尾を伸ばして発音するので、外から家の中へ呼びかける遠隔表現の特徴を持っている。

(3)夜会ったとき

おばんでございます① おばんです②
こんばんは③ おばん④

①②④は日本各地で用いられる方言であるが、共通語ではない。

③は目上には使えない。対等以下の相手、または親しい他人に使う。原則として家族には使わない。日が暮れてから使う。比較的親しい間柄では、夜家を訪問したときにも使える。

(4)寝るとき

おやすみなさいませ① おやすみなさい②
寝ますよ③ おやすみ④ 寝るよ・寝るぞ⑤

①は目上の相手に寝ることを促すときに使うことが多い。

②は親しい目上、対等の相手、家族などに広く使うことができる。ふつう自分が寝るとき、相手を寝かせるときに使う。また、夜遅く別れるときにも使え、死にゆく人に向かって使うこともある。

③は主に家族の中の上位者が、自分が寝ることを他の家族に宣言するときに使う。

④は対等以下の親しい相手、家族などに広く使える。子供が「おやすみなさい」と挨拶したのに対して、大人が「おやすみ」と応答することが多い。学校の欠席、職場の欠勤の意味もあるが、この意味では挨拶にしない。

⑤は男性が、自分が寝ることを他の家族に宣言するときに使う。

(5)他人と初めて会ったとき

お初にお目にかかります①
初めてお目にかかります②
始めまして③
…………④

①②の「お目にかかる」は「会う」の謙譲語Iで、行為主体を下げて対象の相手を上げる。すでに相手の情報(肩書など)を知っている目上の人に対して使うことが多い。この後に自分の名前と所属を名のるのが普通である。

③は年齢・性別を問わず、初めて会う他人に対して広く使うことができる。特に相手の社会的地位などが不明の場合には、丁重すぎる表現よりも「始めまして」程度の表現を使っておくほうが普通である。対等な相手が双方ともに礼儀語として「始めまして」と言うことも多い。

④目下に対して言う挨拶は、定型がない。初対面の場合には、目下から先に「始めまして、○○と申します。どうぞよろしく」などと挨拶し、目上はそれに答える形で「○○です」と名のるか、「よろしく」と簡単に答えるのが一般的である。

(6) 以後の付き合いを頼むとき

今後ともよろしくお引回し（ご指導）のほど願わしゅう存じます①
なにとぞよろしくお願い申し上げます②
どうぞよろしくお願いいたします③
よろしくお願いします④
お手柔らかにお願いします⑤
よろしく頼みます⑥
どうぞよろしく⑦
よろしく⑧

この挨拶は(5)の挨拶に引き続いて言うことが多い。

①は格式ばった文章語で、主に手紙で使われる。「お引回し」の他、「ご指導」「ご鞭撻」「ご教導」など、相手を目上として立てて指導を願う表現がよく使われる。

②も手紙中心の文章語で、何か仕事を依頼したときに使うことが多い。

③は格式ばった挨拶で、改まった場面で使われ、会議の司会者などが自己紹介の最後に付け加えることが多い。

④は新人が組織に新しく加わったときに日常的に広く使われる。

⑤は原則として対等な相手とこれから一緒に仕事・試合などをするときに言う挨拶で、言葉に反して話し手は自分の実力に自信のあることが多い。

⑥は目下に対して使い、自分の面倒を見てほしい場合などに使う。

⑦⑧は対等以下の相手に対して使い、単に相手の挨拶に対する応答の意だけで、以後必ずしも付き合いを継続するとは限らない。

(7)出かけるとき

それでは行ってまいります①
行ってまいります②
行ってきます③

出かけますよ④
行ってくるよ・行ってくるわ（よ）
出かけるよ・出かけるわ（よ）
行くからね⑤
じゃ行くよ・じゃ行くわ（よ）⑥

いずれも自宅や会社など、自分が所属している場所から出かけるときに使う。

①ははっきり目上とわかっている相手や遠出をする場合などに、自分が出かけることを認めさせるために言葉を付け加えて長くして言う。

②の「まいる」は「来る」の謙譲語Ⅱで、出かけて必ず戻るという丁寧な挨拶。実際には帰らない場合も含まれる。

③は会社や学校など定期的に通う場所へ行く際などに、家族内でよく用いられる。

④は中年以上の話し手が、留守を預かる家人に声をかけるときなどに使う。

⑤は対等以下の相手に対して使い、自分が出かけた後の留守を頼むというニュアンスを伴う表現。
⑥は家族に対して使い、家の中での活動の区切りをつけて外出するというニュアンスを伴う表現。

(8)相手を送り出すとき

行ってらっしゃいませ①
行ってらっしゃい②
行っておいで③
行っといで④
行ってこい

(7)を言って出かける人に向かって言う。このほか、「早く帰ってきて」など早い帰宅を促す表現や、相手が旅行や遠出をする場合などには、「お静かにお運びください」「お気をつけて」「気をつけてね」など、道中の無事を祈る表現も使われる。
①はホテルの従業員が客に言うなど、改まった挨拶で使われる。お辞儀を伴うことも多い。
②は「行っていらっしゃい」の縮約形で、「いらっしゃる」は「来る」の尊敬語だが、「行ってきます」「行ってらっしゃい」のような対話として使われ、特に聞き手に対する敬意はない。
③の「おいで」も「おいでになる」の縮約形で、「来る」の尊敬語だが、②同様「行ってきます」の応答として目下に対して使われる。
④は③のくだけた表現。

(9)帰ってきたとき

ただいま帰りました（戻りました）①
帰りましたよ②
ただいま③
いま帰ったよ④
帰ったよ⑤

(7)を言って出かけ、元の場所に帰ってきたときに使う挨拶。
①は最も丁重で、会社員が外出先から自社に戻ったとき上司に帰社の報告を兼ねて言うことが多い。
②は中年以上の人が親しい目下に使うことが多い。
③は最も一般的な帰宅（帰社）の挨拶だが、はっきり目上とわかっている相手には使えない。家族や親しい人に使うのが一般的である。
④は主に男性が家族などに対して使うくだけた表現。
⑤は主に男性が家族などに対して日常的に使う表現で、「ただいま」の代わりに言うこともある。

(10)帰ってきた人を迎えるとき

お戻りなさいませ①
お帰りなさいませ②
お帰りなさい③
おかえんなさい④

お帰り⑤

(9)に対する応答としての挨拶。

①は古風な表現で、一昔前、留守宅の女性が主人の帰館に際して使った挨拶。現在はあまり用いられない。

②はホテルの従業員が客の帰館に対して言うなど、改まった挨拶で、お辞儀を伴うことも多い。

③は(9)の「ただいま」「お帰りなさい」などの対話として、年齢・性別を問わず、目上・目下ともに幅広く使われる。

④は③のくだけた表現。

⑤は対等以下の相手の帰宅に対して使う。女性はあまり使わない傾向にある。

(11)長い間会わなかった後で会ったとき

おひさしゅうございます①

ご無沙汰いたしました②

おひさしぶりでございます③

おひさしぶりです④

ご無沙汰しました⑤

しばらくでした⑥

お見限りですね⑦

おひさしぶりね⑧

ご無沙汰ね⑨
ずいぶんお見限りだね・お見限りだったね・お見限りね⑩
ひさしぶりだね・ひさしぶりね⑪
しばらくだね・しばらくだったね・しばらくね⑫
久闊⑬

この他「おなつかしゅうございます」など、自分の感情を直接表す表現も使える。

①は古風な、やや女性的で丁重な表現。深々とお辞儀をしたり、畳に三つ指をついたりする動作を伴うことも多い。

②⑤は長い間連絡をしなかったことを詫びるニュアンスを伴う表現。②は「ご〜いたす」が謙譲語Iで行為主体の自分を下げ対象の相手を上げる。はっきり目上とわかっている相手に改まった挨拶で使う。

③④⑧⑪は懐かしさのニュアンスを伴う表現。③は最も丁重な丁寧語「でございます」を使っているので、はっきり目上とわかっている相手に改まった挨拶で使う。

⑥⑫は他に言う言葉が見当たらないとき、重宝に使われる。

⑦⑩は相手を皮肉るニュアンスを伴う表現。はっきり目上とわかっている相手には使えない。

⑨は相手が長い間連絡をしなかったことを非難するニュアンスを伴う表現で、対等の相手に使う。

⑬はかなり古風な表現で、日常会話では使わない。

⑿先に帰るとき

お先に失礼いたします① お先に失礼します② 失礼します お先します③
お先に 今日はこれで④ おさきー⑤

①②は会社や何かの集まりなどで、同輩や先輩より先に帰るときに使い、相手は「ご苦労様」「お疲れ様」などと答える。①は「お～いたす」という丁重度の高い謙譲語Ⅰを使っているので、改まった挨拶語として使われる。②は「お～する」という軽い謙譲語Ⅰを使っているので、日常的に普通に使われる。

③は①②の縮約形と考えられ、会話でのみ使われる。先輩程度の目上には使えるが、上司に対しては使わないほうがよい。

④は後に居残る同輩以下の人に向かって使う。「今日は」でなく「では」などとすると、先に帰るニュアンスがなくなる。

⑤はくだけた表現で、親しい対等以下の相手に、会話でのみ使われる。

⒀相手と別れるとき

お名残惜しゅうはございますが、これにて失礼させていただきます①
お名残は尽きませんが、これにて失礼をいたします
それでは、これでおいとまを頂戴いたします②
（それではこれで）失礼いたします③
　ごきげんよう④
ごめんくださいませ⑤
ご無礼いたしました⑥
おいとまします
（それでは）失礼します⑦
ごめんください⑧
ご無礼しました⑨
　おさらばです⑩
それでは（また）⑪
では（また・そういうことで）⑫
どうも⑬
さようなら⑭
さよなら・さいなら⑮
それじゃ（また）⑯
　おさらば⑰

またね
さらば⑱
じゃ・じゃあ（また・そういうことで）⑲
じゃあね⑳
失敬㉑
バイバイ㉒
バーイ㉓
あばよ㉔

夜遅く別れるときには「おやすみなさい」「おやすみ」が、仕事を終えて帰るときは「お疲れ様」「お疲れ」が、他人の家から帰るときは「お邪魔いたしました」「お邪魔しました」も使える。

①は前に別れる際の気持ちを理由として述べ、最後に「させていただきます」でそこにいる上位者の許可を得て帰るというニュアンスで、格式ばった表現。

②は中年以上の話し手が改まった席から退出する場合などに言う丁重な表現。

③⑦会社から退社するとき、会合が解散するときなど、集まりから別れて帰るときに、年齢・性別を問わず一般的に広く使われる。

④は良家の子女が使ったと言うが、現在はあまり使われない。

⑤⑧は主に中年以上の女性が使う。電話を切るときや他人の家を訪問した際の挨拶としても使える。

⑥⑨の「ご無礼」は主に中年以上の男性が使う。

⑩⑰⑱の「おさらば」「さらば」は主に男性が使うが、別れた後再び会うつもりがない場合に使うことが多い。
⑪⑫は主に男性が、仕事仲間と別れるときなど、少し改まった場合に使う。
⑬は別れの挨拶の他、軽いお礼やお詫びの挨拶としても使える。
⑭は最も一般的に知られた別れの挨拶であるが、はっきり目上とわかっている相手に対しては使えない。
⑮は⑭のくだけた表現。
⑯⑲⑳は対等以下の相手に対して、日常的な別れ（普通は翌日も会う）の際使う。「じゃ、そういうことで」は最近ビジネスマンの間でよく使われている。
㉑は昔、紳士・学生が使った古風な表現で、現在はほとんど使われない。
㉒㉓は英語由来の挨拶だが、気軽なニュアンスがあるので、子供どうし、または子供相手に使う。
㉔は男性がくだけた場面でごく親しい相手に使う罵りに近い表現。

⒁相手との同行を申し出るとき

お供させていただきます①
ご一緒させていただきます②
お供いたします
ご一緒いたします
お供いたしましょう
ご一緒いたしましょう
ご一緒に参りましょう③

お供しましょう
ご一緒しましょう
行きますか④
一緒に行きましょう
一緒に行こう（よ）
レッツゴー⑤
行こう（よ）
行くか⑥

「行く」主体を相手とするか、相手と自分の両方か、自分中心かによって丁重度に差が生まれる。相手を主体と考えるほど丁重度が高い。

①は相手が主で自分はそれに付き従うという意で、「させていただく」を使っているので最も丁重である。

②は相手と自分の両方が主体であるが、「させていただく」を使っているので、かなり丁重な表現である。

③は相手と自分の両方が主体で、なおかつ「参る」という謙譲語Ⅱを使っており、相手を上げる言葉は丁寧語の「ます」だけであるから、はっきり目上とわかっている相手には使わないほうが無難である。知らない人に対して使うことはできる。

④⑥は疑問文ではなく、提案文なので、下降するイントネーションで言う。

⑤は英語由来の挨拶だが、若い人が複数の親しい相手に対して、全員で一緒に行こうと誘う掛け声として使う。

⒂他人の家（会社）を訪問するとき

ごめんくださいませ①
失礼いたします②
ごめんください
すみません・すいません③
失礼します④

こんにちは⑤
まいどー⑥
（ん）ちはー⑦

①は玄関を入る前に声をかける挨拶。電話を切るときにも使える。会社の場合には、ドアを開けてから言う。
②④は玄関から屋内に入るときに使う。
③は突然訪問したり、目的もなく訪問したりした場合に使われることが多い。
⑤は目上の人の家や会社には使えない。親しい個人の家を日中訪問したときに使う。
⑥⑦は出入りの商人が商売のために訪問する際、よく使われる。

⒃他人の来訪を歓迎するとき

ようこそお越し（おいで）くださいました①
よくいらっしゃいました

おいでなさいませ②
いらっしゃいませ③
ようこそ
どうぞどうぞ④
いらっしゃい⑤
おいでなさい
さあどうぞ⑥
よく来たね⑦

①は目上の人の来訪を心から喜んで歓待するというニュアンスの改まった表現。
②は古風な表現で、年配の女性が使ったが、現在はあまり使われない。
③⑤は家への来訪の他、商店への客の来店に対しても日常的によく使われる。
④⑥は歓迎の挨拶ではないが、にこやかに笑いながら家の中に招き入れる動作とともに使うと、歓迎の挨拶代わりになる。
⑦は主に年配の男性が、目下の来訪者に親しみをこめて使う。

⒄相手の注意を引くとき

まことに失礼とは存じますが
（あのう）失礼ですが①

ちょっとすみません（が）
すみません・すいません②
あのうもしもし③
ちょっとあのう④
もしもし
ちょっと⑤
あのさ
ほら⑥
ねえ⑦
　こらこら⑧

①③④の「あのう」はためらいの気持ちを表し、相手への遠慮の心理を暗示する。
②は現在最も普通に用いれる呼びかけで、親しくない相手、目上に対しても使われる。
⑤⑥⑦は副詞や感動詞をそのまま呼びかけとする。⑤は目下に対して使われる。⑥⑦は対等以下の親しい相手に対して使われる
⑧は目下の相手の行為をとがめるときに使う古風な表現。

⒅食事をするとき

いただきます①
いただきましょう②

食べよう③

この他、「ごちそうになります」は、食事の接待を受けたときや、食事の後、勘定を目上の人に払ってもらうときに使う。

①は食事を始める直前に言う。相手や場面に関係なく広く使われる。同じ食卓を囲む全員が、声をそろえて（言う相手を特定せずに）言うことが多い。

②③は挨拶ではないが、家族が食事を始める合図として、母親が②の表現をし、父親が③の表現をすることもある。

⒆食事を終えるとき

（たいへん）ごちそうになりました①
（どうも）ごちそうさまでした②
ごちそうさま③
ごっつぁんです④
ごちそうさん⑤
ごっつぉうさん⑥

①は食事直後にも、目上の人に勘定を払ってもらったときにも使える。

②は比較的親しい目上の人などに食事をごちそうしてもらったり、勘定を払ってもらったりしたときに使える。

③は日常的な食事直後の挨拶として使われる他、食品をもらったお礼の挨拶や、おのろけに対する応答として

も使える。
④は相撲の力士が食事や酒をおごられたり金品をもらったりしたときの挨拶。
⑤ははっきり目下とわかっている相手に対して使う。家族内では最年長の男性が使うことが多い。
⑥は方言的な表現で、共通語としては使わない。

⒇相手に物を勧めるとき

どうぞご遠慮なさいませんように①
どうぞご遠慮なく②
どうぞご自由にやってください③
どうぞご自由に
勝手にやってください④
自由にやって⑤

①は目上の相手がなかなか手を出さないときに促す表現。
②は飲食物・鑑賞・撮影などの行動を自由にしてかまわないという意で、目上や親しくない相手にも使える。
③は対等以下の多数の相手に、盛りだくさんな食事を勧めるときなどに使う。「やって」がややぞんざいなので、はっきり目上とわかっている相手には使わないほうが無難。
④は対等以下の多数の相手に対して、話し手が自分はその場を離れるときなどに使う。
⑤は目下の相手に対して使う。

⑵⑴ おれの気持ちを表すとき

何とお礼を申し上げてよいやら、言葉もございません①
（まことに）ありがたく（心より）（厚く）御礼申し上げます②
（心より）（厚く）御礼申し上げます③
（心より）（深く）感謝いたします④
　ご恩は一生（終生）忘れません⑤
これはこれはご丁寧に（どうも）⑥
お世話になっております⑦
（まことに）ありがたく存じます⑧
　（まことに）かたじけなく存じます⑨
（まことに・どうも）ありがとうございます⑩
おかげさまでほんとうに助かりました
申し訳ございません⑪
恐縮に存じます⑫
恐縮でございます
恐れ入ります⑬
お世話になります・お世話になりました
恐縮です
申し訳ありません
お世話さまです・お世話さまでした

感謝します
お礼を言います
（どうも）すみません・すいません⑭
どうも⑮
お世話さま
（どうも）ありがとう
助かったよ・助かったわ
申し訳ない
すまん（ね）
ごめん（よ・ね）
サンキュー⑯
　あんがと⑰
わるい（ね）⑱

①は目上の相手から恩顧を受けて口頭でお礼を述べる最も丁重な表現。
②は文章語で主に手紙文で目上やあまり親しくない相手に使う。
③は目上の相手に言う格式ばった表現で、手紙にも使える。
④は「いたす」という謙譲語Ｉを使って丁重ではあるが、「感謝」という言葉は対等の相手に言うニュアンスがあり、目上の相手に対して失礼になる場合がある。
⑤は古風で大仰な表現。

⑥は相手から訪問の際に手土産などをもらったときに言う丁重な挨拶。
⑦はサービス業や取り引き先の人などに対するお礼の挨拶。
⑧はやや古風な表現。
⑨は古風な表現だが、年配の男性がたまに使う。
⑩は最も一般的な丁重なお礼の挨拶として、広く使われる。
⑪～⑭は直接のお礼ではなく、自分が相手の恩を負い目として感じているという意味の表現で、謝罪の挨拶としても使われる。⑭ははっきり目上とわかっている相手には使わないほうが無難。
⑮は対等以下の相手に、お礼の他、別れの挨拶、軽いお詫びの挨拶として気軽に使える。
⑯は親しい相手に気軽に言う表現。
⑰は「ありがとう」のくだけた表現で、主に女性・子供が親しい相手に対して使う。
⑱は目下に対して軽くお礼を述べる表現。
相手からの思いやりや配慮に感謝する場合には、「おかげをもちまして」「おかげさまで」などを使う。

(22) おれやお詫びに答えるとき

どうぞお気になさらないでください① とんでもございません②	
とんでもありません いいえ	
全然かまいません	

こちらこそ③
どういたしまして④
気にしないで
気にするな
とんでもない
いいよいいよ・いいわよいいわよ⑤
　いいってことよ⑥

①②は相手のお礼やお詫びの挨拶は不要だという意味の謙遜・卑下のニュアンスを伴う表現で、まともにお礼を受け入れるよりも丁重で好まれる傾向にある。「とんでもない」を「とんでもございません」や「とんでもありません」と丁寧語にすることは、むろん間違いではない。
③は対等の相手に笑顔で答える挨拶。
④は相手のお礼やお詫びをまともに受けているので、やや偉そうに聞こえ、対等以上の相手には使わないほうが無難。
⑤は親しい相手に気軽に言う挨拶。
⑥はやや古風な表現で、主に男性が使う。

(23) お詫びの気持ちを表すとき

なんとお詫びを申し上げてよいやら、言葉もございません

なにとぞご海容（ご容赦）いただきたくお願い申し上げます①
深くお詫び申し上げます
なにとぞお許しいただきとう存じます
まことに（たいへん）申し訳ございません②
たいへん失礼いたしました③
なにとぞお許しくださいませ④
面目次第もございません
（心から）お詫びいたします
なにとぞお許しのほどを願い上げます
どうぞお許しください
　私がわるうございました⑤
まことに遺憾に存じます⑥
陳謝いたします⑦
謝罪するにやぶさかではありません⑧
（どうも・たいへん）申し訳ありません
（心から）お詫びします
まことにどうもあいすみません
ご勘弁ください
ご無礼しました
失礼しました

（どうも）すみません・すいません⑨
許してください
勘弁（堪忍）してください
お詫びしたいんです⑩
謝ります
謝罪します
反省してます
ごめんなさい⑪
申し訳ない
許してくれ・許して
堪忍（して）
悪かった
許してほしい
すまない・すまん
あやまる
面目ない
失礼⑫
　失敬⑬
わるいね・わるいわね

①は堅い文章語で、目上の相手に手紙で使う格式ばった表現。

②は最も一般的に使われる謝罪の挨拶で、相手を問わず広く使われる。
③⑤は相手に許しを求める表現ではなく、自分の過失を認める表現。
④は女性が目上の相手に対して使うことが多い。
⑥は残念だという意味の表現で、公式の発言でよく使われるが、反省のニュアンスはないことが多い。
⑦はテレビのアナウンサーなどが不適切な発言をしたときなどに謝罪する定型の挨拶。
⑧は政治家や役人が答弁などで使う格式ばった表現だが、自分で責任を取るというニュアンスが薄く、不遜に聞こえるので一般人は使わないほうが無難。
⑨は直接の謝罪ではなく、自分の気持ちのすまなさを言うので、目上の人に対しては使わないほうがよい。
⑩は謝罪したいという話者の欲求を示すことによって、間接的に謝罪であることを示す自分中心の表現で、相手に対する丁重度はあまり高くないので、はっきり目上とわかっている相手に対しては使えない。
⑪は女性・子供を中心に広く使われるが、大人が使うと幼く聞こえることがある。はっきり目下とわかっている相手に使うと、やさしい感じが出る。
⑫は主に男性が、ちょっとした過失を詫びるときに使う。
⑬は古風な表現で、男性が使った。

㉔驚きの気持ちを表すとき

まことに青天の霹靂でございました①
ほんとうに（非常に）驚愕いたしました②

仰天いたしました とても（たいへん）驚きました びっくりしました③
びっくりしちゃった ああ驚いた ああびっくりした

「驚きの気持ち」とは予想外の（悪い）結果を暗示するので、喜ばしい結果のときには省略して直接お祝いを述べる。

①②は堅い文章語でかなり大仰な表現。

③以下の「びっくり」という擬態語はくだけたニュアンスがあるので、動詞の「驚く」よりは敬意が下がる。

右のほか、さまざまな語句を感動詞的に使って驚きの表現とすることができる。

＊驚きを直接表す語句……「あら」「ありゃ」「あれ」「おや」「ほう」「まあ」「ゲッ」「ええっ」「キャッ」「それはそれは」「これはこれは」「なんだって?」「なんですって?」「なにい?」「なんてこった」「あらたいへん」など。

＊対象が信じられない状態にあることを誇張する語句……「信じられない・信じらんない」「まさかあ」「ほんと?」「(それは)ほんとうですか?」「うっそー」「マジ?」「まーたー」「やっだー」「イヤッ」など。

＊対象の程度がはなはだしいことを誇張する語句……「すっごい」「オッソロシー」「リッパ」「さっすがあ」「スバラシー」など。

㉕依頼・要求するとき

まことに恐縮に存じますが①
まことに恐縮でございますが
まことに恐れ入りますが
まことに申し訳ございませんが
まことに申し訳ありませんが
まことに心苦しいのですが②
申し訳ありませんが
恐れ入りますが
恐縮ですが
すみませんが・すいませんが
お願いですから③

すみませんけど・すいませんけど
申し訳ないけど④
お願いだから
　後生だから⑤
すまないけど
すまないが
わるいけど
わるいが

＊階級遵守語に特有の挨拶で、右の表現を依頼・要求する文の前置き（マクラ）として用いる。依頼内容が明らかな場合には、直接の依頼文を言わずに拝む動作をするだけの場合もある。また、この表現は、依頼・要求をするだけでなく、相手の許可を求める挨拶としても使える。

＊「実は」「（折り入って）お願いがあるんですが」のように、直接依頼文であることを示す場合もある。

＊単独の「申し訳ありません（ない）」「すみません」「すまない」「わるい」などを、依頼・要求文の前置きにすることもある。

＊目下や同輩に対しては、特にこのマクラを使わずに、いきなり「ね、窓開けてくれない？」などのように言うことも多い。

①以下のように、階級遵守語では自分が相手の威光に恐れ畏まっている畏怖の感情を表明することが最も丁重になる。①は手紙などで用いる文章語。

②は借金の申し込みなど、話し手の内心の恥を表すニュアンスを伴う表現。

③は懇願であるが、恐縮のニュアンスがないので、はっきり目上とわかっている相手に対して使うと、無遠慮なニュアンスを持ちやすい。

④は目下の相手に対して使われるが、この場合依頼内容がかなり困難なものであったり、拒否の余地がなかったりすることがしばしばある。ふだんの上位者が一時的に下位者の立場に立ってする依頼だからである。

⑤は古風な表現で、主に女性が対等以下の人に哀願するときに使う。

⑵⑹依頼・要求を引き受けるとき

喜んでお引き受けさせていただきます
謹んでお引き受けいたします①
かしこまりました
（確かに）うけたまわりました②
承知いたしました
お受けいたしました③
結構でございます④
お任せください⑤
承知しました
心得ました
結構です
わかりました
任せてください

いいですよ⑥
いいよ・いいわよ
お安い御用だ
任しといてくれ
わかった
オーケー・オッケー

＊依頼・要求だけでなく、相手の希望をかなえる挨拶としても使える。
①は手紙などで使われる文章語。
②はあまり日常的ではなく、主に販売業など特定の業種で接客用語でして使われることが多い。
③は申し込みを受け付けたときなどに使う。
④の「結構」はまったく同じ表現で、依頼・要求を断るときにも使われるので、誤解が生じないようにする必要がある。
⑤は目上から特別に目をかけてもらってする仕事を引き受けるときに使うが、絶対的な自信を表す言葉なので、結果責任を問われる場合が多い。
⑥は対等以下の相手に丁寧に言う表現だが、言い方によっては嫌々ながら引き受けたという印象になる。引き受けるときには必ず「いいですよ」と終助詞の「よ」がつき、「よ」がつかない場合には断る返事と受け取られる可能性が高い。

(27)依頼・要求を断ろうとするとき

まことに恐縮のきわみ（いたり）でございますが①
まことにおあいにくさまでございますが
まことに申し上げにくいのでございますが
まことに（何とも）申し訳ございませんが
あいにくで申し訳ございませんが②
まことに申し上げにくいのですが

あいにくでございますが
せっかくでございますが③
まことに（何とも）申し訳ありませんが
（ほんとうに）申し訳ないんですけど
あいにくですが
せっかくですけど
（ほんとうに）すみませんが
あいにく

（ほんとうに）申し訳ないんだけど・申し訳ないけど④
すまないんだけど・すまないけど
わるいんだけど・わるいけど
せっかくだけど
わるいが

＊依頼・要求を断ろうとするときだけでなく、相手の行動を禁止する前置きの挨拶としても使える。
①は堅い文章語で、手紙で使う。
②は相手の依頼・要求がかなえられないことを残念に思うニュアンスを伴う表現。
③は相手の依頼・要求に価値があることを認めるニュアンスを伴う表現。
④「申し訳ないんだけど」と「申し訳ないけど」を比べると、前者は相手の依頼を前提としてそれを断ろうとするニュアンスがあるのに対して、後者は相手の依頼の有無に関係なく使える。

(28)依頼・要求を断るとき

……………①
どうかそればかりはお許しを②
そればかりはご勘弁くださいませ③
ご要望に沿えないこととなりました④
結構でございます⑤
謹んでご遠慮申し上げます⑥
お断りいたしたく存じます
お引き受けできかねます
それだけは勘弁してください
お断りさせてください
お断りいたします
考えておきます・考えときまひょ⑦
ちょっと……⑧
お引き受けできません
お断りします
ちょっとできません
ちょっとだめです
いいです⑨
勘弁してよ⑩

いい・いいよ・いいわよ
冗談じゃない
ごめんだね
いやだ・いやよ
だめ・だめだ・だめよ
まっぴらだ・まっぴらよ

①絶対的な目上の人に対してはっきり拒否をするのは非礼なので、(27)の挨拶を言った後何も言わずに平伏するのが最も丁重になる。
②③は自分が拒否したことによって生じる相手の怒りに対して、許しを請う表現。
④は企業からの不採用通知によく使われる紋切り型の表現。
⑤⑨の「結構」「いい」は、依頼・要求を引き受ける場面にも使えるので、注意が必要である。
⑥ははっきり拒絶しているが、表現が丁重なので、かえって侮辱的に聞こえることがある。
⑦は婉曲な断りになる場合とほんとうに考慮する場合とがあり、注意が必要である。関西地方では断りになることが多い。
⑧は途中まで言いさして、実質的な拒絶の表現を省略する婉曲な表現。あまり親しくない相手に対して使える。
⑩は若い人が親しい仲間に対して使い、慨嘆と難題から逃避したいニュアンスを伴う表現。

㉙忠告しようとするとき

まことにさしでがましゅうはございますが
生意気だとお思いになるかもしれませんが
口はばったいことを申すようですが
さしでがましいようですが
生意気を言うようですが
よけいなお世話かもしれませんが

よけいな（大きな）お世話かもしれないけど
おれ（ぼく・わたし）なら……するけど（なあ）①
悪いことは言わないから②

＊①②以外は、実際の忠告内容の前置き（マクラ）として使う。自分が相手より下位にあり、以下の内容によって階級転覆をするつもりはないことを再確認するというニュアンスである。

①は対等な相手に対して用いる。忠告ではないが、自分の考えで好ましいと考える代案を提示して、相手への忠告とする表現で、相当に遠慮した婉曲な表現。

②は対等以下の相手に対して、自分の判断を述べる形で使う。

㈾相手の事柄を祝うとき

まことに欣快（大慶）の至りに存じあげます①
まことに祝着に存じあげます②
心よりお喜び申し上げます③
まことにおめでとうございます④
おめでとうございます
それはなによりでございました⑤
ほんとうによろしゅうございましたね⑥

なによりでしたね
よかったですね
おめでとう
なによりだったね・なによりだったわね
よかったね・よかったわね

＊相手の事柄を祝うだけでなく、目上の人の事柄をほめるときにも、直接のほめ言葉の代わりとして使う。
①②は堅い文章語で手紙に使う。
③は話し手が自分の心情を直接表す表現。丁重でしかも率直なので目上の相手に喜ばれる。
④は最も普通に用いられるお祝いの挨拶。
⑤は親しい目上に対して使う。
⑥は話し手が第三者の立場で評価しているニュアンスで、あまり親しくない目上には使わないほうが無難。

(31) 相手の事柄を見舞うとき

このたびはまことにご愁傷様でございました①
（このたびは）まことにとんだことでございまして②
このたびはまことにどうも③
ご愁傷様です・ご愁傷様でした④
心よりお悔やみ申し上げます⑤
お見舞い申し上げます⑥
　どうもおそうぞうしいことで⑦
（ほんとうに）残念です・残念でした⑧
たいへんでしたね⑨

残念だったね・残念だったわね
たいへんだったね・たいへんだったわね

①④は葬儀のとき使う。
②葬儀・事故などのとき使う。文末まではっきり言わずに言いさすことで丁重さを表す表現。
③は葬儀の他、相手側の不都合なとき使う。具体的な見舞い内容を省略した婉曲な表現で、日常的によく使われる。
⑤は葬儀のとき使い、直接心情を表す表現。文末まではっきり言い切るとよそよそしい感じになる。
⑥は文章語で、改まった発言や手紙で使う。
⑦は火事見舞い専用の挨拶だが、現在あまり使われない。

⑧は相手側の失敗などのとき使う。ただし、わざわざ挨拶などで言及しないほうが失礼にならないことが多い。

⑨は相手側の困難に際して使うが、必ずしも悪い状況ばかりとは限らない。

(32)相手の病気・けがを見舞うとき

お加減（ご容体）はいかがでございましょうか①
お加減（ご容体）はいかがでございますか
お体（おけが・ご病気）はいかがですか
いかがですか
だいじょうぶですか②

お体の具合はどうですか
だいじょうぶ？
具合はどう？

①「お体」「おけが」「ご病気」など、相手の肉体に直接言及する表現よりも、「お加減（ご容体・ご様子）」など間接的な雰囲気に言及する表現のほうが婉曲なので好まれる。

②は知らない病人やけが人に初めて接したときに使う。

＊見舞いから帰るときや見舞いの手紙の末尾には「どうぞお大事に（なさってくださいませ）」を使うことが多い。

(33)相手の健康を願うとき

くれぐれもご健勝にお過ごしくださいますようお祈り申し上げます①

なにとぞご健勝にてお過ごしくださいませ②	
くれぐれもご自愛のほどお願い申し上げます③	
ご自愛専一に願い上げます④	
（くれぐれも）御身お大切にお過ごしください（ませ）⑤	
どうぞお元気で（おすこやかに）お過ごしください（ませ）	
どうぞお元気で（おすこやかに）	
	お達者で⑥
	元気でね

①〜⑤は手紙の末尾に使われる挨拶。

⑤は主に女性が使う。

⑥は老人に対して使うが、対等以下に扱うニュアンスになる。

(34)相手の成功を祈るとき

ご成功を（心より・かげながら）お祈り申し上げます①	
ご成功を（心より・かげながら）お祈りいたします②	
ご成功をお祈りしています	
どうぞご成功なさいますように③	
ご成功を祈ります	
	うまくいく（成功する）といいですね④

うまくいきますように
うまくいく（成功する）といいね・うまくいく（成功する）といいわね
成功を祈る⑤

①②は文章語で、手紙で使う。
③は自分の希望をそのまま相手への挨拶とする表現。
④は親しみは感じるが、あまり熱意を感じない表現。
⑤は事務的な表現で目下の相手に対して使う。
この他、「絶対（きっと）うまくいきますよ」などのように、話し手の確信を示して相手への挨拶とすることも多い。

(35)その他

最近、学生を始めとする若い人の間では、それまで挨拶としては使われていなかった語句が挨拶として使われたり、本来とは異なる場面でも使われたりする例が増えている。これは意味の拡張とも言えるが、一方で、それぞれの場面で使い分けるべき表現を知らないために、一つの定型句をさまざまな場面で使い回していると考えることもできる。

①お疲れー

本来、相手の苦労をねぎらう挨拶だが、その日初めて会ったとき、授業が終わって別れるとき、駅伝でランナーが中継所やゴールに到着したときなどに広く使われる。相手を気づかうニュアンスはわかるが、筆者など朝言われると「まだ疲れてないのに」と屁理屈をこねたくなる。あるいは今の若者は夜通しアルバイトなどをして、朝から疲れているのだろうか。駅伝で今にも倒れそうになりながらゴールしたランナーに、軽い「お疲れー」と言う挨拶が、ほんとうにねぎらいになるのだろうか。

②〇〇はだいじょうぶですか

接客業などで相手に物を勧めるときなどに、「～はいかがですか」の代わりとして使われる。文法的に言えば、敬語は文末の丁寧語「です」のみであるが、「いかが」という直接的な状態を表す言葉を避けて、状態が異常でないかを尋ねる婉曲表現になっている。ただ、ある程度以上の年齢の人には、どうしても「異常」と対置されてしまうので誤解を招く可能性もある。

③カワイー

若い女性が対象をプラスに評価したいとき、感動詞的な挨拶として使う。対象のどんな状態に対して使うかの基準は曖昧であるが、「カワイー」と一人が言ったとき、その場にいる全員が「カワイー」と応じないと、たちまちにして仲間外れにされる危険性をはらんでいる。そこで、話し手自身が魅力を感じない対象についても使われることがあり、最初の発話者に同調する意思表示の意味しかないことが往々にしてある。

注及び引用・参考文献

〔注〕

序説――敬語の原理の解明があるべき社会の創造に結びつく

(0―1) 飛田良文・浅田秀子著『現代形容詞用法辞典』東京堂出版、一九九一年
　　　同　　　『現代副詞用法辞典』東京堂出版、一九九四年
　　　同　　　『現代擬音語擬態語用法辞典』東京堂出版、二〇〇二年

(0―2) 浅田秀子「『これからの敬語』の背景・理念と国民の実態」加藤正信・松本宙編『国語論究　第13集　昭和前期日本語の問題点』明治書院、二〇〇七年

(0―3) 金田一京助著『日本の敬語』角川新書、一九五九年
辻村敏樹著「敬語意識史」森岡健二編『講座　日本語学　九　敬語史』明治書院、一九八一年

(0―4) 滝浦真人著『日本の敬語論――ポライトネス理論からの再検討』大修館書店、二〇〇五年は、金田一ら大学者の直観があたかも論証された事実であるかのごとく、それ以後の研究の前提となっていると指摘している。

(0―5) 蒲谷宏著『待遇コミュニケーション論』大修館書店、二〇一三年

(0―6) 飛田良文・遠藤好英・加藤正信・佐藤武義・蜂谷清人・前田富祺編『日本語学研究事典』明治書院、二〇〇七年

総論　第一部　敬語の原理――敬意表現の起源と意義について

（1―1）浅田秀子著『「敬語」論――ウタから敬語へ』勉誠出版、二〇〇五年

（1―2）浅田秀子著『シューベルト「冬の旅――冥界のヘルメス」解釈と演奏法』ブイツーソリューション、二〇一〇年に詳しい。

（1―3）Lotte Lehmann 'On the interpretation of "Die Winterreise"' ©1971(http://www.gopera.com/winterreise/articles/il_interpretation.mv)

Foreword by John Harbison, Essay by Susan Youens, Photographs by Katrin Talbot, Poems translated by Louise McClelland Urban, CD featuring a performance by Paul Rowe, baritone, & Martha Fischer, piano "Schubert's Winterreise A Winter Journey in Poetry, Image & Song" The University of Wisconsin Press, 2003

（1―4）南弘明・南道子『シューベルト作曲　歌曲集　冬の旅　対訳と分析』国書刊行会、二〇〇五年

（1―5）カール・フォン・フリッシュはミツバチが8の字ダンスを仲間の前で見せることによって、蜜のある方向と距離を仲間に伝達することを指摘した。カール・フォン・フリッシュ著、伊藤智夫訳『ミツバチの不思議　第2版』法政大学出版局、二〇〇五年

（1―6）ティンベルヘン著、渡辺宗孝・日高敏隆・宇野弘之訳『動物のことば――動物の社会的行動』みすず書房、一九五七年

コンラート・ローレンツ著、小原秀雄訳『人　イヌにあう』至誠堂新書、一九六八年

（1―7）デズモンド・モリス著、日高敏隆訳『裸のサル――動物学的人間像』河出書房新社、一九六九年

（1―8）百田弥栄子「竹取物語の成立に関する一考察」『アジアアフリカ語学院紀要』三、一九七二・二他いくつかある。

（1―9）遠山美都男・平林章仁・加藤謙吉・前田晴人・早川万年著『日本書紀の読み方』講談社現代新書、二〇〇四年

（1―10）カール・ケレーニイ著、植田兼義訳『ギリシアの神話――神々の時代』中公文庫、一九八五年

同　『ギリシアの神話――英雄の時代』中公文庫、一九八五年

（1―11）『源氏物語』において、「幻」の巻と「匂宮」の巻との間に「雲隠れ」というタイトルのみの巻を置くのが中世以来普通のことになっている。「幻」とは「冥界とこの世を行ったり来たりする幻術師」（秋山虔による）のことで、この巻には源氏の死にゆく様が描かれ、次の「匂宮」では「光隠れたまひにし後」という文で始まっている。つまり「雲隠れ＝（源氏の）死」ということである。

（1―12）『読売新聞』二〇一二年九月十二日朝刊

（1―13）渡部昇一著『日本史から見た日本人・古代編』祥伝社、一九八九年

（1―14）大野晋著『日本語練習帳』岩波新書、一九九一年

（1―15）蒲谷鶴彦・松田道生『ＣＤ Ｂｏｏｋｓ　日本野鳥大鑑　鳴き声３３３』小学館、一九九六年

（1―16）浅田秀子「感動詞の音調表記法について――三線記譜法のすすめ〈「ああ」を例として〉」佐藤喜代治博士追悼論集刊行会編『日本語学の蓄積と展望』明治書院、二〇〇五年

（1―17）任天堂「小倉百人一首」全日本かるた協会七段・吉川光和朗詠、高橋一男演奏、一九八九年

（1―18）折口信夫「歌の発生及びその万葉集における展開」『折口信夫全集　第九巻』中央公論社、一九五五年には、「歌を謡ふのと、物語を語るのと同じ効果をもつと考へられて、それが後になると、歌ばかりが、日本の律文の中で、もてはやされる様になつた。これは、日本の民族の習慣の上で、歌で思ひを述べるといふ事情を、長くもつてゐたからのものである。歌とは、一口に云ふと、自分の思ひを述べるものであるが、目上の人・征服者・君主に対して、衷情を訴へるものである。歌ふと訴へるとは、同語源からなつてゐる」とある。

高崎正秀「民俗学と日本文学研究史」『民俗文学講座　第一巻　日本文学と民俗』弘文堂、一九六〇年には、「うたの呪力は、鎮魂――たまふり・たましづめ――にあった。〈中略〉霊魂の遊離発動が（神の）怒りの原因になると思惟したので、同時に魂を鎮めることは怒りをとくこととも信じていた」とある。

賀茂百樹著『日本語源』興風館、一九四三年では、「ウタ」を「心情を声にあげ、言にのべてウタへ（訴）出ること」としている。
渡部昇一氏は注1―13において、「古代人は和歌の前に平等であった」という説を唱え、歌うべき相手は特に必要ないとしているのだが、もし相手を必要とせず言挙げさえすればよいのなら、なぜウタは朗誦という遠距離へ伝達するための表現形式をわざわざとったのであろうか。

（1―19）『日本国語大辞典』「うた」の語源説に、「(1)ウタフ（歌）の語幹。ウタフは手拍子をとって歌謡することから、打チ合フを語源とするか（大島正健『国語の語源とその分類』、新村出『国語学叢録』）とある。

（1―20）『古事記』允恭天皇の条にある。

（1―21）古代エジプト第十九王朝第三代の王、ラムセス二世（前一三一四頃～前一二二二頃）は、自分の妹、娘数人を含む三十余人の女性を妃とし、百十一人の息子と六十九人の娘をもうけ、自身は二十四歳で即位、六十六年間統治し、九十余歳までの不老長寿を誇り（ミイラが現存しているので確実な事実である）、「神」と崇められた。（ウィキペディアによる）

（1―22）1―15参照。

（1―23）同右

（1―24）1―13参照。

（1―25）『日本史事典』旺文社、一九六八年

（1―26）小島憲之・直木孝次郎・西宮一民・蔵中進・毛利正守校注・訳『日本古典文学全集　日本書紀　2』小学館、一九九六年

（1―27）大浜厳比古著『万葉集大成　訓詁篇　下』新装版、平凡社、一九八六年

（1―28）棚橋光男著『後白河法皇』講談社メチエ、一九九五年

（1―29）峰岸純夫「中世社会と一揆」青木美智男・入間田宣夫・峰岸純夫編『一揆』全五巻、東京大学出版会、一九八一年
（1―30）網野善彦著『日本史再考』ＮＨＫ人間大学テキスト、一九九六年
（1―31）原武史著『直訴と王権』朝日新聞社、一九九六年
（1―32）西田直敏著『日本人の敬語生活史』翰林書房、一九九八年
（1―33）海老沢有道著『高山右近』吉川弘文館、一九五八年
（1―34）カトリック中央協議会「ユスト高山右近　列聖へ向けて」http://www.cbcj.catholic.jp/jpn/news/130123.htm
（1―35）斎藤洋一・大石慎三郎著『身分差別社会の真実』講談社現代新書、一九九五年
（1―36）恩田木工著、笠谷和比古校注『日暮硯』岩波文庫、一九八八年
（1―37）井上ひさし対談集『笑談笑発』講談社文庫、一九七八年
（1―38）浅田秀子著『敬語で解く日本の平等・不平等』講談社現代新書、二〇〇一年
（1―39）鈴木孝夫著『ことばと文化』岩波新書、一九七三年
（1―40）『国史大辞典』「死刑」の項によれば、推古天皇以前の上代においては、「つみ」は「神の穢れとする所、悪む所」として、神の神聖を害する行為と考えられたから、これに対するものは「はらへ」または「みそぎ」であり、刑罰的なものはなかった。そののち、中国から律令制が輸入され、主要刑罰として笞・杖・徒・流・死の五罪の制が設けられた。死刑の執行は市が行い公衆に示したが、立春より秋分に至る間は執行しなかった。以来、刑を軽減する傾向が生じ、聖武天皇の神亀二年（七二五）に諸国の現禁囚徒に対して死罪を流罪に変更させたのに始まり、後白河法皇の保元元年（一一五六）に源為義を処刑するまで、二十六代三百四十六年間、実際上死刑が執行されることはなかった。
（1―41）1―39参照。

（1―42）とり・みき著『街角のオジギビト』筑摩書房、二〇〇七年の調査によると、工事現場のお詫び広告看板には、脱帽し低頭する作業員のイラスト・線画の他、ミニ・スカート姿の若い女性、動物など、明らかに下位者であることを意識させるキャラクターが使われている。韓国・台湾にも同様の看板が見られるが、キャラクターが日本国内のものと同一であるうえ、文章が日本語をそのまま翻訳した内容であるので、これらは日本企業が現地で日本的発想のままに掲げたものと疑われる。

（1―43）1―38参照。

（1―44）飛田良文氏の体験談による。

（1―45）ネウストプニー「世界の敬語」林四郎・南不二男編『敬語講座　8』明治書院、一九七四年
（1―46）1―38参照。

（1―47）米原万里著『不実な美女か貞淑な醜女か』徳間書店、一九九四年

総論　第二部　現代の待遇表現の構造と実態

（2―1）菊地康人著『敬語』角川書店、一九九四年
（2―2）浅田秀子「待遇表現の構造」飛田良文・佐藤武義編『現代日本語講座　第2巻　表現』朝倉書店、二〇〇一年
（2―3）蒲谷宏・川口義一・坂本惠著『敬語表現』大修館書店、一九九八年
（2―4）浅田秀子著『敬語マニュアル』南雲堂、一九九六年
（2―5）このエピソードは、浅田秀子「敬語の力と社会――階級遵守語・礼儀語・自己品位語」諏訪春雄編『日本語の現在　GYROS』勉誠出版、二〇〇六年に、より詳しい注がある。
（2―6）西田直敏著『日本人の敬語生活史』翰林書房、一九九八年
（2―7）Joan Rodriguez "Arte da lingoa de Japam" 長崎、一六〇四～八年

（2—8）英国人アストン “A GRAMMAR OF THE JAPANESE SPOKEN LANGUAGE” 博聞本社、一八八八年

（2—9）英国人チャンブレン “A HANDBOOK OF THE COLLOQUIAL JAPANESE” 博聞本社、一八八八年

（2—10）大槻文彦著『広日本文典』私家版、一八九七年

（2—11）松下大三郎「国語より観たる日本の国民性」『國学院雑誌』第二九巻五号、一九二三年

（2—12）山田孝雄著『敬語法の研究』宝文館出版、一九二四年

（2—13）文部省調査「小学校作法教授要項」宝文館、一九一一年

（2—14）「師範学校中学校作法教授要項」宝文館、一九一一年

（2—15）2—6参照。

（2—16）2—6からの引用による。

（2—17）文部省「禮法要項」

（2—18）序説に述べた、筆者の母親の言葉遣いがまさにこれである。

（2—19）2—12参照。

（2—20）文部省「これからの敬語」一九五三年

（2—21）文化庁ホームページ http://www.bunka.go.jp/kokugo/frame.asp?tm=20070426132216

（2—22）2—20参照。以下、浅田秀子「『これからの敬語』の背景・理念と国民の実態」加藤正信・松本宙編『国語論究第13集 昭和前期日本語の問題点』明治書院、二〇〇七年による。

（2—23）2—12参照。

（2—24）「現代社会における敬意表現」が建議されるきっかけは、平成九年の第十九期国語審議会で「日本語が非常に崩れていると言わざるを得ない」「中学生同士が話しているのを聞いていると、その言葉が全然理解できない場合も多い」という委員の意見にあった。

（2―25）文化庁ホームページ http://www.bunka.go.jp/kokugo_nihongo/joho/kakuki/21/toshin03/10.html

（2―26）文化庁ホームページ http://www.bunka.go.jp/kokugo_nihongo/joho/kakuki/19/toshin01/10.html

（2―27）2―25参照。

（2―28）2―4参照。

（2―29）「朝日新聞」二〇〇六年十二月二日朝刊

（2―30）宮内庁ホームページ http://www.kunaicho.go.jp/dounittei/photo1/photo-200703-738.html

（2―31）井上ひさし著『江戸紫絵巻源氏』上下、文春文庫、一九八五年において、徳川将軍が館藩（伊達藩）藩主となった主人公・源氏への応答詞として「あッそう」と答えている。

（2―32）「朝日新聞」一九八九年一月九日朝刊（「皆さんとともに日本国憲法を守る」）

（2―33）以下、林竹二著『田中正造の生涯』講談社現代新書、一九七八年による。

（2―34）公益財団法人　日本生産性本部ホームページ「新入社員意識調査・特徴とタイプ」http://www.jpc-net.jp/new_recruit/index.html

（2―35）「体罰」という言葉で世の中に認知されているが、本来「体罰」とは一定の罪に対して一定の肉体的苦痛を加える教育的なもので、苦痛は与えても後遺症を残さないよう細い竹や革などの笞で手のひらや尻を、決まった回数打つものである。イギリスの貴族の学校で行われていたのは、もっぱら校長が校長室で当該の生徒を笞で打つという類のもので、体罰を当事者である担当教師の手に委ねないことで、怒り等の感情と罰の執行が連動しないようなシステムになっていた。

ちなみに、明治三十三年（一九〇〇）の「小学校令」四十七条では、「小学校長及教員は教育上必要と認めたるときは児童に懲戒を加ふることを得但し体罰を加ふることを得ず」と明確に否定している。この点から言っても、監督や教師などの上位者が、選手や生徒など下位者の頭部・顔面など生命に危険の及ぶ部分を、感情に任せて何回も殴りつけるのは、体罰ではなく明らかな暴行である。
（2―36）「朝日新聞」二〇一三年三月二十日朝刊
（2―37）「読売新聞」二〇一三年八月十日朝刊
（2―38）リチャード・ドーキンス著、日高敏隆・岸由二・羽田節子・垂水雄二訳『利己的な遺伝子』増補新装版、紀伊國屋書店、二〇〇六年
（2―39）キリスト教・イスラム教・仏教・ユダヤ教は一神教である。

各論　第一部　現代の待遇表現の特徴

（3―1）宮中政於著『お役所の掟――ぶっとび「霞が関」事情』講談社、一九九三年
（3―2）鈴木孝夫著『ことばと文化』岩波新書、一九七三年
（3―3）筆者はこの説を高校時代に古文の教師だった石井秀夫氏に教えられた。石井氏は佐伯梅友門下の国文学者である。
（3―4）『日本国語大辞典』小学館、一九七六年
（3―5）国広哲弥著『日本語誤用・慣用小辞典』講談社現代新書、一九九一年より引用。
（3―6）一九八六年四月二十九日の記念式典での発言であるが、チェルノブイリ原発事故の当日という偶然が重なり、テレビ報道ほどには以後の新聞ダネにならなかった。
（3―7）加藤正信氏の指摘による。
（3―8）畑正憲著『ムツゴロウの本音』読売新聞社、一九七八年
（3―9）「朝日新聞」一九九六年十月二十六日朝刊において、当時の菅直人厚生大臣が「薬務行政、厚生省全体が断罪されたと思っている」と語り、のちに遺族にテレビカメラの前で謝罪した。

（3—10）ウィキペディアにより、日本全国の原発の現在に至るまでの経緯を概観すると、報道されていない事故が少なからずあり、関係者は「安全上、問題はない」として十分な対策を講じていない印象が拭いきれない。放射能は人間の五感で感知できないだけに、「安全」と言えば安全になるという言霊思想に染まりやすい体質を持った施設であるというのが実感である。
（3—11）米原万里著『不実な美女か貞淑な醜女か』徳間書店、一九九四年
（3—12）今井邦彦著『あいまいなのは日本語か、英語か？　日英語発想の違い』ひつじ書房、二〇一一年
（3—13）ルース・ベネディクト著、長谷川松治訳『菊と刀』社会思想社、一九六七年
（3—14）ツベタナ・クリステワ著『心づくしの日本語――和歌でよむ古代の思想』筑摩新書、二〇一一年
（3—15）浅田秀子「『禁止』文における待遇意識と表現形態の実相」加藤正信編『日本語の歴史地理構造』明治書院、一九九七年

各論　第二部　現代の待遇表現の種類

（4—1）司馬遼太郎著『街道をゆく〈24　近江・奈良散歩〉』朝日文庫、一九八八年

〔その他の参考文献〕

●敬語関連

浅田秀子「尊敬と侮蔑の『形容詞』」佐藤武義編『語彙・語法の新研究』明治書院、一九九九年
同　「『彼』のヒミツ」『日本語学』一九九九年十二月臨時増刊
同　「敬語の起源と意義についての一考察――敬語は何のために使われてきたのか――」遠藤好英編『語から文章へ』

同　　自費出版、二〇〇〇年
同　「敬語の力」『文芸春秋』二〇〇五年三月臨時増刊
同　「敬語の分類――表現と行為目的の見きわめ」『日本語学』二〇〇五年九月臨時増刊
同　「営業の正しい『敬語』再チェック」『セールスマネジャー』二〇〇五年七月
同　「部下にマスターさせたい営業の『正しい敬語』」『ダイヤモンドビジョナリー』二〇〇七年六月
同　著『日本語にはどうして敬語が多いの?』アリス館、一九九七年
同　著『知らないと恥をかく『敬語』』講談社文庫、一九九九年
同　著『もう迷わない　ビジネス敬語相談室』講談社、二〇〇三年
同　監修『弔事の手紙の手帳』小学館、一九九五年
同　監修『一週間で必ず身につく上手な話し方』ナツメ社、二〇〇四年
井出祥子・荻野綱男・川崎晶子・生田少子著『日本人とアメリカ人の敬語行動』南雲堂、一九八六年
蒲谷宏著『大人の敬語コミュニケーション』ちくま新書、二〇〇七年
同　編著『待遇コミュニケーション』朝倉書店、二〇一〇年
同　著『待遇コミュニケーション論』大修館書店、二〇一三年
国立国語研究所『敬語教育の基本問題（上）』一九九〇年
同　　『敬語教育の基本問題（下）』二〇〇三年
佐竹秀雄・西尾玲見著『敬語の教科書』ベレ出版、二〇〇五年
定延利之編『「うん」と「そう」の言語学』ひつじ書房、二〇〇二年
辻村敏樹編集『講座国語史5　敬語史』大修館書店、一九七一年
同　「敬語意識史」『講座日本語学　九　敬語史』明治書院、一九八一年

同　著『敬語の史的研究』東京堂出版、一九六八年
独立行政法人　国立国語研究所『言葉の「正しさ」とは何か』国立印刷局、二〇〇五年
同　『言語行動における「配慮」の諸相』くろしお出版、二〇〇六年
同　『伝え合いの言葉』国立印刷局、二〇〇六年
同　『私たちと敬語』ぎょうせい、二〇〇九年
長野晃子著『日本人はなぜいつも「申し訳ない」と思うのか』草思社、二〇〇三年
野元菊雄著『敬語を使いこなす』講談社現代新書、一九八七年
林四郎・南不二男編『敬語講座』全十巻　明治書院、一九七三～七四年
文化庁『日本語教育指導参考書2　待遇表現』大蔵省印刷局、一九七一年
同　『言葉に関する問答集―敬語編―』大蔵省印刷局、一九九六年
同　『言葉に関する問答集―敬語編(2)―』大蔵省印刷局、一九九七年
南不二男著『敬語』岩波新書、一九八七年
「現代敬語Q＆A40」『國文学』一九九五年十二月
「あいさつことばとコミュニケーション」『國文学』一九九九年五月
「敬語は何の役に立つか」『言語』一九九五年十一月
「敬語理論と実践」『日本語学』二〇〇五年九月臨時増刊
Penelope Brown and Stephen C. Levinson "Politeness, Some universals in language usage" Cambridge University Press, 1978

●その他の分野

浅田秀子「『修飾語』の研究から日本文化の発信へ」『現代副詞用法辞典』解説、東京堂出版、一九九四年
同　著『日本語の宝石箱』講談社、一九九二年
同　著『教室は野の花のように――中国の大学生と「ことばあそびうた」』南雲堂、一九九五年
同　著『例解同訓異字用法辞典』東京堂出版、二〇〇三年
同　著『漢検・漢字ファンのための同訓異字辞典』東京堂出版、二〇一二年
井沢元彦著『「言霊の国」解体新書』小学館、一九九三年
同　著『逆説の日本史　古代黎明編（封印された「倭」の謎）』小学館、一九九三年
同　著『逆説の日本史2　古代怨霊編（聖徳太子の称号の謎）』小学館、一九九四年
市古貞次責任編集『日本文学全史』全六巻　學燈社、一九七八年
井上章一著『狂気と王権』紀伊國屋書店、一九九五年
梅原　猛著『隠された十字架――法隆寺論』新潮社、一九七二年
榎本知郎著『ボノボ』丸善ブックス、一九九七年
折口信夫「万葉集講義」『折口信夫全集　第九巻』中央公論社、一九五五年
加賀野井秀一著『日本語の復権』講談社現代新書、一九九九年
神崎宣武著『神さま・仏さま・ご先祖さま――「ニッポン教」の民俗学』小学館、一九九五年
金田一春彦著『日本人の言語表現』講談社現代新書、一九七五年
小泉　保著『縄文語の発見』青土社、一九九八年
国分康孝著『〈つきあい〉の心理学』講談社現代新書、一九八二年
坂部　恵著『鏡のなかの日本語――その思考の種々相』ちくまライブラリー、一九八九年

司馬遼太郎、ドナルド・キーン著『日本人と日本文化』中公新書、一九七二年
鈴木孝夫著『ことばと社会』中公叢書、一九七五年
同　著『武器としてのことば――茶の間の国際情報学』新潮選書、一九八五年
同　著『教養としての言語学』岩波新書、一九九六年
高崎正秀「民俗学と日本文学研究史」『民俗文学講座　第一巻　日本文学と民俗』弘文堂、一九六〇年
谷川健一著『うたと日本人』講談社現代新書、二〇〇〇年
豊田有恒著『神道と日本人』ネスコ、一九九四年
遠山美都男著『古代日本の女帝とキサキ』角川叢書、二〇〇五年
中根千枝著『タテ社会の力学』講談社現代新書、一九七八年
中山　治著『「ぼかし」の心理』創元社、一九八八年
日本未来学会編『日本語は国際語になるか』ＴＢＳブリタニカ、一九八九年
平川　南著『よみがえる古代文書』岩波新書、一九九四年
松尾　光著『古代史の異説と懐疑』笠間書院、一九九九年
百瀬明治著『名君と賢臣――江戸の政治改革』講談社現代新書、一九九六年
渡部昇一著『日本語のこころ』講談社現代新書、一九七四年
渡部直己著『不敬文学論序説』太田出版、一九九九年

イザヤ・ベンダサン著『日本人とユダヤ人』山本書店、一九七〇年
フランス・ドゥ・ヴァール著、西田利貞・榎本知郎訳『仲直り戦術』どうぶつ社、一九九三年
ヘレン・スペンサー＝オーティー編著、浅羽亮一監修、田中典子・津留崎毅・鶴田庸子、熊野真理、福島佐江子訳『異文

化理解の語用論——理論と実践』研究社、二〇〇四年
ポール・ボネ、M・トケイヤー著『裸の超大国ニッポン』プレジデント社、一九七九年

●辞書類

『日本国語大辞典』初版、小学館、一九七六年
『国語学辞典』東京堂出版、一九五五年
『国語学研究事典』明治書院、一九七七年
『日本語百科大事典』大修館書店、一九八八年
『日本古典文学大辞典』岩波書店、一九八三〜八八年
『国史大辞典』吉川弘文館、一九七九〜九七年
『日本史事典』旺文社、一九六八年
米田雄介編『歴代天皇・年号事典』吉川弘文館、二〇〇三年

●DVD

Optimum Home 制作、イタリア・イギリス・中国合作、ベルナルド・ベルトルッチ監督『ラスト・エンペラー』
柴英三郎・馬場当・榎本滋民他作、樋口清之考証、フジテレビ制作『三匹の侍』一九六六年版

日本文化の特徴が表れている敬語関連の用語集

＊日本独特の言葉で、日本語における敬語の考え方を用いなければその正確な意味を理解できない語句や成句を、五十音順に挙げた。

あいにく（生憎）〔副詞〕

物事の順調な進行や成就を妨げる事態が起こったことを残念に思う様子を表す。会話においては、相手の行為の成就にとって不都合であることを話者が残念に思っている様子を表し、相手に対する同情の暗示がある。マイナスイメージの語。

あなた（貴方・貴女・貴男・貴下）〔代名詞（対称詞）〕

欧米語の第二人称単数代名詞の訳として最も普通に用いられるが、現代日本語では目上に対しては使えず、一定の配慮が必要な他人との会話で使うと、相手を自分の真正面に置いて対峙するニュアンスになる。

あまやかす（甘やかす）〔動詞〕

親や教師・上司などの上位者が、子供・生徒・部下など配下の下位者の教育や管理をきちんとせず、過大な要求を何でも受け入れてしまうことによって、下位者が増長するようになること。マイナスイメージの語。

あやまる（謝る）〔動詞〕

自分の行為が正道から外れていたと認めること。伝統的な日本社会では、下位者が自分の正しくない行為を認め上位者に謝れば、上位者は寛容の徳を発揮して許すものであった。つまり、謝ってすむのは下位者だけであり上位者は謝らない前提で社会が出来上がっていた。これは、もともと上位者とは善悪の区別のない神（自然）が起源であったことと、下位者が上位者に諫言することで上位者の間違いが起こらないような敬語システム（階級遵守語）があったことによる。

あらたまる（改まる）〔動詞〕

「あらたまって～する」「あらたまった～」の形で用いられ、衣服をフォーマルなものに整えたり、言動を丁重にしたりする様子を表す。ふだん無敬語のウチの相手に頼み事をするときなど、言動を丁重にしてソトに追い出し、心理的距離を空けて上位者とすると、相手は寛容の徳を発揮して頼みを聞き入れざるを得なくなる。

いさぎよい（潔い）〔形容詞〕

悪びれたところがなく、卑怯でない行動をとる様子。逃げ隠れしたり他の者のせいにしたりせず、自分の非を認め責任をとる態度を表すことが多く、「非を認める」「責任をとる」「死ぬ」などの文脈の中で用いられる。プラスイメージの語。

いじめ〔名詞〕

学校のクラスや会社の一部署など囲い込まれた社会の中で、特定の人間を下位者として固定し、その他の人間が暴行・暴言・強要・恫喝・無視などの虐待を行うこと。いじめの対象となる人間は、たいていの場合、自分でその社会を抜け出したり周囲に助けを求めたりする勇気のない、精神的に弱い人間であることが多い。マイナスイメージの語。

いじらしい〔形容詞〕

若い女性や子供など弱者（下位者）が懸命に行動しようとするのが、見ている者（上位者）にとって感動的である様子。上位者の憐憫の暗示がある。プラスイメージの語。

いずまいをただす（居ずまいを正す）〔連語〕

言動をフォーマルに改めること。上位者に何かお願いやお詫びをする前、形式を整えるために行う行為で、「いずまいを正さ」れた相手は、これから何らかの要求がなされるものと覚悟する必要がある。

いみことば（忌み言葉）〔名詞〕

特定の場面での使用を忌避される言葉。言霊思想においては、言挙げしてしまうとその物事が実現してしまうので、好ましくない言葉（と同音の語）の使用を避けることになる。現代では冠婚葬祭場面や病院・ホテルなどの接客業などで伝統的に守られている。ただし、アパートの部屋番号で四（死と同音）や九（苦と同音）を避けたり、宴会を終わるとき「おひらきにする」と言うなど、社会慣習として定着した言葉もある。

うちあける（打ち明ける）〔動詞〕

公にされていない事柄や秘密にしている事柄などを、相手に包み隠さず言うこと。この行為には心の傷をさらす勇気が必要になる。自ら問題を解決できる場合は他人に事情を話す必要がないので、「事情を打ち明ける」場面とは、相手に何らかの助力（助け）を求めていることになり、結果として「打ち明ける」側は下位者、「打ち明けられる」側は上位者という立場になる。「いじめ」の解決の第一歩は、いじめられている人が上位者に「打ち明ける」勇気を持てるかどうかにかかっている。

うったえる〔訴える〕〔動詞〕
問題を解決してもらうために、下位者から上位者に事情を述べること。自分が被害を受けたことを公に述べて解決してもらうのが「裁判所に訴える」であり、痛みなど病気の症状を医者などに述べて治してもらうのが「痛みを訴える」である。賀茂百樹・折口信夫・高崎正秀ら民俗学者によれば「歌う」と同源の言葉である。原日本人は古来「ウタ」という形で上下交流を行ってきたが、「ウタ」が芸術への舵を切ったため、下から上に言う〔訴える〕ための言葉〔敬語〕が必要になったと考えられる。

うりことばにかいことば〔売り言葉に買い言葉〕〔連語〕
相手が喧嘩を売るために言った罵りに応戦して、自分も同様の罵りで答えること。同程度の罵りの応戦で始まり、時には殴り合いの喧嘩に発展する。互いに敬語を使い合う喧嘩もあるが〔実際には罵り合いより恐ろしい〕、その場合には「売り言葉に買い言葉」とは言わない。日本人は冷静な議論がへたで、相手の意見に反論するとき往々にして感情的で直接的な表現をする傾向があり、相手の言葉尻をとらえて「売り言葉に買い言葉」の喧嘩になることが少なくない。議員が「バカヤロー」と言ったことが原因で国会が解散したこともあった。マイナスイメージの語。

えがお〔笑顔〕〔名詞〕
あまり大きな声を立てずに〔口を大きく開かずに〕笑った顔。対等な人間関係の社会において、笑顔は相手に敵意のないことを表すから、笑顔とともに礼儀語が使えれば良好な人間関係を築くことができる。ただし、上下関係で、上位者にお願い・お詫びをする階級遵守語場面や、上位者の質問に答える場面においては、笑顔はリラックスの象徴となるので失礼となることがある。特に笑顔で発音されるエ段音の返事「ええ」は、上位者の質問への答えには不適切である。⇕緊張

えっけんこうい〔越権行為〕〔名詞〕
上位者が直下の下位者を飛び越えてさらに下の下位者に直接命令したり指示したりすること。たとえば、社長が部長を飛び越えて課長に命じたりするもので、間の部長は社長の命令内容を知らされないことになる。階級秩序と組織

の人間関係が崩壊する原因となるため、前近代では忌避された。⇔直訴

おおめにみる（大目に見る）〔連語〕

下位者の罪を見逃してやること。上位者の寛容の徳を表す言葉であるが、前近代の上位者は下位者の小さな罪は「大目に見」るものの、重大な罪に対しては厳罰に処した。現代は重大なミスでもすべて見逃すか、些細な不快でもクレームをつけるかの両極端に偏る傾向がある。

おかげさまで（お蔭様で）〔副詞〕

自分側の好ましい出来事が相手の助力によって成就したことを感謝する様子。実際には相手の助力がなくても、自分側の好ましいことを自慢たらしく聞こえさせないために、謙遜を演出する目的で使うこともある。プラスイメージの語句。

おがみたおす（拝み倒す）〔動詞〕

どうしても相手に要求したい物事があるとき、平身低頭して徹底的に下位者であることを通し、相手を上位者に祭り上げて寛容にさせ、自分の思いどおりに動かすこと。階級遵守語の特性そのものを表す動詞である。

おこがましい（烏滸がましい）〔形容詞〕

ある行為が話者にとって分不相応であったり、出すぎていたりする様子。現代では、述語で使うよりも、上位者への進言などのマクラとして「まことにおこがましいのですが……」のように、これから自分の言うことは分不相応であることを十分承知しているが、という謙遜のニュアンスで使われることが多い。マイナスイメージの語。

おじぎ（お辞儀）〔名詞〕

立った状態で相手に頭を下げること。低頭。日本人の基本的な挨拶行動である。これは相手よりも下位者であることを自ら表明する意味があり、日本人どうしでは互いにお辞儀をし合うことで、礼儀を表し、争いを避ける。外国人に対しても、通常の挨拶のつもりでお辞儀をすると、一方的に下位者になっている卑屈のイメージをもたれやすい。上半身をまっすぐにして腰から折るお辞儀が最も丁重で、頭（首）だけこっくりと頷くお辞儀は子供っぽく、かえって礼儀を知らないと見られる可能性がある。

おとなげない（大人げない）〔形容詞〕

上位者が上位者としての理想的な性質を持っていない様子。上位者の理想的な性質とは三徳（寛容・鷹揚・寡欲）

を合わせ持つことである。大人が子供相手に喧嘩したり、相手が謝っているのに許してやらずにいつまでも怒っていたり、組織の利益を独占したりするような場合に用いられる。マイナスイメージの語。

おれおれさぎ（オレオレ詐欺）〔名詞〕

「おばあちゃん、オレだよ、オレ」などと高齢者に孫を装った電話をかけ、窮状に陥ったことを告げて救援のための金をだましとる詐欺。ふだん子や孫との交流が少なく孤独感を味わっている高齢者が、窮状を訴える孫（下位者）に対してぜひとも救わねばならないと思う上位者心理を悪用した詐欺である。この詐欺にかかった高齢者は警察や金融機関の言うことも聞かず、一途に孫を救おうとして被害に遭うそうだ。最近では、さらに上位者心理を煽る「母さん助けて詐欺」に進化しているという。逆に、税務署や年金事務所などのお上を名のって、素直に言うことを聞けば還付金（褒美）があると下位者意識を突くバリエーションもある。最初に「オレオレ詐欺」を考え出した犯人は、よほど日本人の深層心理に通じている人間に違いない。

おわびかいけん（お詫び会見）〔名詞〕

不祥事を起こして世間に多大の被害を与えた大会社のトップや知事・市長など行政のトップがマスコミの前に姿を現し、立ち上がって低頭して謝罪するために行う会見。「このたびは世間の皆様に多大のご迷惑をおかけしてまことに申し訳ございません」という紋切り型の決まり文句が使われる。現代社会に特有の現象で、薬害エイズ事件で国の関与を認めた当時の菅直人厚生大臣が、テレビカメラの前で被害者に低頭して謝罪したあたりから一般に広く行われるようになった。前近代の上位者は、責任を取るときには謝罪など一言も言わずに自裁（自殺・蟄居・引退）したが、現代社会では上下の階級区別が相対的になっているのをいいことに、ふだん組織の最上位にいる者が一時的に下位者の立場になって、社員や国民を上位者に祭り上げ、自分の責任を追及させにくくする目的で行われ、不祥事の幕引きに利用されている。国民の無力感・閉塞感を募らせ、上位者の無責任を助長するきわめて悪しき慣習である。

おわびこうこくかんばん（お詫び広告看板）〔名詞〕

建築現場や土木作業現場で通行人や近隣住民に対して、工事によって引き起こされる騒音や危険などを、工事を始める前に謝り、クレームをつけさせない目的で工事現場の脇に掲げる看板。作業員（若い女性や動物のこともある）が脱帽し低頭しているイラストや線画を書き、「工事中につきご迷惑をおかけしております。（まことに申し訳ありません。）なにとぞよろしくご協力のほどお願いいたします」のような吹き出しの言葉が添えられている。クレームが来る前に謝ってしまうわけで、典型的な「負けるが勝ち」の論理で作られたきわめて日本的な文物であり、日本以外の外国ではほとんど見られない。

おん〔けい〕（恩〔恵〕）〔名詞〕

上位者が下位者に与える物事に随伴する負債の感覚。下位者は返報すべき義理を負う。原則として、下から上に物事を与えることはできないため（上位者は知らぬ顔をするか拒否する）、恩恵は常に上から下という方向になる。鎌倉幕府では「御恩」という形で将軍が御家人の所領を安堵し、御家人は「（滅私）奉公」という形でそれに答えた。現代では、「恩恵を与えられた（～てくださった）」「義理を負っている（すみません）」と言う発言をしただけで、義理を返済したのと同じ効果がある。物事を与えられたとき、「ありがとう」より「すみません」が好まれる所以である。

⇕義理

おんきせがましい（恩着せがましい）〔形容詞〕

上位者でもないのに、相手に物事を与えるに際して負債の感覚を押しつける様子。対等の相手がまるで上位者のように恩を与えるかのごとき行動をするのを非難して言う。上位者に恩を与えられたら、下位者は義理を返済しなければならないという精神的負担を背負うことになるからである。マイナスイメージの語。

かじょうけいご（過剰敬語）〔名詞〕

必要以上に丁重な敬語で待遇すること。使われた相手に不快感を与えることが多い。身分・階級が固定していた前近代では、どの階級にどのレベルの敬語を使うかおおよそ決まっていたので、人々は特に学習したり敬語の本を読んだりしなくても適切な敬語を使うことができた。現代は人間関係が相対化し、場面ごとに上下を決めなければならないので、場面にふさわしい敬語を使うのは簡単ではない。特に、階級遵守語の発想では、敬語を最高に使うと相手は神の地位にまで祭り上げられて要求を拒否できなくなるので、過剰な敬語を使われることは理不尽な要求や無理難題を受け入れさせられる予感を伴い、不快になるのである。一般に外国語の敬語では、丁寧すぎて不快になることはない。

かんげんする〔諫言する〕〔動詞〕

下位者が上位者の不適切な行為を丁重な言葉で抑止すること。このとき使われる敬語が階級遵守語である。前近代では最高度に丁重な敬語と婉曲表現を駆使すれば、上位者の行為を禁止し抑止することができた。階級遵守語を使われた上位者は寛容の徳を発揮して、その願いをかなえざるを得なかったからである。そのため、下位者が勇気を奮って上位者に諫言すれば、上位者の誤りを正すことができ、組織全体が間違った方向に進まずにすんでいた。現代では組織の上位者も下位者も我が身大事で臆病になったため、下位者は上位者の意に逆らえば不利益をこうむるので、明らかな不正があっても諫言せず、結果として重大な不祥事〔社会問題〕に発展してしまう。下位者の勇気と上位者の寛容がなければ成り立たない行為である。プラスイメージの語。

きょうげん〔狂言〕〔名詞〕

中世以降に流行した芸能で、能の舞台の幕間に演じられる滑稽な劇。登場人物はおおむね大名〔小名〕＝上位者と太郎〔次郎〕冠者＝下位者である。物語はおおむね頓智のきく太郎冠者が融通のきかない堅物の大名を懲らしめたりする内容である。時には家来の太郎冠者が主人の大名の頭を打つなどという暴挙も行われるが、それによって階級転覆を奨励しているわけではない。狂言の流行は、武士階級が己の地位と主従関係に自信をもっていた証拠と言える。

きょうしゅく〔恐縮〕〔名詞〕

「恐縮です」「恐縮に存じます」などの形で用いられ、相手の行為に対して恐れ縮まっているという意で、感謝を丁重に表す。感謝を表すのに下位者であることを表明するきわめて日本的な語。

ぎり〔義理〕〔名詞〕

肉親以外の相手から負わされる精神的な負債。特に上位者から物事を与えられたときに付加される恩恵に対しては必ず返済しなければならない義理が生じた。日本文化においては、他人との社会的な人間関係が個人の希望に優先するから、何をおいても他人の恩に報いることが要求され、それを果たすことによって始めて、一人前の社会的人間として認められることになる。⇔恩〔恵〕

ぎりがたい〔義理堅い〕〔形容詞〕

相手から負った恩に報いる気持ちを常に果たし、人と人との交流を大切にする様子。日本人は義理を果たすことによって人間関係をスムーズに保つことができると考えるので、社会的な人間関係を尊重する姿勢を示すことが「義理堅い」ということになる。日常的には、上司の部下に対する指導なども恩のうちに含まれ、上司に対して盆暮の挨拶をしたり、御中元や御歳暮等の贈り物をしたりすること自体をも指す。プラスイメージの語。

きんちょう〔緊張〕〔名詞〕

上位者を前にしたとき、下位者が最も丁重な態度であると見せるべき状態。日本の伝統的下位者が上位者（自然＝神）に対して持った感情は「畏怖」であるので、上位者を前にしたら最初から最後まで緊張してまじめに振る舞うのが、最も丁重な態度であると受け取られた。応答の「はっ」や「はい」にその例が見いだされる。⇔リラックス・笑顔

くちごたえ〔口答え〕〔名詞〕

上位者の命令・指示に対して下位者が即座にそのとおり行動せず、何かと弁解して逃れようとすること。上位者は下位者の口答えを嫌い、場合によっては口答えする前に「問答無用」で切り捨てたが、その理由は、敬語を使って口答えされたら聞き入れざるを得なくなるからである。マイナスイメージの語。

くちはばったい〔口はばったい〕〔形容詞〕

「くちはばったいことを言う」の形で用いられ、分不相応に生意気な意見を言う様子。「口はばったいことを申すようですが……」など、下位者が上位者に諫言する場面で用いると、下位者が分不相応であることを承知しているという謙遜のマクラになる。マイナスイメージの語。

けなげ〔健気〕〔形容動詞・語幹〕

若い女性や子供などの弱者（下位者）が懸命に何かをしようとしている様子。主体の精神力の強さに話者（大人・上位者）が感動しているニュアンスがある。プラスイメージの語。

けんそん〔謙遜〕〔名詞〕

自分の状態や行為を実際よりも低く（下に）見せること。日本文化においては、他人に対して自分側の物事は粗末で悪いと低く言うのが敬語の法則にかなう。現代では社会的地位に関係なく、むしろ教養層ほど謙遜の度合いが高いと言える。これは一種の自己品位語になることがある。

こころぐるしい〔心苦しい〕〔形容詞〕

相手にすまないと思って気がとがめる様子。主観的な心

理を表す語ではあるが、その前提として相手からこうむる恩恵、相手にかける迷惑などがあり、その義理を負ったままでいるのが不快であるというニュアンスである。マイナスイメージの語。

こざかしい（小賢しい）〔形容詞〕

自分の分を越えてりこうぶった振る舞いをするのを話者が不快に思う様子。自分の分を守り、それにふさわしい行動をすることを規範とする日本文化の特徴が表れている。マイナスイメージの語。

ことだましそう（言霊思想）〔名詞〕

言葉には魂が宿っていて、音声にしてはっきりと口にする（言挙げする）と、その通りに物事が実現するという思想。日本文化の根底をなしていて、古代から現代に至るまで連綿と日本人の深層心理に根づいている。冠婚葬祭場面における「忌み言葉」もその一種であり、原発施設で関係者が「安全」と連呼するのも、そのように連呼することで安全が実現するという言霊思想による。

こまったときのかみだのみ（困ったときの神頼み）〔ことわざ〕

日常生活を送る上で神に対して何かをしなければならないという戒律はなく、何か困ったことがあったときのみ神にお願いをすれば何とかしてもらえるというたとえ。神道に戒律や教典が存在しないのは、日本の神が自然だからである。日本の自然は、平素は穏やかで美しく実り豊かであるが、時に天候不順や災害をもたらすという性質がある。自然には善悪はなく、日常的には何の働きかけもいらず恩恵を享受していればよいが、天候不順や災害のときのみ丁重な言葉でお祈りをし恭順した。そしてしばらく待っていると、移り変わりの激しい日本の自然は、じきにその祈りを聞き届けて元の穏やかな状態に戻った。熱帯や寒帯・砂漠地帯のように、自然環境が常に厳しいところでは生まれないことわざである。

ざあますことば（ざあます言葉）〔名詞〕

高度経済成長時代のころ、山手の金持ち階級の奥様族が何にでも「〜でございます」をつけ、それが「〜ざあます」と聞こえるために、鼻持ちならない気取った言葉の代表とされた言い方。丁重に言う必要のない場面においても同じように「〜ざあます」と言うのは、自分が上流の金持ち階級であることを誇示したい心理によっており、これは自己品位語である。その後の長引く不況で、金持ちといえども庶民と同じスーパーで物を買い、同じような生活をするようになって、上流階級自体が消失し、それとともに「ざあます言葉」も消えてしまった。

さわらぬかみにたたりなし〔触らぬ神に祟りなし〕〔ことわざ〕

神にやたらに近づいたり触れたりすると悪い報いがあるので、近づかないほうがよいというたとえ。日本の神には戒律が存在しないから、日常的に神に対してしなければならないことは何もない。それで神社の鳥居に小便をかけたりなどというたずらさえしなければ、神は人間に何の悪さもしないということで、日本の神（自然）が基本的に穏やかで寛容であることを表している。

しかる（叱る）〔動詞〕

親や教師など上位者が怒りを見せ厳しい言葉で注意することによって、子供や生徒など配下の下位者を教育すること。目的はあくまで下位者の教育であるから、上位者は自身の感情をコントロールできなければならない。最近、自分の感情をコントロールできず、感情的に怒鳴ったり暴力を振るったりする大人げない上位者が増えている。現代日本語の「おこる」は「しかる」の意味でも使われるが、「しかる」は現代ではほとんど死語になっているように思われる。

じきそ（直訴）〔名詞〕

下位者が直上の上司を飛び越えて、さらに上の上位者に直接訴えたり願ったりすること。例えば、平社員が言いたいことを課長に言わずに社長に直接言うなど。前近代では直訴は法度で死罪と決まっていた。なぜなら直上の上位者（百姓ならば代官）に訴える道が確保されていたからである。前近代において直訴を禁止したのは、階級秩序が破壊されるのを防ぐためで、訴えそのものを禁止しているわけではない。百姓は通常は丁重な訴状を直上の代官に提出したが、それでも問題が解決されないと判断した場合は、死罪を覚悟して代表（名主など百姓階級の最上位者）が直訴に及んだ。直訴者は法度の建前どおり死罪となったが、訴え自体は適切に取り上げて処理されることが多く、事態はおおむね百姓の望むとおりの解決になった。百姓たちは地域のために命を捨てた名主を神と祭り、子々孫々にまでその功績をたたえた。現代においても、直訴は階級秩序を破壊し、組織の信頼関係を崩壊させるので好ましくない。⇕越権行為

しつけ（躾）〔名詞〕

親や飼い主などの保護者が子供やペットなどに対して、生活習慣などの教育を行うこと。本来の目的は正しい生活習慣を身につけて、健康的で自立した人生を歩ませることであるが、近年親が自分の都合や鬱憤晴らしのために、子供に暴行を加えたり、食事を満足に与えなかったり、不潔な環境に置いて無視するなどの虐待行為を行う例が目立っている。警察や児童相談所など公的機関の調査に対して、親は異口同音に「しつけのため」と言い逃れするが、保護者の自覚のない親は親権を剥奪すべきである。

じょせいご（女性語）〔名詞〕

女性が好んで使う言葉。男性よりも丁寧で柔らかく響く言葉が多く、接頭語の「お」を多用する傾向がある。ただし、意識としては男性よりも丁寧にしようとしているわけではなく、社会的要請として女性は男性よりも一段階丁寧であるべきだという常識があり、あくまで女性らしい（男性とは違う）言葉遣いということになる。昭和天皇は人間宣言以来、国民の代表に対して使う言葉は無敬語ではあるが柔らかく響く女性語となった。

すまない・すみません（済まない・済みません）〔連語〕

相手の好意や恩恵・迷惑などに対して、どんなに言葉を尽くしても自分の気持ちがすまないと表明すること。つまり義理を負っていることを表明した言葉で、これ一つで謝礼・謝罪・謝絶・挨拶・呼びかけなど、非常に多くの場面で用いることができる。義理は実際に返済しなくても、義理を負っていると言挙げすれば返済したのと同じ効果がある（つまりこれも言霊思想）からである。

せっかく〔副詞〕

ある物事が話者にとって非常に価値があることを表明する様子。自分側の物事について用いた場合には、慨嘆や反省の暗示を伴い、相手側の物事について用いた場合には、配慮の暗示がある。

せんぞすうはい（先祖崇拝）〔名詞〕

日本人の基本的な宗教感情で、自然を神と敬った結果、死ねば自然に帰る死者を神と同様に崇拝すること。日本人の先祖が、遡っていくと神にまで行き着くこととも関連する。連綿と続く先祖の秩序を崩すことはできないため、現世でも階級秩序の転覆は起こせなかった。なぜなら前近代では身分・階級が世襲で決まっていたからである。

の日本人は現世の秩序を崩すことが先祖の秩序を崩すことになるのを恐れた。わずかにあった階級転覆の企みが強力な宗教（一向宗・オウム真理教）の力によること（死生観の転換）がその証拠である。日本では死ねばホトケ（特に功績があった者は神になる）でこの世の罪は帳消しになるため、「戦犯」でも神として靖国神社に祭られ、他の人間と同様に崇められる。閣僚の靖国参拝を外国が非難するのは内政干渉ではあるが、そもそも日本政府が日本人の基本的な宗教感情である先祖崇拝を理解しておらず、外国に説明できていないことが原因である。

せんゆうこうらく（先憂後楽）〔連語〕

君主（上位者）たる者は、民（下位者）に先んじて憂い、民に後れて楽しむべきであるという教訓。前近代の天皇・将軍・藩主・名主など階級内の最上位者が、下位者に対して実践すべき徳目と考えられた。前近代において階級秩序は世襲で決まっており、子々孫々に至るまで変わらない前提で社会が存在していたからである。上位者がこの教訓を実践するには幼いときからの教育が欠かせず、これも階級秩序が世襲であるからこそ実践できたことである。そのため前近代の日本社会では、階級秩序が転覆するような革命やクーデターがほとんどなく（起こす必要がなく）、厳然たる階級秩序の区別が存在しながら平和裏に社会が発展する礎となった。

たいばつ（体罰）〔名詞〕

下位者の罪に対して上位者が肉体に苦痛を与えることによって罰すること。本来の体罰は下位者を教育することが目的であるから、生命に危険の及ぶ部位への苦痛は避けられ、使う道具や回数などが厳密に規定されていた。現代では、教師やクラブの監督などの上位者が生徒・選手などの下位者に対して、自身の怒りを発散するために顔面（頭部）を何度も殴ったり腹部を蹴ったりするなど、ただの暴行であることが少なくない。

たまむしいろ（玉虫色）〔名詞〕

タマムシの羽の色のように、光線の当たり具合（見方）によって何色にも見えるような複雑で曖昧な意味の表現。「これからの敬語」の前文にある「ある程度の敬語」という表現は、敬語廃止論者と存続論者の双方を引き下がらせる玉虫色の表現である。国連の加盟国数やオリンピックの参加国数を言うときの「〇〇の国と地域」という言い方も玉虫色の表現と言える。もし、この「国と地域」が「国」

という表現だけであったなら、中国は台湾の参加を絶対に認めないであろう。

ちょうさん〔逃散〕〔名詞〕

前近代の百姓が自分たちの要求を上位者に通すために行った闘争手段の一つで、領内から退去して耕作を放棄すること。前近代の階級秩序においては、百姓は生産者で上位者（武士・貴族）は消費者である。この秩序を破壊することはできないので、百姓が耕作放棄すれば上位者は生きていくことができない。実際に武器がなくても、百姓という身分そのものを武器とした、非常に有効な闘争手段であった。逃散に際しては、丁重な敬語を駆使した訴状が提出され、その末尾には、訴えが聞き入れられない場合は未来永劫帰村しない旨の脅し文句がつけられていた。

つなみてんでんこ〔津波てんでんこ〕〔ことわざ〕

三陸地方に伝わることわざで、津波が襲来したときには肉親や知人の安否を確認するより先に、ばらばらになってもとにかく独力で避難することが肝要であるということ。日本全体を見ると、五～八年おきに各地で大災害が起きており、世間の関心は直近の大災害へと次々に移って行き、過去の被災地は忘れられてしまう傾向にある。したがって復興に際しても国や他県からの支援を待つより、被災地住民が自ら独力で復興していくことが肝要で、「災害てんでんこ」「復興てんでんこ」という実態に発展的に昇華してしまったことわざである。

どげざ〔土下座〕〔名詞〕

居室の外の地面に直接座って平伏すること。本来、下位者が上位者に対して謝罪や要求をする場面で行われ、土下座されて階級遵守語を使われた上位者は、必ずその罪を許し要求を聞き入れたものである。これは地面というこれ以上低い所はないところに身を置き、平伏して徹底的に下位者であり続ける意思を示すからである。ところが、現代では何の理由もなく相手を土下座させて謝らせるなど、単に卑屈な思いをさせること自体を目的としていることが少なくなく、これはいじめと判断せざるを得ない。悪質な客が商品の些細なキズにクレームをつけて店の社長を呼び出し、土下座して謝らせるなども、同様のストレス発散行為である。

とりなす〔動詞〕

下位者の罪を許してやるよう上位者に進言すること。昔家父長制が生きていた家庭内では、子供の悪事に怒って（見せて）いる父親に対して、大目に見てやるよう母親がとりなす役を担っていた。このとき父親は理想・建前論を主張し、母親は子供の側について本音・現実的対応を考えてやったものである。現代の家庭は親子が対等になり、親は子供の自己責任を過度に要求するので、家庭内の教育は行き届かず、社会的な責任もうやむやになる傾向がある。

なきおとし（泣き落とし）〔名詞〕

相手にどうしても聞き入れてもらいたい要求があるとき、泣いて平伏し懇願することによって、要求を通す戦術。「拝み倒す」と同様、階級遵守語の発想を駆使した戦術で、徹底的に下位者であることを演じるため、相手は上位者の寛容の徳を発揮せざるを得なくなる。

なまいき（生意気）〔形容動詞・語幹〕

子供や若者など社会的地位の低い者が、地位にふさわしくない立派な言動をする様子。話者の侮蔑と嫌悪の心理が暗示される。階級遵守語場面においては、相手に要求・依頼したり、禁止・抑制したりするときのマクラとして「生意気を言うようですが」などと謙遜のニュアンスをもって用いられる。

なりあがり（成り上がり）〔名詞〕

生まれつきの世襲の上流階級ではなく、運や努力によって上流階級になった者を侮蔑して言う言葉。理想的な上位者は三徳（寛容・鷹揚・寡欲）を備えていることを要求されたが、これには幼いときからの厳しい教育が不可欠であった。成り上がりの上位者はこれらの三徳に欠けることが多く、下位者の懇願・謝罪は狭量にはねつけ、細かいことにまでいちいち干渉し、いざとなったときには卑屈に謝罪して最終責任を逃れ、利益は独占するなど強欲に走る傾向がある。

ねぎらう（労う）〔動詞〕

上位者が下位者の仕事現場を見舞い、その尽力を評価すること。人間関係が相対化した現代においても、絶対的な目上とわかっている人をねぎらうことはできない。

ばかていねい（バカ丁寧）〔名詞〕

過剰敬語に同じ。必要な程度以上に相手を高く待遇すること。文法的に間違っているわけではないが、場面や立場にふさわしくないほど高く待遇されると、日本人は侮蔑されたように感じる。一億総中流で戦前の華族のような絶対的な上流階級が存在しなくなったのと、階級遵守語意識によって、高く待遇されればされるほど、依頼や要求を受け入れざるを得ない立場に追い込まれる予感が起こるためである。

はげます（励ます）〔動詞〕

力が不足したり弱気になったりしている下位者を上位者が見舞い、元気づけること。人間関係が相対化した現代においても、絶対的な目上とわかっている人を励ますことはできない。

ぶしつけ（不躾け）〔形容動詞・語幹〕

相手のプライバシーに触れるため直接言及してはいけないこと。「ぶしつけな質問で恐縮ですが……」のように、質問文のマクラとして用いられる。

ぶしはくわねどたかようじ（武士は食わねど高楊枝）〔ことわざ〕

武士はたとえ困窮して空腹であっても、たった今食事を終えて満腹であるかのように振る舞わなければならない。上位者は下位者に弱みを見せてはならないというたとえ。現代社会は基本的に平等なので、このことわざは「痩せ我慢」としか受け取られないが、前近代の日本社会においては、上位者が下位者に弱みを見せることは恥であり、上位者（大人）らしくないと考えられた。したがってまた、武士（上位者）は百姓（下位者）から施しを受けることも潔しとしなかった。一方、百姓は勤勉に働きさえすれば衣食に困ることはなかったため、働かずに施しを受ける者（乞食など）を極端に侮蔑する心性が生まれた。現代でも一定年齢以上の人の中には、生活保護を受けることを恥と考える人が少なくなく、生活保護世帯の人を差別することがあるが、これも「働かずに施しを受けて暮らすのは百姓以下の侮蔑的存在」と考えることによる。

ぶっきらぼう〔形容動詞・語幹〕

言葉が少なく乱暴で、顔の表情や態度が怒ったように見える様子。日本文化においては、敬意を表すことは形式を整えることであるから、ぶっきらぼうな人は失礼とみなされ信頼を得ることはむずかしい。マイナスイメージの語。

ぶれいうち（無礼討ち）〔名詞〕

「問答無用」に同じ。上位者が下位者の無礼を許さずに斬って捨てること。下位者の無礼とは僭上（思い上がり）であり、これは階級転覆を意味する。前近代の日本社会では、上位者は権力と武器を持っていたため、下位者は実力で対抗することはできず、ひたすら階級遵守語を使って謝罪やお願いをすることによって要求を通してきた。したがって、上位者に無礼討ちされたくなければ、まずは平伏して謝罪することで、そうすれば罪は許され、願いは聞き入れてもらえた。

へりくだる（遜る）〔動詞〕

自分のことに言及するとき実際以上に低く（下に）待遇すること。謙譲語はこの発想に基づいている。特に、上位者に対して発言するとき、自分側の物事を低く待遇するのは、相手に対して自分はあくまで下位者であるという階級秩序の遵守を意味する必要な措置であった。

ぼうじゃくぶじん（傍若無人）〔形容動詞・語幹〕

本来配慮をすべきソトの相手（周囲の人）に対してまったく配慮をせず、ヨソ（物体同様）として無視して、自分のしたいように行動すること。現代の崩れたウチ・ソト・ヨソ関係においてしばしば見られる現象である。

ほうび（褒美）〔名詞〕

上位者が下位者の好ましい行為を賞賛し与える恩恵。これに対して前近代の下位者は、（滅私）奉公や忠節などで答えた。現代では人間関係が基本的に対等なので、親から子供に与えるくらいしか使われない。ときどき「自分へのご褒美」と称して、ふだんしない贅沢をする人があるが、筆者は自分の中で上下の分離をすることを好まないため、使わない。

ほめころし（褒め殺し）〔名詞〕

相手の長所を過大に言及することによって、かえって相手の人格をおとしめること。一時、選挙の街宣活動で対立候補のほめ殺しをする例があったが、ほめ殺しをするには相手のことをよく知らなければならないし、言語運用にも長けていなければならないので、近年ほめ殺しという行為自体は減っている。

ほめる（褒める）〔動詞〕

下位者の努力や行為の結果の状態を上位者が賞賛すること。古代では「神褒め」で、神の行いを祝福することであった。現代ではもっぱら上位者が下位者の努力や行為の結果について用いるため、絶対的な目上に対してほめることはできない。

まけるがかち（負けるが勝ち）〔ことわざ〕

戦いに際して最終的な勝ちを収めるには、まず負けてしまったほうが得策であるというたとえ。日本の階級遵守語の使用場面を端的に表したものである。「お詫び会見」や「お詫び広告看板」は、この典型的な例である。「拝み倒す」「泣き落とし」などとともに日本文化を典型的に表したことわざで、外国語に翻訳することはむずかしい。

みうちぼめ（身内褒め）〔名詞〕

話者が自分の側に属する物事を謙遜せずに、賞賛して自慢すること。敬語のルールに違反するため、相手に不快感を与えるほか、話者の常識・教養を疑われる結果になる。

みかえり（見返り）〔名詞〕

相手のためにしてやったことへの返礼。賄賂は相手からの見返りを期待して前もって贈る報酬であるが、お中元・お歳暮はそれまでに受けた恩恵に対する義理の返済であるので、見返りとは異なる。

みずくさい（水くさい）〔形容詞〕

親しいウチの関係であるはずの相手が、まるでソトの相手に対するように遠慮して振る舞う様子。「血は水よりも濃い」はずの肉親や夫婦などウチの関係の人間が、遠慮して悩みを隠していたりすることを、話者が慨嘆して言う。このように言えば、相手は本音や悩み・依頼などを正直に打ち明け、その結果、話者はそれを解決してやらなければならなくなる。現代では、「プライバシーの尊重」の名のもとに、どんなに親しくても相手に干渉することを避けるため、悩みを打ち明ける相手が見つからずに孤立する例が増えている。マイナスイメージの語。

もうしわけない・もうしわけありません（申し訳ない・申し訳ありません）〔連語〕

謝罪するときに用いる挨拶。さらに丁寧にしたいときには「申し訳ございません」とする。文字通りには、弁解（自己弁護）するつもりはさらさらなく、全面的に自分が悪いと言うことで、無条件降伏である。客の理不尽な命令を店側が敢然と拒否する場合に、「申し訳ございません」と言い切って低頭し続けることがあるが、これも階級遵守語の武器である。英語の最も丁寧な謝罪が「弁解させてください」の意であることは興味深い。

もんきりがた（紋切り型）〔名詞〕

一定の場面で常に同一の形で用いられる形式的な挨拶表現。日本文化においては、形式を重視することが敬意を表すと考えられるので、形式を損なわないよう慣習やマニュアルに従って、誰もがいつも同じ表現をするようになる。そこで場面が改まれば改まるほど、挨拶は紋切り型の定型表現になる。敬語も言語形式を整えるという意味では、同じ発想である。

もんどうむよう（問答無用）〔名詞〕

相手の釈明を聞かずに誅殺・抹殺する場合に言う言葉。「無礼討ち」に似ている。相手との問答を許し敬語を駆使した釈明を聞いてしまったら、誅殺したり罰したりできなくなるので、どうしても相手を殺したい（殺さなければならない）場合には、「問答無用」と言った。

やおよろずのかみ（八百万の神）〔名詞〕

日本の自然にはそこここに神が宿っていて、その数は八百万に達するという考え。自然そのものを神と考える思想は日本だけでなく、原始時代にはほとんど世界共通の思想であったようである。その証拠に、古代ギリシャやゲルマンの神話は多神教的で、自然のさまざまな事象を神格化している。日本はユーラシアの極東にあり、一神教の影響をほとんど受けなかったために、原始的な多神教の思想が現代にまで連綿と受け継がれた、世界でも類を見ない国であると言える。

ようじご（幼児語）〔名詞〕

「お絵描き」「お昼寝」などと名詞に接頭語の「お」を付加したり、「～です」を「～でちゅ」などとサ行音をチャ行で発音するなど、幼児が話しているかのごとき言葉。ほんとうの幼児が使うには問題がないが、大人の女性が甘ったれた口調（甲高い声）で使うと侮蔑的に響く。昭和二十七年の「これからの敬語」でも、女性教諭が「お」を多用することが「品格を貶める」と非難された。しかし階級遵守語の理論を適用すれば、大人が幼児に話しかけるときその幼児よりもさらに幼い弟や妹を想定し、話者がその役割になって依頼・要求をすれば、上位者扱いされた幼児はおとなしく言う通りになったからと考えることができる。単独の「お」だけでは用いられず、必ず丁寧語の「です・ます」の幼児語である「でちゅ・まちゅ」と組み合わされるところから見ても、これは下位者から上位者に使う階級遵守語であることは間違いない。これ以外の理論では、幼児語としてなぜ敬語が使われ、それがなぜ侮蔑的に響くのかを説明できない。

リラックス〔名詞〕

日本は天災が多く、原日本人は自然に対して畏怖の感情を持っていたため、伝統的に下位者から上位者への敬意は畏怖・恐縮・緊張の態度によって表され、逆にリラックスしたり笑ったりする態度は、上位者に対して不敬であり失礼であるという考え方になった。そこで、応答の返事でもリラックスや笑顔を暗示する「ええ」は、はっきり目上とわかっている相手に対しては不適切なのである。⇕緊張

りんげんあせのごとし〔綸言汗のごとし〕〔ことわざ〕

天子の口から出た言葉は汗のごとく、出たが最後二度と戻らない、取り消せないというたとえ。現在では社会的地位の高い人、公職に着いている人の発言に適用されるが、現代日本の政治家や役人はあまりにも失言が多く、本来取り消せないはずの上位者としての発言を謝罪して取り消すなど、社会秩序の混乱と政治不信・政治家不信を煽る元凶の一つとなっている。指導的立場に立つ人は、このことわざを肝に銘じてもらいたい。

れんびん〔憐憫〕〔名詞〕

上位者が下位者の悲惨な状況を哀れと思いやること。原則としてこの逆はない。なぜなら、真の上位者は下位者に弱みを見せないからである。今上が心臓バイパス手術直後の痛みを押して東日本大震災一周年追悼式典に参列したのがいい例で、今上は苦痛を微塵も表に表さなかった。現代でもプライドの高い人は人から憐憫を受けることを嫌い、死の直前まで病気を隠し通すことが少なくない。これは憐憫を受けたとたんに下位者扱いされるからである。

わざわざ〔副詞〕

意図的に行う行動に大きな労力を伴う様子。相手の行為について用いた場合には、相手の苦労をねぎらい感謝するニュアンスが出る。自分の行為について用いた場合には、相手からの感謝を期待〔要求〕するニュアンスになる。

わるふざけ〔悪ふざけ〕〔名詞〕

冗談として扱うには重大すぎることについて、冗談を言ったりしたりすること。子供どうしのふざけっこが悪ふざけになり、やがていじめにエスカレートすることが少なくない。最近では大臣など公的立場にある人が悪ふざけの失言をして辞任に追い込まれるなど、悪ふざけの自覚が希薄になってきている。あるいはすでに死語になっているのかもしれない。

●著者紹介

浅田　秀子（あさだ・ひでこ）……辞書編集者、日本語研究者、日本語教師、メゾ・ソプラノ歌手

・**略歴**……昭和二十八年（一九五三）東京生まれ。東京学芸大学附属竹早小学校・中学校、同大学附属高校を経て、東北大学文学部国語学専攻卒業。學燈社編集部・教育者編集企画センター勤務を経て、昭和六十一年九月〜六十二年八月、中国・河北大学外文系日語科教師。昭和六十三年十月、日本語コスモス設立（代表取締役・企画編集長）。防衛大学校・フェリス女学院大学・明海大学・関東学院大学・日本大学文理学部、同大学経済学部、各非常勤講師を歴任。平成十八年十月、タイ国立チュラロンコーン大学、国際交流基金バンコク日本文化センター、泰日経済技術振興協会より招聘を受け、「敬語の意義と用法」について講演。現在、日本語コスモス代表、日本大学経済学部非常勤講師。

・**音楽歴**……二歳で生田流箏曲を、十歳でピアノを、十五歳で声楽を始める。東京学芸大学附属高校時代は音楽部に所属し、邦人オペラのアルト・ソロを歌う。東北大学在学中は混声合唱団に所属し、ヘンデル「メサイア」、バッハ「マタイ受難曲」「ヨハネ受難曲」「ロ短調ミサ曲」「マニフィカート」「モテット」「カンタータ」等、モーツァルト「レクイエム」、ヴェルディ「レクイエム」等、ベートーヴェン「交響曲　第九番」の合唱アルトやアルト・ソロを歌う。昭和五十八年、自由音楽学園専科声楽科に入学、平成二十四年三月まで在籍。声楽を嶋田美佐子・斎藤みどり・村上康明の各氏に、ドイツ・リートを三上かーりん・川崎操の各氏に、ロシアン・ロマンスを伊東一郎氏に師事。平成十八年第7回大阪国際音楽コンクール、アマチュア部門、ヴィルトーゾ・コース、金賞受賞。平成十九年第17回日本クラシック音楽コンクール、平成二十年第18回日本クラシック音楽コンクール、全国大会入選。平成八年より平成十八年まで語りつきドラマティック・リサイタルを開催（11回）。その後、リサイタルを4回開催。平成二十五年大阪・イシハラホールでのマラソン・コンサートに出演。

・**所属**……日本語学会、待遇コミュニケーション学会、フランツ・シューベルト・ソサエティ（FSS）、日本ドイツリート協会（JDL）、日本野鳥の会、石神井ドッグランの会（会長）
・**研究対象**……現代日本語の修飾語（形容詞・副詞）、待遇表現（敬語）、辞書学、ドイツ・リート
・**興味分野**……日本語全般、クラシック音楽（ピアノ・声楽・室内楽・オペラ）の演奏・研究・鑑賞、動物行動学・自然観察・動物飼育・探鳥・アクアリウム、古代史研究、脳科学・心理学

・**研究者としての業績**

〔著書〕『日本語教師の中国日記』駸々堂出版、昭和六十三年
『体験・中国病気紀行』駸々堂出版、平成元年
『現代形容詞用法辞典』（飛田良文氏と共著）東京堂出版、平成三年
『日本語の宝石箱』講談社、平成四年
『ことば読本　外来語』（十六氏と共著）河出書房新社、平成五年
『犬のいる風景』近代文芸社、平成六年
『現代副詞用法辞典』（飛田良文氏と共著）東京堂出版、平成六年
『教室は野の花のように——中国の大学生と「ことばあそびうた」』南雲堂、平成七年
『敬語マニュアル』南雲堂、平成八年
『日本の名随筆　66　方言』（三十二氏と共著）作品社、平成八年
『日本語にはどうして敬語が多いの？』アリス館、平成九年
『知らないと恥をかく「敬語」』講談社文庫、平成十一年
『敬語で解く日本の平等・不平等』講談社現代新書、平成十三年

『現代擬音語擬態語用法辞典』（飛田良文氏と共著）東京堂出版、平成十四年
『もう迷わない　ビジネス敬語相談室』講談社、平成十五年
『例解同訓異字用法辞典』東京堂出版、平成十五年
「『敬語』論――ウタから敬語へ」勉誠出版、平成十五年
『美しい日本語の辞典』（六氏と共著）小学館、平成十七年
『シューベルト「冬の旅――冥界のヘルメス」解釈と演奏法』ブイツーソリューション、平成二十二年
『漢検・漢字ファンのための同訓異字辞典』東京堂出版、平成二十四年
なお、『現代副詞用法辞典』は二〇〇一年中国にて、『現代形容詞用法辞典』は二〇〇二年中国と台湾にて翻訳出版された。このほか、タイ・韓国でも多数、翻訳出版が進行中である。

〔校閲監修〕『弔事の手紙の手帳』（監修）小学館、平成七年
『現代日葡辞典』（校閲・執筆）小学館、平成十年
『スーパーアンカー和英辞典』（日本語監修・執筆）学習研究社、平成十二年
『日本の名言・名句』（監修）ダイソー、平成十二年
『世界の名言・名句』（監修）ダイソー、平成十二年
『日中辞典　第二版』（校閲）小学館、平成十四年
『一週間で必ず身につく上手な話し方』（監修）ナツメ社、平成十六年

〔論文〕「用例論と帰納的意味記述法」私家版、平成三年九月
「日本語のすばらしさ――中国の学生に教えられたこと」『宮沢賢治　十二号』平成四年二月

「人間関係は言葉のコーディネイトから」『NOMAプレスサービス』平成四年八月
「日本流と西欧流のはざまで」『URC　62号』平成五年一月
「修飾語の研究　序説」私家版、平成五年三月
「新入社員のための言葉のマナー学」『NOMAプレスサービス』平成七年二月
「いらいらする・いらだつ・(付) じれる」『日本語学』平成八年三月
「大人のマナー43選　言葉づかい編」『GINZA』平成九年五月
「形容詞の意味の分析――ジャンル別・対象者別・ニュアンス別の分析例を中心に」『国語論究　第6集　近代語の研究』明治書院、平成九年
「『禁止』文における待遇意識と表現形態の実相」『日本語の歴史地理構造』明治書院、平成九年
「日本語の文化を海外へ」『悠』平成十年一月
「尊敬と侮蔑の「形容詞」」『語彙・語法の新研究』明治書院、平成十一年
「『彼』のヒミツ」『日本語学』平成十一年十二月
「修飾語の意味に伴う評価性――現代『副詞』九八七語のイメージを中心に」『日本語　意味と文法の風景』ひつじ書房、平成十二年
「敬語の起源と意義についての一考察――敬語は何のために使われてきたのか――」『遠藤好英編　語から文章へ』私家版、平成十二年
「待遇表現の構造」『現代日本語講座　第2巻』明治書院、平成十三年
「帰納的意味記述法の実践的展開――現代語『はかる』の意味記述をめぐって」『日本語教育学の視点』東京堂出版、平成十六年
「敬語の力」『文芸春秋』平成十七年三月臨時増刊

「感動詞の音調記譜法について――三線記譜法のすすめ〈『ああ』を例として〉」『日本語学の蓄積と展望』明治書院、平成十七年
「『擬音語・擬態語』の音韻とイメージの関係について」『日本近代語研究　4』ひつじ書房、平成十七年
「営業の正しい『敬語』再チェック――適切な敬語で話していますか?」『ダイヤモンド・セールスマネジャー』平成十七年七月
「敬語の分類――表現と行為目的の見きわめ」『日本語学』平成十七年九月臨時増刊
「敬語の力と社会――階級遵守語・礼儀語・自己品位語」『日本語の現在　GYROS』勉誠出版、平成十八年
「部下にマスターさせたい営業の『正しい敬語』」『ダイヤモンド・ビジョナリー』平成十九年六月
〔連載〕「五色の言の葉」『ミマン』平成十四年一月～平成十五年五月
「教師のための日本語講座」『小2教育技術』平成十九年四月～平成二十年三月

・**辞書編集者としての業績**（主な編集担当出版物）
『小学生の漢字はかせ』全2巻、『日本文学全史』全6巻、『徒然草の文法と解釈』、『源氏物語の文法と解釈』（以上学燈社刊）
『近世文学総索引　近松門左衛門　I』全7巻、『近世文学総索引　井原西鶴　I』全5巻、『近世文学総索引　井原西鶴　II』全7巻（以上　教育社刊）
『日本語教育学入門』、『Communicating in Japanese』『Communicating in Japanese 教師用テキスト』『日本語で読む日本経済入門』『科学技術日本語案内』（以上　創拓社刊）
『常用国語漢字辞典』、『常用カタカナ語辞典』（以上　啓明研究会刊）
『現代形容詞用法辞典』、『現代副詞用法辞典』、『現代擬音語擬態語用法辞典』、『例解同訓異字用法辞典』、『江戸語辞典』、

『漢検・漢字ファンのための同訓異字辞典』（以上　東京堂出版刊）
『すぐ適語が見つかる四・三・二字の熟語大事典』、『四・三・二字の熟語集』、『人を動かす名言名句大事典』（以上　世界文化社刊）
『教室は野の花のように——中国の大学生と「ことばあそびうた」』、『敬語マニュアル』（以上　南雲堂刊）
『ラムセス２世』、『般若心経　解題』（執筆）（以上　三修社刊）
『三省堂国語辞典　第四版』（追加項目執筆）（以上　三省堂刊）
『使い方の分かる類語例解辞典』（項目・解説　執筆）、『現代国語例解辞典　第二版』『現代国語例解辞典　第三版』（追加項目・解説・執筆）、『日本国語大辞典　第二版』（見出し校閲・編集）（以上　小学館刊）

・歌手としての業績

・受賞歴……平成十八年第７回大阪国際音楽コンクール、アマチュア部門、ヴィルトーゾ・コース、金賞受賞。
　平成十九年第17回日本クラシック音楽コンクール、全国大会入選。
　平成二十年第18回日本クラシック音楽コンクール、全国大会入選。
CD「ドイツ・リート劇場①　禁断の苑に咲いた花」日本語コスモス、平成十七年
　「ドイツ・リート劇場②　辻音楽師の問わず語り（シューベルト「冬の旅」）」日本語コスモス、平成十八年
・リサイタル開催（平成八年～二十五年まで15回、うち第１～11回は語りつきドラマティック・リサイタル）
第１回「愛の喜びと苦しみと」（イタリア・オペラのアリア他）（共演　金澤信子・藤井美紀）
第２回「異邦人の望郷の日記」（シューベルト「冬の旅」「白鳥の歌」より）（共演　金澤信子・井上郷子）
第３回「森の国の四季」（シューベルト歌曲）（共演　金澤信子・井上郷子）
第４回「三つの恋の物語」（シューベルト歌曲）（共演　西村喜美江・松山優香）

第5回「光と闇の歌物語」（シューマン「リーダークライス」作品24、作品39他）（共演　狭間鉄・松山優香）
第6回「消えよ、わが恋」（シューマン「詩人の恋」他）（共演　石鍋多加史・松山優香）
第7回「没落貴族の悲喜劇的生涯」（シューマン「女の愛と生涯」他）（共演　石鍋多加史・松山優香）
第8回「双子座の星のもとへ」（シューベルト歌曲）（共演　石鍋多加史・松山優香）
第9回「禁断の苑に咲いた花」（シューベルト歌曲）（共演　石鍋多加史・松山優香）
第10回「辻音楽師の問わず語り」（「シューベルト「冬の旅」」（共演　石鍋多加史・安富貴代子）
第11回「音楽に寄せて──ロマンスとリート」（シューベルト歌曲、ロシア歌曲）（共演　石鍋多加史・松山優香）
第12回　シューベルト「冬の旅」（共演　松山優香）
第13回「春を迎えて」（シューベルト歌曲）（共演　和氣友久）
第14回「苦難を越えて」（シューベルト歌曲、ロシア歌曲）（共演　松山優香）
第15回　シューベルト「冬の旅──冥界のヘルメス」（共演　石橋あやの）
この他、フランツ・シューベルト・ソサエティ主催、日本ドイツリート協会主催等のコンサートにたびたび出演。
平成二十五年十二月二十日、大阪・イシハラホールにて、イシハラホール・マラソン・コンサートに出演。

索　引

本書における人名、時代名、書名、慣用句、ことわざ、鍵となる語句を、現代仮名遣いにあらためめ、五十音順に掲げた。

【あ】

【う】

【え】

【お】

【き】

【く】

【け】

【こ】

【さ】

【し】

【す】

【せ】

【そ】

【た】

【て】

【と】

【に】

【ね】

【の】

【は】

【ひ】

【ふ】

【へ】

【ほ】

【ま】

【み】

【む】

【め】

【も】

【や】

【る】

【れ】

【ろ】

【わ】

【欧文】

敬語の原理及び発展の研究

二〇一四年三月二〇日　初版印刷
二〇一四年三月三〇日　初版発行

著　者　浅《あさ》田《だ》秀《ひで》子《こ》
発行者　小林悠一
印刷所　図書印刷株式会社
製本所　図書印刷株式会社

発行所　株式会社　東京堂出版
東京都千代田区神田神保町一—一七（〒一〇一—〇〇五一）
電話　〇三—三二三三—三七四一　振替　〇〇一三〇—七—二七〇

ISBN 978-4-490-20862-7　C3081
Printed in Japan